白銀市場爭奪戰

從富蘭克林到巴菲特，點燃全球經濟與關鍵決策的致富貨幣

威廉・希爾博——著
朱崇旻——譯

THE STORY OF SILVER

HOW THE WHITE METAL SHAPED AMERICA AND THE MODERN WORLD

by William L. Silber

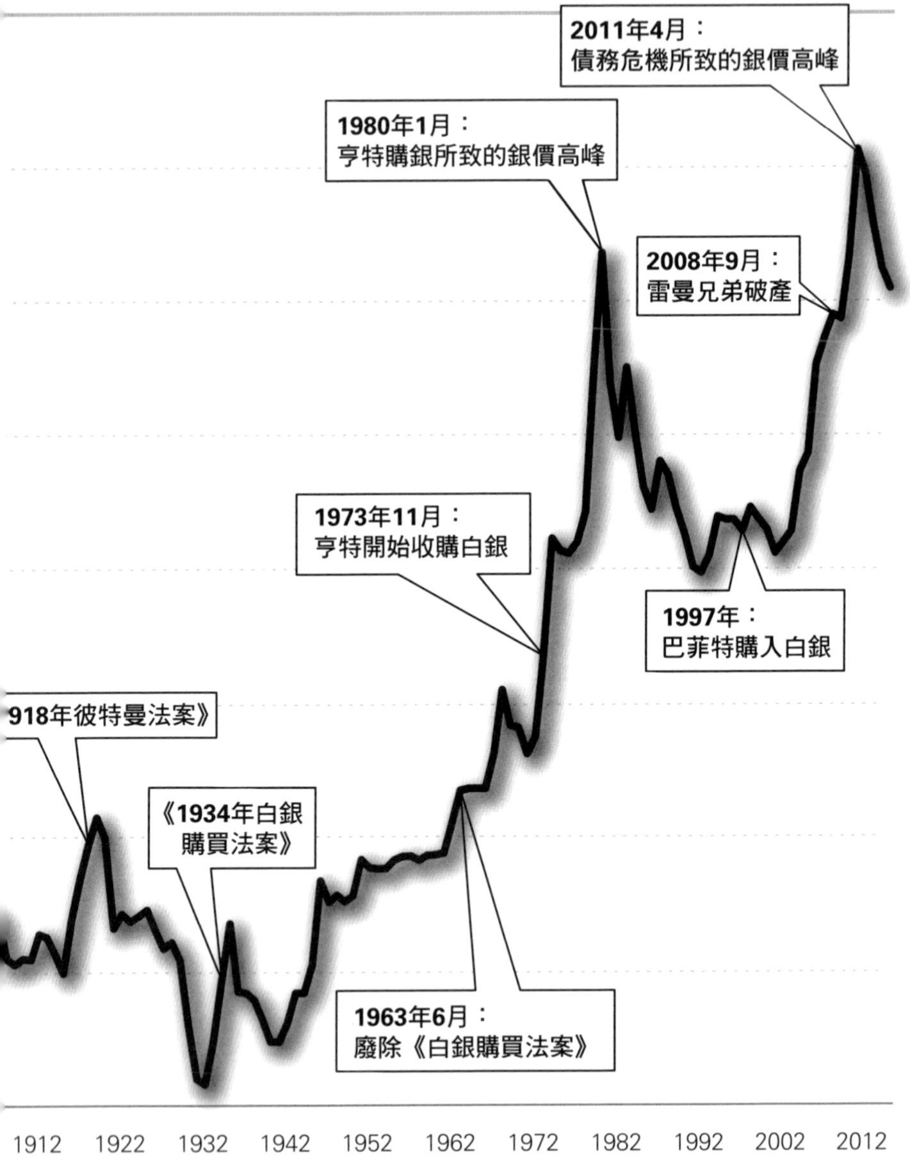

資料庫記載的每日均價。雖然1980年的每日高峰價（五十美元）高於2011年，1980年的年度平均價格卻低於2011年，因為相較於2011年，1980年的每日價格漲跌幅度較大。注意：因通貨膨脹的緣故，1792年的一・二九美元等同於2011年的三十一・三〇美元，而在2011年，銀價漲到了四十八美元的高峰（數值取自經濟史協會（Economic History Association）網站EH.net的消費者物價指數計算機）。

近兩百年的銀價

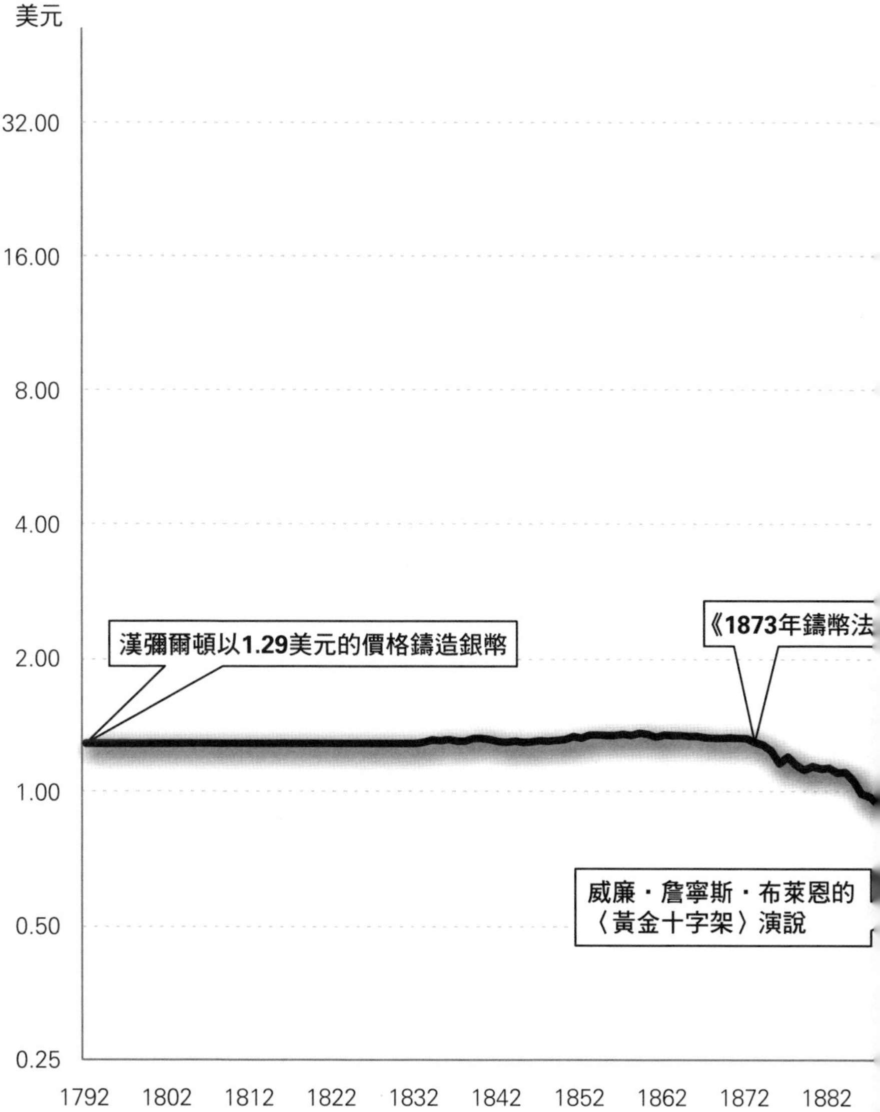

這張半對數圖顯示1792年到2015年以美元計算的每金衡盎司（troy ounce）純銀年平均價格，以及不同時期影響白銀價格的重大事件。數據取自以下來源：一、1792年到1833年美國法定公價；二、1834年到1909年美國鑄幣局（Department of the Mint）記載的平均市價；三、1910年到1946年商品研究局（Commodity Research Bureau，CRB）資料庫記載的每月均價；四、1947年到2015年商品研究局

給丹尼（Danny）

你太早離我們而去了

目次

CONTENTS

愛銀之人，永不會滿足於銀。

——《傳道書》，第五章

作者的話

我並不認識尼爾森・班克・亨特（Nelson Bunker Hunt），但他在二〇一四年去世時，寫這本書的計畫誕生了。許多和他熟識的人分享了他們的見解與回憶，若少了這些人，我不可能寫出白銀的故事。凱薛勒法律事務所（Kaye Scholer law firm）當初在白銀操縱案受審期間代表亨特兄弟，那時菲爾・傑拉奇（Phil Geraci）還是個年輕律師，他和亨特兄弟互動與相處了六個月，後來將那六個月的觀察告訴了我。他的助理派翠莎・阿普佐（Patricia Apuzzo）幫了不少忙，讓我能輕鬆使用相關資料。亨利・賈瑞奇（Henry Jarecki）任莫卡塔金屬公司（Mocatta Metals Corporation）董事長期間，和亨特兄弟進行了超過十年的商業往來，他讓我參考他未出版的書稿，其中包括一些獨家細節。他的助理艾蜜莉・古德奈特（Emily Goodnight）也幫了不少忙，讓寫書的過程變得更有趣也更有效率。傑弗瑞・威廉斯（Jeffrey Williams）教授在一九八八年亨特兄弟案當中，以專家證人的身分出庭，從那之後一直將原告與被告的專家報告放在自家車庫，感謝他為我提供那些文件的複本。另外，我也從他出色的著作當中，找到審判中經濟學相關的證詞。

然而，本書的重點不只是亨特兄弟，而是白銀的歷史，所以在調查的初始，我到麻薩諸塞州阿美斯伯利市的老紐伯利藝匠坊（Old Newbury Crafters），花了一天觀摩銀匠喬福瑞・布雷克（Geoffrey Blake）用保羅・里維爾（Paul Revere）時代的器具，將白銀鑄造成法定純度的銀餐具。布雷克在髒髒的地下室工作坊使用的古老技藝，和珠寶檢定與保證實驗室（Gem Certification & Assurance Lab）當中，唐（Don）與安傑洛・帕米埃利（Angelo Palmieri）用以鑑定法定純度銀質首飾是否達到百分之九十二點五純度時，使用的現代光譜儀形成強烈對比。然而，有些事情從過去到現在都不會變——我也親眼見識了紐約冶金公司（New York Gold Refining Company）的亞伯特・羅伯特（Albert Robert）（艾琳娜〔Irina〕與葛伯列〔Gabriel〕的親戚）將銀幣放入發黑的坩堝，和古人一樣用火焰將銀幣融化成液狀。

多虧了許多人不辭辛勞地幫忙，我的調查過程才如此順利。感謝紐約大學博斯特圖書館（Bobst Library）的館員——卡蘿・阿諾德—漢彌爾頓（Carol Arnold-Hamilton）、艾莉西亞・埃斯特斯（Alicia Estes）與羅伯特・普拉特（Robert Platt）——找出考倒了Google演算法的資料。感謝紐約大學史登商學院優秀的博士生傑克・希姆（Jack Shim），以及史登商學院傑出的企管碩士生歐默・莫拉西堤（Omer Morashti），他們極盡精確地分析了數據資料。鮑伯・歐本海默（Bob Oppenheimer）分享了他對商品交易所（Commodity Exchange，Comex）白銀圈子的一手觀察。我的老友——伯納德・賽普提穆斯（Bernard Septimus）——充分發揮了他引用文獻的專業，確保我的文獻格式都符合現代學術標準。賽斯・迪奇克（Seth Ditchik）與布魯斯・土奇曼（Bruce Tuchman）讀了本書的草稿，幫忙修改故事架構。迪克・西拉（Dick Sylla）、肯恩・

加巴德（Ken Garbade）與保羅・瓦奇特爾（Paul Wachtel）將原稿視如己出，讀過全書之後修改了完稿的邏輯差錯。我在普林斯頓大學出版社（Princeton University Press）的編輯——彼得・多赫提（Peter Dougherty）——在我著書過程中提供了明智的建議與溫馨的鼓勵，他清晨五點寄給我的電子信件，不過是冰山的一角。我太太——莉莉安（Lillian）——允許我在沒打高爾夫球的時間恣意寫書，也幫忙讀了原稿中每一個字，刪去了大部分（但絕不是所有）煩人的譬喻。我必須對孩子與孫子們說聲抱歉，很可惜，我不能將家族聚會上大家一致認同的「希爾博論銀」（Silber on Silver）當作最終版書名，它和許多遺珠只能留存在我們記憶中了。

參考資料

讀者不必讀最後的註解，不過它們附在書末，是為了提供更詳細的歷史細節，以及技術性較高的資訊。註解部分也包含引用的報章、期刊、學術文章與書籍，支持本書內文中特定的見解，或標註引用文句的出處。此外，註解還包含統計檢定數據，以及精確的銀價數據說明。本書中的「銀價」通常是指銀條形式的實體白銀價格，我有時也稱之為「現金價格」（cash price），這是為了和本書後半變得較重要的期貨市場銀價做區別。銀價數據出自不同的資料來源：一、十九世紀的年度數據源自*Annual Report of the Director of the Mint*, Washington, DC: Government Printing Office, 1936；二、一九三〇年代的每日銀價數據，一一蒐集自《華爾街日報》（*Wall Street Journal*），該報刊登了銀條商翰蒂與哈曼公司（Handy & Harman）的現金市場行情價；三、一九四七年後的每日現金價格，及一九六三年後的每日期貨價格，是從獨立數據批發商——商品研究局——購入，該公司曾為奈特里德金融出版社（Knight-Ridder Financial Publishing）的子公司，現為芝加哥金融數據商Barchart.com公司的子公司；四、一九六八年後的每日倫敦白銀定價（London silver fix）數據源自倫敦金銀市場協會（London Bullion Market Association），由經濟與金融數據網路公司Quandl發行。

作者的供狀

我五年前開始寫這本書時，最初的大綱和今日的完成品大相逕庭，許多歷史事件與人物令我大吃一驚，改變了我的觀點與想法。我在本書中將這些故事分享給你，希望你會和我一樣，受白銀的故事娛樂、教育與啟發。

威廉・希爾博

主要角色（依時間先後排序）

亞歷山大・漢彌爾頓（Alexander Hamilton）

美國第一任財政部長，在一七九一年提出金銀複本位貨幣制，決定鑄幣局每使用一盎司銀條便需支付一・二九美元。他提議使用金銀複本位制，是希望能促進經濟成長，並「避免過分吝嗇的循環之惡」。

約翰・謝爾曼（John Sherman）

美國俄亥俄州參議員，曾任參議院財政委員會（Senate Finance Committee）主席，透過欺瞞與不實陳述的手段通過了《一八七三年鑄幣法案》（Coinage Act of 1873），廢除了白銀的貨幣金屬地位，美元就此進入完全的金本位制。謝爾曼後來擔任財政部長與國務卿，因《謝爾曼反壟斷法》（Sherman Antitrust Act）出名，卻因所謂「一八七三年的罪行」（Crime of 1873）貶抑銀價而遭詆毀，該事件在接下來百年時間裡成了美國政壇的陰影。

威廉・詹寧斯・布萊恩（William Jennings Bryan）

這位來自內布拉斯加州、當時年僅三十六歲的美國眾議員，在民主黨全國代表大會上發表了驚心動魄的〈黃金十字架〉（Cross of Gold）演說，因此在一八九六年成為民主黨提名的總統候選人。儘管標題為「黃金」，演說談論的卻是白銀——《一八七三年鑄幣法案》通過二十五年後，美國通貨緊縮，〈黃金十字架〉將希望擴大信貸的鄉村化美西與希望嚴格條件貸款的都市化美東分為兩方陣營。一九〇〇年出版的《綠野仙蹤》（*The Wonderful Wizard of Oz*）以文學形式呈現階級鬥爭，並將布萊恩描寫成懦弱膽小、吼聲威風實則軟弱的獅子。布萊恩三度競選總統，卻沒有一次成功。

基伊・彼特曼（Key Pittman）

一九一三年在「產銀之州」（Silver State）內華達州當選參議員，以一條條提倡白銀的法案推動事業。在一九三三年成為參議院外交委員會（Foreign Relations Committee）主席，身具龐大的影響力，率領參議院中西部產礦州形成的「白銀集團」（silver bloc）說服新任總統——羅斯福——補助白銀的價格與生產。他對白銀的支持以《彼特曼法案》（Pittman Act）的形式於一九一八年問世，為支持印度盧比而授權將白銀販售至大不列顛，並且用政府補助以高於市場行情的價格買回白銀。

富蘭克林・德拉諾・羅斯福（Franklin Delano Roosevelt）

於一九三二年的美國總統選戰中大獲全勝，在基伊・彼特曼等人的幫助下推行結束經濟大蕭條的法案，其中包括結束金本位制度的法案。羅斯福在一九三三年十二月回報了彼特曼，宣稱要補助國內的白銀生產，並簽署了《一九三四年白銀購買法案》（Silver Purchase Act of 1934）。羅斯福推行的計畫使銀價翻倍，造福了美國礦業，卻重創了國民黨統治下的中國——走私犯從上海的銀行取出白銀，在全球市場上以高昂的價格將之售出，迫使亞洲大國中國廢止銀本位制。

亨利・摩根索（Henry Morgenthau）

羅斯福在紐約州杜且斯縣的鄰居與密友，後來成為羅斯福政府的財政部長，為總統實行《白銀購買法案》。摩根索使白銀國有化，以購買計畫使白銀成為美國外匯存底的百分之二十五；但同時也警告羅斯福，如此一來，由盟友蔣介石與國民黨統治的中國將遭受衝擊，可能受毛澤東統領的共產份子與日本帝國內憂外患的威脅。摩根索在基伊・彼特曼的許可下，於一九三五年十二月放棄了這項高強度的購買計畫，卻沒能拯救中國。《白銀購買法案》改變了日本的權力分配，使政權從外交官手上移轉到軍方，間接造就了一九三七年的中日戰爭。

約翰・費茲傑拉爾德・甘迺迪（John Fitzgerald Kennedy）

一九六〇年當選美國總統，主要提倡的人權法案還未在國會頒布，便於一九六三年十一月二十二日遭李・哈維・奧斯華（Lee Harvey Oswald）刺殺。他在一九六三年六月成功廢止了羅斯福的《白銀購買法案》，允許工業界更輕易地使用白銀。曾任國會參議員的甘迺迪，出身於保羅・里維爾以降出了多名銀匠的麻薩諸塞州，他從過去便支持廢止白銀幣制。甘迺迪遇刺後，調查刺殺案的華倫委員會（Warren Commission）得到結論：奧斯華的刺殺行動並未借助他人。然而，調查委員會並沒有探討甘迺迪是否因廢止白銀補助而遇害——考慮到白銀百餘年來在美國國土激發的熱情與憤怒，以上說法相較於其他陰謀論，並沒有特別荒謬。

林登・貝恩斯・詹森（Lyndon Baines Johnson）

繼甘迺迪就任美國總統，實行了許多甘迺迪未完成的法案，包括讓白銀脫離政府掌控，並於一九六八年消除黃金及白銀在國內貨幣與借貸方面扮演的角色。切斷貴重金屬與貨幣的掛鉤之後，美國中央銀行——聯邦儲備系統（Federal Reserve System）——得以因應政治壓力擴大信貸，造就了一九七〇年代的大通膨時期（Great Inflation）。政府的影響力消失後，白銀轉變為硬資產，此現象引發了浪潮般的投機買賣，銀價被哄抬至比亞歷山大・漢彌爾頓時期的一・二九美元更高的價格，金融市場陷入動盪與混亂。

亨利・賈瑞奇（Henry Jarecki）

德國出生的精神醫師，三十多歲時任耶魯大學醫學院（Yale University Medical School）教職員，同時是以藥物治療憂鬱症的醫學先驅。他在一九六〇年代晚期放棄了醫學事業，投入火熱的白銀市場，利用美國財政部一・二九美元贖回銀元券（silver certificate）的義務與商品交易所的銀條自由市場價價差，以套利策略賺入數百萬美元。他在一九七〇年代將莫卡塔金屬公司打造成全美最大的銀條交易公司之一，與被控試圖控制白銀市場的亨特兄弟相抗。

尼爾森・班克・亨特（Nelson Bunker Hunt）

右翼組織——約翰伯奇協會（John Birch Society）——成員，在一九六六年，人們發現他握有鑽油權的利比亞產油時，四十歲的他成了世界首富。其政治傾向極為保守，因此不信任政府與紙貨幣，偏好石油、土地、賽馬與貴重金屬等實體投資物。一九七三年，利比亞在穆安瑪爾・格達費（Muammar Qaddafi）的統治下將油田收歸國有後，班克對白銀的偏好演變成了痴迷。一九七三至一九七九年間，他和赫伯特（Herbert）、拉馬爾（Lamar）三兄弟聚斂了兩億金衡盎司的白銀，總量超過全球四大白銀出產國的年產量總和。一九七九年銀價暴漲，三兄弟的資產從二十億美元漲至一百億美元，他們被控操縱銀價，各交易所對他們展開報復行動，班克最終被逼得破產。

華倫・巴菲特（Warren Buffett）

二十世紀後半最成功的投資者，以購置並持有容易理解且由優秀人才經營的公司出名，也儘量避免黃金等資產，並表示那類資產「永遠都不會有生命」。身為波克夏海瑟威公司（Berkshire Hathaway）執行長，巴菲特比班克・亨特更早開始注意銀價，他認為比起作為貴重金屬，白銀在工業上更有價值。他在一九九七年投入白銀市場，購入逾一億金衡盎司，銀價因而上漲，人們認為類似亨特兄弟的事件即將重演。巴菲特的聲望平息了風波，不過他的投資策略並不符合他的「股神」威名，他太早售出手上的白銀，少賺了超過四十億美元，就此回歸他不離不棄的可口可樂公司（Coca Cola）等資產。

引 言

痴迷

三十四歲時，擁有堪薩斯城酋長隊（Kansas City Chiefs）美式足球隊的拉馬爾・亨特，談成了新成立美國美式足球聯盟（American Football League）與年代較悠久、較廣為人知的國家美式足球聯盟（National Football League）的合併案，於一九六六年創建了美國最成功的體育事業。此外，亨特還發明了「超級盃」（Super Bowl）一詞，原為兩聯盟冠軍賽的活動，現在已是美國最受矚目的單一體育活動。他表示，「超級盃」的靈感源自他的孩子：「我女兒莎榮（Sharron）和我兒子小拉馬爾（Lamar Jr.），有個叫『超級球』（Super Ball）的玩具，我應該是混淆了『bowl』和『ball』的發音。」[1]

第一場超級盃是在一九六七年一月舉行，亨特的堪薩斯城酋長隊與文斯・隆巴迪（Vince Lombardi）的綠灣包裝工隊（Green Bay Packers）對決，包裝工隊以三十五比十的比分大勝，獲得了蒂芙尼公司（Tiffany & Company）出品的七英磅標準純銀美式足球超級盃獎杯。自此之後，每年在超級盃中奪冠的球隊都獲得了相同的戰利品，它現在被稱為文斯・隆巴迪獎杯（Vince Lombardi Trophy），台座上還會由蒂芙尼公司的工匠刻上球隊名稱。

尤其在一九七〇年，自己的堪薩斯酋長隊奪冠後，拉馬爾為自己的體育事業得意不已，然而此時的他還不知道，十年後，獎杯本身的價值將漲到原本的二十五倍，而且這不只是因為它的紀念價值。一九八〇年一月，銀價突然漲至每金衡盎司五十美元，至今仍是現代最高紀錄。拉馬爾與尼爾森・班克・亨特、赫伯特・亨特兩位兄長將被控操縱白銀價格，此事件將被人們視為二十世紀最大膽無恥的商品市場操縱案。[2]

拉馬爾、尼爾森與赫伯特三兄弟的父親是H・L・亨特（H.L. Hunt），這位愛玩撲克的石油大亨在政治上為右派，將紐約的自由派共和黨州長納爾遜・洛克斐勒（Nelson Rockefeller），視為與古巴的斐代爾・卡斯楚（Fidel Castro）相同等級的人物。作為家長，他教孩子別信任政府，尤其是政府發行的紙貨幣，並鼓勵他們投資石油、土地與貴重金屬等實體物。他為孩子們設立信託，其中包括價值數十億美元的家族企業——普拉西德石油公司（Placid Oil Company）——的股份，這成了兒子們發展事業的資金來源。身材高挑、溫婉得如同會計師的拉馬爾，在一九六〇年代致力於經營美式足球事業，個性外向的哥哥班克——人們都這樣稱呼尼爾森——則將財力與精力放在賽馬與油田上。班克是個梨形身材、體重兩百五十英磅的男人，身為家族發言人的他很享受萬眾矚目的感覺。和父親同為投機商人的班克擁有利比亞的鑽油特權，那是他和利比亞國王伊德里斯一世（King Idris）談成的協議，而在發現利比亞產石油後，他本應成為全球最富有的男人。沒想到他還來不及充分享受投資成果，利比亞的反叛勢力便於一九六九年在穆安瑪爾・格達費的率領下推翻王政，不久後，油田就收歸國有。班克仍然是億萬富豪——實際擁有超過十億美元財富的富豪——不過此次事件令他更不信任政府了。

本就屬保守派的班克，加入了約翰伯奇協會，等同當代的茶黨（Tea Party）。他擔心政府開銷導致通貨膨脹、削減美元的價值，因此開始投資白銀。[3] 他也認為自己能將購入的貴重金屬，存放在他占地兩千英畝、位於達拉斯市近郊的圓T牧場（Circle T ranch），不必擔心格達費來搶占他的資產。然而，他的投機買賣很快就轉變為痴迷，就連德克薩斯州也容不下他的資產了。一九七三至一九七九年間，他帶兩個弟弟購置將近兩億金衡盎司的白銀，存放於紐約、倫敦、瑞士與其他未公開的地點，一九七九年九月，亨特兄弟持有的白銀價值約二十億美元。四個月後，銀價漲至每金衡盎司五十美元，他們的資產也膨脹至將近一百億美元。

然後，那些錢一夕間消失了。短短一年內，班克・亨特被迫抵押他持有的普拉西德石油公司股份，為避免破產而借貸了十億美元。他先前為了購銀而大肆借貸，當銀價跌回每金衡盎司十美元之際，他的槓桿股份價值也跌了下來，堪比經濟大蕭條時期道瓊指數（Dow Jones stock index）下跌的程度。接著，三兄弟因投機購銀時，與沙烏地阿拉伯謝赫密謀壟斷白銀市場，必須負法律責任。審判結束後，班克・亨特宣布個人破產，包括十五個古希臘瓶飾與羅馬帝國時期銀幣收藏在內，他鍾愛的持有物都賠給了債權人。[4] 姊姊問他究竟發生了什麼事，他答道：「我不過是想賺點錢而已。」[5]

亨特兄弟不是最先受白銀誘惑的人，也不會是最後三個。一九九七年，華倫・巴菲特——近五十年最成功的投資客之一——購入超過一億金衡盎司的白銀，幾乎等同亨特兄弟當初購置的量，銀價因而漲至十年內的高峰。一九三三年，羅斯福調漲了美國財政部的公定銀價，安撫了出身西部產礦州的參議員，無視此舉助長了日本征服中國的可能性。而在一九一八年，內華達州參議員基伊．彼特曼推動在第一次世界大戰期間將白銀售至印度的法案，為自己的州民謀求福利。不過，這白色金屬不只是美國人求取個人進展的媒介而已，它從共和國創始最初就是貨幣系統的一部分，和星條同樣與美國歷史密不可分。

美國選舉政治當中最知名的演說之一——內布拉斯加州眾議員威廉．詹寧斯．布萊恩在一八九六年民主黨全國代表大會上的〈黃金十字架〉演說——談的就是白銀。布萊恩在發表這場足以令現代電視福音傳道人面紅耳赤的演說之後，成了民主黨推舉的總統候選人：「我來此，是為了守護和自由同樣神聖的理想——人性的理想……所有支持自由鑄造銀幣理念的民主黨員，都該結為聯盟，掌握並控制民主黨的政策……我們並不是侵略者，我們打的也不是征服他人的戰爭，我們是為了守護家園、家庭與萬代子孫而戰。」[6]布萊恩提倡恢復將白銀用於鑄幣的制度，希望能導正《一八七三年鑄幣法案》所導致的不公——該法案廢止了國會於一七九二年通過的白銀鑄幣政策，使美國財政走上金本位制度之路。廢除白銀貨幣的政策，導致十九世紀最後二十多年美國嚴重通貨緊縮，農產品價格下跌引發了中西部農人對東岸銀行業者的怨恨。從一九〇〇年出版至今為數百萬人帶來娛樂的《綠野仙蹤》，就是當代階級鬥爭的諷喻。

一八七〇年代，大量白銀在美國流通，它因此成為大眾化的金屬，相較於金本位制度下較為受限的貨幣，白銀成了廉價金錢的代名詞。在布萊恩看來，重新實行金銀複本位制能推動通貨膨脹，減輕農民向銀行抵押欠債的壓力。一個世紀後的一九七〇年代，亨特兄弟為抵禦通貨膨脹而投資白銀，以看似堅不可摧的硬資產守護自己的財富，避免受揮霍無度的政府影響。這本書講述的是白銀從十九世紀的弱勢通貨，轉變成今日的硬資產的故事，也是人們操縱白銀市場，對現代世界造成種種改變與影響的故事。想瞭解白銀對政治人物的吸引力，以及它對投機商人與密謀者的誘惑，我們首先需要從歷史的角度來看這則故事。

在面臨政府違約、政治動盪與通貨膨脹之時，世界上大多數人都會尋求白銀的庇護；常規的投資失敗時，人們往往選擇投入白銀的懷抱。二〇〇八年金融危機過後那三年，銀行在破產邊際徘徊，義大利、愛爾蘭與希臘的政府債券堪稱垃圾債券，惶惑不安的投資者幾乎使銀價上漲百分之四百，超過華倫・巴菲特的波克夏海瑟威股價十年的漲幅。[7] 然而，這種貴重金屬並不僅止於安全投資，數百年來，銀匠將它打造成了上層階級使用的餐盤、燭台與酒杯，人們往往會驕傲地在自家飯廳櫥櫃上展示這些傳家寶，彰顯家族富裕的過往……而到了經濟窘迫的時期，人們卻又低調地售出這些寶貝，換取現金。

此外，白銀也曾是全世界幾乎所有國家的貨幣本位，包括二十世紀的中國與沙烏地阿拉伯、十七世紀的大不列顛，以及《聖經》時代的埃及。十九世紀的英國以金本位制度稱霸全球貿易，但時至今日，該國貨幣仍被稱為「英鎊」（pound sterling），矛盾地令人回想起標準純銀（sterling silver）本位時期的制度。銀幣、燭台或超級盃獎杯若為「標準純銀」

（sterling），意思是它含百分之九十二・五純銀，剩下百分之七・五則是加強硬度用的銅。硝酸與重鉻酸鉀混合物和標準純銀碎屑樣本反應後的顏色，不同於和百分之九十九・九純度「足銀」（fine silver）反應過後的顏色，一旦經過專業人士的檢驗，銀器的純度便一目瞭然。[8]各國政府擔保了貴重金屬鑄造的錢幣的純度與重量，因此大眾不必一一檢驗貨幣也能接受並使用，銀匠也會在作品上刻上「925」或「sterling」字樣，保證作品的品質。英國國王亨利八世（Henry VIII）與安妮・博林（Anne Boleyn）之女——英國女王伊莉莎白一世（Queen Elizabeth I）——在一五五八年即位，兩年後，她規定以一英磅的標準純銀為英國貨幣的貨幣本位標的物。[9]這所謂「英格蘭古制」源自十一世紀的威廉一世（William the Conqueror）統治時期，該貨幣因花錢如流水的亨利八世貶值，後來才因伊莉莎白一世的政策而恢復原有的價值。[10]儘管英國後來切換至金本位制度，與標準純銀密不可分的「英鎊」一稱並沒有消失，時至今日，英國貨幣早已不含白銀了，不過人們仍改不了舊稱。

銀匠鑄造銀飾的需求與政府鑄銀幣的需求發生衝突時，經常導致出乎意料的結果。對法國施行七十年絕對統治、直到一七一五年逝世方罷手的法王路易十四（Louis XIV），將凡爾賽宮華美的銀質家具與餐具鎔成了銀條，供國庫鑄幣使用。[11]銀盤與銀質餐具套組成了通用貨幣，餘下的法國貴族無計可施，只得效法國王——畢竟路易十四有一句名言：「L'État, ce'est moi」，意為「朕即國家」。結果，法國得到了財政信譽，留存下來的古董銀器也以稀為貴。

到了現代，各國政府不再通用銀質貨幣。然而逐漸提升的工業需求，漸漸與銀匠製作銀飾的需求拉鋸，互相爭奪白銀資源。伊士曼柯達（Eastman Kodak）攝影器材公司生產的相片底片，一年內使用的銀金屬往往多於珠寶業。[12]今日，數位相機取代了傳統相機，相片底片的需求不復存在（柯達公司也於二〇一二年宣告破產），電子產業成了商業用白銀的大宗消費者。銀、金與鉑同稱「貴金屬」（noble metal），是因為它耐腐蝕，是導電效果最佳的金屬，被廣泛用於斷路器、開關、保險絲與其他電子元件。現代科技也充分利用了銀金屬抗菌的特性，二〇〇六年，南韓製造業巨擘三星集團（Samsung）推出新型洗衣機，該機器能在洗衣過程釋放銀離子，達到消毒衣物的效果。[13]零售專賣店尖端印象公司（Sharper Image）推出含奈米銀粒子的塑膠食物容器，據稱能提升食物保鮮效果，該產品在亞馬遜（Amazon）網站上廣受使用者好評。[14]而在二〇一七年，紐約州中部的柯蓋德大學（Colgate University）為防範致命的耐甲氧西林金黃色葡萄球菌（MRSA staph），用含雙氧水與銀的噴霧消毒更衣置物間。[15]白銀的工業需求，現已超越它在首飾、銀條與紀念幣方面的需求。[16]

白銀之所以能吸引市場操縱者，是因為偶爾的投機熱潮會與逐年提升的工商業需求相衝，此現象在人民因政治動盪而心生恐慌時尤為顯著，相應的價格起伏允許密謀者相對輕鬆地哄抬銀價，同時隱藏自己操縱市場的事實。一九七九年十一月四日，據稱亨特兄弟密謀壟斷白銀市場的高峰期，伊朗學生攻入美國大使館，挾持了美國公民。[17]此事引發的政治危機，再加上其他因素，致使銀價在接下來三個月內翻了兩倍，掩蓋了操縱者動過手腳的痕跡。[18]

對不信任政府的人而言，黃金是守護財富價值的主要資產，不過大多數人仍會選擇白銀的庇護，因為它較便宜，也較容易購得。在今天，一條標準的一百金衡盎司銀條——體積約等同三條相疊的好時（Hershey）巧克力塊——要價約一千七百美元；而一條一百金衡盎司金條則要價十三萬美元。相對小資的白銀市場使白色金屬的價格較黃色金屬容易波動起伏，緊張兮兮的買家與賣家同樣經手一百萬美元，對白銀市場造成的衝擊較大。[19]二〇〇八年金融危機過後，白銀領先其他貴重金屬漲價，當時金價漲了近百分之兩百五十，銀價卻暴漲將近百分之四百。[20]

幾乎從有史以來，人們能在日常交易中接受紙貨幣，是因為政府承諾以黃金或白銀交易那些紙張，賦予紙幣內在價值。在一九三三年前，美國公民能以每金衡盎司二十・六七美元的價格將貨幣兌換成黃金，一九三四至一九七一年間，外國政府也願意以每金衡盎司三十五・〇〇美元的價格兌換黃金。尼克森（Richard M. Nixon）總統於一九七一年八月十五日終止了財政部的預備金義務，斷開美元與貴重金屬最後的掛鉤。

現今，世界上所有國家都發行法定通貨（fiat currency），即奠基於政府信用的紙幣。至於這相對新穎的全球純紙幣實驗是否能成功，答案我們仍未知曉，因為過去的政府經常濫用它們印鈔與破壞貨幣價值的權利，例如一九二〇年代惡性通貨膨脹的德國。[21]包括一九七〇年代的亨特兄弟與今日的茶黨在內，擔心實驗會失敗的人多選擇投入金或銀的懷抱，向古今被人們賦予價值的貴重金屬尋求庇護。偉大的英國經濟學家大衛・李嘉圖（David Ricardo）身為成功的投機商人，學到了不少關於金錢的知識，他早在將近兩百年前寫道：「然而，經驗顯示，無論是國家或銀行，只要握有不受限地發行紙鈔的權力，便必然會濫用那份權力。」[22]李嘉圖建議：「發行紙鈔的權力應受到某些限制與控制；為達此目的，發行紙鈔者應肩負以黃金（或白銀）錢幣或條塊兌付紙鈔之義務。」[23]以貴重金屬作為貨幣基礎能穩定價格，卻也造成了爭議。

在財政部長亞歷山大・漢彌爾頓的推動下，美國於一七九二年設立了金銀複本位制度，以黃金與白銀支撐美國貨幣。在複本位制度下，兩種金屬相互爭奪大眾的注意力，直到國會通過《一八七三年鑄幣法案》，廢除了白銀的官方貨幣地位，使黃金成為美國貨幣唯一的基礎。[24]接下來二十五年，黃金因過於稀少而造成影響廣泛的通貨緊縮，而政府對白銀的需求降低，再加上其他因素，致使銀價下跌逾百分之五十。[25]在那之後，西部產礦各州紛紛呼籲國會「為銀想想辦法」，這成了全美各報頭條。[26]威廉・詹寧斯・布萊恩乘著白銀問題驅動的怨念列車，在一八九六年民主黨全國代表大會上成為民主黨總統候選人，最後於選戰中敗給威廉・麥金利（William McKinley）。此後，布萊恩兩度競選總統失敗，但失敗歸失敗，人民因白銀產生的怨憤不安並未平息，反而持續到了二十世紀。

經濟大蕭條時期，銀價降到了歷史新低——每金衡盎司〇・二四美元——之後，內華達州民主黨參議員基伊・彼特曼，即參議院外交委員會位高權重的主席，力勸羅斯福總統讓白銀恢復原初的幣制地位。[27]作為回報，彼特曼答應率西部產礦州的十四位參議員，支持飽受爭議的羅斯福新政（New Deal）。羅斯福以一系列的白銀購買計畫回應彼特曼等人，第一項計畫是一九三三年十二月二十一日的行政命令，指示美國財政部以每金衡盎司〇・六四五美元的價格購買國內生產的白銀，價格是自由市場價──〇・四三美元──的百分之一百五十。[28]當時的金融界觀察家表示，羅斯福的第一次總統任期，對白銀產業的補助與銀價翻倍的功效，給了「銀礦工與投機商人許多好處」。[29]彼特曼參議員也如此認為，他將羅斯福的善舉描述為「聖誕禮物」。[30]

彼特曼並沒有食言，他帶領「白銀集團」參議員支持羅斯福於一九三三年推出的政府市場投資法案，振興了國內經濟，卻重創了美國外交。財政部以高價收購白銀的行為，吸引了世界其他國家的白銀，尤其是當時實行銀本位制度的中國。儘管中國法律禁止白銀輸出，仍有投機商人從上海走私白銀，在全球市場上謀求利潤，最終迫使中國在國家最脆弱的時期放棄銀本位制度。[31]一九三五年，中國在美國的盟友──蔣介石──的統治下，面臨毛澤東等共產反動份子的內憂，以及帝制日本的外患。羅斯福的財政部長──亨利・摩根索──擔心中國政府勢力未穩、經濟虛弱，還得面對日本的威脅，因此特別容易受美國白銀政策引起的混亂衝擊。[32]

摩根索所言不虛，羅斯福拉攏西部參議員的白銀計畫，幫助日本軍方征服虛弱的中國，也促使日本進軍第二次世界大戰，充分展示在不考慮國際後果的情況下，恣意制定內部政策的危險。相較於尼爾森・班克・亨特操縱白銀市場的行為，羅斯福操縱銀價是否算是犯罪行為呢？讀完本書後，相信你能掌握多方資訊，自行下定論。

第一章

漢彌爾頓的構思

美國制憲會議（Constitutional Convention）與會者之中，亞歷山大・漢彌爾頓應該是最瞭解金錢與金融的一位。一七五五年，身為私生子的漢彌爾頓誕生在西印度群島，而後於一七七三年來到紐約市，在國王學院（King's College）——今天的哥倫比亞大學（Columbia University）——受教，成為美國愛國主義者。獨立戰爭時期，他加入紐約民兵對抗英國軍隊，戰爭期間大部分時間都在喬治・華盛頓（George Washington）的大陸軍（Continental Army）以職員的身分服役。戰勝英國後，他協力創辦了紐約銀行（Bank of New York），也就是今日的紐約梅隆銀行（Bank of New York Mellon），不久後致力修復《邦聯條例》（Articles of Confederation）下各州鬆散的關係。他與詹姆斯・麥迪遜（James Madison）、約翰・傑伊（John Jay）合著了《聯邦黨人文集》（*Federalist Papers*），提倡握有強權的中央政府，並在制憲會議中提出類似英王喬治三世（King George III）的終身制總統職。華盛頓自然不認同漢彌爾頓的君主主義提案，但還是善用了這名年輕門生在金融領域的才能，指派他加入第一批內閣，擔任財政部長。[1]

在財政部時，漢彌爾頓推行英國傳統制度的行動較為成功，他於一七九一年準備了一篇報告〈論鑄幣局之設立〉（On the Establishment

美國財政部前的漢彌爾頓像。

of a Mint），建議以黃金與白銀定義美元，模仿英國成功的法定雙金屬複本位制度。[2]並成功於一七九二年四月二日推行法案，鑄造了一系列的美幣，其中包括重約四分之三金衡盎司的銀元，以及重約半金衡盎司的金鷹十元幣。[3]銀元的貴重金屬含量被精確定義為三百七十一・二五金衡喱純銀，十元金鷹幣則是兩百四十七・五金衡喱純金，漢彌爾頓還提議以類似英國「貨幣檢查箱」（Trial of the Pyx）的制度確保錢幣品質。[4]

英國的檢查制度起源於十三世紀，目的是確保君王的貨幣不會因鑄幣局局長（Master of the Mint）鑄造貴重金屬含量低於標準純度的錢幣而貶值。檢查者隨機從鑄幣局鑄造的錢幣中挑選一些，封入貨幣檢驗箱（pyx），交由互無交集的專家鑑定，每完成一輪檢驗便再次放入箱子並上鎖。若通過檢驗，便能確保貨幣的內在價值，而鑄幣若沒有通過檢驗，皇家鑄幣局局長將受到起訴。一三一六年成為鑄幣局局長的吉爾・德・赫特堡（Giles de Hertesbergh）就因鑄幣時偷工減料被判刑，和走私犯、債務人與海盜在倫敦王室內務法庭監獄共處了六週。[5]

一七九二年的法案依照漢彌爾頓的提議，要求鑄幣局每年的錢幣樣本受「合眾國首席大法官、財政部長與大臣及合眾國司法部長檢驗」，檢驗者堪比英國的菁英與專家，不過法案的苛刻程度帶有濃濃的美國味。[6]法條第十九節規定，若任何錢幣樣本「遭貶值或鑄造不良……犯下任何罪過或其中之一的每一位官員或人員，將被視為重罪，處以死刑」。[7]

在美國，人們向來鄭重看待死刑案，而死囚牢房裡的死刑犯是死刑最沮喪的見證者。雖然將近兩百次貨幣檢驗中，一直無人被判處死刑（至少無人公然受死），法律效力仍延續到了一九七七年，直到吉米・卡特（Jimmy Carter）總統廢除負責檢驗錢幣的美國化驗委員會（U.S. Assay Commission），就此終止了戲劇性的規定。[8]卡特政府稱此為國家亟需的省錢行動，然而選民並不認可總統的種種省錢政策，外加其他罄竹難書的理由，他們在一九八〇年否定了他連任的希望。

漢彌爾頓一七九一年的鑄幣報告，大部分篇幅著重於建立美元與黃金、白銀的連結，允許任何持有金條或銀條者兌換錢幣，那是當年發行貨幣的模式。他因黃金穩定且「較稀有」，考慮過單純的金本位制度，不過他得到的結論是，無論從貨幣制度中移除哪一種金屬，都將「限制流通媒介的數量」，使國家面臨「過分吝嗇的循環之惡」。[9]成功的交易媒介必須取得稀少與過量之間的平衡，宛如大河的潮起潮落，並在取得平衡時培植貿易。白銀在古時為主流貨幣，是因為它有價值，而它之所以能成為在歐洲流通數百年的主流貨幣，是因為它的價值一直沒漲得太高。[10]漢彌爾頓提出白銀貨幣，是為了避免通貨緊縮、支持經濟成長，國會也同意立法以黃金、白銀兩種貴重金屬作為美國貨幣的基礎，人民得以在還債或繳稅時以金銀付帳。黃金價值較高，因此適用於高額商業交易，例如進口一箱法國香檳；白銀價值較低，適用於較小的社交活動，例如在地方酒館買一輪酒。

漢彌爾頓為錢幣相對的金銀含量掙扎許久，他明白，若制定錯誤的比例，內在價值低於面額的錢幣將在美國通行，而內在價值高於面額的金屬則會永遠以金條、銀條的形式存在，不會被鑄成錢幣。這個難處被稱為「葛萊興法則」（Gresham's law）——托馬斯・葛萊興爵士（Sir Thomas Gresham）是輔佐伊莉莎白一世重新制定純英鎊的官員——可以用一名句簡述之：「劣幣驅逐良幣。」[11]大科學家艾薩克・牛頓爵士（Sir Isaac Newton）在十八世紀早期兼任英國鑄幣局局長，就落入了葛萊興法則的陷阱，不慎高估了黃金的價格，致使白銀貨幣遭逐出市場。[12]不少人懷疑那句名言並非葛萊興所說，但無論話是不是他說的，托馬斯爵士將和莫非先生（Mr. Murphy）與他的莫非定律——凡是可能出錯的事，就一定會出錯——一樣，被永遠記在歷史的長河中。

我們能以簡單的例子說明葛萊興法則：假設珠寶商與銀匠願意出每金衡盎司一美元的價格買黃金或銀條，於是鑄幣局發行含一金衡盎司黃金或白銀的一元錢幣。如此一來，持有銀條的人會前往鑄幣局，金屬條接受免費檢驗後，他們能得到一枚一元硬幣，兩種金屬都能持續作為貨幣在市場上流通。那現在，假設醫師宣稱早餐吃金箔能減肥，金條價格上漲，漲到每金衡盎司兩美元。[13] 鑄幣局依循法律規定，繼續用一美元兌換黃金與白銀，但這麼一來所有人都會囤積黃金，只將銀條帶去鑄幣局換錢幣。在上述情境中，黃金作為保健食品的價值，高過它作為錢幣的價值，因此它失去了貨幣的用處。

只有在鑄幣價格反映市場價之時，金銀複本位制度才能確實運作，兩種錢幣才能在市面上流通，避免「過分吝嗇的循環之惡」。經過長時間的討論，漢彌爾頓提出了十五比一的價格比例，因為在一七九一年，金條的價值約為等重白銀的十五倍。[14]《一七九二年鑄幣法案》制定了每種錢幣的貴重金屬含量，結果就是每金衡盎司白銀一・二九美元的鑄幣價，黃金的鑄幣價則是白銀的十五倍：每金衡盎司十九・三九美元。[15] 這組相對價格十分合宜，接下來十年的幣值都相當穩定，直到黃金相對於白銀的市場價漲至將近十六比一，葛萊興的預言成真了：人民私藏黃金，帶往鑄幣局的貴重金屬只剩下白銀。[16]

原本的金銀複本位制逐漸轉型為銀本位制，漢彌爾頓見了多半感到相當不悅，但他的不悅並沒有維持太久。一八〇四年七月十一日，他在美國史上最出名的決鬥中，死在當時的美國副總統阿龍・伯爾（Aaron Burr）槍下。兩人多年來相處不睦，漢彌爾頓在一八〇〇年備受爭議的總統大選中選擇支持湯瑪斯・傑佛遜（Thomas Jefferson）而非伯爾，且據說前財政部長漢彌爾頓詆毀了在一八〇四年競選紐約州州長的副總統伯爾。不過，緊張的關係應該源自更早以前的事：伯爾過去就讀紐澤西學院（College of New Jersey），也就是今日的普林斯頓大學，在國王學院（今日的哥倫比亞大學）受教的漢彌爾頓，本就是同為常春藤盟校校友的競爭對手。

漢彌爾頓無法修正自己制定的規則，好在國會於一八三四年替他做到了。國會重新定義了錢幣的黃金含量，並將每金衡盎司黃金的鑄幣價提升為二十・六七美元（後來在一八三七年又修正了一次）。[17] 新的金銀鑄幣價比例是十六比一（二十・六七美元除以一・二九美元等於十六），相較於金條市場上的價格，將黃金兌換成貨幣更划算，新規定鼓勵美國民眾將黃金鑄成錢幣，成效相當好。[18] 從此之後，即使法律規定是金銀複本位制，無論是還債或納稅都能使用金幣、銀幣，美國主要的交易媒介成了黃金。在十六比一的制度下，銀條形式的白銀相對價值高於銀幣，從一八三四到一八七三年，金屬市場的平均銀價每年都高於每金衡盎司一・二九美元的鑄幣價，[19] 最高的年平均銀價是一八五九年的每金衡盎司一・三六美元。當時，龐大的康斯塔克礦脈（Comstock Lode）被發現之事公諸於眾，銀價漲至高峰。在那之後的一百年裡，年平均銀價會降到遠不及高峰期的低價，十六比一的鑄幣價將成為久遠的回憶。[20]

康斯塔克礦脈的中心位於內華達州維吉尼亞市，是荒郊野外一塊露出地表的岩石地，剛開始營運的那十年，該礦脈產出的白銀超越了美國歷史紀錄。全國各地的人民，加上來自愛爾蘭、法國、德國與中國的移民，紛紛湧入荒蕪的產礦區尋求財富，將戴維森山（Mount Davidson）的山坡地轉變成人口三萬的繁華都會——維吉尼亞市。[21]陡峭的山坡使日常生活如同冒險，居民經常聽見失控的馬車滾下市中心C街，不得不閃到一旁，以免被撞飛。儘管生活艱困，在邊陲地區塵土中存活下來的人，終於因謹慎與堅持得到了回報。一八六一至一八七〇年間，鑰石公司（Keystone）、歐菲爾公司（Ophir）、黃蜂公司（Yellow Jacket）、山姆叔叔公司（Uncle Sam）（山姆叔叔當然也來參一腳囉）等採礦公司，從康斯塔克礦脈開採了價值約三千萬美元的銀礦，而從共和國建立至一八七〇年，全美所有礦場產出的白銀只有不到兩百萬美元的價值。[22]

除了讓鋤頭變銀湯匙之外，採礦狂潮還對美國造成了更廣泛的影響。它推動了美國十九世紀最知名幽默作家——在維吉尼亞市《企業報》（*Territorial Enterprise*）當記者時使用「馬克・吐溫」（Mark Twain）筆名的塞姆・克萊門斯（Samuel Clemens）——的寫作事業；它在一八六四年十月三十一日，讓內華達州以美國第三十六州的身分加入南北戰爭（Civil War）的聯邦軍；一世紀後，它造就了一九五九年到一九七三年在國家廣播公司頻道（NBC TV）播映的西部影集《牧野風雲》（*Bonanza*）——該影集片名致敬了此地區的「大礦帶」（Big Bonanza）發現。[23]有些人認為白銀市場崩盤是康斯塔克礦脈所致，最終導致威廉・詹寧斯・布萊恩於一八九六年競選總統，以及東岸銀行家與中西部農民的對立。而證據顯示，維吉尼亞市的一座座礦場不過是餘興節目罷了。

儘管康斯塔克礦脈在一八六〇年代大幅提升了白銀產量，銀條價格依然穩定得出奇，一八六〇年平均每金衡盎司一・三五美元，一八六九年平均每金衡盎司一・三三美元。[24] 十九世紀後期銀價下跌百分之五十，是從一八七三年開始的，那年，銀價跌到近三十年新低——每金衡盎司一・三〇美元——以下，而且繼續如維吉尼亞市那些失控的馬車般下滑。[25] 一八七三年同樣是一樁所謂「犯罪事件」發生的那一年，參議院財政委員會主席約翰・謝爾曼參議員引導國會通過《鑄幣法案》，廢除了美國銀元的貨幣地位。上一代的加利福尼亞淘金潮，早已種下白銀弱化的種子，謝爾曼則刻意蒙騙眾人，使白銀式微的情形雪上加霜。

第二章

解開一八七三年的罪行之謎

出身俄亥俄州的共和黨員約翰・謝爾曼，前前後後在華府待了近半個世紀，他是深具影響力的議員與內閣成員。謝爾曼於一八五四年當選眾議員，一八六一年當選參議員，在南北戰爭時期成為亞伯拉罕・林肯（Abraham Lincoln）的忠實支持者。他日後在拉瑟福德・B・海斯（Rutherford B. Hayes）當政時擔任財政部長，並在威廉・麥金利執政時任國務卿，不過他最廣為人知的作為，是在一八九〇年推行所謂的《謝爾曼反壟斷法案》——也就是反對企業獨占市場的西奧多・羅斯福總統（President Teddy Roosevelt）最愛的法案。然而，一八七三年的罪行發生之時，謝爾曼擔任參議院財政委員會主席之事卻少有人知——這也正中他下懷。

謝爾曼出生於一八二三年的俄亥俄州蘭開斯特市，是查爾斯（Charles Sherman）與瑪莉（Mary Sherman）的十一個子女之一。[1]他父親是事業有成的律師，雖然在約翰六歲時去世，他還是成了兒子心目中的楷模。約翰後來走上父親的路，而後和過去與未來許多人一樣，運用自己受過的法律訓練開創政治事業。在華府工作期間，他在立法體系中積累了龐大的權勢，兩度欲代表共和黨參加總統大選卻失敗了。職業生涯中，謝爾曼一直生活在兄長威廉・特庫姆賽・謝

姿態輕鬆的約翰・謝爾曼參議員。

爾曼（William Tecumseh Sherman）的陰影中。威廉・謝爾曼在南北戰爭期間為北軍將領，後來在尤利西斯・S・格蘭特（Ulysses S. Grant）當上總統之後，取代格蘭特成為陸軍總指揮官（Commanding General of the Army）。謝爾曼將軍因戰爭時期殘酷地下令穿過喬治亞州「向大海進軍」出名，戰爭結束後，成為集大眾目光於一身、娛樂大眾的演說家。他拒絕了競選總統的請求，道出著名的宣言：「假若被提名，我不會接受；假若當選，我也不會就任。」[2]撇開兄弟之間的競爭不談，因不苟言笑而被稱為「俄亥俄冰棍」（Ohio icicle）的謝爾曼參議員，原本也許會否認關於《一八七三年鑄幣法案》的詐欺指控，然而社會大眾對他八面玲瓏的兄長——被親友暱稱為「庫普」的謝爾曼將軍——的景仰，多半是促使他以行動掩飾案情的原因之一。[3]

一八七三年的罪行，是指國會於一八七三年二月十二日通過的法案，該法案廢止了亞歷山大・漢彌爾頓的寶貝法規。從此以後，美國的金銀複本位制度結束了，黃金將會是美國貨幣唯一的法償貨幣。[4]新法刪去了一七九二年實行至一八七三年的制度，人們不再能免費且無限制地在鑄幣局兌換銀元，而十美分、二十五美分、五毛美元等銀幣的法償貨幣地位也受到限制，兌換額不得超過五美元。[5]美國憲法允許國會「鑄幣」與「管制其價值」，所以技術上而言，投票支持此法案的議員都沒有犯法。參議員與眾議員甚至能在不犯法的情況下，將自己偏愛的大不列顛、法國、西班牙與葡萄牙錢幣定為美國的法償貨幣，他們也確實在一七九三年如此行事。[6]之所以有行為不當的指控，是因為法案通過時，甚少人明白轉換至金本位制度的所有後果。此外，提出該法案的參議院財政委員會主席約翰・謝爾曼不僅沒敲響警鐘，反而在瞭解事情重要性的情況下，低調地通過了法案。

進行《鑄幣法案》的早期討論時，謝爾曼對參議院表示[7]：「這是條將美國鑄幣規章編為法規的法案。它沒有提出新原則，也只更改通則的極少部分，唯一的例外是將鑄幣局總部遷至華府。」[8]謝爾曼應該說完第一句就住口的，第一句準確描述了《鑄幣法案》，該法的六十七段當中，有超過五十段與鑄幣流程有關，包括檢驗師、融金師、煉金師與鑄幣師的薪資與責任，以及行政事務，例如改由財政部管理原本獨立的鑄幣局。[9]國會大部分的相關辯論，都著重於鑄幣局將金條、銀條鎔鑄成錢幣，是否該向民眾收取費用。[10]鑄幣相關的凡俗事務，掩藏了法案對貨幣本位制度的實質更動，即使是一八七三年在耶魯大學教授金錢相關科目的政治經濟學教授弗朗西・A・沃克（Francis A. Walker）等專業的觀察家，也沒注意到貨幣制度的變化。沃克坦承，一直到事發過後許久，他才「得知銀元廢止通用」之事。[11]

最初以「罪行」一詞形容《一八七三年鑄幣法案》的，是一八七六年美國貨幣委員會（U.S. Monetary Commission of 1876）書記喬治・M・維斯頓（George M. Weston），他寫道：「不容置疑的事實是，這個國家的法律遭人動過手腳。至於此罪行的犯人是誰，我們可能永遠無法得到令人滿意的答案。」[12] 內華達州的約翰・P・瓊斯（John P. Jones）參議員認為，「假借管制美國鑄幣所的名義」廢除白銀的貨幣本位地位，是「嚴重的犯罪」。[13] 還有其他人稱此事件為「詐欺」與「陰謀」，然而後來成為麻省理工學院（Massachusetts Institute of Technology，MIT）校長及美國經濟學會（American Economic Association）創辦會長的沃克教授，才真正奠定了歸咎的基礎：「任何居信賴地位之人，都無權在不呼籲眾人注意此事、確保人們完全理解它的意義的情況下，通過如此重大的規制。而不明白美國停止通行白銀貨幣為極其重大之事的人，都無權參與該委員會，或撰寫影響我們偉大國家幣制的法案。」[14]

約翰・謝爾曼於一八六七年三月成為參議院財政委員會主席，他幾乎立刻便察覺到，白銀的貨幣本位地位將如不久前滅絕的渡渡鳥，就此消失無蹤。[15] 他在一八六七年春季遊歷歐洲，花了不少時間在巴黎參觀法國皇帝拿破崙三世（Napooleon III）提議組織的世界博覽會——一八六七年巴黎世界博覽會（Universal Exposition）——以及國際貨幣會議。在國際貨幣會議中，二十個國家的代表齊聚一堂，提倡各國統一重量、度量單位與錢幣。[16]謝爾曼受到了王室等級的待遇，人人稱他為「參議員先生」，他還在裝飾華美、位於羅浮宮（Louvre）旁的杜樂麗宮（Tuileries Palace）參加皇帝舉辦的接待會。[17]他穿上了包括禮服外套、正式褲裝與黑絲襪的晚宴服飾，會見了俄羅斯皇后、威爾斯親王、普魯士國王與俾斯麥（Bismarck），謝爾曼還驕傲地回憶道，俾斯麥「以一鞠躬與數句話招呼了我」。[18]然而，相較於以議論白銀在世界貿易的未來為目的的國際貨幣會議，國宴的重要性只能擺在次位。

在紙醉金迷、令人分心的巴黎夜生活中，會議的焦點放在通用公制度量系統等較狹隘的問題上，同時也探討了合宜的國際貨幣體系等較廣泛的議題。一八五〇年代，在加州與澳洲發現大量金礦的情勢推動下，黃金價值下跌，因此成為主流通用媒介（這也是拜葛萊興法則所賜）。與會者意識到，黃金已然足夠充足，能支持日益成長的世界貿易，相對白銀過於稀少的問題已不復存在。此外，他們也認為黃金較白銀容易運送，有作為「國際貨幣」的優勢，能成為國與國之間理想的交易媒介。[19]「絕大多數」與會者票選黃金為「唯一的貨幣價值體系」，並提議「於存在雙貨幣體系（複本位制度）之處」廢棄該制度。[20]

巴黎貨幣會議（Paris Monetary Conference）結束後六年內，歐洲幾乎所有大國都轉而實行金本位制度，約翰·謝爾曼也迅速在美國實行會議中的提案。他在一八六八年將法案提交至國會，法案參考了美國派至國際會議的代表——塞繆爾・拉格爾斯（Samuel Ruggles）——的報告〈論金與銀幣制〉（In relation to the coinage of gold and silver）。[21] 法案的主軸為停止通用銀幣，並推出能與法國二十五法郎錢幣互換的新五美元金幣。法案第三段強調：「此案下發行的金幣，將於所有金額的所有支付款項中為法償貨幣；銀幣將於所有金額不超過十美元的支付款項中為法償貨幣。」該法案的反對者以紐約州參議員愛德文・摩根（Edwin Morgan）為首，曾為共和黨全國委員會（Republican National Committee）主席的摩根對法案展開突襲，他表示：「如法案所提出的重大國家幣制改革，經成熟的議論方可下定論。」[22]

謝爾曼從此次在戰場上的挫敗學到了教訓，轉而以應在西點軍校（West Point）教授的高明聲東擊西之計反擊。他在一八七〇年四月提出財政部草擬的新法案，該案名為《修改關乎美國鑄幣所、檢驗所與幣制之章法》（Revising the laws relative to the mints, assay offices, and coinage of the United States）[23]，以對鑄幣所繁瑣、無味的指令——例如「鑄幣所運行產生檢驗需求時，檢驗師應檢驗所有金屬與條塊」[24]——悄然埋藏了停止通行銀幣的規章。另外，新提出的法案也移除了美元與法國法郎的關係。大部分報章都沒有報導一八七〇年的議案，以及相應的《一八七三年鑄幣法案》，即使是報導此案的新聞媒體，也未多關注銀元停止發行的消息。[25]

除了鑄幣所主要分部所在的費城居民以外，無人關心鑄幣所，而在一八七三年，更是無人關心謝爾曼所謂「未知的錢幣」——銀元。[26] 謝爾曼參議員說對了，從上一世代開始，白銀便鮮少流入貨幣市場，大部分都被銀匠鑄造成銀刀及銀叉了。[27] 相較於一・二九美元鑄幣價，餐桌上每金衡盎司閃亮的餐具價值更高。謝爾曼也在回憶錄中補充了自己的見解：「我雖然在商業界相當活躍，見過許多不同形式的錢幣，當時卻不記得是否曾見過銀元。」[28]

在謝爾曼看來，《鑄幣法案》不過是正式批准了貨幣現狀，他認為少了銀元也無妨，也以此合理化自己早先那句新法案「沒有提出新原則」的說詞。然而，即使複本位制度中有一種金屬成為主流——如《一八七三年鑄幣法案》實行數十年前的黃金貨幣——原本的制度仍有謝爾曼未考慮到的優點。亞歷山大・漢彌爾頓規定以黃金與白銀同為法償貨幣，主要是為了避免流通貨幣稀缺，形成應對通貨緊縮的緩衝，同時給納稅人與債務人兩種選項，允許他們以較低價的金屬償還債款。所有人都喜歡擁有多種選項，「選項」的定義是做某件事的權利而非義務，即使人們選擇不用白銀，使用白銀的選項仍保有價值。

舉例而言，抵押貸款購屋的屋主有權重新貸款，例如在利率下跌時以百分之四利息的貸款，取代百分之六利息的款項——購屋者重視這份權利，這是當初促使他們貸款購屋的理由之一。一九七〇年代，十年內利率不斷調漲，美國少有屋主重新貸款，一些人也許忘了重新貸款潛在的利益，但沒有任何人在抵押貸款時願意讓那個選項白白溜走。若有國會議員因為很少有人選擇重新貸款，而悄悄立法移除該項權利，他們就只能在下次選舉後另覓工作了。

《一八七三年鑄幣法案》通過前數十年，少有美國人選擇以白銀貨幣繳稅或還債，因為白銀作為銀條的價值更高。以金融界專家富有趣味的賽馬譬喻而言，這是不划算的「價外」（out-of-the-money）選項，如同肯塔基賽馬（Kentucky Derby）中敗下陣來的純種馬——也難怪人們對《一八七三年鑄幣法案》漠不關心。然而，白銀的市場價格在不久後驟跌，原先的價外選項忽然間變得十分值錢。一八七二年，銀條的平均價格是每金衡盎司一・三二美元，鑄幣局的每金衡盎司一・二九美元價格相較之下顯得太低，但是當銀價於一八七六年跌至一・一六美元，同樣的鑄幣價想必會有如天價。

《鑄幣法案》確實在謝爾曼的詐欺手段推動下通過了，不過後來促使人們提出控訴的銀價低潮，並非因法案所致。一八七二年十二月，法案正式頒布的兩個月前，倫敦金屬市場的銀價便已跌至二十年來的最低價。[29] 歐洲各國領先美國停止通用銀幣，轉而實施金本位制，其中的先驅是一八七一年十二月四日在宰相俾斯麥推動下通過《帝國鑄幣法》（Imperial Coinage Law）的德國，接著是先後於一八七三年採用金本位制度的瑞典與丹麥。[30] 比利時、義大利、法國與瑞士也限制了原先自由鑄造銀幣的條件，朝金本位制度邁進。[31] 一八七三年九月，法國將每日鑄造銀幣的上限砍至二十五萬法郎，後又於該年十一月將限制調為十五萬法郎。[32] 荷蘭在一八七二年終結了以定價購銀的政策，並在一八七三年停止發行所有的銀幣。[33] 在看似聯合突襲的浪潮中，原先實行銀本位制度的德國售出大量白銀，再加上歐洲各國少有買家的狀況，銀價被下壓至前所未見的新低。[34]

歐洲各國之所以展開對白銀的攻勢，一個難以料想的起因出自一八五〇年代，位於加州、俄羅斯與澳洲的金礦場。歷史上大部分時期，白銀能夠壓過黃金、成為各國偏好使用的貨幣，主要是因為它稀少但不至於過度稀缺，因此存在價值，但產量也足以支持貿易擴張。

然而，一八四八年在加州蘇特鋸木廠（Sutter's Mill）爆發的淘金行動，再加上俄羅斯與澳洲新發現的金礦，似乎解決了黃金短缺的問題。[35] 一八五〇至一八七五年這二十五年間，世界黃金產量等同那之前三百五十年產量的總和。[36] 金幣的流通逐漸盛行，也因為黃金密度高且運輸成本相對較低，便於高額國際貿易使用，在一八六七年的國際貨幣會議，各國代表紛紛提議轉型至金本位制。[37] 四年後，德國在普法戰爭（Franco-Prussian War）中戰勝法國之後，俾斯麥匆匆採納了那次會議的提案。渴望將德國改造成哥利亞巨人的鐵血宰相，選擇效法當時主宰了世界經濟、從一八一六年便開始實行金本位制度的強權——英國；其他歐洲國家則宛如宣誓加入兄弟會的大一新生，爭先恐後地跟進。[38]

謝爾曼的《一八七三年鑄幣法案》廢除銀元，這並不是導致銀價下跌的原因，卻也貶低了白銀的價值，改變了美國歷史的走向。儘管黃金產量提升，全球轉換至金本位制的趨勢仍使得金價上漲，造就了一波波售出白銀的風潮；再考慮到康斯塔克礦脈開採出的銀礦，到了一八九〇年代中期，銀價已打了對折。[39] 中間這段時期，支持白銀的勢力掙扎著想撐起銀價，卻都失敗了。

密蘇里州眾議員理查・布蘭德（Richard Bland）與愛荷華州參議員威廉・艾利森（William Allison），提出了使白銀恢復法償貨幣地位的法案：《一八七八年布蘭德—艾利森法案》

（Bland-Allison Act of 1878）。該法案再次允許人們在未事先明文限定之外的情況下，以銀元償還私人債款並繳交稅金等公共義務款項。[40]然而，該法案並未允許美國鑄幣局免費且無限制地鑄造銀幣，而是規定財政部每月購入兩百萬到四百萬金衡盎司白銀來撐起銀價。十二年後，故事發生了諷刺的轉折，與白銀為敵的約翰・謝爾曼參議員提出所謂的《一八九〇年謝爾曼白銀採購法案》（Sherman Silver Purchase Act of 1890），廢止《布蘭德—艾利森法案》的採購規定，並命令美國財政部購入更多白銀，每月採購四百五十萬金衡盎司以提升市場需求。[41]謝爾曼如此說明自己看似一百八十度大轉彎的態度：「參議院大多數人支持自由鑄造銀幣……為避免白銀被自由（且不受限地）鑄造的情形再現，我們必須採取某種行動，而最後演變出的就是最可行的措施。我投票支持此法案，但我已經準備好在它正式成為法案的那一天撤銷它，若能以完全自由鑄造銀幣之外的政策來取代它的話。」[42]《謝爾曼白銀採購法案》在一八九三年被撤銷了。

無論是《布蘭德—艾利森法案》或《謝爾曼白銀採購法案》，都沒有恢復亞歷山大・漢彌爾頓當初的自由鑄造銀幣規定，美國財政部也沒有義務以每金衡盎司一・二九美元的鑄幣價購入無限量的白銀。若恢復最初的制度，財政部會以一・二九美元固定價購入無限量的白銀，美國會依循托馬斯・葛萊興爵士的法則進入銀本位制時期，進而避免十九世紀最後二十五年的動盪不安。[43]

那條無人問津的道路存在什麼陷阱無人知曉，不過，一八五〇年代新發現的金礦產量不如預期，以致美國嚐到了流通貨幣不足的苦果。結果是一八七六年開始、為時二十年的通貨緊縮，期間不只銀價下跌，更重要的是，抵押貸款等債務的負擔加重了，即使房價下跌，貸款額依然固定不變。[44]薪資與農產品價格調降，激發了一個世代的社會鬥爭，主張自由鑄造銀幣的「銀人」（silverites）與支持金本位制度的「黃金臭蟲」（goldbugs）對立、債務人與債權人針鋒相對、中西部農民與東岸銀行家水火不容，種種因素加總成沙塵暴，讓當時的政壇蒙上了一層陰影。

許多人認為L・法蘭克・鮑姆（L. Frank Baum）的童書《綠野仙蹤》，是對該時代階級鬥爭的諷喻。[45]將桃樂絲（Dorothy）捲至奧茲王國（Land of Oz）的龍捲風，象徵經濟與政治亂局，黃色鋪磚路象徵金本位制，桃樂絲從東國魔女處繼承的銀鞋則象徵銀本位運動。桃莉絲被帶往翡翠宮晉見大巫師的路途中，穿過七條走道、爬上三組階梯，暗喻了最初挑起美國階級衝突的一八七三年的罪行。[46]這是部令一些孩子感到害怕的故事，他們害怕也是情有可原，畢竟那是一段動盪不安的時期。

那段時期，意想不到的地方浮現了隱藏的威脅與暴力。一八九三年八月一日於芝加哥第一循道會教堂（First Methodist Church）舉辦的美國金銀複本位制聯盟全國代表大會（American Bimetallic League National Convention）上，來自俄亥俄州的聯盟領袖——A・J・華納將軍（General A.J. Warner）——發表了開場致詞。他對於《一八七三年鑄幣法案》的說法為：「簽署那項法案的國會議員與眾議院議長，以及通過法案的總統，從頭到尾都不知道它包含停止通用銀幣的規章。美國參議院就只有一個男人知道《一八七三年法案》會停止銀幣通用，他卻沒有被判叛國罪、沒有被吊死、沒有被槍決……那條法案在歷史上，會被記載為『一八七三年的罪行』。」[47]華納對約翰・謝爾曼的威脅激發了如雷的掌聲，我們能由此預測，威廉・詹寧斯・布萊恩於一八九六年被民主黨推舉為總統候選人之時，掌聲該有多麼熱烈。

|第三章|

自由鑄造銀幣運動

威廉・詹寧斯・布萊恩是出身內布拉斯加州的眾議員，三度競選美國總統失敗。他來到美國首都不久後，便登上了報紙頭條，《華盛頓郵報》（*Washington Post*）以「一小時內贏得的響亮名聲」（Fame Won in an Hour）為題，報導布萊恩一八九二年三月於眾議院發表的關稅演說。[1]若報出布萊恩議員對保護主義鉅細靡遺的攻擊，想必會使讀者陷入沉眠，因此記者無視那一部分，著重於描寫布萊恩的演說技巧，表示他以「優美的文詞描繪自己的思想」。[2]布萊恩演講的主題是：「我們為人民提出訴求，求每個男人、女人與孩童獲得平等且相等的正義。我們希望這個國家的法律不會如同過去一般，允許一些人致富，同時允許多數人貧窮。」[3]

布萊恩的傳記作家帕克斯頓・希本（Paxton Hibben）如此描述這位善於言詞的主人公：「威廉・詹寧斯・布萊恩無疑是以情緒表現實際事務的佼佼者。」[4]然而，即使是舌燦蓮花的布萊恩，也無法說服選民支持「自由鑄造銀幣運動」——提倡自由且無限制鑄造銀幣的社會運動，即民主黨候選人布萊恩與共和黨代表威廉・麥金利於一八九六年總統大選之際主要爭論的議題。布萊恩在選戰中敗北，導致白銀恢復美國貨幣地位的運動無疾而終，此後，白銀只能以餐具之姿，在

威廉・詹寧斯・布萊恩的演說。

餐桌上爭奪價值與體面了。

暱稱比利（Billy）的威廉・詹寧斯・布萊恩，出生於一八六〇年三月十九日的伊利諾州撒冷市（Salem），母親為節儉的瑪萊雅・伊莉莎白（Mariah Elizabeth），父親是嚴格管教子女、宗教觀如陰影般籠罩家庭的西拉斯（Silas）。年輕時的布萊恩回憶道：「父母對我相當嚴格，我有時覺得那些得到更多自由的男孩子比我幸運得多。」[5]他父親最欣賞的一句名言，出自《聖經》中的〈箴言〉（Book of Proverbs）：「愚蒙迷住孩童的心，用管教的杖可以遠遠趕除。」儘管父親管教甚嚴，小比利依然崇拜嚴以律己、在馬里昂縣（Marion County）任職地方法官的父親。虔誠的西拉斯每日三度中斷法庭程序，在法庭眾人面前下跪禱告，禱告完畢才接續先前的審議。[6]

幼時，比利・布萊恩跟著父親上法庭，像隻乖巧的小狗似地坐在法官席的階梯上，看著父親審判他人。西拉斯宛若《舊約聖經》中的先知，高高在上地制裁人民，比利將這一幕看在眼裡，下定決心成為律師。話雖如此，他的老師可不這麼認為——比利剛開始上學時，導師問他：「『小傢伙……你長大以後想當什麼？』『美國總統。』比利・布萊恩嚴肅地回答。」[7]他為了實現夢想，確實付出了美國人民有目共睹的努力。

布萊恩在撒冷市近郊的一座農莊長大，那是伊利諾州南部一個小小的聚落，比起亞伯拉罕・林肯的伊利諾州民，當地人更像是鄰近密蘇里州與肯塔基州的住民。當地人也許沒有密蘇里與肯塔基鄉下地區的人那般支持種族隔離政策，但他們同樣相信東岸銀行業菁英是邪惡的存在，布萊恩從小耳濡目染，也身受同鄉的偏見影響。一直到他長大後，滲入大腦的思想會以怨言的形式脫口而出：「我們想對東部人說的就是，把你們的手從口袋拿出來，別想暗中搞鬼。」[8]

年輕的比利在家中農場捆乾草，鍛鍊出健壯的肩背，也在位於傑克森維爾市的伊利諾大學（Illinois College）加入辯論社，練就了三寸不爛之舌。他清晰的男中音能吸引他人的注意力，然而他在辯論比賽中往往只能奪得次位，可惜民主黨沒注意到這個警訊，否則就不會在總統選戰中三度敗北了。[9]放假期間，比利回到撒冷市，在週六晚間於法院舉辦的夜間造勢活動發表演說，穿著最體面的牛仔布連身衣與會的男人聽了演說，他們離開會場時說道：「嗯，比利・布萊恩的聲音是很好聽，可是他比不上他父親——也永遠比不上他。」[10]

布萊恩在辯論社學到要支持議題的正反面，也經常為了辯論而支持不受歡迎的立場。[11]他在伊利諾州的律師事業並不成功，於是在一八八七年遷至內布拉斯加州林肯市，憑藉自己的辯才展開政治生涯，分離了自己的好惡與選民重視的議題。從一八六九年開始在美國活躍起來、將在一八九〇年代推舉總統候選人的禁酒黨（Prohibition Party），威脅了內布拉斯加州蓬勃發展的釀酒業。布萊恩在一八九〇年的眾議員選舉中，將自己支持的絕對戒酒主義藏在心底，公開表示：「雖然我個人滴酒不沾，我還是不贊同禁酒憲法修正案。」[12]儘管內布拉斯加州議會發現酒類利益團體有詐欺之嫌，布萊恩仍然在酒商的支持下當選了。[13]

來到華府過後不久，布萊恩見證了一八九三年恐慌（Panic of 1893）的亂象，美國將近五百間銀行破產——超過前十年年平均破產數量的十倍——導致聯合太平洋鐵路公司（Union Pacific Railroad）與艾奇遜、托皮卡和聖塔菲鐵路公司（Atchison, Topeka, & Santa Fe）等廣受歡迎的鐵路公司宣告破產。[14] 一八九四年的失業率高達百分之十八，再加上工業產量下降、農產品價格下跌，美國的狀況近似四十多年後的經濟大蕭條時期。[15] 一八九〇年代宛如一九三〇年代的預告，選民背棄了禁酒運動，開始關心金錢的問題。美國該維持嚴格的金本位制度，讓美元在國際上保有信用呢？還是重新施行漢彌爾頓的金銀複本位制度，讓白銀恢復它的法償貨幣地位，促進美國貨幣升值、擴大信貸以支持本國經濟呢？

布萊恩想到了辦法，他先前在一八九二年九月對一群選民宣稱：「我不瞭解自由鑄造銀幣運動……內布拉斯加州人民支持這場運動，所以我也支持自由鑄造銀幣。至於這場運動的正反方怎麼說，我晚點再去查查。」[16] 他的說詞聽上去十分順耳，也博得觀眾莞爾一笑，但其實布萊恩早就在一八九〇年當選眾議員時，便研究了鑄造銀幣的議題。他讀了金銀複本位制聯盟發行的宣傳單，讀了芝加哥大學（University of Chicago）J・勞倫斯・勞夫林（J. Laurence Laughlin）教授一份艱澀的學術評論。[17] 布萊恩知道正反方所有的辯詞，早在那次玩笑前就開始以支持自由鑄造白銀運動為口號，卻還是忍不住浮誇地演了齣戲。

布萊恩不僅支持美國恢復金銀複本位制，還希望能以一八七三年前十六比一的比例，免費且無限制地鑄造銀幣——換言之，在他提出的制度下，十六金衡盎司白銀的價值會等同一金衡盎司黃金。[18] 一八九四年，平均銀價為每金衡盎司〇・六四美元，金價則被美國財政部定為每金衡盎司二十・六七美元，實際金銀價格比是三十二比一，意思是一金衡盎司黃金的價值，等同三十二金衡盎司的白銀。[19] 若恢復當初十六比一的比例，就表示財政部須無限量購入白銀，直到銀價恢復《一七九二年鑄幣法案》制定的鑄幣價：每金衡盎司一・二九美元。布萊恩的批評者表示，這種作法會使礦場經營者致富，還會削弱美國貨幣。《芝加哥論壇報》（*Chicago Tribune*）提出了最明顯的問題：「開採銀礦從不是內布拉斯加州關注的議題，這個州生產了小麥、玉米、豬、羊，還有一些像布萊恩一樣比羊還要愚蠢、『荒唐』的政客，卻未曾出產白銀。那麼，內布拉斯加州民何必辛苦加入運動，讓西部礦工用他們的金屬和高於全球市場價的價格，賺得更多錢？」[20]

布萊恩議員的選民之所以支持自由鑄造銀幣運動，是因為他們相信流通的貨幣量提升，小麥、玉米、豬與羊的價格便會上漲，而他們抵押貸款重金買下、即將被銀行徵收的農地也會漲價。《紐約時報》（*New York Times*）報導寫道：「（支持白銀）的最強論點是……堪薩斯州農場上，一蒲式耳〇・三五美元的價格。在這個價格下，堪薩斯州沒有任何一個農人能賺到一美元金幣、一銀元或一天的勞力報酬，還得（繳）農地貸款或農業用機械的利息。」[21] 紐約州金融服務廳（New York State Banking Department）負責人曾批評「東部各州一些儲蓄銀行」投資「西部農地抵押貸款」的行為，因為「不動產的市值……在一些時間點嚴重貶值，以致借貸者選擇放棄自己的資產，而不是支付抵押貸款」。[22]

布萊恩支持白銀的理由，和白銀勝過黃金、在古時成為主流交易媒介的原因相同：因為白銀價值高，數量也充足，能支撐日益興盛的經濟活動。相較於黃金，白銀是較弱勢、較彈性的貨幣，歷史上，白銀如地底湧泉般流入了貿易之海，確保價格不下跌、生產力不下降。在一八五〇年代人們發現新金礦之前，黃金一直太過稀少，無法供大眾通用；一八五〇年代人們大量開採金礦過後，全世界才於一八七三年轉而實行金本位制度。然而，黃金流通量沒能符合預期，美國因此發生貨幣短缺的問題，物價跌到了谷底。通貨緊縮的負擔主要落在債務人、農人與小商人肩上，他們必須在收入減少的情況下，償還固定保證金額的抵押貸款與銀行借貸。一名典型的布萊恩支持者——在紐約市經營小肉食市場的路易斯·孔斯塔姆（Louis Kohnstamm）——評論道：「現在流通的錢不夠多，如果不限量發行銀元，就會有更多錢投入商業，我要的就是這個。」[23]

布萊恩支持白銀貨幣的想法在密西西比河以西廣受歡迎，卻反映了家鄉偏差之外的情形。他認為製造金錢的權力屬於政府，且「就和我們不能將制定刑法或課稅的權力交給個人一樣，我們不可能安全地將製造金錢的權力賦予個人」。[24]這在今日聽起來是天經地義，但過去的美國並沒有管控貨幣的中央銀行，許多人將國家銀行券（national bank note）——加利福尼亞銀行（Bank of California）、紐約銀行、阿拉巴馬州伯明罕市第一國民銀行（First National Bank of Birmingham, Alabama）等私營商業銀行的直接債務憑證——當金錢使用。布萊恩認可銀行貨幣的信用，畢竟銀行貨幣是由美國政府債券撐腰，但他希望政府能控制通用的貨幣量，以推動經濟成長。他相信「貨幣最值得擁有的特質是穩定性」，並認為自由鑄造銀幣的制度能提升貨幣穩定性。[25]參與一八九六年民主黨代表大會、未來將成為維吉尼亞州眾議員、支持一九一三年創立美國中央銀行——聯邦儲備系統——法案的卡特・格拉斯（Carter Glass），選擇支持布萊恩競選總統。[26]作為回報，布萊恩也公開支持格拉斯創建聯邦儲備系統的貨幣法案。

一八九六年七月，布萊恩參加了於芝加哥舉辦的民主黨代表大會，在會上支持激進提案。除了讓白銀恢復過去完整的貨幣地位以外，他還提倡課所得稅、由選民直接選舉美國參議員，以及婦女投票權。這些激進的思想令他被貼上社會主義者的標籤，甚至被批評為無政府主義者，然而不久後，這些都成了極為普遍的思想。布萊恩思想前衛，與一九六四年共和黨總統候選人貝利・高華德（Barry Goldwater）有異曲同工之妙——高華德提出的社會福利與國防政見過於保守，以致民主黨候選人林登・強森在選戰中大捷；然而一個世代過後，隆納・雷根（Ronald Reagan）卻以相同的政見贏下了白宮。布萊恩與高華德若看見他們相同的命運，想必會大為反感。

一八九六年七月九日，布萊恩參加民主黨全國代表大會時，並沒有全國競選團，而是以知名的〈黃金十字架〉演說說服了各位代表，讓他們自願加入他的信徒大軍。布萊恩表現出的形象，是個「身披正義戰甲」的謙卑公民，並表示「金錢問題是當下最重大的議題」。[27]他宣稱，自由鑄造銀幣的政策若通過，老百姓將得以過富裕的生活，美國將從歐洲各國的金本位制度中獨立出來，且「這又是一七七六年的議題了」。[28]他在演說結尾懇請眾人「別將人類釘上黃金十字架」，為革命情懷增添了鏗鏘有力的宗教精神。演說甫畢，大會會場上瀰漫著詭譎的寂靜，觀眾彷彿為天雷震懾……然後，全場爆發喧鬧的歡聲，高聲歡呼的代表們一躍而起，將帽子、雨傘與報紙拋到空中，兩位壯碩的喬治亞州代表奔到講台上，將身高六呎、虎背熊腰的布萊恩扛了起來並穿行會場。[29] 他彷彿剛擊出一支全壘打，在世界大賽（World Series）中獲勝。

一般情況下，金銀複本位制度議題和關於馬爾薩斯人口論（Malthusian Theory of Population）的辯論同樣枯燥乏味，人們之所以突然爆發情緒化的興致，歸因於布萊恩的演說技能，以及《一八七三年鑄幣法案》通過後人們對通貨緊縮的怨恨。布萊恩就像準備充分的職業運動員，演說能如此成功也是熟能生巧所致，他早先也在眾議院一場演說中用了「黃金十字架」的譬喻。[30] 當時無人注意他，但一八九三年開始，經濟蕭條現象加劇，他的話語引起了更強的共鳴——在一八九六年選舉年，失業率雖然從兩年前的百分之十八降到了百分之十四，卻仍然是美國直到一九三一年大恐慌時期才會超越的高失業率。[31]

結果，他卻選輸了。

威廉・麥金利戰勝威廉・詹寧斯・布萊恩的原因很多。麥金利在競選期間沒有離開家鄉，布萊恩則如雲遊商人般在全國各地造勢，不過共和黨的選舉花費是民主黨的十四倍。[32] 五十三歲的麥金利有擔任俄亥俄州長的經驗，還在南北戰爭時期的聯邦軍中服役；至於當年三十六歲的布萊恩，只當過兩任眾議員，美國內戰爆發時並沒有提著步槍上戰場，而是握著嬰兒的玩具坐在家中。《哈波斯雜誌》（*Harper's Weekly*）用標題為「致命對比」（The Deadly Parallel）的卡通圖，諷刺兩人之間的差距，圖中一名全副武裝的軍人與幾乎赤裸的幼兒對敵。[33]麥金利嚴謹地照講稿演說，一次也沒有失言，而布萊恩的即興演說經常為反對方提供爆發性的攻擊目標。這位內布拉斯加州眾議員解釋道，他在紐約麥迪遜廣場花園（Madison Square Garden）發起競選行動，是為了「在現在看似敵方陣營中心位置發起我們的運動」。[34]布萊恩這句引起分歧的言論被各家報紙大肆報導，以致共和黨贏下了東北部每一州，以及南北戰爭過後一向是民主黨要塞的南北邊境四州——馬里蘭、肯塔基、西維吉尼亞與德拉瓦。[35]

不過，最清楚點明問題所在的，是助麥金利勝選的競選經理馬克・漢納（Mark Hanna）——涉獵了煤礦、鋼鐵與鐵路產業的俄亥俄州百萬富翁。他在剛開始競選時表示：「（布萊恩）成天談論白銀，那就是我們的決勝點。」[36]全國各地的報紙都詆毀布萊恩對自由鑄造銀幣運動的熱忱，報導的新聞都提倡穩定的金本位貨幣，而不是價值為面額一半、由白銀鑄造的銀元。《紐約時報》引用紐約市移民——櫥櫃工匠M・E・索森（M.E. Thoesen）——的話：「我全心全意、隨時隨地支持黃金，不想要任何一塊只值五十三分的銀元。這種錢（對）勞工有什麼用？」[37]《華盛頓郵報》跟著寫道：「不能再開五十三美分銀元的玩笑了，現在銀價又下跌，它已經是五十美分銀元了。」[38]民主黨全國代表大會主席——阿肯色州的詹姆斯・K・瓊斯（James K. Jones）參議員——不悅地表示：「他們成天宣稱自由鑄造銀幣就等同五十美分銀元，對我們造成最大的傷害。」[39]

共和黨沒有算錯，在一八九六年，平均銀價是每金衡盎司〇・六三五美元，而銀元含四分之三金衡盎司的白銀，因此作為銀條的價值是約四十九美分。[40]但布萊恩該以此反駁：美元的價值並不取決於它的內在價值，而是它的購買力——在實行法定通貨制度的現代世界，此事再明白不過。因為政府承諾確保貨幣足夠稀有，鈔票的價值高於印製紙鈔的紙張本身。然而，過去幾乎所有人與現今許多人都相信，在貨幣能兌換貴重金屬的制度下，人民才能確保政府誠實發行貨幣，不會印製太多鈔票而導致貨幣貶值、通貨膨脹。現在看來，人們對金錢內在價值的擔憂，顯得如同中古時期人們對鬼魂與精怪的迷信。不過視金本位制為迂腐舊制的經濟學家約翰・梅納德・凱恩斯（John Maynard Keynes）也是，在第一次世界大戰開始時，他擔心一旦廢止金本位制，英國英鎊的信用便會大打折扣。[41]

對大談五十美分問題的批評者，布萊恩反駁道：「只有由美國自由且無限制地鑄造銀幣，才能讓銀條價值提升到鑄幣價，使銀條恢復每金衡盎司一・二九美元的價值。」[42]他也以供給需求法則支持自己的論點：「一個購買者隨時準備以特定價格買下市場供給的所有該商品，能防止該商品價格跌到特定價格以下。所以，政府能以製造大於供給的需求的方式，固定黃金與白銀的價格。」[43]布萊恩說得對，鑄幣局購入與售出金銀的行為，能制定這些貴重金屬的價格。他還為不懂經濟學的老百姓做了個雞蛋的比喻：「如果這個群體內，有人願意出每打二十五美分的價格，買下所有人生產的雞蛋……那無論生產雞蛋的成本有多低、無論成本是每打一美分還是五美分，都不會有人用低於每打二十五美分的價格賣雞蛋。銀價也是同樣的道理。」[44]

芝加哥鬧區的大都會商學院（Metropolitan Business College）學生在布萊恩造勢遊行經過密西根大街與門羅街路口時砸雞蛋，但相較於新聞媒體對布萊恩雞蛋譬喻的大屠殺，被學生砸雞蛋似乎沒那麼丟臉了。[45]《芝加哥每日論壇報》（*Chicago Daily Tribune*）用以下這段話反駁：「我們來瞧瞧雞蛋會發生什麼事吧。第一，所有人都會搶著賣雞蛋……第二，墨西哥、加拿大，只要是有雞蛋的國家，都會把雞蛋運送過來……第三，沒有人吃得起這麼珍貴的雞蛋……第四，……（買雞蛋的）人會忙得焦頭爛額，穀倉裡滿滿都是臭雞蛋……他還沒買完所有的雞蛋，早就破產了。（同樣地），任何國家的政府還沒買下所有的白銀，早就破產了。雞蛋會臭掉，『美元』也會臭掉。」[46]

從雞蛋一說，我們能清楚看出布萊恩提議將銀價從一八九六年的每金衡盎司〇・六三五美元市場價，提升至每金衡盎司一・二九美元可能引致的後果。墨西哥與加拿大會將白銀運輸至美國，以美國政府刻意抬高的價格售出白銀、換取黃金，包括英國、法國與德國在內，歐洲所有行金本位制的國家都會對美國外銷白銀。布萊恩以鐵血宰相俾斯麥對他的支持，鼓吹自己的自由鑄造銀幣運動——結果報章雜誌點名了俾斯麥真正的動機：他想將德國一八七〇年前積攢的白銀全賣給美國鑄幣局。[47]別忘了，當初在普法戰爭結束後的一八七一年，就是俾斯麥實行金本位制度，導致銀價暴跌。

布萊恩倡議以一八七三年前十六比一的比例鑄造銀幣，此案可以提升美國國內的金錢數

政治家布萊恩。

量、擴大信貸。若放在一八七〇年代、面對數十年通貨緊縮的美國，這會是非常好的結果；然而在黃金較以往豐產、推動了通貨膨脹循環的一八九六年，卻只會造成反效果。[48]他選了錯誤的時機，彷彿在乾旱時賣傘，復甦的經濟將民主黨阻隔在白宮門外，直到一九一二年伍德羅・威爾遜（Woodrow Wilson）當選，民主黨才重新執政。布萊恩在一九一三至一九一五年間擔任威爾遜的國務卿，其政治生涯中，就屬那兩、三年離總統大位最近——依照當時的規定，若總統無法執政或遭罷免，就由副總統掌權，而排在副總統之後的，就是國務卿了。[49]

在生命餘年，布萊恩將他對白銀的正義熱火，轉而用於對抗查爾斯・達爾文（Charles Darwin）的演化論。他最知名的一次衝突發生在一九二五年，當時自然科學課代課老師約翰・托馬斯・斯科普斯（John Thomas Scopes）觸犯了田納西州禁止公立學校教授生物演化的法律，名律師克拉倫斯・丹諾（Clarence Darrow）代表他，和布萊恩勢力進行了激鬥。[50] 布萊恩的檢察當局在斯科普斯案中勝訴，斯科普斯被判有罪，此案在一九六〇年被改編成了賣座電影《風的傳人》（*Inherit the Wind*）。審判結束後不到一週，布萊恩便與世長辭，沒能見證田納西州最高法院翻轉判決。從這個角度看來，他的死也許是命運對他的恩賜，但他也沒能看見經濟大蕭條時期再次發起的十六比一自由鑄造銀幣運動，以及該運動對政治能手富蘭克林・德拉諾・羅斯福的影響。

|第四章|

羅斯福總統操作銀價的起因

乍看之下，富蘭克林・羅斯福總統與內華達州參議員基伊・彼特曼身為財政共謀者，似乎不太搭調。「小羅斯福根本不懂財政。」加州政治人物富蘭克林・K・萊恩（Franklin K. Lane）表示；這句話聽上去很糟糕，但實際上，大多數人對金融財政懂得更少。[1] 根據曾任伍德羅・威爾遜內政部長的萊恩的說法，問題還遠不止於此：「但是，他不知道自己不懂。」羅斯福出身紐約州哈德遜河谷一座鄉村莊園，接受貴族式的教育，因此未來成為總統的他自小培養了一股自信，這在其政治生涯上為他帶來不少好處，卻在他做商業決策時造成了傷害。他樂觀的態度在競選時吸引了大眾的目光，但也使他在面對華爾街的爾虞我詐時，無法妥善地保護自己。

富蘭克林・羅斯福出生於一八八二年一月三十日，他是詹姆斯・羅斯福（James Roosevelt）與薩拉・德拉諾（Sara Delano）集萬千寵愛於一身的獨子，父母雙雙出自富裕家族。他先是就讀菁英寄宿學校格羅頓學校（Groton），接著就讀哈佛大學（Harvard），大學時期的表現相當平庸。求學生涯結束後，他追隨遠房堂兄——西奧多・羅斯福總統——的腳步，踏上政治之路。二十世紀初期，羅斯福家在政治界已然堪稱王族，雖然西奧多是共和黨黨員、富蘭克林是民主黨黨員，

「羅斯福」家族名仍起了效果。一九一〇年，上回選出民主黨參議員是遠在一八五〇年代的杜且斯縣（Dutchess County）選區，選了富蘭克林・羅斯福為紐約州參議員。羅斯福在一九一二年總統大選中支持伍德羅・威爾遜，因此在威爾遜入主白宮後，羅斯福也去了華府。威爾遜執政時期，羅斯福擔任海軍副部長，於一九一七年支持美國加入第一次世界大戰，並以財政方面的精明果斷，在內政部長萊恩心中留下了深刻印象。他因線條剛毅的臉型、陽光開朗的性格及東岸出身與求學的背景，在一九二〇年被民主黨提名為出自俄亥俄州的總統候選人詹姆斯・考克斯（James Cox）的副手，結果敗給了共和黨的沃倫・哈定（Warren Harding）與卡爾文・柯立芝（Calvin Coolidge）。

羅斯福在一九二一年染上小兒麻痺症，為了對抗病魔而暫時退居幕後。他在一九二〇年代數度試圖創業，卻和一國王儲經營跳蚤市場的結果同樣容易預料。羅斯福災難性的商業冒險，包括投資一批飛船載客從紐約飛到芝加哥、推出販售已經沾溼的郵票的販賣機、投資德國馬克，以及試圖壟斷活龍蝦市場。[2]他在龍蝦市場上的虧損，理應在一九三二年當選總統後試圖操縱白銀市場時令他三思，但他一直沒將過去失敗的經驗引以為戒。

基伊・彼特曼的境遇與羅斯福截然相反，他因缺錢而學到了理財這門技藝。彼特曼於一八七二年九月十二日出生在密西西比州維克斯堡的一座農場上，雙親在他還未到青少年時期便相繼過世。[3]他寄居親戚籬下，之後到田納西州克拉克斯維爾市西南大學（Southwestern University）讀書，修必修的《聖經》研究課，聽伍德羅・威爾遜的父親——約瑟夫・威爾遜博士——講課，不過成績普通。由於他個性衝動、相貌堂堂，威爾遜博士認為這類人可能惹事生非與酗酒，因此不甚注意這名學生，不過未來的羅斯福總統會為了回報他登高一呼的支持，在彼特曼任職參議員時推波助瀾。

彼特曼在一八九〇年肄業退學，一時興起便遷往西部討生活，運用他在大學受過的法律訓練支持土地與礦業的投機買賣。他在西雅圖附近一座小鎮住下來，結果在一系列失敗的投資過後，於一八九七年宣告破產，留下透支的支票戶頭及醫師與服飾店的繳款單，搬到了阿拉斯加。他在同年加入克朗代克淘金熱（Klondike gold rush），不過他的淘金能力平凡無奇，倒是他的法律事業還比較賺錢。一九〇二年，內華達州托諾帕鎮開了富產的金礦場與銀礦場之後，彼特曼隨著過去的合夥律師一同前往這座介於雷諾市與拉斯維加斯之間的開荒城鎮。他對自己在阿拉斯加州認識並迎娶的加州美女——米莫莎（Mimosa）——表示：「我會去那裡賺大錢。」[4]他沒有食言。

彼特曼從先前的失誤中學到教訓，轉而追隨自己人脈極廣的客戶，其中包括伯利恆鋼鐵公司（Bethlehem Steel Company）總裁與托諾帕擴大採礦公司（Tonopah Extension Mining Company）共同經營者查爾斯・M・施瓦布（Charles M. Schwab）。他購入施瓦布的公司股份，到一九〇七年，已然成為太平洋州份電話公司（Pacific States Telephone Company）與內華達山丘擴大採礦公司（Nevada Hills Extension Mining Company）的大股東。[5]儘管如此，彼特曼仍不滿足，他告訴米莫莎：「在我這個年紀，（威廉・詹寧斯・）布萊恩已經當了兩屆眾議員，兩年後他還成了美國總統候選人。」[6] 當地一些民主黨政治人物看見彼特曼的潛力，於是在一九〇八年提議支持他競選內華達州眾議員，基伊則拒絕了：「我不相信下一屆國會會由民主黨主導，因此我們選出的任何一位眾議員都將在眾議院中成為無足輕重的存在。」[7]

他的耐心終在一九一二年換得了回報，他在恰到好處的時間點當選內華達州參議員。此時民主黨正好控制了國會兩院，民主黨的紐澤西州州長伍德羅・威爾遜剛選上總統，這是彼特曼能充分利用的良機。

這位內華達州菜鳥參議員一上任，便開始規劃如何競選連任。在沒有任何資深議員願意當參議院領土委員會（Senate Committee on Territories）主席的情況下，他接下了這份差事，並對朋友解釋道：「相比其他任何人，我現在能為這個州做到最多，我天天都在為選民準備各種東西……我要讓選民知道我很忙。」[8] 但他也明白，政黨忠誠度十分重要：「我和現在的政府目標一致，也慶幸自己處在能助它實行政策的位置。」結果，他提名的內華達州聯邦公職人選都很快地被接受了。當地報紙表示，彼特曼「能嗅到城鎮另一頭的職缺，可以熟練地為自己的選民爭取工作機會」。[9]

彼特曼對政府的支持不僅造福了內華達州選民，還對他自己的仕途頗有益處。一九一六年，儘管資歷不深，他仍然被民主黨高層選中，得以填補人人覬覦的參議院外交委員會空缺。這有一部分是多虧了彼特曼的狡猾；他剛來到參議院不久，曾告訴米莫莎：「我想建立謙遜的形象，連任時可以透支現在的形象——我還在玩這場遊戲，騙過所有同僚，他們相信我只要保持沉默、保持和平就滿足了。」[10]

根據《華盛頓郵報》的報導，威爾遜總統「極為讚許」彼特曼加入外交委員會一事，彼特曼自然也無比贊同。[11]彼特曼告訴米莫莎：「有七人申請填補職缺，所以我認為這是我們的一大榮耀。」[12]那不僅是榮耀，彼特曼將在一九三三年成為參議院外交委員會主席，並結交新上任的羅斯福總統。

✦✦✦

彼特曼邁向權勢的長征，始於第一次世界大戰時期，他公開支持伍德羅・威爾遜，內華達州礦業因此大大受惠。威爾遜在一戰中強勢的態度，在德國潛艇擊沉英國遠洋客輪盧西塔尼亞號（Lusitania）、一百二十八個美國人死亡後，飽受孤立主義者抨擊。此時，彼特曼站出來為總統出聲：「我寧可現在和盟友合作，必要時失去幾百人，也不要在我們可能得孤軍奮戰的戰爭中失去數百萬人。我們必須對抗德國，不是現在打，就是以後打。」[13]彼特曼低估了美國的犧牲人數，但他的支持確實幫助了美國於一九一七年四月參戰。

從歐洲爆發衝突開始，銀價便大起大落，和其他商品同樣隨供給與需求漲跌。一開始，銀價下跌是因為軍方不需要白銀，但隨著逐漸成長的經濟造成十美分、二十五美分等銀本位零錢短缺，白銀從一九一四年年終的每金衡盎司〇・五五美元，上漲至一九一八年年底的每金衡盎司一美元，和大部分原物料價格一樣幾乎翻了一倍。[14]彼特曼也助長了銀價上漲，在參議院提出新法案，讓英國向美國國庫商借數億金衡盎司的白銀。幫助美國盟國，不正是他身為愛國者的責任嗎？

英國之所以提出如此不尋常的請求，是為了當時身為英國殖民地的印度，一戰時期的印度和它的亞洲鄰居中國一樣，仍實行銀本位制度。印度遇上了困難，無法以白銀提升盧比的價值，英國擔心盧比停止兌現將導致動亂或叛變，對戰爭中的英國造成衝擊。英國大使請美國財政部將國庫的三億五千萬枚銀元鎔鑄成銀條，借給印度，而彼特曼通過的法案——俗稱《彼特曼法案》——授權財政部以當時每金衡盎司純銀一美元的市價售出白銀。歸屬財政部的鑄幣局依約借了白銀給英國，[15]三億五千萬枚銀元當中，大部分來自費城與舊金山鑄幣分所，它們將數以千計的銀元送入融爐、鑄成銀條，然後送至加爾各答鑄幣所。[16]

《彼特曼法案》幾乎是一次滿足了所有人——英國、印度，尤其是美國的礦業業者——因為該法案還命令美國財政部無視自由市場價，以同樣的每金衡盎司一美元價格購買國內生產的白銀，補充國庫的銀元庫存。紐約州眾議員艾德華．普拉特（Edward Platt）提出警告，表示這條白銀重購規定「是明目張膽地攔路劫財」。[17]他說得沒錯。戰爭結束、白銀需求下降後，世界的白銀市場價降到每金衡盎司一美元以下，於是美國銀礦場不在開放的市場上販售白銀，而是將銀賣給美國財政部。從自由市場價降至一美元以下的一九二〇年年中，到財政部依《彼特曼法案》完成白銀重購的一九二三年年中，包括西部小採礦公司與美國冶煉與精煉公司（American Smelting and Refining Company）等工業巨擘在內，美國銀礦生產者都大賺了一筆。[18]彼特曼的法案只差沒貼上「內華達製造」的標籤了。

這段時期，美國主要有兩個銀價，一是市場平均的每金衡盎司〇・六八八美元，一是《彼特曼法案》為國產白銀制定的每金衡盎司一美元定價。[19]翰蒂與哈曼公司等金屬商為利用政府補助獲益而以兩種價格買賣白銀，一是美國國產白銀的報價，另一則是進口白銀的報價。[20]賓州眾議員L・T・麥克法登（L.T. McFadden）提出了眾議院法案，希望能撤銷《彼特曼法案》的重購規定、停止浪費公帑。[21]《紐約論壇報》（*New-York Tribune*）刊登一篇標題為「為銀做些什麼」（Doing Something for Silver）的社論，建議「下次國會會議刪去彼特曼政策中的『鬼牌』」。[22]

彼特曼一次也沒質疑過以自己為名的法案：「我確信白銀的未來非常安穩，《彼特曼法案》永遠不會廢除。對以每金衡盎司一美元價格購買國產白銀的規定政策……的少少反對聲音……因為全國的工程師與礦業人對他們的反對而逐漸消失了。」[23]彼特曼握有其他西部產礦州的參議員票數，能夠防止法案被廢除，因此對美國生產者的補助持續了下去。他還認為此事象徵了白銀歷史上的新紀元：「一旦歐洲的情勢恢復正常……充足的外國需求與國內消費將持續多年。」[24]相較於彼特曼對白銀未來展望的預言，英國首相勞合・喬治（Lloyd George）那句「德國沒能力開戰」都顯得有那麼一點準確了。[25]

隨著財政部購銀計畫告終，《彼特曼法案》留下的指紋漸漸消失。該法案支持銀本位制印度，確實幫助了戰爭中的英國，卻沒能使印度成為美國礦場的長期主顧，到了一九二六年年中，英王喬治五世（King George V）的皇家委員會建議印度轉換至金本位制度。[26] 消息一出，銀價便下跌了百分之十，在那之後直到一九二九年十月前夕，平均銀價為每金衡盎司〇．五六美元，然後華爾街股災（Great Crash）爆發後又是一波售銀風潮，銀價直接砍半。[27][28]

《彼特曼法案》沒能永久提升銀價，但還是成了後人操縱銀價的範本。雙重銀價策略能在相對不衝擊其他地方的情況下援助美國礦業，成為頗具吸引力的政治工具，羅斯福總統也在上任第一年採用雙重銀價政策。然而，此舉會迫使最後一個實行銀本位制的大國——中國——捨棄白銀，而日本將從中國的不幸中得利。

第五章

羅斯福促進白銀買賣

一九三二年十月二十日，一場於匹茲堡三層樓高的福布斯球場（Forbes Field）舉辦的競選演說中，富蘭克林・羅斯福面對高聲喝采、彷彿剛目睹匹茲堡海盜隊（Pirates）贏下國家聯盟（National League）冠軍旗的數千名觀眾，說道：「倘若國家憑收入過活，它的帳務就沒問題……但倘若它揮霍無度，將謹慎拋到九霄雲外……持續負債，那它將走上破產之路。」[1]不久後成為美國聯邦儲備系統理事會主席的猶他州銀行家馬里納・埃克爾斯（Marriner Eccles）表示，羅斯福保守主義的演說聽上去像「巨大的印刷錯誤」，彷彿他唸的是胡佛（Hoover）的講稿。[2]埃克爾斯當然不必擔憂，畢竟當事情牽扯到美國的財政時，羅斯福往往是說一套、做一套。

一九三二年六月底，於芝加哥舉行的民主黨全國代表大會上，紐約州州長富蘭克林・羅斯福被提名為民主黨總統候選人，但儘管打從一開始，支持羅斯福的代表人數就最多，他卻不是以大獲全勝之姿代表民主黨參選總統。面對堅定的反對勢力——包括在一九二八年代表民主黨參選的前紐約州州長阿爾・史密斯（Al Smith）——羅斯福陣營在第四輪投票後才勝出，而即使黨內最後一輪初選結束了，史密斯也拒絕支持羅斯福。當民主黨全國代表大會成員請史密斯投給羅斯福，以達成黨內全員通過，他還是像叛逆的青少年似地雙手抱胸，表示：「我不做、我不做、我不做。」[3]與企業財團有瓜葛的專欄作家海伍德・布朗（Heywood Broun）表示，羅斯福被視為懦弱的「雞毛撢子」。[4]另一名記者寫道：「自從富蘭克林・皮爾斯（Franklin Pierce）被提名以來，民主黨已經很久沒選出他這樣奇特的人了。」[5]

當時，芝加哥一名年輕律師——里昂・德斯普雷（Leon Despres）——參加了代表大會，他在數十年後回憶道：「沒有人對羅斯福熱情得起來。」他在國際聯盟（League of Nations）、禁酒與「穩定貨幣」等方面都「搖擺不定」。[6]當時，「穩定貨幣」代稱美國主流的金本位制，該制度允許美國人以每金衡盎司二十・六七美元定價，到財政部用美元換黃金。金本位制度確保美國的紙鈔保有價值，以限制金錢與信貸供給的方式，確保消費價格穩定而合理。然而，在一九三二年年中，經濟大蕭條可不只是遠在天邊的小問題，美國並沒有貨幣與信貸過剩的問題，反而是流通貨幣與信貸過少——比起通貨膨脹，美國更該處理通貨緊縮的問題。自從一九二九年華爾街股災以來，消費水平已下降逾百分之二十，金錢供給下降了近百分之三十，每四個勞工就有一人無業。[7]金錢短缺的問題使白銀成為人類通用數千年的交易媒介，而這個古老的問題也在一九三〇年代造訪美國，遲滯了美國種種商業活動，難怪在當時，人們紛紛提出的振興經濟方案中，恢復金銀複本位制度會是主流提案。

民主黨全國代表大會的眾位代表選擇將復甦銀幣地位列為政黨政見，在預計於選後付諸實踐的十七條承諾中，此案排第三：「我們提倡……無論面對何種危險都必須保留的穩定貨幣，以及以我國政府名義召開國際貨幣會議，議論恢復白銀制度等相關問題。」[8] 羅斯福後來在一場廣播至全國的無線電演說中詳加解釋此政見，那是他第一次的廣播演講，他彷彿受邀踏進美國人家的客廳，直接對人民發表政見。「美國可以也應該主動行動……思索該如何恢復行銀本位制度的全世界半數人的購買力……若想建立穩定的國際關係、恢復貿易，這是最好的辦法。」[9]

羅斯福稱世界半數人都活在銀本位制度下，此說多半是誇飾，卻與當時的英國國會議員、曾任類似美國財政部長的財政大臣的溫斯頓・邱吉爾（Winston Churchill）所言雷同。邱吉爾將全球經濟蕭條的罪責歸咎於金錢，意同美國經濟學家米爾頓・傅利曼（Milton Friedman）日後的論述：「我相信貨幣系統出了問題，它不再是人們與國家交易各自生產的物資的媒介。」[10] 他接著針對白銀問題表示：「銀是全亞洲的貨幣，是十億人類的貨幣，不該像一袋馬鈴薯似地受到輕忽……我們不是該更謹慎考慮它在世界運作方面所扮演的角色嗎？」羅斯福與邱吉爾後來將成為共抗希特勒（Hitler）的盟友，但他們早在一九三二年便有許多共同點，包括從小接受的貴族教育、對大海的鍾愛（邱吉爾在第一次世界大戰期間任第一海軍大臣（first lord of the Admiralty），羅斯福則曾任美國海軍副部長），兩人也都深受白銀吸引。

一九三二年，銀價跌到每金衡盎司〇・二四二五美元的歷史新低，雖然還沒有邱吉爾所說的馬鈴薯那般廉價，但對一度作為貨幣金屬、在市場上流通的白銀而言，已經是十分丟人的價格了。[11] 若在美國重新實行金銀複本位制，銀條的市場需求將在至少兩方面有所提升，物價下跌的情形也將有所改善。[12]財政部購入白銀、鑄造銀元，能直接提升市場需求，同時增加美國流通的貨幣量，進而使經濟復甦、間接提升白銀需求。一九三二年一月，自由派民主黨參議員——蒙大拿州的伯頓・惠勒（Burton Wheeler）——將上述兩種想法與美國歷史結合，即使是羅斯福，聽了他大膽的計畫也感到不可思議。

惠勒在參議院提倡新法案，希望將銀價調漲至每金衡盎司一・二九美元，恢復《一八七三年鑄幣法案》前，銀價與金價約為十六比一時的價格，報章媒體的相關報導稱「惠勒提出十六比一白銀法案」。[13]惠勒與布萊恩同樣想恢復十六比一定價，他曾在一八九六年一場高中辯論賽中支持布萊恩，並表示：「那之後，我就一直支持再通用銀幣。」[14]

惠勒參議員希望能在美國製造更多流通貨幣，減緩通貨緊縮的問題。根據《紐約時報》的報導，他表示：「這樣的法案會使世界的主要貨幣量翻倍，且在一年內，全球小麥、棉花與所有農產品價格會翻兩倍以上。」[15]惠勒一次也未佐證自己推估的數字，也沒有提起從當時八十五比一的價格調至布萊恩的十六比一，會造成多麼嚴重的混亂與動盪。不確定的貨幣量提升與不受控的通貨膨脹，令大多數國會議員驚恐不已，出身紐約市布魯克林區的眾議院造幣與度量衡委員會（House Committee on Coinage, Weights and Measures）主席眾議員安德魯・薩默斯（Andrew Somers）表示：「只要有人站起來，提議以十六比一的價格復行銀制，就會被視為傻子。」[16]

羅斯福可不想被當傻子看待，也無意以十六比一或其他固定比例復行銀制，他已在競選期間承諾維持「穩定貨幣」——即金本位制度——上任後真正的行動只有「召開國際貨幣會議，議論恢復白銀制度等相關問題」。儘管如此，同為民主黨員的伯頓・惠勒不以為意，他已經因一九二四年加入威斯康辛州參議員羅伯特・拉弗萊特（Robert La Follette）的陣營，作為進步黨（Progressive Party）副總統候選人，在美國社會黨（Socialist Party of America）支持下參加總統大選而被視為瘋子了。惠勒的十六比一法案在一九三三年一月進行參議院表決，當時羅斯福已然當選，卻還未就職。表決結果是十八票比五十六票，但即使法案沒能通過，惠勒也沒有放棄。[17] 羅斯福上任的一個月後，他對新組成的參議院再次提出十六比一法案，此時的參議院較願意接受他的提案，羅斯福也只能心不甘情不願地妥協了。

◆◆◆

一九三三年三月四日星期六，羅斯福正式就職，一天後宣布全美國的銀行放假數天。放假乍聽下有歡慶的意味，實則對美國人造成了巨大的限制，全美所有的銀行都停止營運十日，還收到禁止任何人提領或轉匯「任何金幣、銀幣、金銀條或貨幣」的明確指令。[18] 從經濟大蕭條開始之後，銀行破產的問題吞噬了數百萬名美國人所有的積蓄，這是羅斯福處理此問題的首要政策。羅斯福在一九三三年三月五日星期日發表第一場「爐邊談話」（fireside chat），對全國人民說明他不尋常的措施，幽默作家威爾・羅傑斯（Will Rogers）對此開玩笑道：「就連銀行家」也聽懂了。[19] 銀行假日期間股市沒有開盤，投資者無法因應政策改變投資方針，但銀條交易並沒有中斷。三月六日星期一，銀價上漲超過百分之八，是對羅斯福總統經濟計畫的顯著反應。[20]這還只是計畫的開端呢。

詩人T・S・艾略特（T.S. Eliot）認為四月是一年當中最殘酷的月份，然而在一九三三年，國會的白銀集團卻在四月過得風生水起。[21]經濟不景氣致使羅斯福在一九三二年十一月總統大選中大捷，也幾乎將那之前在位的共和黨員掃蕩一空，因此眾議院與參議院都是民主黨席次過半，議員們願意嘗試以前沒有試過的方法復甦經濟。在小麥、玉米與棉花價格極低的狀況下，通貨膨脹不再是問題，反倒成了解決問題的良方，惠勒也不再是受人鄙夷的瘋子。他知道以布萊恩最愛的價格比例鑄造銀幣會「造成一些通貨膨脹」，卻也表示這「遠好過減少錢幣中的金含量，或依一些人的提議使用紙鈔」。[22]惠勒也補充道：「那時的黃金數量不足以形成合適的貨幣基礎。」[23]

面對持續反對「十六比一」的羅斯福，惠勒毫不退讓，他往後也將時常與羅斯福較量，像是在一九三七年阻撓總統改造最高法院的計畫，並在一九四一年年中加入孤立主義的「美國優先」（America First）運動，提倡在第二次世界大戰中保持中立。[24]惠勒一九三三年為復行銀制而戰，而這不過是一場漫長戰爭中的第一次小衝突——他將自己的提案作為羅斯福《農業調整法》（Agricultural Adjustment Act）的修正案加上去，希望總統會為了當時政府最重視的農業法案默默接受「十六比一」。結果在四月十七日星期一，該修正案接受表決時，參議院多數黨領袖、阿肯色州的民主黨參議員約瑟夫・羅賓遜（Joseph Robinson）宣布道：「羅斯福總統不同意任何待審的修正案。」[25] [26]見總統反對，包括內華達州參議員基伊・彼特曼在內，至少十位支持銀制的參議員選擇倒戈、背棄惠勒，表決結果是四十三票反對、三十三票支持，惠勒的修正案失敗了。[27]

不過對白銀而言，這不過是暫時的失利。眾議院瀰漫著推動通貨膨脹的氛圍，四個月前——一九三三年一月——只有十八位參議員支持惠勒的修正案，現在卻有三十三位參議員支持他，可見羅斯福再怎麼施壓也無法防止惠勒的想法擴散至上議院。四月十八日星期二，惠勒的修正案被否決的一天後，曾在一八九六年幫布萊恩競選的奧克拉荷馬州民主黨參議員埃爾默・托馬斯（Elmer Thomas），提議為同一份農業法案制定不同的通貨膨脹計畫。他從一開始便擔心農產品價格崩盤，表示：「我們除了錢以外，什麼商品都過剩。」[28]《托馬斯修正案》（Thomas Amendment）給了總統一系列的選項，包括減少一美元金幣中的黃金含量，以及設置「以他決定的任何比例恢復白銀貨幣制度」的機構。[29]

儘管新修正案較為彈性，羅斯福依舊持反對意見，不過參議院領袖警告他，無論他反對與否，新修正案都會通過。四月十八日下午，羅斯福在白宮接見托馬斯，在一番奉承後說服這位來自奧克拉荷馬州的參議員暫且撤回修正案，給新政府一點「喘息的時間」。[30]

喘息過、呼吸新鮮空氣後，羅斯福的反通貨膨脹思想一掃而空，不過這主要是因為他別無選擇。[31]政治評論家沃爾特・李普曼（Walter Lippmann）表示，接下來的問題就只剩「如何引起通貨膨脹，以及它是否將受到管控」了。[32]隔天——一九三三年四月十九日星期三——上午十點三十分，羅斯福總統廢止了美國的金本位制度，對擠進白宮橢圓形辦公室的一百多名記者宣布，從今以後，政府將「不再發布外銷黃金的許可證」。[33] 羅斯福十分享受自己在記者會上引起的震驚，他像調皮的男孩似地和記者談笑，卻拒絕揭示接下來的行動。羅斯福將自己形容為制定了彈性作戰計畫的美式足球四分衛：「如果下一步讓我們這一隊前進十碼，那接下來的作戰策略當然會不同於……行動失敗之後的下一步。」[34]

儘管人們為金本位制的最終命運惴惴不安，金融市場仍立刻對消息做出反應，引發小麥、棉花等農產品在四月十九日出現全年最熱絡的貿易盛況，價格漲了百分之四到百分之六，不過相較於貴重金屬的價格，農產品價格的漲幅根本是小巫見大巫。[35] 美國禁止出口黃金，就表示美元的國際價值會下跌，就和英鎊於一九三一年九月脫離金本位制度的後果相同。這一天結束時，美元相對法國法郎——唯一仍行金本位制的大國貨幣——的匯率下跌了百分之九，美國人若想購入黃金，就必須支付較高的價格。[36] 雖然羅斯福沒有提及白銀，但銀價還是上漲了超過百分之十一，投機商人紛紛預期支持恢復銀制的《托馬斯修正案》經修改後會通過國會表決。[37]

沒過多久，他們的預言便實現了。一九三三年四月二十日星期四，托馬斯提出農業法案的新修正案，新案較符合羅斯福保守的作風。[38] 修正案經由羅斯福所謂的「智囊團」改寫，智囊團主導人為講稿寫手雷蒙德・莫利（Raymond Moley），此時兼任外交委員會主席與參議院臨時議長的內華達州參議員彼特曼也參與其中。[39] 彼特曼調整了托馬斯的要求，將修正案的重點放在由聯邦儲備系統擴大貨幣供給，允許總統調低金幣的黃金含量以貶低美元，並允許他國政府以每金衡盎司〇・五〇美元的高價白銀償還一戰債務，進口的白銀將被用於鑄造銀元與銀元券。[40]參議院多數黨領袖羅賓遜認為，此舉能「將銀價穩定在每金衡盎司〇・五〇美元左右」。[41]

《華盛頓郵報》將這份摻水版《托馬斯修正案》描述為「給銀人的賄賂」，話雖如此，在四月二十日，銀價還是顯著上漲了百分之九，漲到每金衡盎司〇・三五美元以上。[42]四月十九日與二十日的銀價漲幅合計為百分之二十，是同時期金價漲幅的兩倍以上，證實了銀價起伏較大之說，也使羅斯福對白銀政策不甚熱情的支持升溫。[43]莫利將施行總統的計畫這份成就，歸功於彼特曼：「是彼特曼『說服』托馬斯接受修改過的修正案；除了眾所周知的白銀支持者以外，沒有人能完成這份工作。」[44]羅斯福欠彼特曼一份人情，他未來也將償還這筆人情債。

|第六章|

白銀補助

彼特曼是變色龍政治這門低俗藝術的行家，早年在內華達州提倡女性投票權，並支持訂立州法允許婦女投票，但在當上參議員之後卻投票反對修正聯邦法規。彼特曼對參議院解釋道：「我相信（婦女投票權）對於治理我們州份是必要的……但我不知道它對於治理南方州份是否必要……除了黑人選票以外，加入黑人婦女的選票當真合宜嗎？」[1]婦女參政運動人士不贊同他的行為，內華達州卻有一家報紙將之視為政治上傑出的一筆：「內華達的資淺參議員需要南方各州代表以選票支持對內華達而言關鍵的議題時，他十分清楚該從何尋得各位代表的選票。」[2]

彼特曼為了自己的內華達州選民——例如埃斯梅拉達縣的托諾帕採礦公司與林肯縣的布里斯托銀礦場（Bristol Silver Mines）——支持抬高銀價，卻不甚在乎白銀在全國貨幣方面所扮演的角色。他在一九三三年一月投票反對蒙大拿州惠勒參議員的「十六比一」法案，表示此案「會使整個東部和我們反目」。[3]儘管如此，他成為美國派至倫敦經濟會議（World Monetary and Economic Conference in London）的代表，參與一九三三年六月十二日開始為期六週、有六十六國代表出席的國際會議時，卻在這場旨在討論如何以金融手段解決經濟蕭條問題的會議上，鼓勵眾人支持白銀。羅斯福沒有與美國代表團的領袖——國務卿科德爾・赫爾（Cordell Hull）——先行討論，便指派彼特曼加入團隊，代表美國與會。[4]

那年夏季在倫敦開會時，這位內華達州參議員單槍匹馬為白銀衝鋒陷陣。羅斯福的華爾街顧問兼美國代表團金融顧問詹姆斯・沃伯格（James Warburg）表示，彼特曼「喝醉時實是狂野的男人，但他太常喝醉了，因此經常表現出狂野的舉止……他若不幸懷疑你不站在他那一方，那你就只能求上帝保佑，因為你完了」。[5]會議進行到某一天，彼特曼竟手持波伊刀，追著技術顧問在多個與會代表團下榻的克拉里奇飯店（Claridge Hotel）走廊上奔跑，原因是對方並未表現出對白銀的熱忱。[6]還有一次，彼特曼堅持要其他與會者同意他的看法，德國代表亞爾馬・沙赫特（Hjalmer Schacht）無奈地雙手一攤，說道：「好啦，白銀的事我們同意就是了。」[7]

新聞媒體反倒沒有繪聲繪影地報導這些事件，他們也許是懼怕這位來自西部荒野的參議員吧，只簡單地表示彼特曼「不眠不休地為白銀爭取認同」。[8]一九三三年七月二十二日星期六晚間，諸國代表簽署了白銀協約，限制印度等廢止銀本位制的國家大量外銷白銀，並以規定澳洲、墨西哥與美國等國政府收購本國採礦公司多餘礦產的方式，限制產銀國家的白銀外銷量，以上述兩種方法提高銀價。[9]簽約各國須於一九三四年四月一日前正式批准協約規定，許多人認為這是「倫敦經濟會議唯一的實質成果」。[10]彼特曼表示：「這是我此生最重大的事件。」[11]各國簽署協約過後，銀條市場在一日內便有所反應，從原本的每金衡盎司〇・三五五美元提升至超過〇・三七美元，顯著地上漲了百分之五。[12]

彼特曼雖凱旋而歸，卻沒能達成惠勒的目標，這位蒙大拿參議員因此批評倫敦會議的提案為「一八七三年取消銀幣流通後，美國退的最大一步」。[13]惠勒接著為彼特曼捨棄「十六比一」原則進行報復，表示這「悲哀地顯現出」美國代表團「對金錢問題之本的認知」。[14]務實主義的彼特曼避免與惠勒交鋒，而是請日後會成為財政部長、同時為羅斯福好友的農業信貸管理局（Farm Credit Administrator，FCA）局長小亨利・摩根索向總統諫言，說服羅斯福避免讓參議院表決是否實行倫敦協約的內容。彼特曼建議羅斯福以總統公告（presidential proclamation）的形式宣布新制：「這份文書並不是協約，甚至不是必須由美國參議院批准的協議，它不過是一份經眾人同意的外交備忘錄。」[15]

羅斯福總統喜歡鑽法律漏洞，經常受助於過去在紐約州杜且斯縣的鄰居——摩根索。亨利・摩根索出生於一八九一年，誕生在紐約市中央公園以西區域一戶有錢人家，但比起父親的房地產帝國，他對耕作土地更有興趣，而且有足夠的家財支持他追尋夢想。他在紐約州菲什基爾村（Fishkill）購置了數百英畝地皮，地點就在羅斯福位於海德公園的莊園附近。就這樣，頂著禿頭、戴著夾鼻眼鏡，怎麼看都不像農人的摩根索，當起了農夫。[16]摩根索和羅斯福同樣積極參與民主黨的政治活動，兩人同在一九一二年支持伍德羅・威爾遜；不過一直到一九一五年，羅斯福徒勞地試圖說服摩根索競選杜且斯縣警長之時，兩人才初次見面。[17]亨利受寵若驚，因此當羅斯福在一九二八年參選紐約州州長之際，他也貢獻了時間與金錢，幫助羅斯福得勝。羅斯福表示，他認識的農人之中，就只有摩根索一人靠農業獲利，因此指派他擔任紐約州環保長（conservation commissioner）。[18] 光從摩根索的職稱，我們也許無法看出兩人緊密的關係——當摩根索問羅斯福可以在何時討論新計畫的經費時，羅斯福答道：「我剃鬍子的時候。」[19] 果不其然，數日後，摩根索在羅斯福抹上刮鬍泡時登門造訪，和他談論新計畫。

在一九三三年三月入主華府之後，羅斯福指名摩根索成為新設立農業信貸管理局的第一任局長，而即使到了華府，摩根索的職務也遠不只有管理農業信貸。一九三三年十月，羅斯福廢止美國金本位制的六個月後，總統決定在金條市場上收購黃金，貶低美元價值。當時，國會還未修改黃金每金衡盎司二十．六七美元官方定價，財政部副部長（Undersecretary of the Treasury）迪安．艾奇遜（Dean Acheson）甚至質疑羅斯福這項政策的合法性。[20] 摩根索諮詢了農業信貸管理局的法律顧問，驕傲地宣稱羅斯福的政策並無違法之處，並在日誌中總結道：「到海德公園拜訪總統，拿赫曼．奧利芬（Herman Oliphant）的親筆備忘錄給他過目，備忘錄提出多種方法，顯示總統能透過行政命令的方式在我國推行自由黃金市場。」[21] 讀過備忘錄後，羅斯福又押下賭注：「我自己有辦法犯法，我覺得這個方法簡單得多。」[22]

聞言，摩根索不禁瞠目，卻還是聽羅斯福說明他的計策：他將利用一九三二年設立的國營公司——復興金融公司（Reconstruction Finance Company，RFC）——支援銀行購買黃金。此法確實簡單一些，但在艾奇遜看來同樣有爭議，艾奇遜希望總統能寫封信，免除他的個人風險。[23] 摩根索表示，「總統和艾奇遜險些大打出手」，不過羅斯福並未當場開除艾奇遜，而是多等了一個月才迫使他辭去職位。[24]

接著，摩根索拉攏司法部長，請司法部通過總統的提案。到了一九三三年十月二十二日星期日，羅斯福在爐邊談話廣播中宣布了購買黃金的計畫：「我將在美國建立政府的黃金市場，因此，在現有律法明晰的界定下，我授權復興金融公司以不時在和財政部長與總統商談後決定的價格在美國購買新採的金幣……此外，我們還會在全球市場購買或販售黃金。」[25]一九三三年十月二十五日星期三，復興金融公司開始以逐漸上漲的價格購買黃金。[26]

羅斯福毫不隱諱地強調購金計畫的合法性，這後來成了在尚未通過參議院表決的情況下，批准彼特曼的倫敦白銀計畫的範本。一九三三年十二月二十一日星期四晚間，總統宣布：「在上回國會會議明令賦予我的職權下，我今日發布公告，批准倫敦的白銀協議。」[27]羅斯福的總統公告授權財政部以每金衡盎司〇・六四五美元的價格購買所有國內新採的銀礦，並將白銀鑄造成標準銀元。[28]由於當時的白銀市價為每金衡盎司〇・四三美元，新計畫給了美國礦業高於市價百分之五十的補助——彼特曼表示，他「從未參與過任何令自己更滿足、更快樂的立法程序」。[29]

翰蒂與哈曼金屬貿易公司立刻開始以兩種定價交易白銀：一是財政部購買美國新產白銀的價格，一是製造業或工藝用外來白銀的自由市場價。[30]羅斯福的新政策一發布，白銀自由市場價便立即上漲至每金衡盎司〇・四四二五美元，因為該公告不僅對礦業業者有益，還支走了原本流往工業界的國產白銀。相較於平時的每日價格浮動，銀價一夕間上漲百分之三確實是顯著的變化；但相較於同年稍早發布政策過後的價格上漲，百分之三並不算太多。[31]美產白銀約為全球銀產量的百分之二十，若抽離商業使用，本該對銀價造成較大的影響才是。[32]事實證明，價格的確受到了較大的影響，只不過行政管理系統中有人先行洩露情報，以致銀價在十二月二十一日的公告之前便已發生相應的變化。

早在一九三三年十一月七日星期二，羅斯福在爐邊談話中宣布購銀計畫的兩週後、白銀公告發布的六週前，《華盛頓郵報》便發布了頭條新聞：「購金計畫助美產銀投機買賣」。[33]根據新聞報導，「銀價上漲至三年高峰……（且）隨新漲勢出現的，還有華府可能為白銀採取行動的傳聞」。[34]這不只是傳聞，羅斯福在十月二十六日星期四下午，和摩根索進行每日例會時坦承：「我擔心白銀的問題……我們達成了君子協定，同意每年買下世界特定部分的白銀，我卻完全不曉得我們為此做了什麼。」[35]羅斯福提議與彼特曼參議員討論此事，摩根索身為完美的手下，卻應道：「交給我吧，我會幫你解決。」

十一月一日星期三，中午過後不久，摩根索向羅斯福報告，並在日後回憶道：「我們準備執行白銀計畫了，但我沒有提議和（財政部副部長）艾奇遜討論，而是提議先請司法部部長判斷計畫是否合法，事後再將計畫告知艾奇遜。」[36]羅斯福聞言露齒一笑。「你這個壞東西——就和我一樣壞。」亨利回道：「你以為是誰教我的？」羅斯福吼道：「你的方法太棒了，去把資訊弄到手以後來通知我。」摩根索接著找司法部部長特助烏戈・卡魯西（Ugo Carusi）商談，卡魯西同意「嚴格保密」，將任務託付給司法部的人。

同一天晚間，摩根索與彼特曼會面，花了一整晚談論白銀政策。他將羅斯福對他下達的命令告訴這位內華達參議員，也將司法部部長即將給出審查結果之事告知他。摩根索在日誌中寫下：「我對（彼特曼）表明了保密的重要性，但那天稍早一定是有人洩密，金屬股價上漲了四到六點。」[37]

從一九三三年十月二十二日羅斯福發表爐邊談話，到一九三三年十一月七日星期二，《華盛頓郵報》在報導中提及傳聞的這段期間，銀價從每金衡盎司近〇．三七美元漲到了每金衡盎司〇．四一五美元，漲幅超過百分之十二，十分顯著。[38]銀價上漲當然有一部分是購金計畫所致，也有一部分是人們預期政府會「為白銀採取行動」，因而預先下注。政府於一九三三年十二月二十一日宣布了新的白銀政策，導致價格進一步上漲。

彼特曼稱羅斯福十二月二十一日的公告為「提早來臨的聖誕禮物」。[39]他應該再補充一句：今年，聖誕節提早到來了。

新白銀計畫一公布，洛磯山脈各州一度輝煌的採礦營徹夜狂歡，科羅拉多採礦協會（Colorado Mining Association）會長傑西．麥唐納（Jesse McDonald）將計畫稱為「銀礦場多年難得一見的好消息」。[40]在科羅拉多州萊德維爾市，來自鄰近亞斯本市等白銀盛產區的無業礦工紛紛加入當地人，一起舉杯敬「羅斯福、白銀與聖誕老人」。人們狂放地高談要「回山丘地」賺數百萬美元，狂歡者湧上街頭，對空鳴槍歡慶礦業的復甦。而在彼特曼的大本營——內華達州托諾帕市——慶祝活動較為保守：人們在免費酒水的誘惑下待在酒館裡，當地的女人紛紛爬上吧檯和男人共舞，這座城鎮若有樂隊的話，居民想必會上街遊行。[41]

然而，並不是所有人都沉浸在喜慶的氣氛中。奧克拉荷馬州參議員埃爾默・托馬斯——羅斯福最愛的修正案的筆者——表示，新計畫「某種程度而言還不錯……它會滿足銀礦業者，稍微幫助國際貿易，但還不夠……如果政府的措施無法使物價恢復一定的水平，國會無疑會要求政府採取更進一步的行動」。[42]和羅斯福最處不來的民主黨員——惠勒參議員——則表示，他將提出另一份新法案，提倡以十六比一的比例自由鑄造銀幣：「對那些相信物價必須透過促進通貨膨脹手段提升的人，這份公告並不能替代那份需求……若恢復白銀貨幣制……全球物價會瞬間上漲至一・二九美元……（而）美國生產商將不必擔心東方貶值的貨幣來與他們競爭。」[43]

伯頓・惠勒所謂的「東方」指的是中國，這位蒙大拿州參議員是那時才開始注意中國，但內華達州的彼特曼參議員自從加入參議院外交委員會以來便一直關注中國，還利用該國支持他近來提倡白銀制度的論述。彼特曼指出，經濟蕭條最初的那兩年，中美貿易逐漸減少。他還寫道：「一九二九年後半與一九三〇年，我國與中國貿易突然且不尋常地減少，主因是……銀價前所未見的跌勢……（白銀是）中國唯一的貨幣。」[44]然而，他雖宣稱銀價抬高對中國有利，卻未提及經濟蕭條初年，中國相對的繁榮與富裕。國際聯盟經濟組織前首長亞瑟・薩爾特爾爵士（Sir Arthur Salter）等中國專家解釋道，中國之所以未受經濟蕭條的情形嚴重衝擊，正是因為銀價下跌幫助它避免國內的通貨緊縮問題。[45]

至於眾人的說法孰對孰錯，答案很快便將分曉。

第七章

中美衝突

彼特曼自詡為中國貨幣專家，和同為參議員的同僚分享了自己的見解：「東方與熱帶國家的人不信任紙幣，他們從以前就用白銀當貨幣，是因為它幾乎堅不可摧。他們保存白銀的方式，包括把它埋在地底、製作成首飾、當裝飾品穿戴在身上，還有裝在腰布裡。他們聲稱紙幣可能會毀損，且放在腰布裡短短數小時後，它就不再是適合流通的狀態了。」[1]

白銀確實是中國通用的貨幣，但在腰布這方面，彼特曼就沒那麼瞭解了。儘管中國幾乎不產白銀，該國卻從至少一千年前開始以白銀為主要流通貨幣。[2]第一次世界大戰後，美國外銷的白銀大部分都賣到了中國，美國出口的銀條貨運有百分之十到百分之七十五送到了中國。[3]此外，中國也在十六世紀與十七世紀進口白銀，它以絲綢與茶葉和英國與葡萄牙商人交易銀幣，其中包括當時全球流通且知名的西班牙「八里亞爾」（piece-of-eight），八里亞爾甚至曾為美國的法償貨幣。[4]然而，在一九三三年前，中國主要的交易媒介是「銀兩」（tael）——重量約等同一金衡盎司的銀塊——而非依特定標準鑄造的銀幣。[5]鞋子形狀的銀塊——有時稱為「元寶」（shoes of sycee）——約含五十兩，人們通常會在進行高額交易時使用元寶，不過在中國境內，銀元寶確切的大小與價值並沒有統一。[6]元寶的價值差異對中國銀行家而言有益無損，卻阻礙了國內貿易，引發內亂。

標準化的銀幣——「銀圓」（yuan）——最初是在一九一〇年五月傳入中國，在一九三三年四月六日，由首都南京的中華民國財政部（Chinese Ministry of Finance）宣告為正式通行的貨幣。[7]政府雖致力於統一貨幣、穩定經濟，卻為時已晚，中國的貨幣雖名稱不變，從一九三五年過後卻不再含銀。中國成了彼特曼與羅斯福「為白銀採取更多行動」下的犧牲者，被迫廢止銀本位制度。

羅斯福無意中以黃金開始了白銀計畫的第二階段。一九三四年一月十五日，羅斯福請國會立法將聯邦儲備系統持有的黃金轉至美國財政部，這是將黃金收歸國有的最後一步。[8]此後，除了製作手環、耳環的珠寶業者與製作華麗假牙的牙醫（數百年來，鑲金假牙一直是東歐人眼中的地位象徵，時至二十一世紀，它仍是瑪丹娜（Madonna）、小賈斯汀（Justin Bieber）等富裕名人炫富的方式）等人，美國國民不被允許在藝術或工業用途之外私自持有黃金。[9]新法禁止美國人投資黃金，黃金的投機買賣更將走入歷史，而該法的效力會維持四十年。[10]此外，羅斯福也請國會限縮他在一九三三年五月《托馬斯修正案》下使美元貶值的權限，以這種機智的手段博得眾人的支持。羅斯福稱白銀為重要的貨幣金屬，並表示「我想大幅增加它的使用量」，卻建議在「更瞭解倫敦協議的結果與我國其他貨幣相關措施」之後，再採取相關措施。[11]

國會實現了總統所有的要求，於一九三四年一月三十日通過《黃金儲備法案》（Gold Reserve Act）。[12] 隔日，羅斯福將金價抬高到每金衡盎司三十五美元，卻無視《托馬斯修正案》授權他「將銀元重量訂定……在相對一美元金幣的固定比例……並無限制地鑄造前述金幣與銀幣」的部分。[13] 從十二個月前，一直到一九三四年一月三十一日，黃金與白銀的價格上漲了百分之七十，金價從每金衡盎司二十・六七美元漲至三十五美元，銀價則從每金衡盎司〇・二五八七五美元漲至〇・四四美元，兩者的價格比例依然是約八十比一。在伯頓・惠勒看來，這表示事情完全沒有進展，且參議院有將近半數的人認同他的看法。

惠勒先前挑戰羅斯福暫緩白銀政策的要求，提出對《黃金儲備法案》的修正案，要求財政部購入十億金衡盎司白銀，或直到銀價上漲、金銀價格恢復十六比一為止。[14] 考慮到全球的白銀年產量約為兩億五千萬金衡盎司，美國財政部若遵循惠勒的方案，以每個月一千萬金衡盎司的速率購入十億金衡盎司白銀，必然會對銀價造成不容小覷的影響。[15] 惠勒補充道，提升銀價就「像是對中國築一道關稅牆」，因為中國貨幣的價值會隨銀價上漲，使美國進口的中國貨品價格提升。[16] 參議院一位支持惠勒的議員附和道：「在貿易、商業與進步等方面，這樣的措施才有意義——對美國人民而言，這才有意義。」

四十五位參議員投票反對修正案，四十三人投票支持，彼特曼也是其中之一，他無視羅斯福反對義務購銀政策之事，選擇和同為銀人的參議員站在同一邊。[17] 根據媒體報導，惠勒在最終表決前的發言「不含……（布萊恩）〈黃金十字架〉演說……那般火熱的雄辯」，還有參議員讚美他「發表如此保守的演說，以致投票反對此案的人顯得像激進份子」。[18] 總統派以區區兩票險勝，參議院的白銀集團因而士氣大振，白銀瞬間爬到羅斯福的購物清單第一條。

作為回應，羅斯福發言支持一九三四年五月二十二日在參議院被提出的《白銀購買法案》，表示：「能立法擴大權限、允許政府進一步購入白銀作為貨幣使用，對我們很有幫助。」[19] 基伊・彼特曼從中斡旋，經過妥協與修改，法案將允許——而不是要求——總統購買銀條，直到白銀占美國國庫金銀合計價值的四分之一，並發行名為「銀元券」的紙幣，允許人民以銀元券兌換白銀。[20] 此外，新法案授權總統依據自己的判斷，將全美國的銀條收歸國有，類似於之前的《黃金儲備法案》。一九三四年一月上任財政部長的亨利・摩根索將負責實施購買計畫，他表示財政部會購入過剩的白銀，將「授權條款」視為強制執行的命令。科羅拉多州參議員阿爾瓦・亞當斯（Alva Adams）——白銀集團中的溫和派份子——表示：「從一八七三年停止流通銀幣至今，這是我們在復行銀制路上邁進的最大一步。」[21]

亞當斯正確地點出了《白銀購買法案》的重要性，尤其是使白銀占美國貨幣儲備百分之二十五的提案。即使是當初在美國建立金銀複本位制、以黃金與白銀定義美元的亞歷山大・漢彌爾頓，也未曾設下黃金與白銀的儲備目標，他只是希望能以兩種貴重金屬作為美元的基礎，避免「過分吝嗇的循環之惡」而已。《白銀購買法案》象徵金銀複本位制的復甦，其影響更甚於原始的制度。

《白銀購買法案》的詳細說明在法案實行的兩週前突然出現，銀價從每金衡盎司〇・四三七五美元漲至〇・四五一二五美元，顯著上漲了超過百分之三。[22]如此一來，美國財政部必須購入逾十億金衡盎司的白銀，才能使白銀占總貨幣儲備的四分之一，但是具有彈性的時程限制了銀價漲幅。[23]財政部長摩根索表示：「我們希望銀價上漲，卻不希望白銀升值造成太大的轟動，因為此時最糟的情況就是銀價上漲後崩盤。」[24]這位財政部長不過是來自菲什基爾村的農人，卻比專業人士還懂操縱市場價格的方法。

為了幫助摩根索緩和銀價漲勢，羅斯福先前堅持在《白銀購買法案》中加入銀條交易須課百分之五十超額利潤稅（excess profits tax）的條款，迫使投機商人掩飾自己的投機買賣。[25]除此之外，法案第三段禁止財政部在購入美國持有的銀條時，支付超過每金衡盎司〇・五〇美元的價格，削弱了漲價的壓力。基伊・彼特曼並不在乎此事，因為國內新採的白銀仍在十二月二十一日公告的保護範圍內，依然能以每金衡盎司〇・六四五美元的價格進行交易。而在一九三四年六月三十日羅斯福離開華府過暑假之前，他也留下了更進一步的指令，防止投機商人利用政府的購買計畫牟利。

羅斯福的暑假為期六週，他搭乘重達一萬噸的休斯頓號巡洋艦（USS Houston）造訪波多黎各、美屬維京群島、巴拿馬運河區與夏威夷。戰艦為總統進行了一系列的改裝，包括為身材高大的他裝設七呎四吋長的臥床——一些有冒險精神的見習軍官勇敢地測試了總統用床是否耐用，直到有人在顯眼處張貼「請勿躺臥」告示。[26]根據媒體報導，船艦上設有最先進的無線電通訊設備，供最高統帥「在接收消息的數分鐘內下達任何命令」。[27]羅斯福能在海上治理國家，但他還是預先為白銀政策準備了一份備忘錄，書寫日期為一九三四年六月二十八日，也就是他出發的兩天前。總統命令摩根索實行《白銀購買法案》的第七段，並在自由市場價到達每金衡盎司〇・四九五美元時將白銀國有化。[28]

摩根索將總統的備忘錄視為藍圖，計畫購入原先存放於投機商人金庫裡的約一億金衡盎司銀條，這將是使白銀占美國貨幣儲備總量四分之一的第一步。一九三四年八月一日星期三，他在日誌中寫道，當銀價超過每金衡盎司〇・四六美元時，他將「親自接管購買事務，預計將銀價推至每金衡盎司〇・四九五美元，使白銀國有化」。[29]隔週，銀價上漲至每金衡盎司〇・四八美元時，《華爾街日報》看出了摩根索的操作：「相信是政府新一波行動……民眾並沒有購買白銀的需求……（因為）在《白銀購買法案》的條款下，官方採購已設下每金衡盎司〇・五〇美元的上限。」[30]八月九日星期四上午十一點鐘，摩根索在紐約市場出了每金衡盎司〇・四九五美元的價格購銀，進而開始實施白銀國有化的政策。[31]

政府將美國所有銀條收歸國有的計畫，宛如投入小池塘的巨石，激起了巨浪與波波漣漪。美國財政部已將銀價推至一九二九年以降的高峰，牛市中的投機商人批入大量白銀，國有化命令就此終止紐約商品交易所的白銀期貨交易，直到三十年後，白銀期貨貿易才會復甦。儘管如此，預測銀價會持續上漲的投資者，仍能轉而投入倫敦的銀條市場，摩根索接下來也打算在倫敦市場中購銀，擴大美國貨幣的基礎（法案的每金衡盎司〇・五〇美元限制只適用於美國持有的銀條）。彼特曼將白銀國有化政策視為「加速完全吸收世界白銀庫存的過程……（且）庫存被吸收之時……銀價會穩定上漲，恢復一•二九美元價格」。[32]

翰蒂與哈曼公司仍在美國買賣工業用白銀，價格反映了倫敦的自由市場價，也反映了美國人家對銀器與白銀裝飾品的需求。新聞媒體安慰社會大眾，政府並不會徵收「銀幣、銀器、裝飾品、古董（或）高爾夫獎杯」。[33]結果，白銀國有化政策刺激了前所未見的銀器零售交易，消費者預測銀價將會上漲，爭先恐後地搶購標準純銀茶具組、菸灰缸、花瓶與餐具，像中世紀的人們一樣，將備用儲蓄儘量以銀器的形式存放在飯廳櫥櫃裡。[34]華爾街將《白銀購買法案》視為對高爾翰製造公司（Gorham Manufacturing）、國際白銀公司（International Silver）等銀器公司的優惠；然而在上海，上漲的銀價令中國政府官員憂心忡忡，人們看待美國新法案的態度就沒那般樂觀了。[35]

✦✦✦

羅斯福的白銀國有化命令才剛下達不到兩個月，中國財政部長孔祥熙的官方聲明書便依尋常外交管道，送到了國務卿科德爾•赫爾的辦公桌上。新聞媒體對該書信的描述為「直截了當」，以外交語言而論，這等同長篇大論的攻擊性言論。[36]曾就讀歐柏林學院（Oberlin）與耶魯大學、英文名為「Chauncey」的孔祥熙，與中華民國領袖蔣介石將軍為連襟關係，因此儘管他職務上不過是財政部長，此封書信卻帶有更沉重的意味。[37]他表示，美國的購銀計畫「使白銀價格上漲、被掃購一空，可能引起嚴重的貨幣問題」，並呼籲「美國協力預防銀價持續上漲」。[38]彼特曼先前聲稱中國持有大量白銀，因此銀價上漲有益於中國，當初信以為真的人此時見了孔祥熙的反對言論，也許會感到錯愕——但其實在那年稍早，中國銀行（Bank of China）董事長李銘便已提出反駁，表示彼特曼的說詞「在經濟上站不住腳」，而李銘的說法完全正確。[39]

銀價高漲可能會使中國通貨緊縮，對中國經濟造成雙重衝擊。世界銀價上漲，會鼓勵投機商人從中國的銀行提取白銀庫存，到倫敦賣個好價錢。事實上，美國的白銀國有化命令頒布一個月後，上海的白銀庫存降到了一九三四年以來的新低，而在庫存量減少的情況下，銀行不得不限制借貸，商業活動也因此受阻。[40]此外，銀價上漲減少了中國的出口貿易。當時的美元以黃金為本，中國銀圓則以白銀為本，隨著白銀價值提升，銀圓在外匯市場便會升值，而銀圓升值就表示中國商品在美國與歐洲的價格提升，因此出口貿易受到限制，中國出口工業的失業比率隨之上升。普林斯頓大學經濟學者理查・A・雷斯特（Richard A. Lester）分析相關紀錄後，總結道：「銀價上漲……會對它的貿易造成巨大衝擊。」[41]經濟大蕭條時期，各國為在世界市場上占一席之地而爭相使本國貨幣貶值，甚至將貨幣升值視為致命瘟疫。當代的媒體也證實，這是眾所周知的常識：「中國人雖怪，但經濟法則對各國族一視同仁，他們和其他人一樣，發覺本國貨幣的外匯價值提升，限縮了出口貿易。」[42]

《華盛頓郵報》譴責參議院的白銀集團：「國會那些慈善主義者如此英勇地致力抬高銀價、援助中國，自以為能提升中國的購買力，卻被他們本欲援助的人狠狠地回絕了。」[43]然而，並不是所有人都深信此事。在一九三三年年中以前任國務次卿，後來成為羅斯福智囊團創始成員的雷蒙德・莫利寫道，孔祥熙的抗議「只反映了中國極少數人的觀點……我們仍相信白銀價值提升……能真正地對中國大眾有所助益」。[44]莫利也許真心相信自己的言論，但更可能是言不由衷，他發表此說，或許只是為償還彼特曼推行羅斯福版《托馬斯修正案》的人情債。

面對中國財政部長孔祥熙的抱怨信，國務卿赫爾以靈活得堪比佛雷・亞斯坦（Fred Astaire）的外交舞技回應：「我國政府執行《白銀購買法案》時，在謹守法律規範之餘，會儘量密切關注購買的時間、地點與數量的可能性，並且審慎考量中國政府提出的事項。」[45]赫爾小心翼翼的措詞，儘量滿足了中國人與國會中的銀人；但實際上，國務卿對於《白銀購買法案》實施事宜的影響很小，因為該計畫在財政部長摩根索的掌控下，而這兩位內閣成員向來不睦。

赫爾原是出身田納西州的律師，以耐性與政治手腕著稱，和他熟識的人表示他習慣攜帶「一把長刀」。[46]由於摩根索越俎代庖、插手國務院事務，還是羅斯福身邊的紅人，赫爾相當厭惡他：「財政部長……經常表現得彷彿身穿權勢衣裝，有權干涉外交領域事務與新計畫，形塑外交政策的方向……我不時對總統提及他的壞習慣，但羅斯福先生總是悄悄避開關乎親密好友的怨言。」[47]摩根索認為，在遠東方面，比起中國赫爾更偏袒日本，甚至遵守日本於一九三四年四月發表的天羽聲明（Amau Doctrine），主張日本對中國事務的重視與參與。[48]日本發布聲明的一個月後，赫爾寫道：「美國的政策是——也一向是——配合日本政府的行動與欲求，強化兩國傳統的友好關係。」[49]他接著駁回摩根索派至中國的經濟特使——耶魯大學教授詹姆斯・H・羅傑斯（James H. Rogers）——的提案，一封短信寄給了國務院派駐上海的領事：「請盡快通知羅傑斯，和中國官員談論借貸的可能性牽扯到棘手的政治關係……無論在任何情況下，他都不應接見他們或討論任何借貸的提案。」[50]

為了爭一口氣，摩根索在一九三四年十一月二十六日撥了通電話給羅斯福，提醒總統，他自己先前希望「在國會下次開會時銀價能漲到〇・六四五美元」，而當時的自由市場銀價接近每金衡盎司〇・五五美元。[51]摩根索接著告訴他，白銀購買計畫以「使中國通貨緊縮」的方式，「盡了全力幫助日本」。他表示，白銀「被人走私帶出上海」，並請羅斯福准許他「這週不以〇・五五美元以上的價錢購銀」，等兩人有機會談話再說。羅斯福同意暫緩購銀，摩根索在日誌中寫道，他想請總統「考慮告訴中國，在銀價到達〇・六四五美元時，我們會試著穩定銀價」，並表示他會「試著說服白銀集團參議員接受此想法，讓他們知道自己的預言有誤，我國與中國的出口貿易正漸漸衰退」。

到了十二月初，《紐約時報》刊登「中國通貨緊縮越發嚴重」的頭條報導，並解釋道，中國的「流通媒介正緩緩被抽乾」。[52]中國財政部制定了白銀出口稅以限制外流，但仍有價值約五千萬美元的白銀在兩個月內被走私出中國。許多觀察者將此事歸咎於日本，但世界市場高昂的銀價也吸引了正當的美國企業，投資銀本位制下的銀圓。[53]芝加哥的哥德史密斯兄弟治煉及精煉公司（Goldsmith Brothers Smelting and Refining Company）支付百分之十的稅負，進口十二噸刻有中華民國國父孫中山頭像的中國錢幣，結果銀幣全被融成硝酸銀，用以生產電影底片與電子元件。[54] 商人評論道：「精煉與運送中國與他國金屬的總成本不夠高，不至於（令人打消）進口白銀的念頭。」[55]

上海兩間銀行關門大吉後，摩根索進入緊急模式。[56] 一九三四年十二月十三日，他撥電話給哈佛大學國際經濟學專家——約翰・亨利・威廉斯（John Henry Williams）教授——說道：「我打給你，是想商談機密……中國的情勢似乎到了緊要關頭……這週末我會草擬針對中國的財經計畫……不知道你能不能南下，花幾天時間協助我們。」[57] 威廉斯同意加入專門小組，組員還包括芝加哥大學鼎鼎有名的經濟學家雅各布・維納（Jacob Viner），但摩根索也希望團隊上能有實作專家，於是在聯繫威廉斯之後，他又致電大通國家銀行（Chase National Bank）副總裁齊格弗里德・斯特恩（Siegfried Stern），希望他能從內部人士的角度給些建議：[58]

摩根索（摩）：我打電話給你，是有非常機密的事情想和你商討。

斯特恩（斯）：是。

摩：我們打算試著想辦法幫中國渡過難關。

斯：是。

摩：就你所知，誰最瞭解……

斯：我們銀行之前有一位專家，負責實際交易與外匯業務……

摩：這不是買賣交易的問題。

斯：原來如此。

摩：我的意思是，一個只處理這類業務的人應該不太能幫上忙吧？

斯：確實……這個嘛，我們有個人在那邊待了六個月左右。

摩：誰？

斯：我們的財務長，富蘭克先生（Mr. Frank）。他似乎頗懂中國貨幣，但他不是受過訓練的經濟學家。

摩：這樣啊，這種人我們有不少。

斯：是啊，不少呢。

摩：但是他瞭解中國貨幣？

斯：他懂貨幣……他應該是我們這裡最優秀的人了，還有在中國辦事的實際經驗。

摩：他叫什麼名字？

斯：N・R・富恩克——F、U、N、C、K。

摩：富恩克？

斯：對，富恩克，出納助理。

摩：他明早能來嗎？

斯：他明早就去。

摩：好。

斯：好的。部長先生，如果還有我們幫得上忙的地方，請儘管說。

（停頓……）

摩：富恩克？

斯：是，富恩克……F、U、N、C、K。

摩：好……謝謝你。

斯：謝謝……再見。

摩：再見。

摩根索知道為制定計畫解決中國的財政問題，他需要的不是貨幣商人，也絕不是又一位經濟學家；他需要一個有實務經驗的人，但他怎麼也無法相信一個名為「富恩克」（Funck）的男人能解決問題。

亨利啊！

第八章

轟動上海

摩根索的中國專家小組在十二月中那一個週末完成的「白銀問題」（Silver Problem）報告一共七頁，最頂部寫著「極機密」三個大字。[1] 一九三四年十二月十六日星期日下午兩點，他將這份詳細的文件交給了總統，然而討論過後唯一確定的結論，就是邀請中國派代表到華府進行商議。[2] 報告提議在和中國達成協議前，先將銀價穩定在每金衡盎司〇・五五美元，但摩根索否決了此案，在日誌中說明：「我對白銀集團參議員許下了承諾……我承諾積極地實行白銀購買計畫。」[3] 摩根索也另外補充，自己也是身不由己：「雖然不記得他的確切措詞了，但總統也發表過類似的論述。」

在白宮用過午餐、進行後續討論時，摩根索問羅斯福是否想給中國一些代表人選的建議，總統說道：「是，叫他們派孔財政部長或宋子文。」[4] 羅斯福知道，上述兩人都是中國有頭有臉的人物。宋子文當年四十歲，是哈佛大學校友，平時戴著的圓形黑框眼鏡為其形象增添了幾分專業；此外，他還是孔祥熙前一任的財政部長。他曾在紐約市工作，任職於現今名為花旗銀行（Citibank）的銀行，中英雙語都十分流利。[5] 他有三個姊妹，其中大姊嫁給了孔祥熙（當初應該就是她幫弟弟爭取到財政部長的工作）；二姊嫁給現代中國國父、一九二五年去世的孫中山博士；妹妹則嫁給了繼孫中山之後接任中華民國領袖的蔣介石將軍，蔣介石將持續統治中國，到共產黨於一九四九年占領中國為止。[6] 宋家與羅斯福家同樣是政治界的王族。

當摩根索對中國駐美代表施肇基表示總統希望孔祥熙或宋子文代表訪美時，施肇基回道：「如果一、兩個如此重要的人來此，日本人會（怎麼想）？」[7] 摩根索因施大使的提問吃了一驚，說道：「我不懂世界政治。」他說的也許是實話，但除非對方是執行臨終聖禮的神職人員，否則這實非財政部長該說的話。摩根索聲稱，他將自己與施肇基的對話轉述給羅斯福時，總統同樣為中國擔心日本反應而驚訝。然而，實際上他們兩人都瞭解狀況。

摩根索與羅斯福之所以明白日本的情勢，是因為受了威廉・C・布列特（William C. Bullitt）警告——這位魅力十足、溫文儒雅的費城上流階級人士過去在耶魯大學求學，曾任國務卿赫爾的特別助理，此時則擔任美國派駐蘇聯的大使。[8] 布列特曾和摩根索合力處理過俄羅斯事務，即使遠在莫斯科，他也在羅斯福的鼓勵下——「我急著聽那邊發生的所有事情，請務必多多來信。」——經常與總統通信，建立了特殊的關係。[9] 一九三四年年底，羅斯福肯定道：「我覺得你若經遠東回來，至少能大致瞭解西伯利亞、滿洲、中國與日本的情勢，應該不錯。」[10] 因此，布列特大使在返回華府的路上順道造訪中國與日本，最終胸有成竹地於十二月抵達華府，在一通又長又微妙的電話中，將自己對遠東的見解告知摩根索：[11]

摩根索（摩）：你好嗎？

布列特（布）：你好嗎，老傢伙？我打了三通電話給你呢。

摩：你是從國務院打過來嗎？

布：不是……怎麼了，你想說什麼嗎？

摩：這個嘛，我問你一個問題……你覺得中國的情勢有多危急？

布：非常危急。

摩：非常危急。

布：我可以非常、非常簡短地告訴你……我從十到十五個人那裡聽說……他們預期或擔心中國在交割日前崩盤，那是二月一日……我的秘書剛給了我一份資料……是中國一個優秀的銀行家……的評論——要我讀給你聽嗎？

摩：我時間很多。

布：好，那我讀這一段給你聽……我為中國現下的財政情勢惴惴不安……上海與全中國的外國銀行都紛紛撤回先前所有的承諾，對中國本土的銀行造成前所未有的壓力……白銀外流的問題開始令所有人非常緊張……已經有人將資本移往海外，我們很難看出民眾什麼時候可能陷入恐慌……我們不能阻止白銀出口……因為日本人都透過（天津）鐵路走私白銀。

摩：我問你，你告訴我的這些，已經告知總統了嗎？

布：我在這方面談了非常多——比其他事務還多出不少——但我不記得自己確切地說得多詳細，可能解釋得滿多的吧。我們討論了遠東局勢的不同面向。

摩：這件事讓我非常慚愧——我只不過是聽命辦事的代理人……（但）總而言之，就我個人的感受……我覺得自己收了日本人的錢，（也）為他們做了不少事。

✦✦✦

令亨利感到慚愧的「這件事」，是指他扮演白銀採購代理人角色，依《一九三四年白銀購買法案》購入白銀，欲使白銀占美國貨幣儲備四分之一之事。他感覺自己購買白銀、哄抬銀價，並以削弱中國經濟的方式鼓勵日本對中國施壓恫嚇，像是在替日本人辦事。一九三一年，日本侵略中國滿洲，在此設立滿洲國魁儡政權，接著在國際聯盟譴責此舉時退出聯盟。摩根索或許是太積極實施美國的白銀政策沒錯，但更應背負責任的人是羅斯福。總統在一九三三年發布公告時，給了白銀集團參議員不少好處，該案甚至被彼特曼稱為聖誕禮物，而此時，他將處理中國問題的最終決策權交付給了內華達州的彼特曼參議員。得知宋子文可能來訪美國時，彼特曼對摩根索表示：「所有人都該明白，他來此不是為了討論我們的白銀政策。」[12]亨利將彼特曼的意思轉告羅斯福，總統聽了之後表示，「宋子文還是別來比較好」。[13]

彼特曼參議員考慮到的，也許不只有宋子文來訪的事。一九三五年一月二日，《芝加哥每日論壇報》的頭條新聞為「彼特曼與柏魯克的採礦協議曝光」。根據報導，內華達州參議員與「擔任羅斯福總統經濟顧問的華爾街投機商人」伯納德・M・柏魯克（Bernard M. Baruch），加入了新加州採礦狂潮，「購置礦藏豐富的金銀礦區地產……此舉能使兩位羅斯福新政領袖藉由新政的貨幣操作行為，賺取巨額利潤」。[14] 兩週前，彼特曼與柏魯克「悄悄購置了礦區地產」，而根據報導，工程師推估，若在沒有羅斯福新政金銀計畫的情況下，該礦場只能賺取每噸礦砂七美元的利潤，而在新政下，每噸礦砂的利潤高達十三美元。彼特曼承認《芝加哥每日論壇報》報導屬實，並表示自己與柏魯克等同僚「未公開說明黃金與白銀的新發現，是擔心消息會使渴望迅速致富的窮人蜂擁而來」。

彼特曼成功取消了對宋子文的邀請，卻無法令這位仍舊是公眾人物的中國前財政部長閉嘴。此時，宋子文在經營中國建設銀公司（China Development Finance Corporation）——為吸引外資、推動中國工業化而設置的機構——在威廉・布列特走訪遠東時和他見過面。[15] 宋子文知道布列特與羅斯福關係密切，於是在一九三五年一月三十一日寄了封信給布列特，他知道布列特會將信件內容轉告給羅斯福（結果也不出所料）。他寫道，他也「致力解決貨幣與金融問題，因為情勢太過嚴峻了」。[16] 他還解釋道，「貨幣崩解確實不幸，但不必然是災難，然而……此時日本步步進逼……以支配中國為目標，（我國）政府因此必須在接受日本的借款與繁重的政經條件，及（面對）日本保護下的地方政權興起，此兩者之間做選擇」。最後，宋子文請求美國「考慮到對中國與世界的威脅」，幫助中國緩解白銀問題。

宋子文可能寫得太過戲劇化，也許是因為他在美國留學時看太多西部片了，但他的警告反映了日本蠢蠢欲動的態勢。他寄信給布列特的一週前，一支日本與滿洲國組成的四千人軍隊在日本飛機的支援下，襲擊了中國鄰滿洲國的內蒙古察哈爾地區，殺死四十四名中國國民。[17] 儘管襲擊行動被貼上邊境衝突的標籤，之前日本外交部長廣田弘毅還呼籲中國與日本協力「守護東亞和平」，《紐約時報》卻表示，此事令中國「回顧日本過去的侵犯」，也使中國憂心「日本的下一個目標是將全內蒙古吸收進滿洲國帝國」。[18]

然而，內蒙古在政治鬥爭的巨大拼圖中，不過是一小塊領土，日本要的可不只有內蒙古。攻擊行動過後，日本派外交官有吉明與兩名軍方隨員出使南京，會見蔣介石，這是一九三一年滿洲事變過後，中國總司令與這位日本外交官首次會面。根據媒體報導，日本希望兩國形成「經濟集團」，該集團「若成形，將有損與美洲、歐洲國家的貿易關係」。[19] 為吸引中國加入集團，日本提議「金援中國，以此抵銷美國白銀政策造成的負面影響」，中國高官拒絕公開發表相關言論，不過有記者洩露他們私下的評論，有人認為中國若接受此約定，就「等同臣服於日本在亞洲的軍事與經濟霸權」。

日本深知，逐漸惡化的白銀危機將使中國政府與人民發生衝突。在中國，人們的財富多以白銀飾品的形式囤積收藏，而中央銀行必須補充被走私海外的白銀庫存，因此財政部頒布新規，鼓勵中國人民以低於市場價的官方定價，將他們的銀製匾牌、花瓶、托盤、餐盤與首飾兌換成標準中國銀圓。[20] 比起失去他們最珍愛的銀製傳家寶貝，中國上流人士或許寧可投降日本。

報社有時會以促銷為目的誇飾事實，不過在一九三五年二月十七日星期日晚間，蔣介石與有吉外交官會面的兩週過後，布列特將施大使的訊息帶給羅斯福，證實中日協商的內容。布列特在未提前告知的情況下來到白宮，即使以自信滿滿的布列特而言，這也是不尋常的舉動，但絕對沒有他對正與摩根索見面的羅斯福說的事情那般不尋常。他告訴羅斯福，中國大使給他看了一份「他不願意給國務院看的極機密電報」，請他將情報轉給總統。摩根索在旁傾聽，自言自語道：「這種程序似乎極不合常規，我相信赫爾不會讚許。」（這應該是該年度說得最保守的一句話吧。）[21]

布利特像間諜似地將電報內容詳述給總統，並表示它雖是孔財政部長寄給施大使的電報，實際上卻是給羅斯福的。它證實了宋子文早先的短信：日本提議「借大筆金錢」給中國，希望能與中國建立「所謂的經濟合作關係，簡而言之便是經濟支配——尤其在華北地區」。[22]電報另外寫道，日本將助中國「合力反對美國白銀政策」。總統謝過布列特，卻等到隔日和赫爾與摩根索在白宮共進午餐時，才開始討論電報內容。他將自己昨晚與布列特的談話全告訴赫爾，也許是希望挫挫國務卿的銳氣，認為赫爾對日本態度軟弱的摩根索聽得幸災樂禍。接著，羅斯福說道：「考慮到布列特帶給我們的情報，我現在確信自己之前說對了，我們的白銀政策以某種形式傷到了日本。」[23]羅斯福接著對摩根索點頭，說道：「我對亨利與其他人說過此事，似乎沒有人知道政策究竟如何傷害日本，但我堅信它確實傷了日本。」

沒有人理解總統的論述，是因為總統的論述不合理。日本見中國受《白銀購買法案》衝擊，於是制訂計畫利用中國的弱點，之所以提議共同反對美國的計畫，是為了從中國索取更多好處；日本和大多數小惡霸一樣，比起戰爭流血，它偏好以安撫的手段取得勝利。羅斯福為彼特曼等白銀集團參議員自欺欺人，等到他察覺自己的錯誤，已無法力挽狂瀾了。

✦✦✦

一九三五年四月中旬，美國國務院回絕了中國向美國提出的援助請求，對身陷泥沼的中國而言，高漲的銀價如同火上加油。[24]一九三五年一月二日，自由市場銀價為每金衡盎司〇・五五美元，到了一九三五年四月一日，在摩根索的推波助瀾下，銀價上漲到每金衡盎司〇・六一美元。自從《一九四三年白銀購買法案》通過，國會提議使黃金占國庫儲備的四分之三、白銀占四分之一以來，摩根索便強勢地持續購入白銀。然而，在以每月三百五十萬金衡盎司的速率購入美國礦場產出的所有白銀，並以平均每月兩千五百萬金衡盎司的速率購入倫敦金屬市場的白銀過後，摩根索仍未達成目標。[25]他仍須購入超過十億金衡盎司的白銀，而在一九三五年四月九日，翰蒂與哈曼公司的自由市場價被投機商人抬高到每金衡盎司〇・六三美元，幾乎等同羅斯福在一九三三年公告中開給國產新採白銀、帶著政府補助意味的每金衡盎司〇・六四五美元。[26]新聞媒體報導道，財政部長摩根索「以官方名義對大眾保證，當世界銀價超越財政部給國內生產商的價格時，後者得以世界價格售銀」。[27]對於摩根索的承諾，投資者給出明確的回應，在四月十日將自由市場價喊到了每金衡盎司〇．六四美元以上。[28] 事情才剛開始呢。

週三深夜，總統發布聲明，表示從今以後，政府補助的國內新採白銀價格將會是每金衡盎司〇．七一美元；消息一發布，便引起了投機狂熱。[29] 買家們愛上了羅斯福修改的公告，接下來兩天，他們使自由市場價上漲到〇．六八五美元，此次顯著的漲幅將銀價拉到了近十年內的高點。[30] 羅斯福調整政府補助之事，顯現出參議院白銀集團的勢力，也隱約透露了國內外銀價相互競價的遊戲規則。摩根索無意中助長了投機買賣，為合理化總統的措施，他對記者表示，美國的銀礦相關利益團體「有權以那個價格交易白銀」。當記者接著問他「為什麼」，摩根索只回答：「不為什麼。」[31]

報章媒體看出了中國面對的餘波，四月十二日由《曼徹斯特衛報》（*Manchester Guardian*）頭條敲響警鐘「美國抬高銀價，『轟動』上海」。[32]《華爾街日報》解釋道：「中國必須採取極端措施，才能夠減緩通貨緊縮……有消息指出，中國正進行商討，可能完全脫離銀本位制。」[33]《波士頓環球報》（*Boston Globe*）則點出又一個問題點：「美國去年與今年年初大量購買白銀，幾乎掃空了市場上的供給，使投機操作更加容易。」[34]

希望大賺一筆的投機商人，和希望滿足國會要求的摩根索屢次摩擦，終於在四月最後一週爆發衝突。四月二十四日星期三，投資者將自由市場價推到超過〇．七一美元，政府的回應是在隔日發布新公告，將政府補助價抬高到〇．七七美元，這又引起新一波的投機買賣。

到了四月二十六日，白銀自由市場價跳到每金衡盎司〇・八一美元。[35]《紐約時報》頭條新聞「投機商人主宰白銀市場」證實了大多數投資者已然明白的事實，迫使摩根索與羅斯福召開緊急商談。[36]

此前一週，摩根索對羅斯福表示他想「打其中一些投機商人的屁股」，而在四月二十六日自由市場價上漲後，他開始拒絕公布新的政府補助價。[37]摩根索與羅斯福在該週星期五上午見面，同意等到週六下午再展開行動，總統提議以下述聲明說明政策短暫的停頓：「我們不喜歡白銀的投機交易，美國銀礦利益並非投機的活動，但我們也明白美國政府的白銀購買計畫鼓勵了投機投資。」[38]羅斯福接著告訴摩根索：「我個人希望銀價在〇・七五美元左右維持數月，因為在我看來，銀價上漲的速率實在太快了……我覺得它將停在今年的水準，維持到一九三六年。」總統提及一九三六年時露齒燦笑，像喜劇演員格魯喬・馬克思（Groucho Marx）似地動了動眉毛，摩根索立即明白：「他想到了大選。」

自從威廉・詹寧斯・布萊恩於一八九六年競選總統時受惠於一八七三年的罪行，美國的白銀與政治便產生了相輔相成的關係，因此摩根索在羅斯福的暗示下，於同一天在財政部和彼特曼等白銀集團參議員召開禮貌性的會議。摩根索如此總結問題：「投機商人從我們手裡奪走了此事的主導權，市場漲得太快了，到時銀價突然下跌，對恢復銀價的計畫有害。」[39]他接著話鋒一轉，補充道：「（另外），我們還必須處理墨西哥問題，它的問題是墨西哥披索的白銀價值〇・七二美元。」墨西哥並沒有實行銀本位制，但該國國民為了以較高的價格售出銀條而聚斂與鎔鑄銀幣，導致墨西哥貨幣短缺，商業因此遭受波及。針對墨西哥的問題，彼特曼追問了下去。

彼特曼：墨西哥有銀條嗎？

摩根索：有，大約有兩千五百萬金衡盎司新採的白銀。

彼特曼：它怎麼不賣掉一些？

摩根索：我對他們提過此事，但他們沒有將白銀出手……他們自己也在做投機買賣。

彼特曼：阻止投機買賣的方法只有一種，那就是讓投機商人賠錢……我認為你不該採取行動，等個四、五天再說。

◆◆◆

摩根索與彼特曼都想打投機商人的屁股，而墨西哥配合地倒戈，放棄了投機投資。墨西哥總統拉薩洛・卡德納斯（Lazaro Cardenas）效法剛上任時的羅斯福，宣布四月二十七日星期六為銀行假日，並命人民將所有銀披索歸還給財政部、兌換紙鈔，同時禁止人民出口白銀。[40]全球最大的白銀生產與出口國突然有機會銷售更多白銀了，[41]墨西哥財政部的羅伯托・羅培茲（Roberto Lopez）來到亨利・摩根索在華府的家，在機密會議中告訴摩根索：「我們想對你保證，我們絕不會再於紐約或倫敦投機交易任何白銀，並且還想將我們在倫敦的銀貨賣給你們。」[42]墨西哥的承諾令摩根索大悅，尤其因為他請摩根索太太見證了他們在客廳的談話。

四月二十七日，摩根索宣布政府並不會修改白銀補助價格，市場銀價立刻產生反應。[43]從四月二十六日星期五到隔日，銀價從每金衡盎司〇・八一美元跌到〇・七七美元，即使以較近期大起大落的標準而言，這也是十分顯著的下跌。[44]墨西哥各家銀行於星期一重新營業，幾乎未受銀行假日影響，接下來一個月，白銀自由市場價穩定在每金衡盎司〇・七一美元與〇・七七美元之間，墨西哥因此受益。[45]在大多數產銀國家，白銀不過是鉛礦、銅礦與鋅礦等其他礦業的副產物，但墨西哥的礦場專門開採銀礦，產出會隨高漲的銀價浮動，銀礦業的就業率因此大幅提升。

對墨西哥而言，穩定的高銀價十分有利，但中國卻深受其害，持續為白銀外流的問題所苦。《波士頓環球報》寫道，世界市場「受財政部的購買活動操控……但墨西哥與中國不同，它對我們神祕政策的實行結果沒什麼好抱怨的」。[46]一九三五年，銀條高昂的價格加速了人們從中國走私白銀的行動，約一億四千萬金衡盎司白銀流出中國，使得金融危機惡化，也鼓勵日本對中國施加更沉重的威壓。[47]

◆◆◆

一九三五年五月二十二日，日本軍隊彷彿受閃亮的白銀燈塔召喚，越過長城進軍約十英里，進入華北地區的非武裝區，殺了三百多名中國士兵。[48]面對人多勢眾的日軍，存活下來的中國士兵紛紛遁入附近的丘陵區，而日軍只有六人死亡、三人受傷。入侵行動過後，東京作戰部發言人表示：「當前軍事行動唯一的目的是驅逐盜匪……一旦盜匪被全數擊潰，日軍會回到長城內。日本陸軍並無任何再次發動軍事行動的意圖。」[49]其他觀察者可就沒那麼確定了，根據《華盛頓郵報》報導，人們會「隔著審查制度的柵欄，仔細觀察後續發展」。

日本作戰部宣稱不會有後續的軍事行動，以此掩飾了對中國與對日本外交部諸位外交官的威脅。日本陸軍要求中國免除態度反日的河北省省長之職位，終止反日本宣傳活動，而中國政府很快便同意了這些日本堅持以久的要求。[50]此外，日軍將領還展開一場兩敗俱傷的戰鬥，讓本國外交部明白，「單獨以和平勸說的方式，不可能使中國給予日本渴望的機會」。[51]美國駐中大使納爾遜•詹森（Nelson Johnson）打了封電報給國務卿赫爾，證實日本軍方「質疑日本外交部政策的效率……（且）軍方沒耐心長期觀察日本平民因應日本政策在中國的發展」。[52]為強調此事，當地日本軍事領袖派軍前往北平（北京）。[53]

華北地區的情勢越來越緊張，看似風雨欲來。最後，在一九三五年十一月三日，衝突一觸即發，登上世界各家報紙的頭版。中國對白銀走私犯投降，斷絕了貨幣與白銀的關係，財政部長孔祥熙命人民將所有銀圓帶至中央銀行兌換新鈔，此舉是效法了一九三三年四月命美國人民以金幣向聯邦儲備系統兌換鈔票的羅斯福。對如此驚人的政策轉折，孔祥熙的解釋是「世界白銀價格急遽上漲」，導致中國貨幣大幅升值，進而引起「國內嚴重的通貨緊縮、失業率上升，（以及）範圍極廣的破產現象」。[54]

中國轉型使用法定通貨的措施，只有體操選手般靈活的政治人物才能夠完成。這下，中國政府得以發行更多貨幣、擴大信貸以振興經濟，卻必須避免過度膨脹，而且政府須讓人民相信，即使廢止了銀本位制度，新鈔仍會保有一定的價值。孔祥熙以雙管齊下的策略施行貨幣改革，鼓勵人民配合政策——他警告國民，非法持有白銀「將等同叛國罪論處」，同時也承諾確保相對於全球主流貨幣，「中國貨幣維持現行的穩定匯率」。[55] 只要上海商人與農民知道新發行的法償貨幣能在銀行或換匯所兌換美元，他們就會願意留下這些新鈔。問題是，此事就如控制飲食與運動同樣知易行難，因為中國的中央銀行需要可以兌換法幣的美元，否則新鈔在外匯市場上將會貶值。對美元的需求，迫使中國大使在十一月三日的公告一週前，前來拜訪摩根索。

一九三五年十月二十八日星期一晚間十點鐘，施肇基來到摩根索家中說明中國的新貨幣制度。他替財政部長孔祥熙請求美國購買中國不再需要的一億到兩億金衡盎司白銀，如此一來，中央銀行才能以美元庫存撐起新貨幣的價值。摩根索將之視為使法幣與美元掛鉤的機會，並以此為關鍵的條件和中國大使進行白銀交易的談判。事後，他告訴羅斯福總統：「這是我們……讓他們依賴美元而非英鎊的機會。」若摩根索的提案成功，美國對中國的出口貿易將大大受益。英國也十分重視與中國的貿易，希望法幣與英鎊能建立掛鉤關係，且英國政府的經濟顧問——李滋羅斯爵士（Sir Frederick Leith-Ross）——已經在中國進行協商了。[56]

接下來一週，摩根索與孔祥熙進行了一系列的遠程協商，最後卻沒能達成協議。摩根索開始擔心自己的白銀計畫出問題，他對首席法律顧問——赫曼・奧利芬——及其他財政部顧問表示：「我們不希望到時候持有數十億金衡盎司白銀，卻除了我們自己以外沒人想購銀……鑒於施大使提供給我的情報……此時他們認為法幣與美元掛鉤並不明智……我們其實沒有採取任何行動的壓力。」[57]他接著說出令人大吃一驚的提案：「如果在政治上說得過去……我認為最好的『出路』會是把（自由市場）價降到〇・四〇美元左右，就我所知，如此一來……從中國出口白銀就沒有利潤了。」美國財政部仍會以補助價購買國產白銀，但如此偏離當前政策的措施，須經羅斯福同意方能執行。

隔日，摩根索來到白宮，只見總統心情愉快。然而，事情很快便往亨利預料之外的方向發展。[58]

羅斯福：所以，你今天帶了什麼消息給我？

摩根索：從我昨天上午和你談話之後，我稍微改變了對於購銀計畫的想法……中國請我們購買一到兩億金衡盎司的白銀……這表示他們願意放棄銀本位制度，有達（我們）擴大使用白銀的計畫。

羅斯福：你還有從施博士那裡收到任何情報嗎？

摩根索：有。他昨天下午來了電話，說孔博士沒辦法保證接下來會建立中國法幣與美元的掛鉤關係。

羅斯福：他有說為什麼嗎？

摩根索：有，他說考慮到政治壓力因素，他們無法宣布將法幣與他國貨幣掛鉤，他也重申了他們將匯率穩定在現行比例的意圖。

羅斯福：是內部壓力還是外部壓力？

摩根索：外部壓力，日本。

◆◆◆

總統知道中國未與日本商討白銀政策之事令日本十分不滿，但他和摩根索都沒預料到日本的怒火燒得如此猛烈。一九三五年十一月五日，一則新聞以「中國貨幣計畫惹怒了日本」為標題，文中寫道，根據詫異不已的日本銀行業者表示，這「顯現了英國控制中國貿易的意圖」，因為英國顧問李滋羅斯爵士據稱在決策過程中扮演了重要角色。[59]《東京日日新聞》一篇社論文章聲稱，此舉展示了中國「徹底的不誠實」。[60]

隔日，《紐約時報》刊出更加聳動的新聞標題：「中國再次受日本威脅：作戰部部長不滿南京新貨幣計畫，表示陸軍準備行動」。[61]該篇報導指出，日本作戰部部長川島義之將巨額金融議題轉變成了政治問題，稱中國貨幣改革證明了它的「不誠實」，而日本陸軍可能會在中國獨立行動，以免滿洲受「共產黨威嚇」，此指鄰國俄羅斯與中國內部以毛澤東為首的共產份子。文中寫道：「為允許東京達成目標，日本或許準備以陸軍形成中國華北集團的『正面』政策，取代外交部長廣田弘毅安撫南京的『負面』政策。」

美國駐日大使約瑟夫・格魯（Joseph Grew）預期日本民間與軍方將發生矛盾，威脅該區的和平。他一年前在日誌中寫道：「貫徹日本歷史的沙文主義鐘擺，一向在激烈與暫時的舒緩之間來回擺盪，（而）該國軍方完全有能力擺脫政府的控制，犯下可能引致全國切腹的錯誤愛國主義……該國瀰漫著虛張聲勢的氛圍——一大部分是軍方宣傳發展而出。除非政府內部較理智的思想（勝出），否則此氛圍可能會在接下來數年引領日本……走向極端。」[62]接下來的事件，很快便會印證格魯的預言。

中國於一九三五年十一月三日發布的貨幣政令，斷了日本政客以裹著糖衣的手段主宰中國的這條路。根據威廉・布列特洩露給羅斯福的那封電報，日本政府原承諾「借大筆金錢」助中國緩解金融危機，並答應「合力反對美國的白銀政策」。既然中國不再受銀本位制束縛，日本政客必須尋找新的誘餌，而在這段期間，軍方得以不受阻攔地前行。若不是忙著準備進軍中國，日本軍方應該準備酬謝羅斯福的禮物才是。

一九三五年十一月二十二日，作戰部部長川島與外交部長廣田在內閣進行辯論，談論征服中國北方五省的最佳方法。他們欲納入日本掌控的地區，包括天津、北平等關鍵城市。[63]五日後，所有人都得知了這場辯論的結果；一篇新聞寫道：「日本進軍華北，奪取鐵路中心」，並補充道，「奪下鐵路車站之後」，「三千人向南進軍」，「攻下了中國軍方的電話線系統」。[64]十二月五日，美國國務卿赫爾發表官方聲明，譴責「實質改變中國北方省份政治狀態與情勢」的行為。[65]赫爾不慍不火的譴責一次也未提及日本，倒是英國外交部要求日本針對對中國華北的意圖發表「直白的聲明」。[66]根據《曼徹斯特衛報》的報導，日本官員表示：「『獨立』運動純粹是中國人的運動，任何關於日本策劃軍事干預的想法都全無根據。」沒有人命日本空軍置身事外，於是空軍派飛機飛過北平撒傳單，「呼籲華北人民起義並建立獨立政府」。日本陸軍大將土肥原賢二——又稱「滿洲的勞倫斯」（Lawrence of Manchukuo）——率領駐紮在天津日本駐防地的軍隊，支持這場獨立運動。[67]

赫爾發出歷史學家形容為「小心繞過議題……幾乎對日本保證美國不會插手」的警告過後兩天，一個新的獨立政權在中國華北誕生了，而該政權追隨的不是南京政府，而是東京。[68]新政權計畫發行自己的貨幣，重新與日本設立的魁儡政權滿洲國建立載客與郵務航線，還會與日本達成合作協議，共抗共產份子的軍事行動。[69]《華盛頓郵報》指出，之後在一九四八年因第二次世界大戰時期罪刑遭處決的土肥原賢二大將，將是新政府的重臣之一。[70]

◆◆◆

早在《白銀購買法案》施行前，日本便蠢蠢欲動，不過美國的白銀計畫迫使中國廢止銀本位制度，多少改變了日本內部的權力平衡，促使日軍勢力逐漸壯大。美國駐中大使詹森寫道：「我認為日本軍方勢力正迫使日本走上不得不一塊塊支配中國的道路。」[71]日本在一九三七年年中侵入中國本土，漫長的中日戰爭會在第二次世界大戰期間擴散至全球，倘若此時的中國仍保有健全而古老的銀本位制度，也許一開始就不會如此虛弱了。

許多國家都能從貨幣危機過後存活下來，舉例而言，英國在一九三一年脫離金本位制之後重新站了起來，不過中國存在毛澤東等共產暴亂份子之內憂，又面對日本軍事擴張主義的外患，因此需要穩定可靠的貨幣。當時任職紐約國家城市銀行（National City Bank of New York）（今日的花旗銀行）的經濟學家喬治・羅伯茲（George Roberts），在一九三六年年初便預料到這個問題了：「在現今的經濟發展狀態下，中國大部分人民習慣使用硬貨幣，不適應管理通貨制（managed currency）。」[72]轉型到法定通貨之後，中國經濟暫時有了起色，然而，本就根基不穩的貨幣敗給了戰時嚴重的通貨膨脹，最終導致毛澤東於一九四九年擊敗蔣介石，共產黨占領中國。[73]

諷刺的是，白銀走私犯擊敗中國的一個月後，美國放棄了使中國白銀外流的白銀政策。一九三五年十二月七日下午五點，摩根索致電羅斯福總統，談論他這項白銀計畫一而再、再而三出現的噩夢情境。[74]此時，美國宛如在鄉村踐踏地皮的野象，不僅逼得中國廢除銀制，還餵飽了四處覓食的日本獅子，讓白銀走私犯賺得百分之五十的利潤。[75]摩根索擔心美國若不壓低購銀價格，他將「買光世界上所有浮動的白銀，逼得所有使用白銀的國家停止流通銀幣」。[76]他自言自語道：「最好笑的是，今天……除了一個可能的例外之外，只剩衣索比亞一個國家實行銀本位制了。這裡的笑話是，我們應該繼續實行購銀計畫，維持衣索比亞的銀本位制度。」接著又較嚴肅地表示，他擔心「我們給了日本足以穩定貨幣、建造艦隊的資金」。

摩根索對總統提出「降低銀價」的想法時，被羅斯福詳細的提議驚呆了。[77]他認為中國拒絕將法幣與美元掛鉤後，羅斯福想必是「多少受夠了」在沒有實質益處的情況下花錢購銀。總統表示，美國可以取消原本的每日流程——提出願意在倫敦金屬市場購銀的特定價格，並接受該價位所有的交易——轉而將喊價的責任交給賣家。羅斯福告訴摩根索，從今以後，財政部應告訴倫敦「（假設）你準備買兩百萬金衡盎司，讓他們（加入）喊價……你再讓他們知道你是否接受這筆交易」。也許總統過去在活龍蝦市場上賠錢過後，還是學到了一些交易技巧——他的新策略十分成功。

從一九三五年八月十三日到一九三五年十二月七日，這將近四個月的時期，自由市場銀價幾乎完全不變，維持在稍微超過每金衡盎司〇・六五美元。[78]這是美國財政部吸收墨西哥與印度清算後在市場販售的庫存，以及從日本購買走私自中國的白銀，吸收了史無前例的大量白銀之後，最終定下的價格。從一九三五年十二月九日開始，羅斯福的新防守策略允許白銀尋得自然的市場價格，到了一九三五年十二月二十四日，銀價跌到略低於每金衡盎司〇・五〇美元。無論是投機商人或走私犯都為將至的聖誕假期感到慶幸，短短兩週內狂跌將近百分之二十五的銀價，終於能暫時維持原樣了。

報紙紛紛指出，銀價暴跌是美國財政部的作為。《華爾街日報》一篇報導的標題為〈美財政部取消支持，銀價崩盤〉。[79]由於摩根索選擇保持緘默，財政部拒絕購入「從中國走私到日本的大量白銀」，也拒絕從「為取得美元或英鎊以穩定貨幣而售出白銀」的中國購入白銀……諸如此類的傳聞傳了出去。[80] 新聞媒體呼籲摩根索召開記者會談論白銀情勢，他卻只釋出以下聲明：「財政部仍在實行《白銀購買法案》，且不會談論世界銀市的每日發展，以及我們在面對此情勢時將採用的策略。」[81]

摩根索花了十八個月替羅斯福滿足參議院白銀集團，知道在奠定最重要的基礎之前還不能實行新計畫。在銀價暴跌之前，他曾與彼特曼見面討論往後的局勢，聽完摩根索的計畫之後，彼特曼問道：「你不會是想修改國內銀價吧？」[82] 摩根索微微一笑，他知道若自由市場價下跌，依一九三三年十二月公告對本國銀礦業者開出的每金衡盎司〇・七七美元定價會顯得更加誘人。他回道：「我沒有這個打算。」彼特曼的回應則是：「你怎麼操作世界價格我不管，只要別動國內定價就好。」

然而，即使摩根索此時改變心意，也已經來不及拯救中國了。羅斯福討好白銀集團的計畫似乎受到錯誤的引導，不過造成的傷害已經無法收回，在《白銀購買法案》下，美國在全球市場上購銀，間接幫助了日本制伏孱弱的中國。即使沒有廢止銀本位制，中國這個亞洲大國也許還是會在日本的威逼下屈服，或敗在共產勢力下，但羅斯福在不考量國際後果的情況下，為了美國經濟而犧牲中國，還是該承擔一部分的責任。

|第九章|

一絲銀色希望

一九三八年七月六日星期三，十輛卡車組成的車隊載著屬於美國財政部的一百一十四噸白銀，於下午三點三十分抵達俗稱西點軍校的美國軍事學院（U.S. Military Academy），軍校就此成了白銀的堡壘。[1] 車隊在當天清晨駛離曼哈頓下城的紐約檢驗所（New York Assay Office），每輛車載著約三百二十塊一千金衡盎司標準銀條，沿著景色秀麗的哈德遜河北上五十英里後抵達。在當時，美國海岸防衛隊（Coast Guard）仍歸財政部管理，每一輛卡車都配有一名持衝鋒槍與隨身武器的軍人。但其實不太可能有人搶劫一輛運送十三萬七千美元貨物的卡車，畢竟一條未經打磨的灰色純銀長約一英尺，比一般磚塊稍微粗一些，且幾乎重達七十英磅。唯一誘人的貨物是同屬財政部、來自西班牙與中國的銀幣——接下來數月，每日都會有車隊運送約四萬五千噸白銀，把摩根索在《白銀購買法案》下囤積的大量白銀送往西點軍校的新貯藏所，將貴重金屬存放在這幢美式足球場大小的單一樓層建築。此建物專為固守美國的白銀儲備所建，裝有厚達兩英尺的鋼門。[2] 新銀庫終將存放七萬噸白銀，在當時價值約十億美元。財政部全副武裝的守衛天天二十四小時看守銀庫，還隨時能從鄰近的軍營呼叫援軍。

從墨西哥與內華達州的礦場開採銀礦，再將白銀藏在固若金湯的水泥建物裡，可以提升礦業的就業率，這對彼特曼等人而言十分值得，不過在紐約國家城市銀行刊物《每月經濟通訊》（*Monthly Economic Letter*）編輯羅伯茲看來，此事卻再滑稽不過。羅伯茲寫道，美國財政部購銀的行動最初成功抬高銀價，達成白銀集團參議員的目標，然而上漲的銀價「吸引世界各地大量的次要白銀（secondary silver）」，最終抵銷了上漲的價格。[3]「次要白銀」是指非新採的白銀，例如從珠寶業回收的白銀，或者以錢幣鎔鑄而成的銀條。根據羅伯茲的說法，銀價上漲使銀匠與銀幣聚斂者持有的白銀流入市場，最終擊敗了政府操縱市場的計畫。一九三四年六月的《白銀購買法案》實施之前，銀價約為每金衡盎司〇・四五美元，而到了一九三六年一月底，銀價又落回與當初相差無幾的價格，完全印證了供給與需求法則的力量。

此外，惠勒參議員等銀人聲稱財政部購入白銀能擴大貨幣與信貸，達成經濟大蕭條時期的重要目標，羅伯茲卻提出了異議。在《白銀購買法案》規定下，財政部收購銀條時，支付的是含四分之三金衡盎司白銀的銀元，或是新發行的一美元、五美元與十美元銀元券。財政部的銀元券與美國中央銀行發行的聯邦儲備券十分相似，聯邦儲備券在當時為美國主流的貨幣形式，兩者的差別只在鈔票頂部的「銀元券」與「聯邦儲備券」標記。兩者在全美各地都無差別地流通，人們能用不同種類的貨幣購買雜貨或納稅給國稅局，除了太重又太占空間的銀幣之外，其他貨幣都可互換使用。羅伯茲表示，「現下流通的新銀元券只不過是取代了另一種貨幣」。[4]財政部長摩根索於國會表明，銀元錢幣目前只在「洛磯山脈州份流通，礦工仍隨身攜帶他們所謂的『車輪』（譯註：一元銀幣）」，而在其他地區「我們已經以銀元券取代了聯邦儲備券」。[5]

依《白銀購買法案》發行的銀元券手感類似於聯邦儲備券，聞起來氣味相同，五元券與十元券上分別印有林肯與漢彌爾頓的頭像。然而，兩者之間存在著差異：財政部發行的貨幣得以兌換貯藏於西點軍校的白銀，聯邦儲備券卻不得兌換白銀。持有一美元銀元券的人，能向美國財政部兌換一枚含〇・七七金衡盎司白銀的銀元，意同換得一・二九美元官方鑄幣價下的一金衡盎司白銀；[6]至於一張財政部發行的十元券，當然能兌換十枚銀元了。當時無人選擇使用兌換銀幣的選項，因為在銀條市場上以約每金衡盎司〇・四五美元的價格購買白銀划算得多，不過兌換白銀的選項，給了銀元券一種一九三三年前美國貨幣的感覺——在一九三三年前，美國所有的一元鈔票都能以每金衡盎司二十・六七美元的匯率換取黃金。[7]然而，若白銀市場的價格漲到一・二九美元以上，那一絲微弱的銀色希望將突然變得很有價值，屆時，持有財政部銀元券者能以紙鈔向財政部兌換錢幣，再將銀幣以銀條或銀塊的形式售出，賺取利潤。財政部發行的貨幣彷彿含有某日可能活起來的銀絲，而在此之前，財政部的白銀將封存於西點軍校的銀庫中。

對於西點軍校的銀庫，《華盛頓郵報》諷刺地寫道，那是「永世不滅的紀念堂，紀念全世界最有效率的亂象」。文章解釋道，銀庫「紀念了允許七州代表自私地獲得補助、拖累全國的參議院規定」，且「他們的（參議院）同僚當中少有人知道，在商務部（Commerce

頂部印有「銀元券」（silver certificate）字樣的十美元紙幣。

Department）的清單中，就連製作果凍都比開採銀礦來得重要」。[8] 部分證據顯示，《白銀購買法案》刺激了亞利桑那、科羅拉多、愛達荷、蒙大拿、內華達、新墨西哥與猶他七個產銀州的經濟，幫助它們較快脫離經濟大蕭條時期的困境，但是對美國整體經濟而言，白銀其實無關緊要。[9] 在一九二九年前美國經濟繁盛的那五年，總採礦生產在美國經濟活動中占不到百分之三，銀礦業在其中更是占不到百分之一。[10] 舉例而言，鐵礦業每年平均為美國的收入貢獻約七億美元、銅礦業占兩億六千三百萬美元、鉛礦業占九千三百萬美元、鋅礦業占八千萬美元，而銀礦業每年平均的貢獻只有三千七百萬美元。

然而，第二次世界大戰改變了一切。

✦✦✦

一九四二年一月五日，日本突襲美國珍珠港的一個月過後，羅斯福總統在對國會的年度預算通訊（Annual Budget Message）中描述了擊敗軸心國的計畫：「我們必須以擴大戰力與擴大生產的方式，擊敗強大的敵人……我們必須以排山倒海的勢頭擴大生產，讓他們知道，我們在世界大戰中任何舞台上，都能無庸置疑地以較高級的配備獲勝。然後，我們將會成功。」[11]十日後，羅斯福發表了行政命令，建立負責動員美國人力物力以贏得勝利的戰時生產委員會（War Production Board，WPB）。[12]在當時，西點軍校貯藏所存放了十五億金衡盎司的銀條，如灰土磚似地一塊塊堆積成山，等著為國服務，但最先上陣的卻是卑微的一美分銅幣。[13]

總統的行政命令授權戰時生產委員會「主導整體戰爭採購與生產計畫」，委員會則迅速做出回應，提出與稅法同樣繁雜的指示以節省戰爭用資源。一九四二年一月二十七日，戰時生產委員會設下目標，警告道：「減少報紙印刷對美國較有利。」因為「（造紙廠）器材的銅與青銅部件磨損的速率過快，然此類原料短缺，無法及時更換」。[15]委員會對銅、鎳、鉛與鋅等賤金屬的執著持續到了隔日，它將「主要為聖誕樹或廣告用的電燈」生產量降低百分之五十，此舉預計能節省約二十二萬一千英磅的鎳、二十九萬五千英磅的銅，以及兩百八十七萬四千英磅的黃銅。[16]戰時生產委員會重視製造業省下的大量黃銅，是因為這種閃亮的合金是部分鋅與較多銅混合而成。此外，新聞媒體也報導，委員會與鞋履製造商達成了協議，請業者「以其他金屬替代黃銅鞋孔」，相較之下，聖誕燈泡顯得重要許多……但報導接著證實，取代黃銅鞋孔「一年能省下足以製作一百萬個砲彈彈殼的黃銅」。[17]

從全金屬披甲彈（full metal jacket bullet）到砲彈彈殼，各式彈藥都會用到銅，因此在戰爭初期，此種紅色金屬成了重要物資，使得戰時生產委員會禁止「拉鍊、鉤與眼、胸罩鉤、壓扣與夾子製造業使用銅與銅合金」，與男女平民起衝突。[18] 為防止時裝設計師試圖鑽禁令的漏洞，委員會還禁止任何「其他布料閉合物……包括帶扣、束腹扣（與）吊襪帶飾物」。[19] 在願意犧牲衣物的民眾配合下，美國鑄幣局開始以鋼幣取代人們熟悉的銅製一美分硬幣，結果卻以災難收場。[20] 一九四三年發行的鍍鋅一美分幣打從一開始就引起反彈，銀白色的外表使它與十美分硬幣外貌相似，有無恥之人與非愛國者藉機用一美分向攤販購買價值十美分的水果，且泡泡糖販賣機也無法辨識新發行的鋼幣，經常將它們作為毫無價值的金屬塊吐出來。[21] 鑄幣局鑄造七億枚鋼製「假貨」之後，在大眾的怨聲下停止發行鋼幣，之後轉而以無法回收製造軍火的廢棄彈殼鑄造新銅幣，銅金屬又回歸了原位。[22]

從冰箱到無線電，幾乎所有民用與軍用電器都使用銅製電線，紅色金屬短缺的情況變得更加嚴重。此時，導電性較佳但較為昂貴的白銀終於有了表現機會，得以加入戰局。美國財政部持有超過十三億金衡盎司的「自由白銀」，這是多年來存入一般基金（General Fund），未被用以幫銀元券背書的白銀。[23] 戰時生產委員會的官員請摩根索考慮將這些白銀借給「國營與民營工業國防工廠，以取代銅」。[24]《華盛頓郵報》財經專欄作家恩斯特・K・林德利

（Ernest K. Lindley）呼籲「將白銀用於製作軍服（的金屬配件）」，並補充道：「法律要求政府購置白銀……但沒有規定它的存放方式。」[25]除了將白銀貯存於西點軍校之外，政府還能「將它貯存於電力設備之中，像是在……尼加拉瓜瀑布的設備」。

不久後，摩根索將告訴國會：「我們支持廢止所有白銀法規，允許我們將白銀……用於戰爭。」[26]他很快地回應了戰時生產委員會範圍較受限的提案，於一九四二年四月一日致信司法院院長弗朗西斯・比德爾（Attorney General Francis Biddle），請比德爾提供正式的法律主張。[27]他還附上了財政部法律總顧問愛德華・佛利（Edward Foley）的長篇備忘錄，文末總結道：「總統有權……將政府庫存之『自由白銀』轉至國防生產工業工廠，……戰後能實質上完全收回之用途。」[28]比德爾於四月七日表示同意，戰時生產委員會主席唐納德・納爾遜（Donald Nelson）在同一日對媒體宣布，財政部將借出四萬噸白銀供國防工廠使用。[29]納爾遜對民眾保證，白銀將被「用於『匯流排』（busbar）——發電廠的主要導體」，且「在緊急時期結束後，將能百分之百收回白銀，以銅取而代之」。[30]

將白銀移出西點軍校銀庫的行動，從一九四二年六月二十九日星期一開始，當日，四百八十萬金衡盎司的白銀被運到了國防工廠公司（Defense Plant Corporation）。不過此計畫的巔峰是在一九四二年八月二十九日，戰爭部部長（Secretary of War）亨利・史汀生（Henry Stimson）致信財政部長摩根索之時。[31]出身高貴的史汀生是共和黨員，曾在威廉・霍華德・塔虎脫（William Howard Taft）時期擔任戰爭部部長，在羅斯福指派他重操舊業之時，他已經高齡七十三，卻仍與新招募的海軍陸戰隊同樣神采奕奕。他仍為自己在第一次世界大戰期間作為砲兵長服務而深感榮耀，和他關係較親密的人都知道，他喜歡被人稱為「史汀生上校」。在寫給摩根索的三頁信件中，他寫道：

為節省關鍵原料，同時加速戰爭計畫的進行，陸軍工兵部隊曼哈頓分隊（Manhattan District of the Corps of Engineers）須以六千噸白銀替代銅，執行該計畫……戰爭部已從戰時生產委員會得到噸數許可……此提案的移轉符合近期國防工廠公司遵守之流程……任何由戰爭部接收的白銀，將以接收時……相同品質、形態與精緻度歸還……戰爭部將採取合理的預防措施……（以）維持此機械性或保管性的防護措施……保護前述白銀。[32]

史汀生也在信中將戰爭部所需的六千噸白銀，轉換成財政部慣用的單位——一億七千五百萬金衡盎司——卻也補充道，送貨的時間與地點將由「陸軍工兵隊曼哈頓分隊長簽署的通知」決定。[33]即使白銀從西點軍校銀庫取出，財政部的紀錄也不會顯示此次轉移，且不同於先前將白銀送至國防工廠公司之事昭告天下，財政部這次同意了史汀生的保密要求，不會將與分隊長合作之事公諸於眾。[34]摩根索未受過原子核物理學相關訓練，卻無意中成了最高機密原子彈計畫的合夥人——但由於史汀生堅稱他沒必要瞭解計畫詳情，所以他並不知道自己將在計畫中扮演何種角色。[35]此時仍是戰爭初期，邱吉爾還未發表一九四二年十一月知名的〈開始的終結〉（end of the beginning）演說，人們還未確信同盟國能戰勝。在美國與德國科學家開發核武的競賽中，美國沒有敗給德國的餘地，而曼哈頓計畫（Manhattan Project）的誕生帶來一絲銀色希望。

一九四二年十月三十日，曼哈頓地區分隊長約翰・C・馬歇爾上校（Colonel John C. Marshall）第一次從西點軍校銀庫提取白銀。[36]他命人在嚴密看守下，將一批一千金衡盎司銀條運送至南方七十五英里處，位於紐澤西州卡特萊特區的美國金屬精煉公司（U.S. Metals Refining Company）工廠，這批白銀將被製作成導電性極強的電磁線圈，用以將可裂變的鈾-235自鈾-238之中分離出來。[37]計畫最終將使用約一千顆此類大磁鐵，每一顆都強過人類史上其他電磁鐵約一百倍。[38]田納西州橡樹嶺市工廠員工只要在線圈附近工作，都必須使用非鐵製的特殊工具，以免鐵鎚或螺絲起子從他們手中飛出去。在員工鞋中固定鞋底與上部的鋼釘被磁鐵吸出後，他們穿起了球鞋。

曼哈頓計畫一共使用四十萬條銀條，共含四億金衡盎司白銀，也就是一萬四千噸——超過原先預估的六千噸一倍不止，且戰爭部須將所有白銀歸還給位於西點軍校的銀庫。[39]生產的每一階段，都有全副武裝的守衛監工，確保白銀不會無故消失，他們也經常幫助工作人員保護貴重金屬。工人在銀片上鑽孔以便將它們接在一起之時，守衛會拿著紙張站在一旁接銀粉；工人的工作服也會被吸乾淨，以利銀粉的回收。[40]

但根據負責主持計畫的萊斯利・格羅夫斯中將（General Leslie Groves），他們儘量避免了無用的限制。他收到了史汀生的命令：「盡快」製作原子彈，「結束戰爭」，只要能「省下一天……就省下那一天」。[41]格羅夫斯試圖找尋安全與經濟之間的平衡點，他表示：「我們採取的預防措施，主要是為隱藏我們對白銀的興趣，包括使用加密的裝載帳單、下令將所有貨物送至非軍方人員處，並要求軍官在他們巡查的許多工廠內穿著一般服裝。」[42]戰後，格羅夫斯報告道：「整個計畫過程裡，我們向財政部提取的超過三億美元白銀之中，只流失了百分之〇·〇三五。」[43]相較於平民犧牲的拉鍊與胸罩鉤，財政部必須負擔的十萬美元白銀其實微不足道。

|第十章|

價格不斐的勝利

基伊・彼特曼於一九四〇年十一月十日去世後，白銀便失去了它的守護神，但就如繼列寧（Lenin）接管俄羅斯的史達林（Stalin），彼特曼走後，內華達州較資淺的派特・麥卡蘭（Pat McCarran）參議員同樣滿腔熱血地挑起了白銀之戰的大樑。麥卡蘭於一八七六年出生於雷諾市，他在內華達州將所有時間與精力都投注於法律事業，也一次次參選公職。[1]他將威廉・詹寧斯・布萊恩視為偶像，同樣極為重視白銀：「世界上最貴重之物是人力——而腦力、體力與肌力全表現在我們生產的每一金衡盎司白銀之上。」[2]肩膀寬闊、身材健壯的麥卡蘭最初於一九三二年選上參議員，當時內華達州約有九萬居民，他也許每個人都認識呢。選後，麥卡蘭對女兒表示：「我走遍了州內每個水坑、城鎮、村莊、山谷與地方，幾乎每一個男人、女人和小孩……我都親自見過。」[3]

麥卡蘭十分崇拜西班牙的法西斯主義獨裁者法蘭西斯科・佛朗哥（Francisco Franco），在第二次世界大戰後加入威斯康辛州名聲敗壞的約瑟夫・麥卡錫（Joseph McCarthy）參議員，一同進行共產份子獵巫行動。然而，他和彼特曼同樣懂得討好選民，戰時為美國的白銀政策和羅德島參議員泰德・格林（Ted Green）頻頻交鋒。[4]在國會上議院，白銀集團的七大州對付格林，形成了十四比一的差距，沒想到這位來自最小州的參議員還是奪得了部分的成功。當然，最後獲勝的會是麥卡蘭。

格林一八六七年出生於羅德島州，是羅德島殖民地創立者羅傑・威廉斯（Roger Williams）的後裔。[5]格林在布朗大學（Brown University）與哈佛法學院接受教育，先是當上羅德島州長，接著在一九三六年作為羅斯福派自由主義者當選參議員。格林與先祖羅傑・威廉斯同樣提倡包容、強烈支持人權與宗教自由，卻也為了羅德島州選民支持降低銀價。羅德島與鄰近州份的銀器與珠寶業十分繁榮，新英格蘭製造業珠寶匠與銀匠協會（New England Manufacturing Jewelers and Silversmiths Association）便是在羅德島首府普羅維登斯市成立，戰前擁有約三萬名勞工。[6]後來戰時生產委員會於一九四二年制定對於稀缺原料的限制，威脅到那些無法轉型從事戰時生產業的珠寶商，西點軍校貯藏的大量白銀對珠寶業者的誘惑日益劇增，業者渴望以此保住飯碗。

一九四二年十月十四日，參議院銀行事務與貨幣委員會（Senate Banking and Currency Committee）的附屬委員會通過了格林提出的一項法案，「允許財政部將非貨幣用白銀售予私人工業做消費用途，及借出貨幣用白銀做非消費用途」。[7]這表示，舉例而言，財政部能將自由白銀售予位於普羅維登斯市薩賓街、僱用約九十人的進步戒指公司（Progressive Ring Company），供該公司製作婚戒與訂婚戒指；也能將對應到銀元券的非自由白銀借予尼加拉瓜哈德遜電力公司（Niagara Hudson Power Company），取代該公司為紐約上州供電的發電廠所使用的銅製匯流排。摩根索已經開始借自由白銀給曼哈頓計畫了，不過《格林法案》範圍較廣，除了將貨幣用白銀借予他人但仍由財政部控制之外，還允許財政部直接售銀。摩根索支持新法案，但也特別聲明，此法案下的平均白銀售價「不得低於每金衡盎司純銀〇・五〇美元」。[8]

摩根索制定的〇・五〇美元售價含括了財政部自由白銀的〇・四八五美元均價，卻沒能令麥卡蘭滿意。麥卡蘭表示，產銀各州的參議員會「十分熱切地」反對《格林法案》。[9] 若無法通過該法案，財政部只能依照《白銀購買法案》的規定，以每金衡盎司一・二九美元以上的價格販售白銀。[10] 麥卡蘭到摩根索家中拜訪，提出反面提案：如果從今以後，財政部以每金衡盎司一・二九美元的價格購買國產白銀，則新法案便能允許財政部以每金衡盎司〇・七一美元的價格販售戰備用途的自由白銀。摩根索表示：「我不認為你能成功。」[11]

他差一點就成功了。一九四二年十二月八日，麥卡蘭單槍匹馬挑戰《格林法案》，對著空空蕩蕩的參議院議堂，啞聲朗讀一份一九三二年復興金融公司的活動報告。[12] 麥卡蘭以高壯的身體為人肉路障，成功防止了受財政部、海軍與戰時生產委員會支持的法案在聖誕節休會前接受表決。[13]《紐約時報》一篇社論文章寫道：「這單純是戰時措施，絕不超出最嚴謹的常識範圍。它能打破目前荒謬的僵局——業界無法使用它迫切需要的白銀，政府卻埋藏了大量白銀的僵局。現行的白銀法規要求政府持續且無止盡地以膨脹價格購買白銀，甚至禁止政府為戰時需求直接售出白銀，只允許政府以極低價售銀，我們最好廢止這些亂七八糟且自私的法案。」[14]看到該篇社論，麥卡蘭也許忍不住露出了微笑。

六個月後，《格林法案》經過修改，將財政部售銀的價格調整為每金衡盎司〇・七一美元，等同財政部購買新採國產白銀的價格——也許買賣價格相等之後，銀行事務委員會上四位白銀集團參議員感到較為滿意，因而轉換陣營、打破了僵局——此後，參議院進行《格林法案》的表決。[15]猶他州參議員阿布・默多克（Abe Murdock）、愛達荷州參議員沃思・克拉克（Worth Clark）與約翰・托馬斯（John Thomas）及內華達州參議員詹姆斯・施卓厄姆（James Scrugham）選擇加入格林參議員的陣營，格林表示，這將「防止新英格蘭所有的銀匠停業」。[16]麥卡蘭並不喜歡新修法案（也不喜歡倒戈的四位參議員），卻無法號召足夠壯大的反對勢力，在戰爭時期保留稀缺物資。他將此視為一場暫時的小敗仗，像是策略性撤退，待劍拔弩張的局面終結、較為開放的規制滿期，他仍將大獲全勝。

麥卡蘭開始準備反攻。

✦✦✦

一九四五年十二月三十一日，日本投降、第二次世界大戰結束的四個月後，《格林法案》滿期了，此時白銀成了稀有商品，財政部大部分的白銀仍租借給產業界，貯藏於西點軍校銀庫中的銀條已從四年前的十五億金衡盎司，減少到約兩億金衡盎司。[17]過去這四年，白銀在電器、底片、銀器與珠寶等處的用量，每年超過國內新產白銀量約一億金衡盎司，美國財政部每年都以直接販售白銀的方式彌補供給與需求的落差。[18] 隨著美國製造業從戰時生產轉型至和平時期，供需落差只會加劇，財政部能以銀條彌補的量也將逐漸減少。[19]

戰後歸國的軍人準備娶親成家，作為結婚禮品用的標準純銀餐具，以及九個月後送給新生兒的銀湯匙（這些是當時的習俗），需求量也隨之提升。瓦斯爐、冰箱、吊燈與壁鏡等家具、家電的需求也暴增，但鏡業製造商協會（Mirror Manufacturers Association）總裁R・H・特納（R.H. Turner）警告道，在缺少白銀的情況下，「那個產業也有些人得面對停業危機」。[20]《華爾街日報》則著重商業界白銀短缺的問題：「醫療與工業用底片斷貨了。」[21] 一九四六年四月，白銀使用者協會（Silver Users Association）發言人威廉・索伯（William Thurber）表示：「除非國會重新授權政府租售西點軍校地底多餘的兩億兩千五百萬金衡盎司白銀，否則很多銀匠都將失業。」[22]

麥卡蘭參議員見狀，帶著滿袋銀子彈趕來救援。他提出修正案，將銀價固定在每金衡盎司〇・九〇美元，允許財政部以此定價將白銀販售給產業界，同時以相同的價格購買國內新採的白銀。[23] 根據麥卡蘭的法案，銀價將從原先的〇・七一美元補助價跳到〇・九〇美元，維持兩年，屆時再漲至漢彌爾頓與布萊恩提倡的一・二九美元。麥卡蘭以歷史為由，倡議使白銀恢復它曾經的貨幣價值：「這並不會終結『一八七三年的罪行』廢止白銀幣制時挑起的漫長戰爭，但能讓我們看見戰爭的終點。」[24]

麥卡蘭部分的訴求實現了。西部礦業業者與東部銀匠之間的鬥爭——過去發生在布萊恩的民主黨與麥金利的共和黨之間的階級鬥爭——阻礙了國會的決議過程，妨礙郵政工作者領薪資，但在一九四六年七月十九日，雙方都各退讓一步，允許郵政工作者送信。[25]該法案將國產白銀的售價提升至每金衡盎司〇・九〇五美元，延續羅斯福於一九三三年十二月發起的補助傳統，但並未提及調漲價格之事。[26]赫爾曼・寇普曼（Herman Kopplemann）眾議員為康乃狄克州中部銀器公司的代表，同時又是協調不同版本法案的參眾議院商討委員會成員，他將法案未提及價格調漲一事視為一場勝利：「至少我們阻止他們通過每金衡盎司一・二九美元的價格了。」[27]此外，新法案不同於羅斯福贈予白銀集團的聖誕禮物，不是單純以每金衡盎司〇・六四五美元的價格向美國礦場購銀；在新法案的規定下，只要財政部持有足以滿足銀元券兌換義務的銀條，雙方都能以每金衡盎司〇・九〇五美元的價格交易。財政部將以每金衡盎司〇・九〇五美元的價格購入國產白銀，也能以同樣的價格將白銀販售給業界。[28]當時少有人發現，該制度將摧毀白銀作為貨幣的崇高地位。

麥卡蘭於一九五四年逝世，沒能活著看見甘迺迪總統所策動的政變。

|第十一章|

甘迺迪總統的背叛

陰謀論者將甘迺迪總統一九六三年十一月二十二日於達拉斯遇害之事，誇飾成了巨大的謎題。就奧斯華刺殺甘迺迪這件事，人們寫了數百本書，將之歸咎於中情局、蘇聯國家安全委員會（KGB）、黑手黨、約翰伯奇協會等團體的複雜陰謀，甚至有人認為德州人是行刺總統的主謀，其中包括當時任副總統的詹森。[1]詹森總統組織了華倫委員會，命它調查刺殺案的真相，而委員會對上述說詞不屑一顧，倒是檢視了殺害奧斯華的夜店老闆傑克・魯比（Jack Ruby）與右翼約翰伯奇協會的關係。[2]委員會得到了結論：奧斯華並沒有共犯。然而，委員會沒考慮的可能性是，甘迺迪被刺可能是因為他減少對白銀的補助——考慮到白色金屬在美國領土激起的熱情與憤怒，這其實是值得一查的理論，畢竟它的可信度和其他理論相差無幾。[3]

甘迺迪在一九六〇年總統大選中險勝尼克森，有人認為民主黨能在伊利諾州獲勝，是多虧了理查德・達利（Richard Daley）市長在芝加哥河河畔展現出《聖經》等級的神蹟，讓死者起死回生投給甘迺迪，有些人甚至復活了不只一次。話雖如此，年輕美國人無視甘迺迪的缺點，欣然接受這位史上最年輕、當時年僅四十三歲的總統。甘迺迪出身波士頓的有錢人家，曾就讀哈佛大學，還頂著堪比好萊塢男星的一頭濃密頭髮。他在立法方面主要的目標包括減稅與人權，當這些法案被不友善的國會阻攔時，他選擇效法羅斯福總統，以行政命令的形式繞過障礙。

一九六一年十一月，甘迺迪上任不到一年時，宣布因應財政部長道格拉斯・狄龍（Douglas Dillon）一份令人憂心的報告，大幅修改美國的白銀政策。富有的狄龍曾為投資銀行家，上幼稚園時腋下便夾著《華爾街日報》；他在一九六一年十一月二十七日致信總統，表示國庫的自由白銀存量僅剩兩千兩百萬金衡盎司了。他解釋道，若持續照麥卡蘭於一九四六年七月通過的法案，將白銀販售給產業界，則庫存自由白銀將在不到一年內減少逾百分之八十，打破過去所有的紀錄。他還警告總統，未來可能有白銀短缺的問題：「在現行制度下，庫存顯然很快將完全耗盡，屆時財政部將沒有任何可銷售予大眾的白銀。」[4] 狄龍將此長期問題歸咎於擴大「工業方面的白銀使用」，而白銀礦產「遠遠不及用量」。在一九五九至一九六一年間，產業界與外國貨幣平均每年使用兩億八千五百萬金衡盎司白銀，礦場產出則是每年一億九千八百萬金衡盎司。[5] 甘迺迪於一九六一年十一月二十八日回覆狄龍，寫道：「我命你暫緩自由白銀的販售事務。」

對於甘迺迪的命令，《紐約時報》一篇報導以《獨行俠》（*Lone Ranger*）的名言「你好啊，白銀」作為回應，並為增添莊重的文字效果而輔以史實：「白銀又登上新聞版面了——新版威廉・詹寧斯・布萊恩與『十六比一』！」[6] 總統在十一月二十八日晚間發布消息，像西部片中的英雄人物似地馬到成功，隔日，銀條價格從每金衡盎司〇・九一美元漲到超過一・〇〇美元。銀價一夕間上漲超過百分之十，堪比羅斯福於一九三三年四月十九日宣布終止金本位制度時的漲幅。[7]財政部抽離市場，就表示紐約州羅徹斯特市的相機底片製造商伊士曼柯達公司、康乃狄克州梅里登市的標準純銀器製造商國際白銀公司（International Silver Company）等大宗白銀使用者，不再能直接向最近的美國鑄幣局辦公室訂購白銀，而須向美國與外國採礦公司出價，購買供給有限的白銀。包括愛達荷州科達倫市陽光採礦公司（Sunshine Mining Company）總裁羅伯特・哈迪（Robert Hardy）在內，許多西部礦業業者都十分樂見此情景，哈迪表示這「對白銀市場是一件非常好的事」，而雷諾市礦物投機商人查爾斯・史汀（Charles Steen）則表示「財政部終於理解供需法則了」。[8]屬白銀集團的愛達荷州參議員弗蘭克・丘奇（Frank Church），稱甘迺迪的措施為「政府為幫助礦業跨出的最重要一步」。[9]

西部人民先是大讚甘迺迪將銀價推向過去的一・二九美元的政策，然而，在讀完甘迺迪完整的公告後，他們沉默了。甘迺迪如此描述他對財政部長狄龍的命令：「我已完成決策，認為此白色金屬應漸漸抽離我國貨幣儲備。」他也預測道，「我們的新政策基本上會導向白銀貨幣停止流通。」[10]威廉・詹寧斯・布萊恩若讀了這些言論，想必也會起死回生，與甘迺迪大爭民主黨黨魁之位。民主黨確實有票選死人任公職的紀錄，但布萊恩沒有死而復生，想必是因為甘迺迪廣得民心，也因為提議將白銀退出美國貨幣儲備的人，是來自東岸的銀行家與金本位制倡議者：財政部長狄龍。[11]

狄龍身材魁梧、下顎稜角分明，出身金融世家，父親為狄龍瑞德公司（Dillon Read &

Company）國際銀行的創建者，而這個兒子也不遑多讓，他以聰明才智及對數字的掌握能力為自己闖出了名聲。[12] 四歲時，狄龍已能閱讀並完全理解自己閱讀的文字，之後就讀紐澤西州萊克赫斯特區的松屋學院（Pine Lodge School），與納爾遜・洛克斐勒（Nelson Rockefeller）、勞朗斯・洛克斐勒（Laurance Rockefeller）等人一同接受教育，並於一九三一年以優異成績帶著文學士學位離開了哈佛大學。畢業後，他加入紐約證券交易所（New York Stock Exchange），在第二次世界大戰結束後被任命為狄龍瑞德公司董事長，在短短數年內使公司盈利翻倍。[13] 此外，狄龍也越來越常參與共和黨政治活動，在一九五三年被艾森豪總統（President Eisenhower）任命為駐法大使，之後成為國務院次卿。後來，他以金融方面高超的本領，說服甘迺迪任命他為財政部長。

甘迺迪從小受父親教誨，學到「一個國家的強大，等同它貨幣的價值」的道理，而在當時，貨幣的價值就是可兌換黃金的金本位制度。[14] 在一九六一年，雖然美國國民無法以美元換黃金，外國中央銀行仍能以每金衡盎司三十五美元的價格用美元兌換黃金，而賭新總統推行之擴張性經濟政策將刺激通貨膨脹、使美元貶值的國際投機商人，對這從金本位時代遺留下來的制度頗有微詞。未來將擔任聯邦儲備理事會主席的保羅・沃克（Paul Volcker）認為，甘迺迪選狄龍為財政部首長，是作為「金融正當性的安慰象徵」。[15] 狄龍絲毫沒浪費時間，一九六一年十月九日，在財政部工作不到一年、將關於白銀的備忘錄發給甘迺迪的六週前，狄龍悄悄重新整頓了財政部的國內黃金與白銀管理部門，將長久以來由鑄幣局局長執行的政策職權，轉移給財政部副部長羅伯特・魯薩（Robert Roosa）。[16] 除了在《聯邦公報》（*Federal Register*）發表的例行文章之外，他沒有發布正式聲明，這卻是狄龍高明的一招，他以這把雙面刃將白銀自貨幣根基切除。

魯薩和狄龍同樣是出身東岸的銀行家，且他對黃金的支持更甚威廉・麥金利。他先前任紐約聯邦儲備銀行（Federal Reserve Bank of New York）高層主管，包括年輕的保羅・沃克在內，所有下屬都受到他的教育，學到「黃金」（gold）與「天神」（god）僅一個字母之隔。[17] 狄龍知道魯薩會貶低作為貨幣金屬的白銀，不過這並非他奪取鑄幣局制定政策權力的主因。一九六一年九月二十三日，參議院通過了甘迺迪總統提名的鑄幣局局長人選——伊娃・亞當斯（Eva Adams）。[18] 一頭紅髮的亞當斯出身內華達州奇蹟市（Wonder），在一九四〇年加入已故派特・麥卡蘭參議員的幕僚團隊，搬到了華府。被任命鑄幣局局長之前，她在麥卡蘭的接班人——阿倫・比布爾（Alan Bible）參議員——手下擔任行政助理，且被總統指派新職位之後，白銀集團參議員為白銀政策倡議者成為內部人士而喜不自勝。媒體紛紛質疑甘迺迪此舉的意味，畢竟他數年前曾作為麻薩諸塞州參議員聲明：美國「不再有任何合理的經濟或社會理由」補助白銀。[19] 甘迺迪同情麻薩諸塞州的銀匠，他們早從獨立戰爭時期——保羅・里維爾作為銀匠討生活的時期——開始，便希望白銀原料能保持低廉的價格。然而，記者們都忘了，內華達州是一九六〇年總統大選中少數投給甘迺迪的西部州份之一，比布爾其實是甘迺迪的人。一九六一年九月二十三日，亞當斯接任鑄幣局局長的提案通過時，甘迺迪算是還了人情債……沒想到短短兩週後的十月九日，他的財政部長背叛了他，從亞當斯局長手中奪走了制定與執行白銀政策的職權。

狄龍稍微減輕了對亞當斯的打擊，在她於一九六一年十月三十日就職時，告訴她：「我能信心十足地預測，妳的事業會持續走上坡。」這預測一點也沒錯，在亞當斯的管理下，鑄幣局鑄造更大量的五分美幣、十分美幣與二十五分美幣，供逐漸長大的嬰兒潮世代用於數量漸增的販賣機與停車收費器。[20]然而，伊娃．亞當斯被任命為鑄幣局局長時，白銀集團參議員歡慶的原因，並不是希望她增加零錢的產量——話雖如此，逐漸浮出水面的錢幣危機很快便會威脅到他們的利益——白銀集團之所以歡慶，是因為他們期望亞當斯肩負內華達州由彼特曼開啟、麥卡蘭延續的傳統，提高政府對礦業的補助。可惜狄龍在亞當斯上任前揮出致命的一拳，抵銷他和善的話語，也使得白銀集團的慶祝聲靜了下來。

◆◆◆

一九六一年十一月二十八日，甘迺迪在政令中對白銀補助宣戰，承諾在「國會再度舉行會議時，建議國會廢止白銀相關法案」，其中包括最重要的《一九三四年白銀購買法案》。[21]甘迺迪接著在一九六二年一月對國會發布經濟報告（Economic Report），表示：「白銀——一九三〇年代病態的金屬——現在是工業需求穩定提升的重要原物料，美國政府將大量實用的白銀以貨幣儲備的無生命型態鎖在銀庫中，實屬不經濟之舉。要求財政部維持銀價底價，也毫無建設性意義。除了製作錢幣之用以外，白銀終應廢止通用。」[22]

《一九三四年白銀購買法案》的目標，是使白銀成為美國貨幣儲備的百分之二十五，即使財政部並未達成目標，一九六二年年初，未兌換白銀的銀元券總價值仍高達二十一億美元，是法案通過之時的四倍價值。[23]財政部持有兌換銀元券用的近十七億金衡盎司銀條，雖在美國貨幣總量之中比例不大，仍占十分重要的一部分。[24]當時與今日相同，美國中央銀行發行的聯邦儲備券是美國的主流貨幣（你可以把自己的錢包拿出來看看），不過依據當時的法律，所有一美元鈔票都是銀元券，而非聯邦儲備券，而銀元券背後的擔保是財政部白銀庫存的約四分之三。[25]財政部餘下的銀條則為五美元與十美元銀元券兌換用，而這兩種銀元券則能毫無障礙地與等價聯邦儲備券混用。甘迺迪若想廢止《白銀購買法案》，也許得和白銀集團參議員發動核戰，但即使沒得到國會的許可，他也能以尋覓並抽離五元、十元銀元券，並以聯邦儲備券取而代之的方式，漸漸移除作為貨幣儲備用的白銀。甘迺迪命狄龍展開尋找與摧毀的任務，狄龍則轉而交代美國財政部司庫伊莉莎白・R・史密斯（Elizabeth R. Smith）執行計畫。

財政部司庫是財政部官員之一，最廣為人知的工作是簽署美國每一張紙鈔（再打開錢包，看看每一張紙鈔正面左側的簽名），還負責維持美國貨幣物理上的完整性。司庫負責監督破損紙幣的銷毀，以及以新鈔取而代之的工作，而各家銀行與聯邦儲備系統也會提供技術上的協助。一九六二年上旬，伊莉莎白・史密斯從流通貨幣中抽出大量五元與十元銀元券，使四千五百萬金衡盎司的銀條成為自由白銀。[26]不作貨幣兌換用的白銀，接著依照甘迺迪的指令，被用以製造十美分、二十五美分與五毛美元等次要硬幣。[27]

在一九六二年二月二十日爆發的全面戰鬥中，讓五元與十元財政部銀元券消失、解放銀條的計畫，不過是場小鬥爭。二月二十日，財政部對國會提出法案，希望能廢止《一九三四年白銀購買法案》，以及一九四六年七月通過、設定每金衡盎司〇・九〇五美元補助銀價的法案。[28]此外，財政部的法案還授權聯邦儲備系統發行一美元鈔票，允許財政部收回等價銀元券、解放主要的銀條庫存，將白銀用以鑄幣。《紐約時報》擔心美國人民誤以為這不過是技術上的調整，除了陰沉的科學家之外的人聽了都昏昏欲睡，於是在報導此事時，主要著重政治層面：「政府正式採取行動，準備斷絕民主黨過去與白銀的連繫。」[29]報紙接著陰惻惻地補充道：「然而，民主黨內部分重要人士不同意改變。」

比布爾參議員立刻向甘迺迪宣戰，他鼓勵正在調查「黃金與白銀生產動機」的參議員否決總統的提案：「我相信此附屬委員會……應強烈反對銀行事務與貨幣委員會待表決之法案……就我看來，現在並不是廢除《白銀購買法案》的時候。」[30]比布爾接著提醒諸位同僚，甘迺迪已經有耍小手段、與他們作對的不良紀錄了：「如各位所知……美國總統在未獲國會許可的情況下收回銀元券……以聯邦儲備券取而代之……希望聽證會能查明此事真相。」出身產礦大州科羅拉多州的約翰・卡羅爾（John Carroll）參議員附和道，現為「消弭此屆國會廢止《白銀購買法案》的任何可能性的時機」。[31]一九六二年三月，參議院對仍舊握有重權的白銀集團低頭，擱置了總統提出的法案。[32]

✦✦✦

一九六二年聖誕購物季，全國超市與百貨公司硬幣短缺的情形，助長了忙於對付白銀集團的甘迺迪。《波士頓環球報》一篇新聞報導的第一句為「聖誕老人被人少找了零錢」，接著引用波士頓聯邦儲備銀行——美國中央銀行分行——櫃員約翰・羅伍（John Lowe）的一句話：「錢幣短缺不是地方性問題，全國都需要更多五美分、十美分、二十五美分與五毛美元。」[33]羅伍抱怨道，「鑄幣所現在的器械與人力，就是無法滿足人們對錢幣的需求。」然而，鑄幣局局長亞當斯此時戴上了生產經理的安全帽，宣稱部門員工「週末都在加班」，且丹佛鑄幣所為了緩解錢幣短缺問題而「二十四小時不停工」。[34]身為櫃員，羅伍提議道：「如果人們願意打破撲滿……應該就有幫助了。」[35]

狄龍想到了更好的辦法。一九六三年一月三十日，甘迺迪的財政部長坦承「今年應增設鑄幣所」，卻也警告道，「除非修改過時的白銀法案」，否則錢幣短缺的問題只會加劇。[36]在認識眾議院銀行事務與貨幣委員會新任主席——德州民主黨員賴特・派特曼（Wright Patman）——的一次會議上，狄龍呼籲委員會通過政府廢止白銀補助、授權聯邦儲備系統發行一美元聯邦儲備券的法案，因為如此一來，政府就較有轉圜空間，「也能解放更多白銀作為鑄幣之用」。[37]他又補充道：「不久後，政府也許會被迫從外國生產者購買白銀、鑄造錢幣。販賣機大口大口吞噬硬幣，鑄幣所無法趕上需求。」[38]

狄龍將錢幣短缺問題歸咎於胃口極大的販賣機，而鑄幣局局長亞當斯則表示，問題是錢幣收藏家增加收藏量所致：「他們似乎相信十年後，一些錢幣的價值將會提升，他們因此大量收藏錢幣。」[39]克里夫蘭聯邦儲備銀行現金部門主管A・W・瓦茲沃思（A.W. Wadsworth）和在波士頓分行工作的同仁一樣，將矛頭指向了美國的年輕人：「越來越多人把錢幣塞進衣櫥抽屜，也有越來越多孩子把錢幣存進撲滿。」上述揣測並不矛盾，也能解釋財政部對白銀胃口漸增的原因。過去三年來，美國錢幣產量的提升，超越了白銀其他用途的總和，從一九六〇到一九六二年，錢幣產出提升了三千一百萬金衡盎司，上升超過百分之六十；攝影與電子等產業的世界白銀需求提升了兩千三百萬金衡盎司，上升百分之十；而所有其他國家鑄幣的白銀用量提升了兩百萬金衡盎司，上升百分之四。[40]財政部長狄龍感到憂心忡忡，也是情有可原。

派特曼眾議員應狄龍的請託，加速了銀行事務與貨幣委員會的議程，財政部的法案於一九六三年四月十日通過眾議院表決。該法案廢止了白銀補助，廢除銀條交易的百分之五十稅制，並授權聯邦儲備系統發行一美元鈔票——然而，重量級的比試仍得在參議院舉行，而參議院的白銀集團已經有否決該法案的紀錄了。[41]根據《華爾街日報》報導，來自蒙大拿州的參議院多數黨領袖——民主黨參議員麥克・曼斯斐（Mike Mansfield）——已同意支持政府當局，「倘若能在不引起大爭議的情況下通過立法程序」，他便「不會加以阻攔」。[42]當時銀條市場的銀價上漲到每金衡盎司一・二五美元，西部各州參議員應該不會對取消○・九○五美元底價的政策提出異議才對，曼斯斐卻以走在地雷區的語氣發言。眾議院表決結束後，《華爾街日報》證實了危險的存在：「甘迺迪政府切斷白銀與紙幣連結的法案在眾議院遭遇出乎意料的反對聲浪，以兩百五十一比一百二十二票通過。支持者原先預期以較大的差距通過法案，此時卻擔心反對者將重振旗鼓，在參議院拖延通過該法案的程序。」[43]

一九六三年四月二十九日，參議院銀行事務與貨幣委員會開始正式進行討論，來自維吉尼亞州的委員會主席A・威利斯・羅伯遜（A. Willis Robertson）開宗明義地提及國會上議院過去的不端行為，並與約翰・謝爾曼參議員悄悄廢止金銀複本位制的行為劃清界線：「我們不會對白銀做出和他們類似的事——我記得在一八七三年，他們修改了白銀法案，負責那項法案的人藉機刪去鑄造銀元的條款……那些改變的規定像是一隻貓，悄悄溜過參議院……我們這次的法案，完全沒有貓咪的蹤跡。」[44]

維吉尼亞州參議員公平的態度，使愛達荷州的康普頓・懷特（Compton White）眾議員有所啟發，他在辯論開始的第一天，便對參議院銀行事務與貨幣委員會提出奇怪的請求：「我若是相信此次提出的法案經過充分的考慮，今早就不會來此呼籲各位注意以它在眾議院通過的形式推出該法案會導致的嚴重後果……如各位所知，眾議院對此棘手議題只進行了四天的辯論，那四天之中，反對方證人只有兩個小時的發言機會。」[45]懷特無從得知甘迺迪政府是否壓下了反對聲音，但他心中絕對存有這方面的疑慮。「我不知對於H.R. 5389的議論時間如

這張一美元銀元券在1963年有了競爭對手。

此短促，究竟是有人有意為之，還是意外。我擔心是前者，因為議員越是瞭解實行財政部為解決白銀短缺問題而提的措施，就越是會反對它……還請委員會准許我在會議紀錄中加入我寫給眾議院各位議員、關於H.R. 5389的信。」

懷特是愛達荷州民意代表，該州的白銀產量為其他州份的兩倍，不過他在信中避免以地方為主體的論述，而是呼籲眾人注意美元的世界聲望：「我之所以反對取消白銀幣制，是因為……（它）將是提倡獨以國庫信用為基礎的貨幣系統之人的勝利。古代史與現代史一再證實了，獨獨仰賴政府本票的貨幣系統將一再陷入債務的泥沼，不僅毀了那些國家的經濟，還毀了它們的政治系統。」[46][47]

比布爾參議員在參議院銀行事務委員會面前發言支持懷特眾議員，他最先發表的是一段聲明：「我為此法案——此時由委員會決議的H.R. 5389——特定條文深感擔憂。我代表知名的產銀之州，人們可能誤以為我只關心白銀生產者……（但是），在我產銀之州內華達境內，並沒有任何一處銀礦場正在營運。」[48]比布爾沒有提及伊娃．亞當斯事件引起他對甘迺迪的不滿，只著重於自己對H.R. 5389第三段——授權聯邦儲備系統印製一美元紙鈔的項目——的意見：「撰寫我國憲法的人明白，黃金與白銀是有內在價值的金屬，應被用於我國貨幣系統，而所有國家的歷史顯示，在此兩基本金屬被移除的體制中，歷史往往導向通貨膨脹、貨幣貶值。我找不到此一史實的例外……我相信，政府若從銀元券移除白銀，將會引致通貨膨脹……歷史將再次顯示，紙幣不受世界其他國家重視……因上述原因，我必須大力反對此法案第三段。」

無論是比布爾或懷特，聽上去都與弗朗西斯．斯科特．基（Francis Scott Key）同樣愛國，不過以持續用白銀支撐一美元鈔票的方式防止通貨膨脹之策，只有在聯邦儲備系統同樣限制發行百元美鈔的情況下才可行。修改過後的《聯邦儲備法》（Federal Reserve Act）規定中央銀行持有等同債務百分之二十五的黃金，防止它無限制印鈔，而此時，該限制受到了攻擊。懷特之前便警告過國會同僚，以一美元聯邦儲備券取代銀元券的提案，不過是「完全廢止白銀幣制的同時，邁向完全廢止黃金幣制的一步」。[49]他接著解釋道：「（眾議院）銀行事務與貨幣委員會此時待議的，是廢除以百分之二十五黃金支撐聯邦儲備券之規的法案。」反對甘迺迪廢止銀幣流通的國會議員，擔心接下來美國會被海嘯般的紙鈔巨浪淹沒，邁向通貨膨脹。從此後發生的事件看來，他們的預測完全正確。

◆◆◆

財政部長狄龍對參議院委員會作證，以鼓吹法案優點的方式避過通貨膨脹問題：「我們目前持有的白銀當中，有十三億金衡盎司是作為一美元（財政部）銀元券的保證之用。」若允許聯邦儲備系統發行一美元紙鈔，取代原本的銀元券，就能確保「適量白銀滿足我們接下來十到二十年的鑄幣需求」。[50]他告訴委員會，「最終以聯邦儲備券取代銀元券，並不會以任何形式使我國貨幣貶值」，他的保證說服了眾人。一九六三年五月二十五日，參議院通過該法案，「廢除關於購買白銀與其他用途的特定法案」，從此抹去《一九三四年白銀購買法案》，允許聯邦儲備系統發行一美元紙鈔。[51]

包括康乃狄克州參議員湯瑪斯・陶德（Thomas Dodd）、羅德島州參議員克萊伯恩・佩爾（Claiborne Pell）與約翰・帕斯托（John Pastore），及紐約州參議員肯尼斯・基挺（Kenneth Keating）在內，東部消費白銀的州份聯合了甘迺迪政府的倡議份子，以超過六比一的聲勢擊敗西部白銀集團。[52]《華盛頓郵報》考慮到當時局勢，如此描述白銀被推下貨幣舞台的事件：「白銀與我國紙幣從過去便存在連結，而如今參議院勢如破竹地通過新法案，允許聯邦儲備券逐漸取代財政部的銀元券，就此唐突地切斷了連結。」[53]報紙接著補充一段通常只寫給第三世界獨裁者的安魂曲：「除了少數過時煽動家的強烈異議以外，自從布萊恩敗在麥金利手下，白銀議題便已死絕。當甘迺迪總統簽署這多半將是最後一項重要白銀法規的法案之時，它將正式入土為安。」

紐約人歡騰不已。甘迺迪總統簽署廢除《白銀購買法案》過後一週，商品交易所的白銀期貨合約交易死灰復燃，位於曼哈頓金融區中心——百老匯街八十一號——的交易所變得更加熱鬧。一九六三年六月十二日星期三，就在交易所敲鐘、交易日開始前，美國冶煉與精煉公司副總裁賽門・史特勞斯（Simon Strauss）說明了這歷史性一刻的重要性，表示自從羅斯福發布白銀國有化命令以來，美國已經「二十八年十個月又三天」沒有發生白銀交易了。他還指出，這對人類所知最古老的金屬之一而言，「是白銀生命中一段短暫的時期」。54

在當年，商品交易是人們透過肢體行動實際進行的工作，一百多名交易員為這喜慶的日子穿西裝打領帶，肩並肩站在圓形欄杆旁，焦慮地等著對其他人喊出他們的買賣價格。高亢的鐘聲響起，交易員忽然都活了起來，開始大聲呼喊各自的價碼，寬敞的空間裡人聲嘈雜，彷彿在舉辦摔角冠軍賽。那天，超過兩百萬金衡盎司的白銀期貨易主，買家賭銀價會上漲，賣家則希望價格下跌。從經濟大蕭條時期開始，這是美國人首次像他國國民一樣自由購買銀條以防政治動盪或通貨膨脹，而不是將燭台或茶具組藏在自家櫥櫃中，掩飾自己私藏白銀的意圖。甘迺迪於一九六三年六月四日簽署的法案推翻了《白銀購買法案》，而商品交易所於一九六三年六月十二日開始白銀交易，象徵了白銀黯淡無光的貨幣金屬生涯的終結，以及它作為硬資產閃閃發亮的生命伊始。

自由市場很快便達成了百年政治鬥爭與操作沒能實現的目標，在一九六三年九月九日，在市場對白銀的需求日益高漲的情勢下，交易員將銀價推上了傳說中的每金衡盎司一・二九美元，恢復漢彌爾頓設定的貨幣價值。[55]紐澤西州紐華克市恩格哈德礦物與化合物公司（Engelhard Minerals & Chemicals Corporation）——在紐約證券交易所上市的一間公司——突然發現，囤積銀元券是聚斂白銀的最佳法門，根據法律規定，銀元券能以每金衡盎司一・二九美元的匯率，向財政部兌換銀條。在九月十二日，恩格哈德寄出一張六萬五千美元支票，從財政部收到五萬金衡盎司白銀，這是甘迺迪於一九六一年十一月暫停政府售銀開始，第一次由民間機構向政府購買白銀。[56]但其實，恩格哈德並沒有購銀所需的銀元券，財政部長狄龍正式的指令，允許人們將兌換政府銀條的支票寄至紐約聯邦儲備銀行——美國中央銀行的分行之一——再由銀行累積向財政部換取白銀的銀元券。[57]既然工業使用者能從財政部換得超過十五億金衡盎司白銀，自由市場銀價就不會漲到超過每金衡盎司一・二九三美元了……至少，暫時還不會。[58]

為此，白銀集團參議員感到悶悶不樂。愛達荷州參議員丘奇試圖限制政府銷售白銀，並提出修正案，希望能禁止財政部長以高於貨幣價值的價格售出白銀；科羅拉多州參議員彼得・多米尼克（Peter Dominick）則希望能防止財政部為其他政府機構提供白銀。[59]兩項提案都被反對方以二比一之勢擊退了。來自科羅拉多州的共和黨參議員戈登・阿洛特（Gordon

Allott）哀傷地對同僚表示：「這也許是貨幣貶值之路上的一步」，全國許多右翼組織也深感同意。[60]

甘迺迪還來不及看見廢除白銀幣制的後果，便在簽署法案、授權聯邦儲備系統以紙幣取代銀元券的五個多月後，於德州達拉斯市遇刺身亡。在一九六三年十月底，美國駐聯合國大使阿德萊・史蒂文森（Adlai Stevenson）於達拉斯發表演說後，遭人「譏嘲、推擠與吐口水」，甘迺迪此次德州之行的安全性也受到質疑。[61] 甘迺迪抵達德州的前一日，一張設計得類似警長公告的「匿名傳單」出現在達拉斯街頭，上頭印了總統的正面與側面照，以及「緝拿叛國罪犯」的字樣。而在一九六三年十一月二十二日，刺殺當日，《達拉斯晨報》（*Dallas Morning News*）刊登了一則鑲有黑框的「歡迎甘迺迪先生來達拉斯」廣告，對總統提出一系列不友善的問題。該廣告是包括德州億萬富豪、石油大亨與未來的白銀投機商人尼爾森・班克・亨特在內，右翼約翰伯奇協會的支持者花錢刊登的。[62] 約翰伯奇協會的宗旨為消滅美國任何的共產威脅，並剷除任何未經開國元勳認可的制度或機構，其中包括聯邦儲備系統。

華倫委員會調查的結論是，李・哈維・奧斯華沒有共犯，他們也不認為刺殺案與約翰伯奇協會有任何關連。甘迺迪因取消銀制而遭刺殺的陰謀論就此被埋沒，在當時美國人眼中與登陸月球同樣不可思議。儘管如此，「緝拿叛國罪犯」這句話，仍令人聯想到一八九三年八月一日在美國金銀複本位制聯盟全國代表大會上發表開場致詞、出身俄亥俄州的Ａ・Ｊ・華納將軍。當時，華納暗指一八七三年的罪行的背後主謀——約翰・謝爾曼參議員——說道：

「美國參議院就只有一個男人知道《一八七三年鑄幣法案》會停止銀幣通用，他卻沒有被判叛國罪、沒有被吊死、沒有被槍決。」[63]

甘迺迪廢除銀制的法案在參議院被提出時，維吉尼亞州的羅伯遜參議員在言詞上疏遠了謝爾曼的行徑，但百年前的錯誤仍如籠罩在上議院的一層陰影，持續使東部與西部鎖死在爭奪經濟主導權的爭鬥中。話雖如此，為區區銀元殺人似乎太過誇張，對商業衝突的原始反應，在較為暴力野蠻的十九世紀還說得過去，但文明的二十世紀怎麼可能發生這種事呢？對吧？

|第十二章|

詹森總統的最後一根稻草

一九六三年十一月二十二日星期五下午兩點三十八分，面色凝重的林登・貝恩斯・詹森像不情願的志願者，在載著甘迺迪遺體與他從達拉斯回華府的空軍一號上舉起右手，宣誓就任新一任美國總統。[1]遇害總統的遺孀——賈桂琳・甘迺迪（Jacqueline Kennedy）——站在詹森身旁，在重重創傷迷霧之中見證法官莎拉・休斯（Sarah Hughes）帶著詹森進行就職宣誓，權力遵循秩序，移轉到原副總統身上。[2]如此一來，詹森便繼承了甘迺迪未完成的事業——與硝化甘油同樣具引爆性的危險事業。

五日後，在一九六三年十一月二十七日，詹森首次以美國總統的身分正式對國會全員致詞。身高六呎四吋的他直挺挺地站在眾議院會堂講桌前，以現今廣為人知的一句話開場：「如果犧牲我所擁有的一切，今日就不必站在這裡，那我很樂意這麼做。」[3]這句話也許是誇飾，不過他接著承諾延續甘迺迪的立法計畫，包括測試他決心的一項法案：「比起紀念碑、演說或悼詞，盡早通過他長期努力推行的民權法案，是緬懷甘迺迪總統的最佳方式。」[4]

參議院內，南方州份參議員的大力反對，阻撓了甘迺迪的民權計畫，以國會上議院彬彬有禮的程序壓下了新法案。曾任參議院多數黨領袖、精通政治勸說的詹森實現了甘迺迪沒能完成的計畫，用他慢條斯理的德州腔說服邊界各州舉棋不定的前同僚支持《一九六四年民權法案》（Civil Rights Act of 1964），該法案為詹森任職總統時的最高成就。除此之外，詹森還繼承了甘迺迪的越南小衝突，結果使那點星火燒成一場不得民心的戰爭，越戰將成為他政治生涯的一大敗筆與汙點。歷史學者仔細研究了甘迺迪與詹森在民權法案與越戰紀錄，卻沒有檢視這兩位命運相連的男人共同執行的另一個計畫：對白銀的戰爭。詹森完成了甘迺迪的遺志，將貨幣與貴重金屬在美國僅存的連繫深埋地底，而此事引發一九七〇年代的大通膨時期，險些毀了美國經濟。

✦ ✦ ✦

一九六三年四月二十九日，財政部長狄龍在參議院發言，表示若通過甘迺迪的法案、授權聯邦儲備系統發行一美元紙幣，便能確保「適量白銀滿足我們接下來十到二十年的鑄幣需求」。[5]不到一年後，在一九六四年三月二十三日，超過一千人無視了狄龍的預言，包圍華府歷史悠久的財政部建築，像在黑色星期五到梅西百貨（Macy's）購物的人潮一樣，等著從財政部購買銀元。[6]在日常生活中，少有美國人使用又重又占空間的銀元，但從一九三五年過後鑄幣局便不再發行銀元，聲勢逐漸壯大的錢幣收藏者實在無法抗拒它們的誘惑。馬里蘭州切維蔡斯鎮伍德瓦與羅斯洛普連鎖百貨商店（Woodward and Lothrop）的錢幣與郵票收藏銷售經理富蘭克林・R・布倫斯（Franklyn R. Bruns）表示：「人們只是希望他們能弄到有著稀有日期或鑄幣印記的銀元……舉例來說……一八七九年在內華達州卡森市鑄造的七十五萬六千枚銀元之一，就能賣個好價錢。一個商人說……他願意花四十到七十美元，買一枚未流通的『1879CC』。」[7]就如一個月前來到美國的披頭四樂團（Beatles），錢幣收藏也轟動一時，人人為之瘋狂。

眾議院沒能撥經費鑄造新銀元，導致人們爭先恐後地搶購國庫中剩餘的銀元，不過事情並沒有就此結束。《波士頓環球報》表示，支持生產銀元的聲音還來自美洲大陸分水嶺另一側的高處：「在民主黨領袖麥克・曼斯斐（蒙大拿）的率領下，一批議員在週六走入參議院，守護車輪——遼闊西部偏好的『硬貨幣』：銀元。」[8]參議院多數黨領袖曼斯斐似乎後悔當初支持甘迺迪廢除銀制的計畫，宣稱車輪「不該跟著水牛、美洲鶴、老鷹與金幣絕跡」。他表示，即使是盜賊也偏好「硬貨幣」，不久前還有搶匪從蒙大拿州白硫磺泉鎮一間銀行搶走價值兩萬美元的銀元。

然而，大眾要的不只是銀元。一九六四年三月二十四日，千人群眾湧進財政部搶購越來越稀少的「車輪」一美元銀幣。隔日，美國鑄幣局發行甘迺迪五毛美元時，無意中在本已燒得火熱的錢幣收藏熱潮上澆了油。新發行的五毛硬幣，正面刻有已故甘迺迪總統的側像，對仍在哀悼的大眾而言，新錢幣多了「紀念」的這層收藏意義，銀行被迫限制五毛美元發放給存款人的數量。康乃狄克州哈特福市白櫟樹銀行與信託公司（Charter Oak Bank and Trust Company）訂下每人只能領一枚五毛硬幣的限制，且一天只發放一千枚。在銀行門口排隊的一名男子表示：「它們像野火一樣延燒。」[9]財政部在三月二十四日暫停發放銀元，允許顧客入手甘迺迪五毛硬幣。儘管已經鑄造了價值兩千六百萬美元的甘迺迪幣，且鑄幣計畫沒有停止的意思，財政部又規定每人只能領四十枚甘迺迪幣。[10]美國首府新幣短缺的情形引發了傳聞，人們懷疑銀行櫃員以高於面額的售價賣出甘迺迪幣，相關傳聞迫使里格斯國家銀行（Riggs National Bank）總裁理查・諾里斯（Richard Norris）主張，「是有可能」，但公司「不允許」任何一名員工「從事此種活動」。[11]當然，不會有太多員工事先向總裁徵得同意。

財政部於一九六四年發行逾一億六千萬枚甘迺迪五毛幣，該幣因此無法如一八七九年卡森市銀元那般成為高價收藏品，但人們也許是聽說以財政部的每金衡盎司一・二九三美元價格購買白銀十分划算，依然爭先恐後地搶購甘迺迪幣。[12]根據《芝加哥論壇報》報導：「許多專家認為，白銀聚藏者是造成國內錢幣短缺問題的主因。」[13]銀價必須漲到每金衡盎司一・三八二五美元以上，目前通行的十美分、二十五美分與五毛美幣融鑄成銀條才划算，不過那和當時的銀價只差百分之七了，錢幣收藏者還是能享受他們的新嗜好。[14]除了甘迺迪幣以外，錢幣收藏者還四處尋覓一九四二至一九四五年間鑄造的五美分硬幣，因為那段時期鎳金屬被用於戰車裝甲，白銀取代了五分美幣中的鎳金屬。[15]那些戰時五美分硬幣含〇・〇五金衡盎司白銀，在銀價為每金衡盎司一・二九三美元的當時，面額五美分的錢幣價值超過七美分。[16]錢幣收藏者一個個成了閉門造車的白銀投機商人，而若未來的銀價漲到每金衡盎司一・三八美元以上，那將會是一頓盛宴，相較之下，此時的利率不過是開胃菜罷了。全美國似乎都聽見了

投機商人紛紛收藏銀幣。

商品交易所開市的鐘聲，白銀作為硬資產開啟了新的盛世。

五分、十分與二十五分硬幣消失無蹤，錢幣短缺的局面測試了美國商人的應變能力。錢幣短缺問題重演，在一九六四年上旬重重衝擊各家超市，全國食品連鎖商協會（National Association of Food Chains）副會長克拉倫斯・亞當密（Clarence Adamy）表示：「我們的各家門市花了無數個鐘頭協調交易和到處尋找所需的錢幣，但現在已經是火燒眉毛的局面了。」[17]在中西部與新英格蘭開設三百五十間超市的寶石茶葉公司（Jewel Tea Company）提議發行自己的代幣（script）——不同面額的私用紙鈔。這些紙鈔的大小約與個人支票相同，為方便起見印了不同的顏色：五美分印藍色、十美分印綠色，二十五美分則印橘色。店家不要求顧客接受代幣，但公司承諾會以美元為單位，讓顧客以有色代幣兌換真錢，或兌換商品。辛辛那提市克羅格公司（Kroger Company）——中西部一家有一千四百間店面的連鎖店——的財務長也證實，該公司將為顧客推行類似的計畫。面對錢幣危機，各家企業採取了機智的回應方式，美國財政部為此感到不悅。

財政部的規定禁止私人團體或個人發行任何「紙幣、支票、備忘錄、代幣或任何總價少於一美元、意圖作為貨幣流通的證券」。[18] 在寶石茶葉公司提議發行代幣的一週前，財政部扣押了撲克牌籌碼大小、由威斯康辛州門羅市第一國民銀行（First National Bank of Monroe, Wisconsin）發行，並且在當地商人之間流通的木製「五分美幣」。銀行總裁愛德華・R・亞當斯（Edward R. Adams）表示「鑄幣局不大高興」，不過他無視鑄幣局的告誡，因為驅使他發行五分代幣的錢幣短缺問題，已經逼得他準備退休了。[19] 供應鏈被切斷後，錢幣收藏者以每枚十一美元的價格收集木幣，而兩萬枚木幣大部分都被財政部沒收了。[20] 接著，雖然寶石茶葉公司的代幣並不是作為流通用，美國財政部仍然否決了該公司的提案。[21] 山姆叔叔可不喜歡身邊出現競爭對手。

詹森總統先前忙著推行民權法案，但還是在一九六四年五月回應了越來越嚴重的錢幣短缺問題，他的解決方法是撥經費給丹佛與費城鑄幣所，讓它們像在戰時一樣一週七天、一天二十四小時生產錢幣。[22] 由於國會為民權法案陷入僵局，無法將必要的經費撥給鑄幣所，詹森不得不耍些伎倆，才能支付鑄幣所員工的薪資。[23] 總統還給了參議院多數黨領袖曼斯斐與其他西部參議員好處，在一九六四年八月三日簽署了新法案，在丹佛鑄幣所鑄造四千五百萬枚銀元。[24]詹森經常顯露自己的西部背景，和其他德州牧場工作者一樣頭戴幼鹿色牛仔帽，他之所以幫助丹佛鑄幣所，是因為鄰近丹佛的內華達州賭場能大口吞食餵入吃角子老虎機的車輪銀元。為迫使銀元流通，避免錢幣落入特別重視未流通錢幣的收藏家手中，鑄幣所提議每個月將數千枚新銀元發至洛磯山脈各州的銀行。詹森也簽署了新法案，授權財政部固定在所有新鑄錢幣上留下一九六四的年份字樣，以免未來錢幣短缺將使錢幣在收藏者眼中的價值提升。[25]

但這是一場不可能獲勝的戰鬥。

自稱錢幣收藏者的白銀投機商人知道財政部從之前便在販售它所持有的大量銀條，使銀價維持在一・二九三美元，但在財政部的供給結束後，多餘的市場需求將突破政府制定的銀價上限。財政部庫存的白銀在一九六四年減少三億六千六百萬金衡盎司，幾乎減少百分之二十五——對比一九六〇至一九六三年間，每年減少的庫存量平均為這個數字的三分之一。[26]一九六四年白銀存量銳減，有一大部分——兩億零三百萬金衡盎司——用於提升十分、二十五分與五毛美幣的產量與發行，年度錢幣產量幾乎提升到一九六〇年之後平均數值的三倍。[27]一九六四年十二月二十八日，《華爾街日報》報導道，財政部將延緩鑄造詹森五個月前授權生產的銀元，「以便將財政部所有的器械用於製造二十五分幣、十分幣與其他無可替代的小錢幣。」[28]然而，這和用水槍對抗森林大火同樣無濟於事。

財政部持有的十二億金衡盎司銀條，在一九六四年十二月顯得綽綽有餘，不過其中九億五千萬金衡盎司綁定了當時仍在市面上流通的逾十二億美元銀元券。[29]那年，財政部停用了價值六億四千五百萬美元的銀元券，大多數都照計畫以聯邦儲備券取而代之了，但投機商人與恩格哈德礦物與化合物公司等工業公司已然使用銀元券，向財政部換得了超過一億四千萬金衡盎司的白銀。[30]在一九五〇年代，全球市場消費的白銀量每年超出新採白銀產量不到七千五百萬金衡盎司，而從一九六〇年開始，全世界對白銀的需求便每年超出新採白銀量兩億金衡盎司，且儘管價格持續上漲，市場需求依然逐年上升。[31]人們預期銀價將持續上漲，以致科羅拉多州亞斯本市滑雪坡附近老舊的走私者礦場（Smuggler Mine）等長期無動靜的礦場重新開張，新聞媒體將此現象描述為：「礦場復活，洛磯山脈又迎來白銀時代。」但即使如此，銀產量仍無法與市場需求達到平衡。[32]

《紐約時報》刊出一張環繞科羅拉多州烏雷市的鋸齒狀山巒照，圖中，五百名男子乘著喀啦喀啦作響的軌道車，繞過白雪覆蓋的松木林，進入屬聯邦資源公司（Federal Resources Company）的鳥營礦場（Camp Bird Mine）。[33]在鳥營礦場工作多年的工程師班頓・拜利（Benton Bailey）回憶過去，描述兩百匹馱馬從礦場運出礦石的年代，並表示「礦業的春天又來了」，因為許多礦場「在應用現代科技之前就倒閉了」。[34]然而，即使產業機械化，礦業仍舊戰勝不了鐵石心腸的投機商人與他們冰冷無情的計算，投機商人明白，銀價上漲沒能顯著提升白銀產量，是因為大部分白銀產出都是開採賤金屬時的副產物。鉛價與鋅價從每英磅〇・〇八美元漲到〇・一五美元，白銀產量隨那些金屬提升，礦業業者不過是順便受惠於高漲的銀價罷了。[35]一名財政部職員證實道：「純銀生產的變化……似乎與銀價沒有任何簡單的相關性。」[36]

一九六五年一月一日，美國首都居民打開報紙，看見「白銀短缺瀕臨危機」的頭條。[37]《華盛頓郵報》在報導中描述白銀短缺的問題：「工業對白銀的需求使美國財政部進退兩難。它數以十億計地鑄造銀幣，為了解決錢幣短缺的問題而使用越來越多白銀庫存。」該篇報導警告道，當銀價到達一・二九三美元時，「消費者會直接開始向財政部討錢」，但「假若庫存用盡，上限將不復存在」。《華盛頓郵報》接著隱諱地提出新年新希望：「國會……應會早在財政部庫存消失前採取行動。」話雖如此，發號施令的人必須是總統。

◆◆◆

一九六五年六月三日，詹森在對國會發表幣制演說之時，以對諸位立法者重申美國偉大的貨幣史起頭，「其實，我們的錢幣和最初由《一七九二年鑄幣法案》制定的錢幣相差不遠」，而「我國悠久的白銀幣制，是代表政治與經濟系統穩定性的諸多標誌之一」。[38]他接著轉而論及較可悲的事實：「現在白銀太過稀少，無法再作大規模鑄幣之用……我們預計今年使用超過三億金衡盎司——超過一萬噸——白銀鑄幣，數字已遠超過今年世界所有自由國家的新採白銀量總和。」他表示，「為了維持適當的錢幣供應，避免使用投幣電話、在收費區停車、給孩子午餐錢時的混亂」，他們必須改革。

關於收費停車與午餐錢的法案在國會廣受支持，總統的政策使得《一九六五年鑄幣法案》（Coinage Act of 1965）顯得像供菜充足的自助餐廳。該法案提議發行外貌與舊幣無差別，實際上卻是以銅鎳合金鑄造、不含白銀的新十美分與二十五美分硬幣，東北部的工業白銀使用者見狀十分欣喜，他們希望政府對白銀的需求能壓到最低。考慮到民眾的心情，新發行的甘迺迪五毛美幣仍舊以銅與銀鑄造，但其中的白銀含量從原本的百分之九十降到了百分之四十。總統也滿足了西部人的意願，沒有更改車輪銀元百分之九十的白銀比例，不過他沒有修改國會一年前授權財政部無限期延緩鑄造銀元的指令。[39] 此外，他請求授權，希望能以每金衡盎司一・二五美元的價格購買國產銀條，藉此在當時的一・二九三美元銀價之下打造一層安全網，在安慰洛磯山脈銀礦業者的同時，防止白銀集團參議員群起暴動。為實行新幣制，詹森請國會賦予他「控制錢幣鎔鑄與出口的備用權限」，但他將操作白銀市場的羞人細節交給了新任財政部長——亨利・福勒（Henry Fowler）——處理。[40]

兩個月前，狄龍任職財政部長四年之後辭職，總統指名戴眼鏡、滿頭白髮的福勒接班。福勒當時五十六歲，是個溫文儒雅的維吉尼亞人，由於打扮時髦而在耶魯法學院被同學暱稱為「紳士喬」，從此人人稱他為「喬」。他曾在狄龍手下擔任財政部副部長，被形容為「政治與經濟上的中間派」，溫文的南方舉止使得國會諸位議員較能接受他的發言。[41]

為提倡詹森的鑄幣法案，福勒來到德州眾議員派特曼主導的眾議院銀行事務與貨幣委員會面前，他預期各位眾議員會質疑從十美分與二十五美分硬幣移除白銀、在五毛美幣中保留白銀的矛盾之處，因此表示：「在貨幣中保留部分白銀，一個理由是為了延續美國一百七十三年來的白銀幣制傳統……（不過），若發生預料之外的難處，我們能暫時停止使用五毛硬幣，以兩枚二十五分硬幣取而代之。」[42]同樣的邏輯也適用於能被兩枚五分美幣替代的十分美幣，但福勒沒有提及此事，而是將焦點放在如何確保較舊的百分之九十銀幣保持流通，與貶值的新貨幣同時通用。投機商人也許沒聽過托馬斯・葛萊興爵士的名號，不過他們明白，若銀價漲至每金衡盎司一・三八二五以上，那些舊十美分與二十五美分硬幣的價值將會提升。《紐約時報》引用了外匯市場觀察家法蘭茲・匹克（Franz Pick）博士的言論：「目前流通的十美分與二十五美分錢幣會完全消失，甚至連五毛美幣也可能會消失。」[43]

喬・福勒復甦了民主黨操縱銀價的嗜好，但這回，他們的目標不是哄抬價錢，而是將銀價壓低：「若欲持續使用含百分之九十白銀的錢幣，就必須設法保護銀含量高的錢幣，不讓它們遭私藏或破壞……財政部必須以當今鑄幣價為市場供應白銀，維護我國銀幣的貨幣價值。」[44]他為委員會主席派特曼補充說明，「財政部從一九六三年便採取此措施，以銀條兌換銀元券」，不過新法規第六段更進一步授權財政部以確保銀價維持在一・二九三美元以下為目的，「售出超過兌換銀元券所需的白銀量」。

來自內華達州、身強體壯的共和黨參議員多米尼克警告道，詹森政府壓低銀價的計畫不可能成功，「供需法則會使銀價實質上漲」，且現況類似「出氣閥受阻又過熱的壓力鍋」。[45]不過，出身民主黨的委員會主席派特曼，也許不瞭解不鏽鋼壓力鍋發出尖響的警告機制，因此無視了爆炸的可能性。他和詹森是舊識了，過去在德州州議會工作時，總統的父親——山繆・詹森（Sam Johnson）——還曾和他共用一張辦公桌。派特曼視詹森為「最忠誠的朋友之一」，他接受了詹森政府的計畫，為推動新法案而領著財政部長福勒唱雙簧。[46][47]

派特曼：部長先生……這項法案完全不會使我國貨幣貶值，因為白銀的金錢價值不過是由民選民意代表所賦予。

福勒：沒錯。

派特曼：所以，無論這些錢幣內含的金屬的商品價值有多高，上頭都會蓋上美國的紋章，每一枚錢幣都是法償貨幣，能用以償還所有公共與私人債務。

福勒：是的。

派特曼：我認識一個傢伙，他欠了一大筆贍養費——大約一千五百美元——結果他全部都用一分硬幣付給前妻。

福勒無視派特曼的德州式幽默，只簡單地對委員會主席保證，《一九六五年鑄幣法案》會使次要硬幣成為法償貨幣，終結將近一個世紀以來一直處於法律灰色地帶的零錢問題。[48]此外，他也明白派特曼對法定通貨之益處的反應。三個月前派特曼的眾議院銀行事務與貨幣委員會與相應的參議院委員會提倡通過一項行政法案，廢除聯邦儲備系統須以百分之二十五的黃金支撐美國貨幣的規定，希望能從外部限制中解放中央銀行借貸的能力。[49]當時，警戒不安的多米尼克參議員便警告：「這明顯是邁向完全管控貨幣體系的第一步……今後，美元的價值將受財政管理者的決策左右。」[50]多米尼克承認道，「也許有不該完全回歸金本位制的好理由」，但仍提倡以「充足的黃金庫存賦予逐漸擴大的貨幣穩定性與韌性，並提供一系列的警示燈，以免發生通貨膨脹的情形」。為支持自己的論點，多米尼克以國會對全國債務上限的控制為例說：「歷史上，國會一再對當局妥協、一再調高債務上限，但在近年來，它變得越來越固執了。此情勢的本質迫使政府為使它的經濟政策正當化，接受特定的財務限制與規定。」

與福勒同樣畢業自耶魯法學院的多米尼克，說得十分有道理。詹森政府說服國會通過了《一九六五年鑄幣法案》，以及廢除聯邦儲備系統以黃金支撐貨幣的規定，移除了貨幣領域的減速丘。[51]如此一來，中央銀行能在不踩煞車說明情勢的情況下，輕輕鬆鬆地制定貨幣政策。極具影響力的貨幣經濟學家——哈佛大學的羅伯特・巴羅（Robert Barro）——在一篇回顧一九七〇年代大通膨時期的文章中寫道：「在一九六四年後美國鑄造的大部分錢幣都不再含有白銀……此為詹森總統最顯著的政策舉措之一。」[52]寫下如此誇張的論述後，巴羅補充自己「不過是半開玩笑」而已，並解釋道，廢止白銀幣制是「延續所有不受限制的君主使貨幣貶值以確保收益的悠久傳統」。

貨幣貶值會導向通貨膨脹，不過後果可能會因經濟局勢與長久以來穩定的價格而延後。

一九六五年年中，《華爾街日報》一篇報導警告：「通貨膨脹的伎倆之一是，它不見得會在政府點燃導火線當下或當年引爆薪資與物價的惡性循環。」[53]詹森總統放寬了貨幣擴張的限制，而作為回應，投機商人將一窩蜂湧入白銀市場——但在當時，少有政客聽見警告的尖鳴。

第十三章

崩潰的精神醫師

一九六五年三月發行的《財星》雜誌（*Fortune*）——以將美國最大的五百間企業排成「財富美國５００強」（Fortune 500）排行榜著名的商業月刊——原本不該出現在亨利・賈瑞奇的辦公桌上。賈瑞奇當年三十二歲，是耶魯醫學院的精神科醫師，曾在《神經病與精神病學報》（*Journal of Nervous and Mental Disorders*）發表論文，還是醫界最先使用妥富腦（Tofranil）等藥物醫治憂鬱症、用穩舒眠（Thorazine）幫助病人克服幻覺的先驅人物。儘管如此，擁有一對粗眉毛、身高六呎的亨利依然對《財星》雜誌上的一篇文章念念不忘，該文標題是令人玩味的「我們悲傷的銀元」（Our Silver Dolors），文中詠嘆白銀的種種悲哀。[1]文章開頭寫道：「就字面意義而言，美國經濟體系的白銀即將用盡，財政部沒太多時間解決問題了。」文章提醒讀者，前任財政部長狄龍「錯估了錢幣短缺的程度」，並指出國會授權鑄幣局發行四千五百萬枚新銀元是多麼愚昧的行為：「從財政部的角度看來，這必然是癲狂之舉。」[2]

亨利知道自己以專業賭博維生的醫師哥哥——理查（Richard）——收集了不少銀元券並向財政部兌換車輪銀元，然後以較高的價格出售給拉斯維加斯的賭場，讓客人投幣使用吃角子老虎機。財政部重新禁止生產銀元後，亨利將文章寄給理查，而兄長回給他的東西——一個裝滿現金的鞋盒——就此改變了他的人生。[3]胸有成竹的亨利效法兄長放棄醫學生涯，在銀價於一九六七年暴漲到超過此前的一・二九三美元、達到歷史新高之際，成為百萬富翁。接著，他會延續美國東西部長久以來的鬥爭，與德州的石油家族——亨特一家——爭奪白銀市場的掌控權。只要是從小觀察亨利・賈瑞奇到大的人，看見他從精神科先驅轉型成為貴重金屬套利商人，都不會感到意外。

◆◆◆

亨利在一九三三年出生於德國斯塞新市，那是位於柏林東北方約一百英里處的繁華海港，後來在第二次世界大戰後成了波蘭領土。[4]他父親——麥克斯・賈瑞奇（Max Jarecki）——在迎娶航運大亨亞瑟・康斯特曼（Arthur Kunstmann）二十一歲的女兒格爾妲・康斯特曼（Gerda Kunstmann）之時已經四十歲了，他在海德堡大學（Heidelberg University）修得醫學學位後成為皮膚科醫師。麥克斯與格爾妲的婚姻並不順利，亨利年僅一歲時，格爾妲便離家三週，和年輕的航運經理去非洲野生動物觀賞之旅了。父母離婚後，亨利與比他大十八個月的理查被格爾妲帶走，和外祖父母居住在位於斯塞新市隼木街的豪宅。當時，納粹黨剛在德國崛起，但由於康斯特曼家族財力雄厚，亞瑟・康斯特曼又曾任德國船東協會（German Shipowners Association）會長，一家人早期並沒有受到納粹黨的殘酷對待。那段快樂的時光停留在亨利的回憶中，只留下一個汙點：曾在休息時間陪亨利與兄長玩耍的司機斯楚索（Streussel）辭職、加入了納粹黨，數日後，亨利與理查在街上偶遇斯楚索，沒想到他們跑上前擁抱他，卻被他罵了一句：「猶太人小鬼，不准靠近我。」[5]

亨利在一九三七年隨家人離開德國、移居倫敦，學了一口流利的英語，在母親再婚後搬到美國。亨利的父親——麥克斯——已經移民美國，居住在紐澤西州的濱海小鎮阿斯伯里帕克，母親則在紐約市皇后區的森林小丘社區定居，亨利青少年時期在這兩處之間奔波。無論是父親或母親都十分寵愛亨利，麥克斯教兩個兒子玩斯卡特（skat），他們經常徹夜玩這種德國牌類遊戲。打牌時，亨利總是強忍著睡意，努力記下自己的輸贏，從中學到了跟著他一輩子的教訓：「認真計分的人就能得勝。」[6]至於母親則希望他成為影星，送他去《解謎神童》（*Quiz Kids*）節目試鏡。

亨利沒能成為影星，倒是十六歲時高中畢業了。他人生中第一次重大的挫折，是因成績太差沒能申請上密西根大學（University of Michigan），但他沒有就此一蹶不振，而是在美國大學理事會（College Board）所舉辦的考試中考了個好成績後重新申請，終於錄取了。亨利十分享受學園生活，尤其是校園中的女人、啤酒與左翼青少年組織「美國青年促進會」（Young Progressives of America）（以上是他心目中的排行順序），然而，一九五〇年爆發的韓戰中止了他無憂無慮的生活。在十八歲男丁被徵召入伍時，亨利連忙申請就讀醫學院，躲過兵役。

在當年，美國各大學醫學院都限制了猶太學生的招收名額，於是亨利去到父親的母校

——海德堡大學——準備花六年攻讀醫學博士學位。一九五〇年，猶太人大屠殺仍是血淋淋的創傷，許多美國猶太人都拒絕購買德國出產的商品，不過亨利並不排斥在德國讀書。他溫馨的童年回憶給了他「歸鄉」的感覺，心懷罪惡感的德國人也讓他過得很愜意，而最重要的理由是，「那是最實際的選擇」。[7] 如此一來，他就能依父親的意思學醫，也能依自己的意思逃避兵役。

到了海德堡，亨利和其他醫學生一同修習生理學、化學與解剖學，卻也跨領域學習套利——在價格低廉處購買某種商品，同時在價格昂貴處售出。他的套利投資不僅使醫學教育更加豐富、幫自己賺到零用錢，還讓他過得比其他醫學生快活許多。他在假期前往瑞士，以內含金屬價購入英國金幣，再於禁止跨國界交易、缺乏英國貨幣的德國售出，賺取百分之十的利潤。亨利以「協調不對稱」形容他直截了當的套利行為，但實際上，他若沒有美國護照，這就是純粹的走私。[8] 而他還有真正稱得上走私、比買賣英國金幣更複雜的雀巢咖啡（Nescafé）交易：在瑞士巴塞爾市售價約五馬克的咖啡，送到海德堡卻能賣八馬克。亨利找出海關檢查流程中的漏洞，逃稅並將一個個皮箱的咖啡從巴塞爾運往海德堡，每買賣一罐便賺得三馬克利潤。

亨利觀察到，海關檢查員在瑞士與德國交界登上列車時，往往會一間間房間進行檢查，要求每一名乘客從架上取下自己的行李、打開讓海關官員檢查，卻從不抬頭看行李架，從不問乘客：「那個黃色手提箱是誰的？」看到這個程序錯誤時，亨利腦中浮現了賺錢的計畫：

他在巴塞爾購買雀巢咖啡，儘量將一罐罐咖啡塞入破舊的行李箱，然後將行李箱帶上駛往海德堡的列車。接著，他會打給他在德國的生意伙伴，告訴對方：「奶奶四點四十到站，在第三節車廂第二客房，麻煩來接她。」[9]

在海德堡做了六年生意後，亨利拿到醫學博士學位，迎娶過去在密西根大學的同學——在德國為美國軍方報紙《星條旗報》（*Stars and Stripes*）工作的葛羅莉亞・富利德蘭（Gloria Friedland）。亨利表示：「在她的影響下，我變得文明許多。」[10] 新婚夫妻回到美國，耶魯大學醫學院請他到精神科當住院醫師，即使父親希望他成為真正的醫師而非精神醫師，他還是欣然答應了。亨利回憶道：「在那個年代，精神科不是非常的科學。」他在西黑文榮民行政醫院（West Haven Veteran's Administration Hospital）工作，在最初診治的病人之一身上學到了這個道理。[11] 一名年輕男子依約進醫院諮商，在亨利面前的椅子上坐下，將頭塞在雙膝之間，開始像認真禱告的神祕教徒一樣前後搖晃。亨利問他：「你怎麼了？」病人抬頭看他，回道：「醫生，這我哪知道？我又不會讀心術。」病人的回應讓亨利錯愕不已，也就此定下了他對精神科的印象。「我們不曉得病人為什麼憂鬱……病人也知道我不知道答案。」

那次遭遇過後不久，類似雀巢咖啡的套利機會令亨利分了心，他發現在德國購買二手梅賽德斯車（Mercedes）只要一萬兩千美元，在美國卻能賣到兩萬兩千美元的好價錢，於是他再次投入進出口生意，只不過這回的生意完全合法（這也正合他意）。[12] 梅賽德斯車套利生意的收益，遠超過他身為住院醫師的薪水，亨利洋洋得意地表示：「我和金錢的關係，主要是賺錢時的滿足感與興奮感，尤其當……它能協調世界上的不對稱之時。」[13]然而，當耶魯大學醫學院的精神科主任弗利茲・雷德利奇（Fritz Redlich）有些不屑地問他：「你真的在賣車賺外快嗎？」[14]他的副業被迫提早結束了。

而亨利作為精神科醫師的日子，也已經不多了。

◆◆◆

從寄出一九六五年三月那份關於白銀短缺的《財星》文章以後，亨利有兩年沒收到哥哥理查的消息，但他並沒有很驚訝。他知道理查在拉斯維加斯大大小小的賭場追尋自己對輪盤的熱愛，甚至因賺太多錢而被禁止入境摩納哥。當初，輪盤多為木製，有些許不平衡，所以理當隨機的轉輪結果往往會出現微小卻又顯著的規律。理查透過仔細觀察與金錢管理，像早期的黑傑克「算牌者」一樣，賺了數百萬美元，卻也被一個個老闆趕出奢華賭場。一名賭場經營者表示：「賈瑞奇醫生是個非常親切的男人，他頭腦清晰、膽量不小，但他贏得太多了。」[15]亨利則認為：「賭場老闆不想輸錢的話，就應該轉行賣菜。」

一九六七年早春，理查來到了許多耶魯大學職員居住的康乃狄克州伍德布里奇鎮，帶著裝滿銀元券的鞋盒來到亨利的家。那些是在財政部決定以銀條而非銀元兌換銀元券之後，理查剩下的現金收藏。[16]當時拉斯維加斯賭場是以車輪銀元而非銀條付錢，而理查準備出國並想將銀元券兌換成較不占空間的交易媒介，又想到弟弟前陣子寄的文章，覺得亨利也許會有興趣投資。亨利回憶：「我都不知道他有注意到那篇文章。」但既然他注意到了，「我就收下了鞋盒」。[17]

此時亨利仍在耶魯大學教授精神學，同時經營社區診所，但他一直密切關注報紙的財經版面。他知道從一九六五年年中開始，美國財政部開始以每金衡盎司一・二九三美元的價格廣泛售出白銀，以免人們私藏老式銀幣，那之後銀價便固定在每金衡盎司一・二九三美元。儘管銀價圖表與沙漠天際線同樣扁平、同樣無趣，亨利卻懷疑局勢將會改變，若價格上漲，他的鞋盒將成為一筆意外之財。理查告訴他，鞋盒裡裝了價值一千兩百九十三美元的財政部銀元券，足以向政府換得一條一千金衡盎司的銀條。重視細節的亨利想確認兌換流程，於是他像是準備執行百萬美元搶奪計畫似地演練了一遍，將現金帶至曼哈頓下城自由街的紐約聯邦儲備銀行，換得銀元券兌換收據之後，將收據帶到離銀行數個街區的紐約檢驗所，扛著一塊百分之九十九・九、重七十英磅的純銀，回到他在伍德布里奇鎮里蒙街的家。[18] 確認方法可行後，亨利將那條暗灰色長磚放在門廊，偶爾用來擋門，甚至有在附近慢跑的人質疑他缺乏常識……聽亨利說他是精神科醫師後，慢跑者笑了。

一九六七年五月十八日，財政部修改白銀政策，亨利的準備換來了巨大的收穫。五月初，詹森總統提了貨幣制度聯合委員會（Joint Commission on the Coinage）的人選，委員會挑選合適的時機，建議財政部停止維護一・二九三美元銀價，人們對政府銀條的需求因此疾速提升。[19] 從年初到四月底，財政部每月收到平均一千三百萬金衡盎司的白銀兌換要求，而五月前兩週，財政部收到逾三千萬金衡盎司白銀的兌換要求。[20] 為減緩白銀外流，財政部宣布從今以後只賣白銀給「商業活動中使用白銀的合法國內企業」，同時禁止出口或鎔鑄銀幣。[21]

新制度導致銀條再次出現雙重價格：財政部對美國冶煉與精煉公司等企業的一・二九三美元售價，以及由投機商人、私藏者與外銷者競爭產生的自由市場價。消息發布的一天內，投資者將銀條的自由市場價喊到每金衡盎司一・四九美元，直接衝破一九一九年十一月二十五日《彼特曼法案》發布後的一・三八二五美元紀錄。[22] 歷經風霜的顏白色金屬終於贏來第二春，白銀支持者轉運了，而且未來還有更明亮的前程等著他們。威廉・詹寧斯・布萊恩若見到此情此景，想必會感到萬分欣慰。

新政令亨利・賈瑞奇心花怒放，他知道無論是雀巢咖啡或銀條，只要同一種商品出現兩種價格，套利商人就有騰挪空間。本土工業公司能以較低廉的一・二九三美元定價，向財政部購入白銀，銀元券持有者也能以此低價兌換白銀。此外，商品交易所在停止營運三十年後，在甘迺迪總統的政策下終能於一九六三年重新開張，亨利知道商品交易所出資支持白銀期貨交易。舉例而言，一個人若購買一九六七年七月的期貨合約，便是同意於七月收取銀貨，賣家則同意於七月交貨，雙方於今日決定交易價格。在五月十八日財政部宣布事項過後，商品交易所的投機商人紛紛哄抬白銀期貨價格，到了隔週——五月十四日星期三——七月交貨的白銀期貨價格，已上漲至每金衡盎司一・五四四美元。[23] 一想到能以一・五四四美元售出七月的期貨合約，用銀元券以一・二九三美元價格向財政部兌換銀條，約一個月後再將白銀送至商品交易所倉庫，亨利便喜不自勝。當晚用完晚餐後，亨利在廚房餐桌前坐下，開始用機械計算機計算，一直到第二天早上，他太太葛羅莉亞開口打斷他：「你在做什麼？」亨利粲然一笑，對妻子炫耀道：「我剛賺了一百萬美元。」葛羅莉亞聳了聳肩，表示：「你做給我看啊。」[24]

在一九六七年，一百萬美元可是一大筆財富。當年，榮登棒球名人堂（Baseball Hall of Fame）的威利・梅斯（Willie Mays）賺進十二萬五千美元，是那時職棒聯盟收入最高的球員，而棒球選手的平均年收入則是一萬九千美元。[25] 亨利明白，若要賺入一百萬美元，他必須以價值六百四十六萬五千美元的銀元券，向財政部換取五百萬金衡盎司的白銀，然後以一・五四四美元的價格將那五百萬金衡盎司白銀送至商品交易所，售價比財政部定價高出○・二五美元。扣除約每金衡盎司○・○五美元的貨運支出，他還能賺到每金衡盎司○・二○美元的淨利，在交易五百萬金衡盎司的白銀之後，他就能賺得一百萬美元。[26] 一九六七年五月底，美國仍存在價值超過五億美元、尚未向財政部兌換銀條的銀元券，亨利只須入手一些銀元券，便能開始套利買賣。[27] 然而，將銀元券弄到手並不容易，無論是難度或成本都遠高於他的初步估算——說來奇怪，亨利對葛羅莉亞誇耀自己能賺取一百萬美元，卻因此成了保守估計。為什麼呢？因為競爭對手因此卻步了。

亨利在紐哈芬市當地的銀行幾乎找不到銀元券，於是便在《紐約時報》刊登一則小廣告：「收購銀元券……請電洽班森先生（Mr. Benson）」，為了不讓耶魯大學同僚注意到他的套利買賣活動，他在廣告中寫的是紐約一位友人的電話號碼。[28] 報紙廣告引起了熱烈的迴響，也許是因為他願意以高於面額的價格收購銀元券，亨利得以在一日內購入大量銀元券，高於他在紐哈芬準備了一個月的量。更重要的是，那則廣告讓亨利認識了終端交易公司（Terminal Trading Company）的老闆——奈特・薛恩（Nat Shane）與索爾・阿梅金（Sol Amelkin）——兩人在廣告刊登的第一天來電，賣出一百五十六張財政部銀元券，是亨利額度最高的單筆交易。[29] 亨利到曼哈頓十四街造訪他們的公司總部，那是間支票兌現的店面，長方形空間被防彈玻璃隔成兩區，區隔了員工與友善的顧客。亨利得知該公司於紐約市經營十間店面，十分適合做銀元券交貨地點使用時，遂邀薛恩與阿梅金加入他的套利事業，兩位公司老闆卻以為亨利想詐騙他們，只禮貌地表示「那太複雜了」。由此可見，亨利的直覺一點也沒錯，套利生意的賺頭就藏在細節與執行方法之中。

亨利成立聯邦錢幣與貨幣公司（Federal Coin & Currency, Inc.），在曼哈頓租一間單房辦公室，請了一位名為蘇珊・希薇曼（Susan Silverman）的助理，接著向終端交易公司與全國各地的錢幣商人購買銀元券。每當他湊齊一萬兩千九百三十張銀元券——足以向財政部兌換一萬金衡盎司的百分之九十九・九純銀的量——他便會售出一張商品交易所期貨合約，將那一萬金衡盎司白銀送至交易所，並且鎖死他將賺入的價差。他的套利活動很快便引起新聞媒體的注意，消息傳出後，亨利購買銀元券的價格被迫提升，他賺到的價差因此減少。《華盛頓郵報》一篇標題為〈紐約投機商人出價一・一二元，收購一元銀元券〉的新聞報導寫道：「一張一美元銀元券……能兌換一百分之七十七金衡盎司的銀粒。」[30]亨利並不喜歡投機商人的稱呼，在他心目中，自己比起持槍的歹徒更像是商人，但至少新聞報導為他的收購網路吸引了創業者與商人。經常從美國飛往以美元為法定貨幣的賴比瑞亞的泛美航空（Pan American Airlines）機師保羅・吉布森（Paul Gibson），就此成了價值極高的銀元券來源，將一袋袋原本「埋在部落酋長泥屋下」的銀元券送至亨利的辦公室。[31]亨利回憶道，保羅「從三百英尺遠的電梯走出來那一瞬間」，他就聞得到這位生意伙伴身上的味道。

隨著春季轉變為夏季，政府採取措施，試圖使過熱的白銀市場降溫，亨利因而被迫加快套利交易的步調。一九六七年六月二十四日，詹森總統簽署法案，將以銀元券向財政部兌換銀條的時間限縮到一年。[32]到了一九六八年六月二十四日，套利遊戲將走至終點，屆時銀元券持有者向財政部換得的將不再是銀條，而會是聯邦儲備券。然而，一九六七年七月十四日晚間，財政部宣布不再以一・二九三美元價格向本土公司販售白銀，因為「即使一些銀幣被非法熔鑄」，新銅鎳錢幣也足以應付錢幣短缺的危機，這份宣告抬高了套利交易的賺頭。[33]《紐約時報》在報導中引用財政部高官的發言，該位官員解釋道，財政部販售白銀的制度終有結束的一日，而「那天已經到來了」。[34]

財政部宣布停止販售白銀，終結一九六七年五月十八日開始的雙價市場，間接提高了銀元券的價值時，銀價漲了將近百分之六，來到每金衡盎司一・八〇美元。[35]銀價為每金衡盎司一・八〇美元時，每張銀元券的價值約為銀價的〇・七七倍，也就是一・三九美元。《華爾街日報》高聲鼓吹道：「『淘金熱』又開始了，只不過今年的焦點是白銀。新來的人不必帶十字鎬、鏟子或克朗代克地區的地圖，只須持有大量的紙幣（確切而言，是銀元券）。」[36]大眾迫使每張銀元券的價格反映銀條價格，亨利不得不以商品交易所白銀現貨合約價的〇・七二倍價格購買銀元券，也就是在白銀現貨價為一・八〇美元之時，花一・三〇美元購買面額一美元的銀元券。如此一來，他的毛利率是每金衡盎司一・三九美元扣除一・三〇美元，也就是每金衡盎司〇・〇九美元，再扣除每金衡盎司〇・〇五美元的貨運費用。在購入銀元券的成本為一・三〇美元的前提下，他每金衡盎司的淨利為〇・〇四美元，利率約百分之三。利率聽起來不高，因此亨利必須設法透過負債經營的手段賺入一百萬美元，讓葛羅莉亞對他刮目相看。

負債經營是借錢購買資產的意思，亨利有機會以這種方式將寥寥數分美元轉變成數百萬美元。他投資一美元只賺到〇・〇三美元，這聽起來很少，不過他只要借貸一千萬美元並在一個月內完成套利交易，便能賺到三十萬美元這個不小的數目。若扣除借貸一千萬美元每年百分之五的利息，也就是每月四萬一千六百六十六元，他每月的淨利為二十五萬八千三百三十四美元。亨利只要每個月重複上述流程，便能在一年內賺超過三百萬美元，印證套利商人的口頭禪：「儘量頻繁買賣，儘量快速買賣。」這句話並不適用於所有商業活動，但套利商人便是以此成為百萬富豪。

亨利的大方向沒有錯，只不過把規模想得太理想了：銀行員工若將一千萬美元貸款給過分自信、懷有煉金夢的耶魯精神科醫師，恐怕會被公司開除。他將銀元券轉變為聚寶盆的計畫，只幫助他向紐約市銀行人信託公司（Bankers Trust Company in New York City）借到二十萬美元，而之所以能借到這筆錢，完全是因為曾找亨利做過婚姻諮商的成功企業家——約翰・懷斯曼（John Weisman）——替他的計畫背書。[37] 小規模套利沒能使亨利達成百萬美元的目標，而且問題並沒有就此消失。一九六七年十月十二日，政府險些毀了亨利的生意：美國財政部宣布，它將不再以符合商品交易所規定的百分之九十九・九純銀條兌換銀元券。[38] 財政部表示，它仍會履行兌換銀條的義務，不過之後會從西點軍校銀庫取用純度介於百分之九十九・六與百分之九十九・八之間的白銀，而不是從舊金山檢驗所取用純度百分之九十九・九的銀條。[39] 一開始，亨利以為自己精煉銀條、從中分離出銅金屬，再將純化過的銀條送至商品交易所即可，沒想到美國各間精煉工廠都在罷工，短期內也不會復工。亨利的套利計畫出現了漏洞。

亨利並沒有因此放棄，而是和過去被密西根大學拒絕時一樣堅決努力，一舉解決了精煉與金錢問題。亨利還記得自己讀過貨幣顧問法蘭茲・匹克（Franz Pick）的著作——《白銀：如何與何處購買及持有》（*Silver: How and Where to Buy and Hold It*）——匹克多年前曾預言舊銀幣的消失，又在書中提倡投資貴重金屬，以防通貨膨脹、美元貶值。匹克提醒美國的白銀投機商人，羅斯福總統於一九三四年將白銀收歸國有後，眾人將面臨三十年的空窗期；他也警告投資者，美國「向來懲罰有遠見的貴重金屬商人」。[40] 為避免政治風險，他建議避開商品交易所的期貨市場，轉而進軍倫敦遠期市場；遠期與期貨市場交易白銀的機制類似，對亨利而言，促使他轉戰倫敦市場的關鍵因素是，倫敦並沒有精煉工廠罷工的問題。

亨利再次翻開匹克的書，在書中找到一份莫卡塔與高德斯密公司（Mocatta & Goldsmid）的遠期合約樣本，該公司為倫敦一間有三百年歷史的金屬貿易商，曾為英格蘭銀行（Bank of England）的代理商，現在則是倫敦歐向市場的大宗玩家——漢布羅斯銀行（Hambros Bank）——的子公司。[41] 他盯著書頁頂部的電話號碼，心裡明白，若對方接受他的套利計畫，資金將不再是問題。向來大方直接的亨利撥了通電話給莫卡塔公司，提出和公司內部人員談論白銀市場議題的請求，被轉接給了總經理基斯・史密斯（Keith Smith）：[42]

賈瑞奇：我是亨利・賈瑞奇，是在康乃狄克州紐哈芬市執業的精神科醫師，我想和你們談談白銀市場的事。

史密斯：請說。

賈瑞奇：事情是這樣的，我想購買銀元券，在倫敦遠期市場做避險投資，然後把白銀運到倫敦……

史密斯：（聽了約四十五秒後）賈瑞奇醫師，你的想法非常有趣，我們會全力支持你。

（亨利雖然花了大半輩子練習施展魅力、說服他人，卻也為對方迅速下定決心而震驚不已。他也知道自己的計畫會需要對方投入數百萬美元，因此必須加入一絲人情。）

賈瑞奇：能和你約個時間見面嗎？

史密斯：那當然，我很樂意和你見面，歡迎來訪。

✦✦✦

莫卡塔公司與亨利・賈瑞奇這場協議的妙處在於，雙方都為了達到更好的投資結果而貢獻了各自的專業。亨利透過自己在紐約的人際網收集銀元券，將銀元券轉入曼哈頓一處屬於莫卡塔公司的金庫，公司再到倫敦遠期市場售出潛在的銀條。整項計畫由莫卡塔公司出資，該公司還能以極低的利率借貸，於是亨利開始強勢地收購數量漸稀的財政部銀元券。他不僅向終端交易公司等零售商購買銀元券，就連其他套利商人也認為自己無法賣到更好的價錢，紛紛將自己手上的銀元券賣給亨利。如此一來，潛在競爭對手成了供應商，數以百計的銀元券包裹大量送至亨利的辦公室，他甚至決定不再一張張清點，還是直接將包裹拿去秤重比較省事。亨利的員工使用經過微調的藥劑師量秤，一邊秤盤上放著預先算好的一捆百元銀元券，另一盤則是供應商送來的一捆鈔票。他們十分細心，較新的紙鈔對應較新的對照組，較老舊、髒汙的紙鈔就用同樣狀態的對照組秤量，這是因為較舊的紙鈔累積了多年的塵垢與髒汙，比新鈔重一些。

財政部於一九六七年十月十二日決定以純度低於百分之九十九・九的銀條兌換銀元券，無意中撮合了莫卡塔公司與賈瑞奇，隨著雙方的合作關係順利進展，銀價也迅速上漲。十月十二日財政部發布聲明當日，銀價為每金衡盎司一・七四美元，到了一九六七年十二月二十九日——當年最後的交易日——銀價暴漲至每金衡盎司二・一〇美元。百分之二十的價格漲幅被報章媒體大肆吹捧，媒體表示，此次事件為將近百年前因《一八七三年鑄幣法案》信用破產的白銀出了口惡氣。[43]《紐約時報》在報導白銀復甦事件時，傲然下了標題「現今銀價已來到布萊恩的十六比一」，並為計算能力較差的讀者補充：「將近一個世紀以來，白銀的自由市場價……首次到達金價——每金衡盎司三十五美元——的十六分之一。」[44]報紙還刊登布萊恩在一八九六年民主黨全國代表大會上，「在〈黃金十字架〉演說結束後，被傲然扛起」的照片，回憶這位曾提倡恢復白銀幣制的政治人物。《紐約時報》還寫道：「那位偉大的平民（Great Commoner）想必在九泉之下露出了微笑。」

然而，布萊恩於九泉之下的勝利，甜美中帶有一絲苦澀。他當初提倡以每金衡盎司一・二九美元的價格鑄造銀幣，然而此時銀價漲至歷史新高——超過每金衡盎司二美元——卻是因為銀幣停止流通了。美國人民之所以能投資白銀，預防通貨膨脹與貨幣貶值，正是因為財政部不再將銀價固定在漢彌爾頓當初制定的一・二九三美元鑄幣價。《華盛頓郵報》頭條「價格上漲開始令專家憂心」，證實了人們對於通貨膨脹的擔憂。[45]該報指出，「在越戰的刺激下，物價在一九六五至一九六六年之間漲了百分之三……今年的漲幅也可能直追去年」。

以日後的標準看來，百分之三的通貨膨脹聽起來並不嚴重，但《華盛頓郵報》指出，「一九五八到一九六五年年中這段時期，平均年度漲幅只有百分之一・三」。詹森總統的經濟顧問委員會（Council of Economic Advisers）於一九六七年發表回顧報告，坦承道：「最令人不安的經濟新聞是，從一九六五年開始的通貨膨脹仍未消停。」[46] 一九六七年，羅斯福禁止人民擁有黃金的禁令仍具效力，白銀因此成了美國人避險用的硬資產，人們紛紛投資白銀，以免美元的價值持續下跌。《紐約時報》將白銀「一連串破紀錄的價格」歸因於「陷入通膨恐慌」的投機商人。[47]

在觀察白銀市場的年度報告中，翰蒂與哈曼公司補充道：「即使物理供給十分充足，工業用途的白銀毫不匱乏，銀價仍漲到了破紀錄的高點。」該篇報告估計，投機商人聚斂了「兩億金衡盎司……作為美元貶值的避險投資」。[48] [49] 美國通貨膨脹的情形阻礙了美國貨幣在外匯市場上的進路，美元可能會和一九六七年十一月十八日貶值的英鎊走上相同的道路。[50]《芝加哥論壇報》在標題為「你的美元有多穩？」的報導中引述了歐洲銀行家的話，他們表示自己「不再相信美國政府公布的預算估計值」，而巨額負債迫使聯邦儲備系統擴大信貸、促使通貨膨脹，貶低美元在國內外的價值。[51]

過熱的銀價宛如多米尼克參議員所謂的壓力鍋，成為尖銳的警鳴聲：美國政府為舒緩負債問題，威脅了美國的金融業。該情形於一九六八年三月升溫，隨著黃金庫存減少，美國被迫拋棄原本每金衡盎司三十五美元的金價，允許投機商人自由交易黃金，只在政府與外國中央銀行進行交易時使用政府定價。[52]新政策產生了兩個黃金市場，情形雷同一九六七年五月的雙重白銀市場，不過美國人民仍無法購置黃金，因此仍選擇買白銀避險。黃金市場的波動將銀價抬得更高，到了財政部兌換銀元券的截止日期——一九六八年六月二十日——銀價高達每金衡盎司二・四七美元。與此同時，倫敦金條市場上的金價漲至每金衡盎司四十一・〇五美元，當亨利・賈瑞奇與莫卡塔公司的套利計畫結束時，金銀價格仍是布萊恩推崇的十六比一。[53]

莫卡塔與高德斯密公司在合夥生意中投入超過一億美元，亨利最後分得的紅利，遠高於他當初對葛羅莉亞吹噓的一百萬美元，但他也荒廢了自己的醫學事業。除了在耶魯大學教書之外，亨利還是為紐哈芬居民服務的精神科合作免約診所（Psychiatric Associates）所長，那是他和朋友與合夥人——才華洋溢的精神治療師金恩・伊萊索夫（Gene Eliasoph）——合開的診所。有一回，亨利本該帶五間社福機構的代表討論一名十五歲少女的醫療問題，因為那名少女所有的家人與親屬都遇上了難關。[54]亨利姍姍來遲，對眾人道歉：「真的很抱歉，你們之中有些人知道，我有些業餘活動。」金恩相當不悅，在眾目睽睽下譴責合作伙伴道：「是啊，亨利，我們都知道你有業餘活動，行醫就是其中之一。」

是時候彌補過錯了。亨利飛到倫敦，感謝基斯・史密斯相信一個人格分裂的精神科醫師，雙方就此分道揚鑣。

但是，他們將在不久後的將來重逢。

|第十四章|

戰線

一九六八年十二月三日星期二晚間，美國特勤局（U.S. Secret Service）逮捕了兩名男子，兩人在布魯克林鬧區狄卡卜大道六十三號地下室經營錢幣鎔鑄廠，違法將一九六五年前鑄造的十美分與二十五美分硬幣鎔鑄成金屬條。[1] 內森尼奧・羅賓森（Nathaniel Robinson）與亞瑟・歐利里（Arthur O'Leary）使用瓦斯爐，在坩堝中融化錢幣，再將水銀般的鎔銀分鑄成銀粒，調查員在存放模具的鋼製水槽底部找到部分融化的十美分硬幣。羅賓森與歐利里試圖將五十條一千金衡盎司銀條販售給位於紐澤西州紐華克市的精煉大廠——恩格哈德礦物與化合物公司——結果因此被捕。兩人對恩格哈德公司謊稱，那些未刻有認證標記的銀條是法定純銀廢棄物熔鑄而成，然經過檢驗，恩格哈德員工發現他們的銀條沒能通過百分之九十二・五的法定純銀純度測試，於是對特勤局舉報兩人可疑的行動。自從在一八六五年作為財政部從屬部門設立後，特勤局便一直是貨幣法規的執法部門，該部門調查員認為這是「美國史上被揭露的最大非法錢幣鎔鑄案」。[2] 其實，一直到一九〇一年，威廉・麥金利遇刺後，特勤局才接下護衛總統與其他政府官員這份最廣為人知的任務。

美國財政部於一九六七年五月十八日禁止人們私下鎔鑄銀含量高

的錢幣，違者最高處以五年徒刑與一萬美元罰金，這也許是一九六八年十二月銀價高達每金衡盎司二美元——幾乎為銀幣面額百分之一百五十的高價——羅賓森與歐利里卻仍能以銀幣面額百分之一百一十的價格收購銀幣的原因。[3]入獄的風險限制了競爭對手的行動，羅賓森與歐利里若能成功逃出法網，便能賺取暴利，可他們忘了美國銀幣只有百分之九十的純度，並沒有達到法定純銀的標準。

而不到六個月後的一九六九年五月十二日，財政部解除了鎔鑄一九六五年前硬幣的禁令，一切都變了。尼克森先前在一九六九年一月二十日成為美國總統，以共和黨的理念治國；新任財政部長大衛・甘迺迪（David Kennedy）曾為商業銀行家，這位頂著滿頭白髮的財政部長一上任，便在貨幣制度聯合委員會的第一次會議中提議「解除現行鎔鑄與外銷銀幣的行政禁令」。[4]他解釋道：「相比過去的情形，鎔鑄禁令不再能確保銀幣流通，或提升財政部的銀幣供應量。」委員會上一次開會是在一九六八年十二月五日，當時美國仍在民主黨的統治下，即將卸任的財政部長福勒建議「國會立法使當今政府鎔鑄銀幣的禁令永久化」。[5]福勒解釋道：「任何銷售美國錢幣白銀所得的利潤，應由政府統整兌現後分發大眾，而非由錢幣聚斂者私藏。」結果，最後是放任主義勝出。

儘管年輕時曾為美國青年促進會成員，亨利・賈瑞奇仍贊同去制度化，面額超過二十六億美元的一九六五年前銀幣不停對他招手，等著他去投資。[6]當時尚存的一九六五年前銀幣共含將近二十億金衡盎司白銀，以亨利與莫卡塔公司的史密斯投入銀元券套利買賣之時來看，銀幣的銀含量可是銀元券相對應銀金屬量的四倍不止。[7] 亨利之所以猶豫不決，是因為自己若再度偏離醫學生涯，恐怕就再也無法執業了。過去在他的聯邦錢幣與貨幣公司擔任辦公室經理的蘇珊・希薇曼則毫不遲疑，留了張字條給亨利，表示：「我今早看到解除鎔鑄禁令的消息，我已經準備離職，週一就上工。」[8]

禁令解除後，舊銀幣的價格立刻上漲。一九六九年五月十三日，消息發布的隔日，紐約錢幣批發商喬爾・寇恩（Joel Coen）表示自己願意以高出面額百分之十二・五的價格，向全國各地的錢幣商人收購大量的錢幣。在維吉尼亞州阿靈頓郡經營錢幣店的威廉・克勞爾（William Crowl）評論道：「我可能會在店後面把它們鎔了。」[9] 話雖如此，他店內大部分的錢幣都沒有被鎔鑄成銀條的危險，因為收藏家仍會留存具收藏價值的錢幣。沒有人知道那二十六億美元的錢幣之中，有多少被人存進撲滿、等著全部取出鎔鑄，有多少則是未曾流通的一八七九年CC車輪銀幣等身價高貴的錢幣，像傳家之寶似地被人存放於天鵝絨布盒裡。

當然，蘇珊說得沒錯，亨利也知道錢幣套利交易的運作「必然比銀元券來得困難」，而事情對其他人越困難，對他就越是有利。[10] 亨利回憶道：「我確信，我們會亟需我為銀元券建立的收集、付款與避險投資系統。」他聯絡了史密斯，對方同意支持亨利在美國與莫卡塔與高德斯密公司的母公司——漢布羅斯銀行——建立合作關係。第一步，是實行錢幣與銀條的套利買賣，並且擴張生意，成為美國的貴重金屬商。銀行董事長喬斯林・漢布羅斯（Jocelyn Hambros）定了一個條件：亨利必須放棄醫學，將所有時間用於經營公司。

對亨利而言，這是十分艱難的選擇，當時他和同在耶魯大學教書的同事與朋友——托馬斯・德特雷（Tom Detre）——正在進行為期十年的著書計畫，準備撰寫書名為《現代精神治療法》（*Modern Psychiatric Treatment*）的精神藥理學書籍，他想完成這項計畫。[11] 當他對父親——麥克斯——提及自己的兩難，年邁的父親彷彿吞了滿口砒毒，說道：「你考慮放棄事業，去做生意？」[12] 然而，和歷史悠久、戰績顯赫的莫卡塔與高德斯密公司合作的機會太過誘人；該公司是於一六八四年——英格蘭銀行成立的十年前——由摩西・莫卡塔（Moses Mocatta）創立，之後於一七二〇年成為英格蘭銀行的金屬代理商。[13] 一九三七年，《華爾街日報》稱莫卡塔公司為「倫敦領銜的金屬商」。[14] 到了一九五四年，倫敦黃金市場在停止交易十五年後重新開張，莫卡塔與高德斯密公司便是受邀制定每日黃金參考價格的五間金屬商之一，得以參與制定倫敦「黃金定價」（gold fixing）的過程。[15] 而在一九六一年一月，《紐約時報》報導了該公司的預測：「白銀需求持續不斷，將導致短缺。」以及：「美國財政部……可能停止對美國工業界販售白銀。」[16] 積累了兩個世紀的經驗過後，莫卡塔與高德斯密公司的預言往往十分靈驗。

亨利無法抗拒和漢布羅斯銀行合作的誘惑，就這麼成了莫卡塔金屬公司的董事長，借助漢布羅斯與莫卡塔公司的歷史性與名氣，以及倫敦金融與銀行深深的荷包。他也有幸認識了銀行經理派特・布雷南（Pat Brennan），布雷南一開頭便提出一個有些羞人的問題：「請問，你有任何商業方面的實務經驗嗎？」[17] 答案當然是沒有，套利商人再怎麼成功，也不見得瞭解籌措薪資款項的方法。因此，除了漢布羅斯銀行的資金、莫卡塔與高德斯密公司的歷史以外，亨利還從布雷南那兒上了堂管理課程。為了和出身德州、美國政府於一九六九年五月廢除鎔鑄禁令前一週在倫敦知名克拉里奇飯店邀多位名人舉辦派對的尼爾森・班克・亨特相抗衡，亨利必須用上資金、歷史名譽與管理技能。[18] 倫敦那場派對上，五百位嘉賓見證了首次在國際舞台亮相的班克，但那不過是班克所準備的暖場表演罷了。

第十五章

尼爾森・班克・亨特

一九六六年四月二十五日，《華爾街日報》的頭條寫道：「英國石油公司（British Petroleum）完成利比亞油井大發現……達拉斯男子握有百分之四十九股權。」不過這並不是尼爾森・班克・亨特初次嚐到萬眾矚目的滋味；[1] 兩年前，《華盛頓郵報》指稱他是在甘迺迪總統遇刺當日，出資於當地報紙刊登「歡迎甘迺迪先生來達拉斯」那則諷刺廣告的「三名達拉斯富商」之一。[2] 兩則新聞都使這名極保守派德州商人染上不討喜的色彩，但無論如何，這名右翼約翰伯奇協會成員仍然在四十歲時——薩里爾油田（Sarir oil field）被發現之後——成了全球最富有的男人。沒有人知道沙地下藏有多少石油，但英國的《每日電訊報》（*Daily Telegraph*）大肆播報了「最大油管」的新聞，描述「英國石油公司與尼爾森・班克・亨特合資建造」那條長三百二十英里、直徑三十四英寸，用以將石油從沙漠地區輸送至托布魯克市（Tobruk）的輸油管線。該城市曾為第二次世界大戰一場決定性戰役的戰場，後來成了利比亞在地中海的海港。[3]

儘管油田的石油含量仍是未知數，人們依然對班克的財富好奇不已。他姊姊瑪格麗特・亨特・希爾（Margaret Hunt Hill）表示：「他擁有幾十億桶石油庫存，比爹地還有錢。」這句話頗具意義，因為根據被《生活》（*Life*）雜誌譽為世界首富的J・保羅・蓋蒂（J. Paul Getty），亨特家的當家——H・L・亨特——才是世界首富。[4]超越人們稱為「H・L」的哈羅德森・拉法葉・亨特（Haroldson Lafayette Hunt）之後，最不受父親寵愛的班克終於得以反駁父親對他的許多嘲諷之一：「蠢男孩……真不敢相信你體內有我的基因。」[5]根據後續的估計，亨利持有的利比亞油田股份在當時價值介於六十億至八十億美元之間，而且在那個年代，全球身價高達數十億美元的富豪可是寥寥無幾，用一隻手就數得出。[6]班克相當喜歡這份財富的神祕色彩，多年後，他因被控操弄白銀市場而受國會調查時，如此回答一個相關問題：「知道自己身價多少的人，通常身價都不高。」[7]

一九六九年五月，班克在克拉里奇飯店——三十五年前基伊・彼特曼參議員為他強烈推崇的白銀持波伊刀追趕他人的地點——舉辦的派對，感覺近似國際版上流名媛初入社交界的舞會。八卦專欄作家興奮地寫道：「美國石油富豪亨特先生與其妻卡洛琳（Caroline）舉辦舞會，邀請五百人參加……另邀三個樂團，包括他們從美國接來的伍迪・赫曼（Woody Herman）等人。」[8]大派對將聚光燈打在體重兩百五十英磅的班克身上，照亮他與派餅形臉蛋形狀相同的橢圓形大眼鏡，照亮了他所有的汙點與缺陷。儘管仍舊穿著皺巴巴的棕色西裝，搭商用航空的經濟艙，以及駕駛一輛輪圈蓋遺失在某處高速公路的凱迪拉克DeVille，他的興趣——尤其是購置澳洲農地、白銀與賽馬——就此成了痴迷。

在一九六九年，班克已經擁有兩百多匹純種賽馬，大多是在歐洲，所以他在倫敦舉辦高級派對也不奇怪，不過他還不滿足。一九六九年十二月四日晚上八點，班克以倫敦《泰晤士報》所謂「紐馬克塔特索斯拍賣行（Tattersalls' Newmarket）史上第二高價」買了匹名為戴希斯（Decies）、兩歲大的愛爾蘭小馬。[9]《泰晤士報》也報導了亨特「消費熱」之中的其他購物紀錄，接著警告：「至於班克・亨特先生是否買了個好價錢，就是另一個問題了。」這句話同樣適用於他從一九七三年開始的白銀消費熱，班克和父親同樣是冒險者，終其一生都在努力證明自己確實是亨特家的孩子。

尼爾森・班克・亨特於一九二六年二月二十二日出生在阿肯色州埃爾多拉多市，一座頗為適合這名往後將成為富商的男人的城市，父母分別為H・L與萊妲・班克・亨特（Lyda Bunker Hunt）。他遲了四週出生，誕生時體重爆表，以致姊姊瑪格麗特在他長大後表示：「可憐的班克，天生就過重，是因為他一出生就一個月大、十二磅重了。」[10]

班克的父親──H・L──是個成功的賭徒，他將自己在賭桌上贏得的財富用以投資石油探勘，不知為何總是能鑽到油礦。在一九三八年，積攢了一小筆財富、生了六個小孩後，他舉家搬遷至達拉斯東北區一間十四房宅第，豪宅因為和喬治・華盛頓位於維吉尼亞州的故居外觀相似，被稱為維農山莊（Mount Vernon）。H・L與萊妲睡在二樓兩間相連的臥房，讓班克與赫伯特、拉馬爾兩個弟弟共用較大的主臥房，三兄弟經常將汙衣槽當溜滑梯，玩得不亦樂乎（對班克來說，這座溜滑梯稍微小了些）。[11]亨特家中有六個保險箱，除了萊妲用來存放罐頭食品、拉馬爾用以收藏美式足球與棒球的兩口保險箱以外，箱子裡都空無一物。班克非常能理解拉馬爾對體育競賽的痴迷，還教弟弟如何分別用左手與右手投籃，後來拉馬爾勉強加入南方衛理會大學（Southern Methodist University）美式足球校隊後，班克還在每次舉行球賽的日子提前一個鐘頭載母親前往球場，看拉馬爾和其他球員一同在場上暖身——但是比賽開始後，拉馬爾就只能一直坐板凳。[12]

H・L的長子——哈羅德森・拉法葉三世（Haroldson Lafayette III），人稱「哈希」（Hassie）——比班克年長五歲，一家人搬到達拉斯時，哈希已經加入父親的石油探勘事業了。他和H・L同樣形容枯槁，擁有寬闊的肩膀與明亮的藍眼睛，哈希就讀的高中辦父子相像比賽時，他們還拔得頭籌。[13]年輕的哈希有著和父親相同的天賦，能找到油產最豐沛的地點，而後來班克加入父兄的行列時，表現相較於兄長只能說是差強人意。班克不僅長得較像母親，說話時語速遲緩、笨拙，也喜歡睡午覺，而H・L最受不了的一點是，班克鑽了一個又一個空井，彷彿去到了加油站也沒辦法找到地上的油灘。H・L在辦公室眾人面前尖聲發洩情緒，喊道：「那小子是傻瓜，就算讓他帶一整批地質學家去找石油，他找到的油田也不會有我一個人帶地圖出去找得多。和他相比，哥哥哈希壓根是天縱之才。」[14]

然而，哈希也有自己的問題，他精神不太穩定，也許是患了思覺失調症，有時會有些異常表現，例如在油田中間下車，在泥坑中滾動。[15]第二次世界大戰期間，他得以因醫療問題免除兵役，H・L試遍了當時所有的療法，包括前額葉腦白質切除手術，卻徒勞無功。[16]無法治癒長子的挫折險些毀了H・L，班克的處境也毫無轉機，原本拿兄長和他比較的父親，開始用新的方式責罵他：「蠢材，給我滾出去，你弟弟光是雙腳就比你全身還要聰明。赫伯特和拉馬爾才是我真正的兒子，你不配當我的繼承人。」[17]某方面而言，H・L說對了，赫伯特與拉馬爾的外貌與班克完全不像，兩個弟弟都屬方形身材、打扮體面，班克則身形圓胖、打扮休閒。

H・L過去已經為六個孩子設立信託基金，無法將那筆錢收回了，所以儘管父親不認他作兒子，班克仍能獲得父親留給他的錢。而且，無論父親如何辱罵，班克對他的景仰絲毫不減，他認為父親「比我和兄弟都聰明得多，因為他受過千錘百鍊，能在現實社會存活下來」。[18]班克認為父親「很勇敢」，還是「異常誠實的男人」，舉例而言，他絕不可能同時獻金給競選同一職位的雙方。[19]H・L將共產主義視為全民頭號公敵，且根據瑪格麗特的說法，他認為危險源於羅斯福與邱吉爾在第二次世界大戰時雅爾達會議（Yalta Conference）中對史達林（Stalin）的讓步。[20]一名在亨特手下工作的員工則表示，老闆相信美國和那邪惡帝國的曖昧關係早在更久以前便已開始：「H・L覺得，從政府接管發送信件的工作開始，共產主義就在這個國家萌芽了。」[21]

班克繼承了父親的信念，對共產主義者與猶太人懷有深深的仇外心理，也毫不掩飾自己家族對共產主義擴張的想法：「我把共產主義視為持槍的社會主義，（我父親）將它視為高端的奴隸制度。」[22]不過在仇視猶太人這方面，班克就不那麼願意發表言論了，他只表示：「你不得不承認，他們就是有點不一樣，就像中國人或其他不一樣的人。」[23]他曾半開玩笑地對員工指示道：「永遠別僱用斐陶斐榮譽學會（Phi Beta Kappa）的會員，他們最後都會變成共產份子。」[24]員工們或許迴避了老闆的這句玩笑話，不過有趣的是，班克並不排斥僱用猶太人，他認為猶太人都十分聰明，有助於他的事業，並曾說：「絕不能以貌取猶太人。」[25]

班克想對H・L證明自己配得上亨特之名，他在一九五七年和利比亞國王伊德里斯一世達成的石油協議，就是他的最後一次機會，但那時班克已經沒有探勘石油的資金了，他所有的身家財產——大約兩億五千萬美元——都在先前失敗的投資中賠光了。[26][27]班克和瑪格麗特與卡洛琳（Caroline）兩個姊姊關係不錯，不過兩位姊姊並沒有亨特家男人的冒險精神，於是班克轉而求助於赫伯特與拉馬爾。他將薩里爾油田百分之十五的股權賣給兩個弟弟，換取他們的資金，兩人後來因此變得比過去還要富有。[28]這次協議也加固了三人的兄弟情誼——在得知父親還有另外兩個家庭後，他們很需要這份家庭溫暖。

H・L・亨特控制不住自己的下半身，不過這並不是他從事「婚外活動」的主因。根據其傳記作者哈利・赫特（Harry Hurt），H・L已經有不少滿足性慾、發生一夜情的機會了，他其實是想實踐另一項計畫——H・L曾對一位商業合夥人坦承自己帶有天才的基因，且「相信自己生小孩就是在幫助世界，為人類創造未來的領袖人物」。[29]除了和萊妲生的六個孩子以外，H・L還和另外兩名女性生了八個小孩，四個是和他在一九二五年認識的芙拉妮雅・泰伊（Frania Tye）生的，另外四個則是和他在一九四一年左右認識的露絲・瑞伊（Ruth Ray）生的，八個私生子女都是在他和萊妲・班克仍是配偶時懷上的。[30]

H・L也許該為這些卓越的成就獲得認可，為創造未來的世界領袖得到諾貝爾和平獎，為犯下重婚罪卻逃過牢獄之災而獲得奧運金牌……但無論「第二」與「第三」家庭有何精神意義，它們在實質上造成了顯著的影響：讓現在被稱為「第一」家庭的班克等兄弟姊妹關係更親密了，他們必須合力守護一家人的資產，尤其是最有價值的資產——普拉西德石油公司的股份。三個家庭將為亨特家的財產鬧上法庭，不過赫伯特表示：「我們只想拿到我們該拿的那一份而已，一分錢也不會多要。」[31]在法庭爭鬥多年後，一名第二家庭的成員開玩笑說：「我們只在婚宴和法庭上碰面。」[32]在白銀市場的鬧劇過後，班克不得不依靠普拉西德石油公司過活，也就找不到這之中的幽默了。

✦✦✦

一九六九年九月一日，克拉里奇飯店的慶祝派對過後四個月，一朵疑雲為班克的世界蒙上陰影：一群利比亞軍官推翻了伊德里斯國王，新聞媒體警告：「政變威脅美英權益。」[33]無血政變中，二十七歲的穆安瑪爾・格達費上校成了新政權的領袖，承諾建立以「統一、自由與社會主義」為口號的新共和國。[34]他驅逐了在的黎波里市附近惠勒斯空軍基地（Wheelus Air Base）的美國人，也迫使英國撤出駐紮托布魯克的軍隊，但還是允許和國王交好的大型石油公司留在境內。[35]格達費明白，利比亞人需要包括美孚石油（Mobil）、埃索公司（Esso）、英國石油（BP）、殼牌公司（Shell）、馬拉松石油（Marathon）、海灣石油（Gulf）與菲利普斯石油公司（Phillips）在內的石油巨頭的專業技術，才有辦法持續開採黑金、從中獲利。

然而，新政府克制的措施並沒有維持太久。一九七一年十二月七日晚間，利比亞政府宣布將英國石油公司在該國的商業活動收歸國有，報復英國在伊朗與阿拉伯國家爭奪波斯灣島群的衝突中支持伊朗、與阿拉伯國家對立的行動。[36] 石油部長成立由利比亞人組成的補償委員會，決定對英國石油公司的賠償，但人們不認為該委員會會建議政府為仍在地底的石油儲備進行賠償。利比亞政府否定「其他石油公司受到威脅」之說，並解釋：「我們是為回應占領島群的行動，做出政治回應。」[37]

利比亞政府請石油外商別擔心，班克就開始擔心了。一九七二年六月九日，在政府召班克亨特石油公司（Bunker Hunt Oil Company）的地方主管舉行高層會議後，班克前往的黎波里和自家公司的代表見面。[38] 政商商談延續了數月，最後利比亞石油部長埃澤丁・莫布羅克（Ezzeldin Mobruk）要求班克交出薩里爾油田的半數油產。[39] 從英國石油公司被驅逐出境之後，薩里爾油田便由班克亨特石油公司與利比亞國營的海灣勘探公司（Gulf Exploration Company）共同開採。石油分析師認為，政府不從美孚、埃索或馬拉松等在利比亞的大型美商下手，而是「挑一間較小的美國公司談條件，再要求其他公司比照辦理」。[40] 班克覺得自己成了白老鼠——儘管腰纏萬貫，他仍舊是生物學者用於科學研究的白老鼠——並拒絕成為利比亞政府的實驗品。

後果相當糟糕。

一九七三年六月十一日星期一晚間，格達費在美軍撤離惠勒斯空軍基地的三週年演說中，宣布將班克亨特公司持有的薩里爾油田國有化。[41]他以對美國的譏諷開場：「是時候一巴掌重重打在美國冷傲的臉上了。」[42]格達費接著說明政府徵收亨特在薩里爾油田的鑽油業務的合理性：「國有化的權利源自我們對國土的主權，我們想怎麼處置我們的石油，別人管不著。」[43]遠在達拉斯的班克發表預先準備的聲明，表示自己「試著和利比亞國有石油公司與其子公司合作了」，但對方「不正當的要求」導致他們「無法合作」。他補充道，自己將「採取所有可行的法律手段」，並抱怨利比亞政府「選擇用亨特殺雞儆猴」，是因為他「在英國石油公司那一半的油田被收歸國有後，處境較不穩固」。在辦公室接到電話、得知壞消息時，班克的發言簡潔許多，他重重砸下話筒，說道：「他媽的。」[44]

僅僅一句粗話，無法充分地表達此事對班克個人造成的重大打擊。格達費在一九七三年六月十一日的演說，使班克一夕間從世界首富降格成平凡無奇的百萬富翁，他恢復原本的富二代身分，不再是憑自己的力量致富的男人，彷彿從成人變回了孩童。此外，壞消息來得太不是時候了，此時的班克擔心美國政府揮霍無度，將導致國家破產、美元貶值。一九七三年上旬，美國出現韓戰以來最高的通貨膨脹率，年物價漲幅為百分之八——該紀錄將在十年內被超越，不過以和平時期而言，那也是當時驚人的高紀錄了。[45]尼克森總統的經濟顧問委員會將通膨問題形容為「一隻九頭龍般的怪獸，每砍下一顆頭，它又會長出兩顆新的頭」，並警告道：「我們若不有效抵禦通貨膨脹，它將會加速、加劇。」[46]當尼克森再次凍結價格處理通膨問題，《紐約時報》刊出一篇標題為「控制的生活模式」的報導，班克心中的懷疑得到證實——不只是羅斯福，美國所有的總統都是共產份子，政府將對美國施以蘇聯那般的高壓統治。[47]

班克原本能以石油儲備彌補通貨膨脹的損失，但這時，他在利比亞的油田全被格達費奪去了。在要求利比亞政府賠償他的同時，班克必須進行避險投資，以免受害於高漲的物價。他對法定通貨毫無信心，也對美國的中央銀行聯邦儲備系統不屑一顧：「除了紙以外，你買什麼都比它好……就連笨蛋也能操作印鈔機。」[48]班克在一九六九年克拉里奇派對過後不久便開始投資白銀，白銀因此成了他的首選。

✦✦✦

一九七〇年年初並不適合購銀，美國財政部先前於一九六八年六月停止兌換銀元券，銀價已從當時每金衡盎司二・五〇美元的高峰下跌至每金衡盎司一・八〇美元，接下來兩年還會持續跌到一・二八美元的低谷，相較於之前的高峰，這是近百分之五十的跌幅。[49]金屬商翰蒂與哈曼公司表示「投機商人逐漸幻滅了」，但班克並沒有因此卻步，他聽過阿爾文・博德斯基（Alvin Brodsky）——在美國僅次於美林證券（Merrill Lynch）的證券公司巴赫公司（Bache & Company）工作的商品經紀人——的推銷，擁有投資所需的耐性與堅持。[50]一九七〇年一月，身材矮小、口若懸河的博德斯基從紐約飛往達拉斯，和這位德州名人談生意。[51]他的努力值得了，他隔著班克家的廚房餐桌與班克談話，指著桌上為晚餐準備的餐盤、餐巾與刀叉，問道：「你明年就得多花一筆錢才買得到這些東西了，你信嗎？」見班克同意，博德斯基忍笑說：「那麼，你就該考慮投資白銀。」[52]

博德斯基簡單粗暴的論述正中班克下懷，博德斯基則從他身上得到了不少利益，他將成為商品交易所白銀圈子的關鍵角色，因自己與亨特家的關係而受人敬畏。話雖如此，班克一開始只買了數十萬金衡盎司的白銀，對他而言應該只有零用錢的程度，可能只想先看看一堆銀條長什麼樣子吧。班克擁有太多石油、有太多其他的事情要處理了，對一九七〇年代初期的他來說，白銀並不是非常重要。他擁有大塊大塊的地皮，包括密西西比州一片一萬英畝的土地，該地段預計會成為人口十二萬五千人的新城鎮；他還擁有澳洲北領地一片兩千平方英里的無人地皮，純粹是作為炫耀之用。[53]《華爾街日報》對此做了以下描述：「班克是澳洲最大的美國人地主。」[54]熱衷於賽馬的班克，買了已故的讓・斯特恩（Jean Stern）在法國尚蒂利的馬廄，新聞媒體對此的報導是：「尼爾森・班克・亨特將成為……歐洲的『賽馬先生』。他建立了龐大的賽馬帝國。」[55]而在一九七三年年初，他加入喬治・史坦布瑞納（George Steinbrenner）為首的十五人財團，買下美國最知名的棒球隊——紐約洋基隊（New York Yankees）。[56]

這些投資都沒替班克賺到太多錢，卻讓他在全世界面前大大露臉，名為達莉亞（Dahlia）的賽馬更是為主人增光。這匹三歲大的小雌馬出身賽馬界的王族，在一九七三年七月二十八日，於雅士谷賽馬場（Ascot racecourse）的英王喬治六世及女王伊莉沙伯錦標（King George VI and Queen Elizabeth Stakes）——當時英國史上獎金最豐厚的競賽——拔得頭籌。[57] 達莉亞在那場著名的競賽中贏了二十萬零八千美元，雖是筆豐碩的獎金，但相較於一個月前格達費將班克持有的薩里爾油田收歸國有時班克承受的巨額損失，賽馬獎金連零頭也稱不上。班克必須以其他的投資項目取代利比亞油田，以免自己餘下的德州特大號資產受國內外政府剝削，因此，一九七三年年底，他開始在商品交易所購置大量白銀。

從詹森總統在一九六七年七月將美國財政部的白銀售價定為每金衡盎司一・二九三美元至此，商品交易所走了很長一段路，在移除價格上限後完整的第一年，商品交易所達到破紀錄的交易量，交易的白銀總量為四十八億金衡盎司。[58] 到了一九七三年，白銀交易量翻了一倍不止，增加到一百二十億金衡盎司，蓬勃發展的市場終於被班克看上眼了。[59] 此時的商品交易所主宰了白銀市場，就如紐約證券交易所主宰了股市。[60] 翰蒂與哈曼公司從一八九〇年代便在美國交易白銀，每日發表當日報價，那是「翰蒂與哈曼公司能達到的商用銀條最低交易價」。[61] 到了一九七三年年底，該公司將報價基礎更換為「紐約商品交易所期貨合約可達到的價格」，這是因為現今「商業使用者每日進行即時送貨白銀報價，是奠基於商品交易所的主流期貨報價」。[62]

即使相機大廠伊士曼柯達公司等大宗商用白銀使用者極少在商品交易所收取銀貨，商品交易所仍成了白銀價格發現的主要來源。[63] 商品交易所和其他期貨交易所一樣，協助人們交易標準化的商品，將交易平台推廣到投資者、投機商人與工商業界，因此交易所的價格往往反映了許多買家與賣家的整體共識。白銀合約要求賣方將百分之九十九・九的純銀送至經商品交易所認證的倉庫，不過總部位在羅徹斯特市的伊士曼柯達公司希望貨物能送到自家門口，如果銀貨雜質能少於「九九九純度」（three-nines fine）之標準，那就再好不過了。柯達公司和其他白銀商業使用者一樣，生產流程的第一步是在商品交易所購買期貨合約，以免銀價在未來上漲。之所以使用標準合約，是因為制定價格的是在商品交易所討價還價的買家與賣家。但在供應商——也許是當時美國規模最大的金屬商，亨利・賈瑞奇的莫卡塔金屬公司——將銀條送至羅徹斯特後，柯達公司便售出了它持有的期貨合約。[64] 若銀價上漲，柯達必須花更多成本向莫卡塔公司購銀，那麼柯達在買賣期貨合約時也會獲得相應的利潤，以此平衡上漲的成本。

班克透過商品交易所購銀的理由和柯達公司無異，那畢竟是交易白銀的主要市場，只不過班克的目的純粹是賺錢。之所以選擇白銀，是因為他能靠白銀抵抗通貨膨脹，而且只要將銀貨藏在沒人找得到的地點，它就不會像利比亞的石油那樣被政府徵收。格達費那場災難過後，班克只信任自己與兄弟，不過當時拉馬爾忙著帶堪薩斯城酋長美式足球隊追尋參加超級盃的機會，於是班克和赫伯特聯手從事白銀投資。亨特兄弟經常一同投資，有時是透過他們共同擁有的普拉西德石油公司，有時則是情勢所迫，像先前赫伯特與拉馬爾資助班克勘探薩里爾油田那樣，但也有很多時候他們是分開做生意，例如班克投資的賽馬與紐約洋基隊，以及拉馬爾獨力買下美式足球隊的決定。

一九五九年三月，二十七歲的拉馬爾請班克致電德州石油商之子比德・亞當斯（Bud Adams），邀對方和拉馬爾共進晚餐；那時國家美式足球聯盟回絕了拉馬爾購買球隊的要求，拉馬爾希望能和亞當斯談論成立新美式足球聯盟的計畫。[65]亞當斯同意和拉馬爾共進晚餐，這才對班克問起詳情，班克只說：「我不把我的生意告訴拉馬爾，他也不把他的生意告訴我。」[66]拉馬爾與比德・亞當斯宣布創立美國美式足球聯盟的一週後，班克走了幾步路，從自己的辦公室走進弟弟的辦公室，說道：「拉馬爾，我想投資你的球隊。」拉馬爾表示：「喔，謝謝你，不過這次我想自己來。」班克只聳聳肩，對弟弟說：「好喔。」[67]

美國美式足球聯盟草創時期，拉馬爾每年損失超過一百萬美元，但他依舊面帶和善的笑容。達拉斯一名體育新聞記者開玩笑道：「再這樣下去，他的錢就只夠再輸一百年了。」話雖如此，到了一九七三年，拉馬爾已在體育圈成為成就非凡的名人。[68]班克的么弟談成了國家美式足球聯盟與美國美式足球聯盟的合併案，發明了「超級盃」一詞，還在一九七〇年一月率堪薩斯城酋長隊贏得了蒂芙尼公司雕鑄的銀製獎杯。此外，他還在一九六八年創辦了網球世界巡迴賽總決賽（World Championship Tennis），在體育界忙得不亦樂乎，因此班克與赫伯特兩人先走上了白銀投資之路。

班克與赫伯特在達拉斯鬧區第一國民銀行大樓（First National Bank Building）內的公司總部使用相鄰的兩間辦公室，住家也僅隔數個街區，不過兄弟倆的工作時程相差甚遠。比班克小三歲的赫伯特通常在天亮後不久進辦公室，晚餐前離開，哥哥則往往在午餐時間才姍姍走進辦公室，晚上待到很晚。赫伯特的低調堪比班克的張揚，根據赫伯特的說法，兄弟倆在其他方面也是互補關係：「班克非常有遠見，也非常有洞察力……他喜歡先制定大方向，我自己則比較喜歡安排細節。」[69] 赫伯特喜歡精準的事物，包括將一頭濃密的波浪黑髮梳理整齊，及為了維持身材而晨跑，班克則選擇讓事情自然發展。赫伯特又表示：「他都不訂旅館，搭飛機也是直接進機場排隊候位。」赫伯特知道班克除了賽馬報以外甚少閱讀書報，於是他自己買了傑洛姆・F・史密斯（Jerome F. Smith）的《七〇年代的白銀收益》（*Silver Profits in the Seventies*）一書，[70] 作為兩兄弟的工作藍圖。

傑洛姆・史密斯是當時奔走全美、辦專題討論會教人如何在通膨世界避免金錢虧損的財經快報作者之一，有不少同行，不過他短短八十八頁的小書專業地分析了投資白銀的利害，強調了白銀作為投資用資產的吸引力。他在小手冊最開頭吊人胃口地寫道：「如果你有耐心研究這份報告，隨著它的邏輯思考，如果你有些可以投資的錢——那這本書有機會讓你致富。如果你已經很富有了，那它至少能幫助你守住現有的財產。」[71] 史密斯接著詳細描述白銀市場的供給與需求，筆法類似美國財政部於一九六五年發布、說服詹森總統廢除白銀幣制的報告。市場整體沒有太大的變化，商業界對白銀的需求日益劇增，底片製造商更是大量使用白銀，因為它「比次佳的感光材料優秀百倍」，而在電子業，「白銀導電的效率優於其他所有金屬」。[72] 儘管美國財政部於一九七〇年十一月三十一日完全抽離白銀市場的需求端，百分之四十銀質的五毛美元被低賤的銅鎳合金取而代之，世界對白銀的總需求仍超過新採白銀量每年逾一億金衡盎司。[73]

由於需求大於供給，銀價節節上漲，吸引投機商人與中國、印度的白銀收藏者將庫存投入市場，亨利・賈瑞奇等鎔鑄錢幣的套利商人也紛紛加入白銀交易。這些所謂的「第二來源」填補了生產與消費的差距，不過史密斯認為銀價尚未完全擺脫多年政府干涉與操弄所致的低潮。[74]他提起布萊恩神話般的十六比一比例，得到了結論：在一九七三年九月底，黃金售價為每金衡盎司一百美元，因此銀價不該是二・七〇美元，而應該是六・二五美元。[75]

傑洛姆・史密斯的論述令赫伯特・亨特會心一笑，他知道美國人民雖然仍無法合法投資黃金，班克還是考慮過以黃金作為對抗通貨膨脹的避險投資，不過後來以黃金「和政治瓜葛太深」與「太容易（受外界力量）操弄」為由，打消了這個念頭。[76]世界各地的中央銀行都有充足的黃金庫存，隨時能將黃金投入世界市場、賺取利潤，壓抑上漲的金價，而史密斯同樣認為白銀優於黃金，因為銀價的漲勢不會受政府影響。根據史密斯的說法，白銀將在未來超越黃金，但他也提出兩個警告，吸引赫伯特的目光。史密斯提醒讀者，政府曾在一九三四年以每金衡盎司〇・五〇美元的法定價格徵收美國國民持有的銀條，他不能排除歷史重演的可能性：「美國的投資者缺乏自由，毫無隱私可言，在美國持有投資物（尤其是白銀），處境更是不安全。」[77]他建議投資者將白銀存放於瑞士的銀行，因為「那裡的投資者有最大限度的自由、徹底的隱私，以及高度的安全性」。赫伯特明白，相較於班克對政府的猜忌，史密斯對美國政府的懷疑根本不值一提，所以他會建議兄長將瑞士視為大保險箱使用。至於史密斯的第二個警告，赫伯特就無法如此輕鬆排除風險了。

史密斯並不喜歡商品交易所，他先是表示：「在白銀期貨市場進行交易，是做投機買賣的方式之一，而非投資白銀。相較於銀條價格，期貨的價格浮動較大——距現在最遠的月份，變動最劇烈。」[78]史密斯將商品交易所的白銀稱為「紙市場」，因為少有買家實際收下銀貨，這表示交易量能大幅超出實際存在的銀條量。他補充道，「這是求短期利潤的全職專業交易人與場內經紀人的市場」，並警告道，場內交易人會「試圖說服你基於短期的價格變化進行買賣」。他建議投資者避開商品交易所，將自己最喜歡的瑞士銀行當作投資經紀人與存貨地點。

史密斯說得對，投機商人確實在商品交易所買賣超出實際存貨量的白銀，不過班克與赫伯特為了囤積符合亨特之名的大量銀貨，不得不透過商品交易所進行買賣。商品交易所是全球流通性最高的市場，一部分是因為短期交易人吸引了全球各地的高額訂單，造就出有競爭力的價格。翰蒂與哈曼公司已轉而將商品交易所當作制定白銀報價的基準，伊士曼柯達公司也透過商品交易所做避險投資，平衡購買實體白銀時的風險。美國財政部不再將白銀批發給工商業界之後，決定銀價的不再是政府官員，而是投機商人。沒有人能避開商品交易所做白銀投資，就連瑞士銀行家也和其他人一樣關注商品交易所的動態，以此為價格發現的基準。赫伯特設計了改良版藍圖，準備透過商品交易所囤積銀貨，而他的購銀計畫幾乎會毀了亨利・賈瑞奇。

第十六章

重量級搏鬥

一九七三年十二月三日，班克與赫伯特的證券戶共有兩千張十二月份的期貨合約，每張合約都是收取一萬金衡盎司白銀的權利，所以總共為兩千萬金衡盎司的白銀，等同前一年法國工業界整體購入的量。[1] 那年十一月，班克在證券交易所的場內經紀人——阿爾文・博德斯基——以介於每金衡盎司二・七九與二・九六美元的價格，替亨特兄弟買下了那兩千張期貨合約。到了十二月三日，銀價為每金衡盎司三・〇四美元，亨特兄弟帳面上的利潤已超過三百萬美元。[2] 換作是其他的投機商人，想必會在當下售出期貨合約、將現金存入銀行，而不是依規定在所謂的交割月份——十二月份期貨合約效期結束之時——花錢買下合約上註明的銀條。但亨特兄弟和其他投機商人不同，他們除了利潤之外，還想將銀條拿到手；在他們眼裡，那年十二月持有的白銀不過是德州式烤肉會上的前菜罷了。班克與赫伯特隱身幕後，讓巴赫公司等證券公司替他們接收兩千萬金衡盎司的白銀，並依合約支付了完整的六千萬美元。[3] 他們的策略登上了報紙頭條。

十二月十二日，《基督科學箴言報》（*Christian Science Monitor*）的商業與金融記者提問：「是誰想壟斷白銀市場？」記者推測，巴赫公司是接受「班克・亨特，德州億萬富豪H・L・亨特之子」的委託，代表他們購買白銀。[4]新聞標題的「壟斷」一詞，指的是期貨合約買家囤積商品，防止期貨賣家依約交割貨物；這種行為有時被稱為擠壓軋空（squeeze），即買空者（long）（買家）將賣空者（short）（賣家）逼入沒有退路的角落。若賣空者被迫以刻意抬高的價格購回自己的合約，此種行為就被稱為市場操縱。然而，證明一個人刻意操縱市場並不容易，因為你必須證明他的意圖，且此種行為和色情作品同樣曖昧不清，在商場上錯綜複雜的歷史同樣漫長，通常也只有在法庭上才能得到結論。新聞媒體引用《格林商品市場分析》（*Green's Commodity Market Comments*）發行人查爾斯・斯塔爾（Charles Stahl）的發言，他聲稱巴赫公司是班克的代理商，並表示自己注意到，商品交易所的「十二月近月合約」在約一個月前被該公司買下。然而，他不認為這是操作性質的擠壓軋空，他也補充道：「亨特先生購買白銀是為了投資，不是投機。」斯塔爾所言不錯，但是班克在一九七四年二月進行類似的交易時，國會還是注意到他的行動了。

一九七四年二月十一日，頗具影響力的金融週刊《巴倫週刊》（*Barron's*）報導班克近期購入兩千七百張期貨合約，在接下來四個月有權收取兩千七百萬金衡盎司的白銀。該篇報導表示，他「願意接收銀貨，作法不尋常」。[5]二月十一日，白銀的現金價格暴漲到每金衡盎司五・三七美元，創下新世界紀錄，這表示亨特兄弟當初買下的兩千萬金衡盎司白銀，為他們賺得了五千萬美元的利潤，即使是班克也在讀賽馬結果時笑得合不攏嘴。[6]商品交易所的白銀交易者都學到要觀察阿爾文・博德斯基，多虧了他在德州的客戶，這名身材矮小的男人突然有了可觀的影響力。新聞媒體如此描述交易所的動態：「每天早晨……就在十點鐘的鐘聲響起、白銀期貨市場開盤前……交易者會幾乎不由自主地瞄向阿爾・博德斯基（原文如此）……聰明人會問，他是在買還是賣呢？博德斯基買入時，他們也跟著買入。」《巴倫週刊》表示，商品交易所上演的大人版「老師說」遊戲，是「銀價以驚人趨勢上漲的解釋之一」，週刊還提出，如果他購入的新合約能達到類似的利率，「亨特將會是有史以來獲利最高的單一白銀投資者」。

《巴倫週刊》的文章刊出後，銀價又上漲了，到了二月二十六日，價格高達每金衡盎司六・七〇美元，創下歷史新高；銀價從十二月初至此翻了一倍不止，投機交易已然白熱化。[7]一些人將銀價泡沫歸咎於亨特兄弟，但他們雖購買將近五千萬金衡盎司白銀，也只會造成暫時的價格高峰，在沒有強勁基礎推力的情況下，短期的銀價暴漲也只會像夏季雷陣雨那樣戛然而止。[8]《巴倫週刊》解釋道，「博德斯基亨特理論……不過是影響銀價的一個小因素」，並列出驅使白銀市場需求提升的幾種基本力量，其中包括嚴重的通貨膨脹、一九七三年十月贖罪日戰爭（Yom Kippur War）過後的阿拉伯石油禁運政策、白銀供給需求不平衡的情形，以及黃金的強勢。[9]《紐約時報》報導道：「歐洲破紀錄的金價，也是導致白銀期貨漲至新高的原因之一。」此說也許屬實，不過黃金從十二月初的每金衡盎司一百美元漲到了一百七十五美元，銀價則從每金衡盎司三・〇四美元漲至六・七〇美元，超越了金價的漲勢。[10]銀價漲跌向來比金價劇烈，因為白銀市場較小，投機商人投入相同的金額，對銀價造成的影響較大。

儘管如此，國會仍有許多人擔心亨特投資白銀是為了重重打擊白銀市場，彷彿縱身躍入小池塘、激起大片水花。

國會在一九七四年開始一系列的聽證討論，成立了管制所有期貨交易的商品期貨交易委員會（Commodities Futures Trading Commission，CFTC），取代一九三六年成立、管制範圍僅限於小麥、大豆與玉米等傳統農產品期貨的商品交易管理機構（Commodity Exchange Authority）。之所以訂立新法，是因為紅銅、白銀與木材等非農產品商品的期貨市場日益成長，新興市場可能出現詐欺與市場操縱的情形。來自羅德島州——美國白銀生產業核心及新英格蘭製造業珠寶匠與銀匠協會發源地——的福南德・聖傑爾曼（Fernand St. Germain）眾議員大力提倡救濟政策，並表示亨特兄弟囤積白銀的行為，將使美國東岸製造業與西部礦業舊時的爭鬥死灰復燃：「白銀是未受管制的商品，防止人們為私利持有無限量白銀的方法顯然不存在……我認為，這些百萬富豪不該有辦法合力要脅使用白銀的產業。」[11]他接著提出更廣泛的擔憂：「當兩個石油大亨對私利與擴增財富的慾望迫使銀價上漲，加劇通貨膨脹的經濟問題，我們實在很難同情他們。」在為商品期貨交易委員會法案辯論時，聖傑爾曼眾議員警告各位眾議院同僚：「見到此種行為，我不禁想到發起調查的可能性……以免少數人壟斷市場。」

聖傑爾曼絕沒有愧對羅德島選民，亨特兄弟雖未以操縱市場罪名遭正式起訴，國會還是在《商品期貨交易委員會法案》（Commodity Futures Trading Commission Act）之中特別關切白銀市場，要求「委員會採取所有必要行動，確保在此法案效期開始之後，白銀期貨交易將受有效管制」。[12] 該法案特別建議委員會「調查」與管制「白銀期貨交易的投機交易限制」。然而，包括莫卡塔金屬公司董事長賈瑞奇在內，許多人都對白銀市場的危機視而不見，當記者問亨利是否認為亨特兄弟是造成銀價暴漲的幕後黑手時，他表示：「我個人不信。」[13] 往後，他將為此付出代價。

✦ ✦ ✦

莫卡塔金屬公司才剛創立四年，就被亨利・賈瑞奇打造成強勢的交易團體；根據他的估算，該公司為美國當時最大宗的金屬商。[14] 最初誘使亨利偏離醫學之路的套利生意，擴張成了專精銀條交易的金屬公司。賈瑞奇和包括三巨頭——墨西哥、祕魯與加拿大——在內的所有產銀大國合作，造訪了規模最大的白銀消費商，將重點放在紐約州羅徹斯特市柯達公司，以及位於明尼蘇達州梅普爾伍德市（Maplewood）舊稱明尼蘇達礦業及製造公司（Minnesota Mining and Manufacturing）的3M公司。在市場供應方與消費方都有合作對象的狀況下，莫卡塔公司成了白銀市場最早的中盤商，像中古車賣場一樣，賺取買價與售價之間的價差。中古車賣場往往從希望換車的車主買下二手雪佛蘭（Chevrolet）與豐田（Honda）汽車，再將車賣給想買中古車的買家，以迅速轉手與抬高售價的方式賺取價差，並且也儘量避免囤積太多未售出的汽車。

莫卡塔金屬公司交易的是實體銀條，通常是以保證價與期貨的方式交易。舉例而言，亨利手下的交易人可能會先談好交易，講好在三個月後以雙方預先同意的每金衡盎司五・〇〇美元買價從墨西哥進口白銀，並和柯達公司講好在三個月後以每金衡盎司五・一〇美元的售價將白銀轉售給它。只要買賣方的供給需求維持平衡，莫卡塔金屬公司便能作為中間人，賺取每金衡盎司〇・一〇美元價差，然而，生意不一定能進行得如此順利。公司必須不停報出買價與售價以吸引買家與賣家來進行交易，成為提供流動性的做市商，不過供給與需求方的生意時好時壞。[15] 若墨西哥售出過量白銀、柯達公司購入的白銀過少，莫卡塔的白銀庫存便會增加，此時若價格下跌，公司便會賠錢；反之，若墨西哥售出的白銀太少，柯達公司又購買大量白銀，莫卡塔的白銀存貨便會減少，此時若銀價上漲，公司還是會賠錢。亨利成了在公司經營上使用電腦的先驅者，透過電腦程式穩定白銀存貨量：當庫存過量，程式會建議公司降低買價、購入較少白銀，而當存貨過少，程式則會建議公司抬高買價、購入較多白銀。然而，就在亨利最需要取得平衡之時，精密的平衡卻崩解了。

在和潛在合作對象套關係時，亨利往往採取人情攻勢，其中和他走得最近的是墨西哥中央銀行——管理該國白銀外銷事務的墨西哥銀行國際部門（International Division of Banco de Mexico）——副經理路易斯・奇科（Luis Chico）。路易斯是個向來打扮體面、身材纖瘦的紳士，亨利回憶道：「我們在外共進晚餐時，如果有女人因個人原因離座，路易斯就會跳起來陪她走去化妝室。」[16] 亨利知道此舉深得女性歡心，也十分羨慕奇科能將卡通劇情般的舉動呈現為令人欽慕的禮儀。一九七一年亨利才剛開始經營莫卡塔金屬公司時，他和奇科某次共進晚餐，奇科表示自己欲售出銀行庫存的大量廢銀，想問問莫卡塔公司是否有意願幫助他。亨利知道那是建立長久友誼的良機，不顧運輸與精煉成本，以商品交易所收盤價買下了墨西哥銀行的廢銀。他相信此舉將在未來對他助益良多，而且預測也完全正確。

亨利和奇科達成交易之後不久，一名芝加哥銀行家便介紹他認識亨特兄弟，亨利從紐約飛往達拉斯，希望亨特兄弟能委託他當證券交易代理人。[17]兄弟倆駕駛破舊的凱迪拉克車到機場接他，赫伯特開車、班克坐副駕駛座，亨利則坐在後座，讓全世界最富有的司機載他到班克在達拉斯市郊那座占地兩千英畝的圓T牧場。亨利還記得那片遼闊的土地、數之不盡的牛群，以及突然變得坑坑巴巴的泥土路——這可不是什麼好兆頭。他對亨特兄弟推銷到一半，班克莫名其妙地消失了，後來亨利才找到在沙發上熟睡的他；看來，問題大了。

由於沒能和亨特兄弟談成生意，在一九七三年年底銀價暴漲時，亨利處境堪憂。商品交易所的銀價幾乎每天打破先前的紀錄，莫卡塔金屬公司主要的白銀客戶——柯達與3M——開始以遠高於墨西哥與祕魯等生產者售銀的速率購買白銀期貨。莫卡塔的交易者試圖以提高買價、提高售價的方式購入更多白銀並減少出貨量，希望能找回原本的平衡，然而銀價如一個世紀前剛通過《一八七三年鑄幣法案》時同樣奔往前所未見的境界，莫卡塔員工穩健的補救措施仍無濟於事。這回銀價不是暴跌，而是上漲，卻同樣造成了莫大的混亂。到了一九七四年二月底，莫卡塔公司缺了五百萬金衡盎司的白銀，意思是它答應交割的銀貨量超出存貨量，而且超過五百萬金衡盎司，且因價格高漲的原因，公司虧損逾兩千萬美元。[18]更嚴重的是，若莫卡塔公司試圖在商品交易所購買五百萬金衡盎司的白銀、彌補存貨的不足，它虧損的金額將遠不只兩千萬美元。持續關注亨特兄弟的場內交易人會迫使莫卡塔付出高昂的代價，榨乾亨利這間年輕公司的生命力，畢竟期貨圈堪比賭桌，鮮少出現仁慈的對手。此次失誤重挫了亨利的自尊心，他在倫敦的合作夥伴見他嚴重虧損，會懷疑他當初騙了喬斯林・漢布羅斯，不是在做可靠的生意，而是在進行投機買賣。亨利回憶道：「我擔心我們和漢布羅斯銀行剛建立不久的關係受到損害。」[19]在危機的壓力下，莫卡塔金屬公司瀕臨破產。

亨利必須私下籌措五百萬金衡盎司的白銀，他知道墨西哥銀行的金庫裡滿是白銀，於是撥了通電話給好友奇科，奇科同意直接賣他五百萬金衡盎司的白銀，卻要求亨利以高於商品交易所價格〇・一〇美元的價格購銀。[20]兩人還沒結束通話，亨利便答應了，他心裡明白，若想從商品交易所迅速買下同樣大量的銀貨，必須支付更高昂的代價。亨利透過人情死裡逃生，這是他永生難忘的一次教訓，他也坦承自己為當初「從奇科那裡買下那堆糟糕的廢銀」感到安慰許多。[21]

◆◆◆

奇科不僅救了亨利・賈瑞奇的公司，還暫且平息了白銀的投機狂潮。墨西哥銀行先前坐擁四千五百萬金衡盎司的白銀，那次高價對亨利售出五百萬金衡盎司，不過是在銀價高漲時期一場盛宴的開胃菜罷了。[22]亨利替奇科在商品交易所售出餘下四千萬金衡盎司白銀，最後在一九七四年二月二十六日，以每金衡盎司六・七〇美元的高峰價將餘下四百萬金衡盎司全數售給焦慮不已的阿爾文・博德斯基。然而到了此時，白銀貨量充足，較少投機商人願意交易白銀了，價格因而崩盤。三月五日，白銀現金價跌至四・九八美元，一週內暴跌百分之二十五，班克與赫伯特庫存的四千七百萬金衡盎司銀貨，也瞬間少了八千萬美元的價值。亨特兄弟這才學到前財政部長亨利・摩根索在四十年前學到的事情：面對供需法則，沒有人能成為例外。為實現他的白銀夢，班克必須尋求幫助。

那年四月，銀價維持在每金衡盎司五・〇〇美元左右，理論上，亨特兄弟整體投資的利潤依然不容小覷。兩千七百張即將到期的期貨合約賣家開始交割銀貨時，班克突然造訪曼哈頓下城的商品交易所，在「客串演出」的同時觀察戰場。他到場時，紅銅與白銀的兩大圓形交易場一時間悄然無聲，原本叫賣與討價還價的人聲消失無蹤，所有人都轉頭望向這名身形圓潤、打扮有些邋遢，卻深深撼動了市場的德州人。至此，班克仍深信任何商品都優於紙鈔，甚至在離開戰場前表示：「如果你不喜歡黃金，那就用白銀，或鑽石，或紅銅，但一定要用點什麼。」[23]雖然各類商品——尤其是白銀——的價值和其他高風險投資一樣容易浮動，班克說的仍有道理。一九七四年第一季，物價已上漲超過百分之三，再照這樣下去，年通貨膨脹率將超過百分之十二，這表示年初的一美元，到了年底只能購買原先價值〇・八八美元的東西了。[24]

一九七四年年底，銀價跌至每金衡盎司四美元，遠低於不久前的最高紀錄，不過考慮到它悠長且坎坷的歷史，這仍是堪比派克峰的歷史高峰。從一八七三年至此，白銀一直是次等貨幣金屬，只能靠彼特曼與羅斯福總統等人在政治上的施捨苟延殘喘；到了一九七四年，它在法定通貨盛行的世界上成了硬資產，人們以購銀的方式抵抗通貨膨脹，而相較亞歷山大・漢彌爾頓時期每金衡盎司一・二九美元的價格，此時高漲的銀價反映了新的現實。亞倫・葛林斯潘（Alan Greenspan）——福特總統（President Ford）的首席經濟顧問與日後的聯邦儲備理事會主席——也令投資者擔心通貨膨脹的情形將會持續下去。在回顧一九七四年的《總統經濟報告》（*Economic Report of the President*）當中，他記錄了從一九六五至一九七四年逐漸加速的通貨膨脹，並將新趨勢歸因於「政府開銷提升」及相比過去「明顯較具擴張性質的貨幣政策」。[25]白銀雖是抵抗通貨膨脹的主流避險投資物，但在一九七四年十二月三十一日，禁止美國國民投資黃金的四十年禁令截止過後，美國市場上的黃金成了它的競爭對手。話雖如此，白銀仍是亨特兄弟最愛的投資物，他們擔心黃金太容易受政治壓力影響，也為此將自己囤積的大量白銀移出美國。

當H・L・亨特在一九七四年十一月二十九日去世後，第一與第二家庭之間的鬥爭開始之前，班克與赫伯特請蘭蒂・克雷凌（Randy Kreiling）——第二家庭一個進行商品投機買賣、賺了些錢的親家——負責將他們的白銀移轉至瑞士。將四萬七千條將近七十英磅重的白銀從紐約空運至蘇黎世可不容易，負責人必須注意大大小小的細節，尤其是替亨特兄弟嚴格保密的部分。[26] 美國第二次世界大戰時期的第一位裝甲師師長喬治・巴頓將軍（General George Patton）將運籌視為最優先事項，並警告：「不瞭解自家通訊與供應的軍官……形同廢物。」[27] 親家蘭蒂當時二十多歲，是個下顎稜角分明、勇於承擔風險的投資者，他將這份任務看得和增援前線軍隊同樣重要，嚴正以待。首先，他在第二家庭經營的圓K牧場為自己僱用的牛仔舉辦射擊競賽，選出陪同銀貨橫渡大西洋的保全小隊，接著包了一批波音七〇七噴射機，用膠帶蓋住公司名字、只露出登記號，命這批飛機半夜飛往紐約。他租來一支裝甲車隊將銀條從商品交易所倉庫運往機場，保全人員接著將銀條分裝上機，並使每一架飛機的載貨重量相同，確保飛行安全。另一支裝甲車隊在蘇黎世等著飛機到來，將貴重金屬運往六個機密的存貨地點。

習慣搭商用班機的班克，此時卻二話不說便包機將白銀運送出國，而之所以大費周章，是因為他對美國政府的懷疑瀕臨偏執狂的程度。一些專家認為偏執狂是成功的基因標記，不過它的本質應該更接近較常人靈敏的嗅覺——在其他人只聞到空氣中的香水味之時，班克便嗅到了危險的氣味。亨利・賈瑞奇也患有相同的「精神病」，可見長期暴露在白銀晦暗的歷史下，有「致病」的風險。然而，相比班克，賈瑞奇的焦慮和他個人較為相關：面對混亂的全球情勢，他希望能買下一座小島作為保障。他回憶道：「一部分的動機應該來自小時候逃出德國的經歷，我想要一個安全的避難所。」[28] 一九七五年年初，他買下英屬維京群島之中，占地八百五十英畝、覆滿熱帶樹林與白沙海灘的瓜納島（Guana Island），接著以環保主義者的標準進行開發。班克也完全能購買類似的度假勝地，卻將金錢與時間用於環遊世界、為他的白銀事業拉攏盟友，而這場鬥爭將使白銀突破平流層。班克和阿拉伯人的交情為他帶來大量財富與國際知名度，卻在賈瑞奇的推波助瀾下，和過去在利比亞的石油投資事業同樣以災難收場。

|第十七章|

沙烏地關係

阿卜杜勒－阿齊茲・伊本・沙烏地國王（King Abdul-Aziz Ibn Saud）征服了割據阿拉伯半島的貝都因派系，並依伊斯蘭教律法許可的上限每一次迎娶四個女人，一共娶了各部落一百多名女性，成功於一九三二年創立統一的沙漠國家。[1]伊本・沙烏地身高超過六呎、留有戰士的八字鬍與尖鬍子，頭戴阿拉伯頭巾，在一九五三年逝世前像中世紀君王似地統治四百萬人民。他為國家留下的不只有「沙烏地阿拉伯」之名，還有權勢、宗教與金錢事務的歷史。

伊本・沙烏地授權加州標準石油公司（Standard Oil of California）、德州石油公司（Texas Oil Company）等數間大型石油公司在境內鑽油，鑽出了足以撐起一個國家的石油財富；沙烏地阿拉伯從一九三八年開始產黑金，此後就一直沒停過。他隸屬伊斯蘭教一個戒律嚴格的支派——瓦哈比派（Wahhabism）——不得享用酒飲，不過其宗教信仰鼓勵他結婚生子，就人們所知，他一共生了一百四十個孩子。他對伊斯蘭教法的推崇，至今仍深深影響沙烏地阿拉伯的刑法系統，例如以截去右手的方式懲罰竊賊。在他去世的兩年前，伊本・沙烏地請中華民國政府前財政顧問亞瑟・楊（Arthur Young）對沙烏地阿拉伯的貨幣系統進行改革；在此之前，含〇・三四四金衡盎司白銀的沙烏地里亞爾是該國唯一流通的貨幣，平均下來，每個男人、女人與孩童一人可分得兩英磅白銀。[2]亞瑟解釋道：「人民不是仰賴政府措施，而是依賴金錢『內含』的金屬……因此不信任紙鈔。」[3]亞瑟以成立沙烏地阿拉伯貨幣局（Saudi Arabian Monetary Agency，SAMA）的方式改革該國金融體系，時至今日，此機構仍是沙烏地阿拉伯貨幣儲備的管理機關。然而，完整的里亞爾就如同沙漠裡的沙子，深深鐫刻在這個國家的文化中，因此貨幣局打從一開始便以白銀為里亞爾的基礎。[4]亞瑟表示：「白銀貨幣的價值低於黃金……里亞爾是給平民百姓使用的普通金錢。」[5]在這種情況下，尼爾森・班克・亨特自然該造訪這座沙烏地王國了。

一九七五年三月中，班克沒能說服伊朗沙王投資白銀，從伊朗返美後，他透過信賴的中間人安排與沙烏地阿拉伯六十八歲的費薩爾國王（King Faisal）會面。[6]費薩爾是伊本・沙烏地的三子，從一九六四年開始統治這座沙漠王國，這位國王和班克有異曲同工之妙，儘管和父親同為絕對君主，費薩爾卻毫不浮誇，出行時只使用一輛車，儘管教法允許他娶四個妻子，他卻只娶了一個。他以大力反對共產主義與錫安主義聞名，以馬基維利式的創意駁回蘇聯的親阿拉伯政策：「共產主義是錫安主義者為達錫安主義目的的創造物，雙方在中東對立不過是在唱雙簧。」[7]班克只需費薩爾不到一個月份的石油儲備，便能重重衝擊白銀市場——沒想到在一九七五年三月二十五日，班克預計前往沙烏地阿拉伯的數日前，費薩爾國王在利雅德王宮遭槍擊身亡。

刺殺事件乍看下像是共產份子一舉消滅費薩爾與班克的行動，此說在班克看來再合理不過，但實際上，槍殺費薩爾的人是他三十歲的姪子，姪子曾受精神治療，這次是為數年前兄長遭沙烏地阿拉伯警察殺害之事復仇。[8] 王室很快便讓費薩爾之弟——哈立德・本・阿卜杜勒－阿齊茲（Khalid Ibn Abdul-Aziz）——繼位為王，哈立德的國際名聲不如費薩爾響亮，班克只得暫停聯合沙烏地阿拉伯的計畫，在設法閃避美國政府管制的同時靜待良機。

✦✦✦

在白銀出產的世界排行榜上，美國是排在墨西哥、加拿大與祕魯之後的第四名，不過它年產的三千五百萬金衡盎司白銀當中，超過百分之六十五是賤金屬——尤其是鉛、銅與鋅——礦業的副產物。[9] 愛達荷州北部科達蓮（Coeur d'Alene）地區的陽光採礦公司則是例外，它幾乎完全專精於開採白銀，因此班克與赫伯特試圖在一九七七年三月二十一日，透過他們的公司——大西部聯合公司（Great Western United）——投標收購陽光公司三分之一的流通股票，希望能以此控制該公司。[10] 在紐約證券交易所上市的陽光公司創始於一八八〇年代，後來成了美國最大宗白銀生產商，在一九六〇年代中期甚至每年開採高達六百萬金衡盎司。[11] 該公司於一九七二年發生大火，九十一名礦工葬身火窟，生產因而停擺，而一九七六年大半年又在罷工中度過，不過在一九七七年，陽光公司再次作為美國的銀礦業巨頭東山再起。[12]《紐約時報》在標題為「陽光採礦對亨特兄弟的誘因」的報導中解釋道，一些地方股東相信「陽光採礦公司是全州管理得最差的公司」，且「持股人一直在想辦法剔除公司無能的內部領袖，大西部感覺是個可行的解決方法」。[13]以上的論述也許都屬實，不過在亨特兄弟眼裡，陽光採礦公司最大的吸引力，和白銀與大豆匪夷所思的關聯有關。

從一九七六年年中到一九七七年，班克便對大豆朝思暮想，這不是因為他想放棄自己最愛吃的肋排與香草冰淇淋，改吃這種富含蛋白質的豆類，而是因為他認為一九七六年的豆類產量很低，價格會因此上漲。大豆和美國另外兩大農作物——小麥與玉米——同樣在芝加哥期貨交易所（Chicago Board of Trade，CBOT）進行交易。位於芝加哥鬧區的拉薩勒街與西傑克遜大道路口的交易所創立於一八四八年，是美國年代最久遠的期貨交易所之一，在一九七〇年代，芝加哥期貨交易所是規模最大的期貨交易所，交易廳有六層樓高，比美式足球場還寬敞。該交易所過去專門進行農產品的期貨買賣，反映了芝加哥畜牧業與鐵路四通八達的連結；它將紐約商品交易所視為期貨交易界的菜鳥，是不受歡迎的新移民似的競爭對手。紐約商品交易所於一九六三年開始白銀期貨合約的交易，芝加哥期貨交易所則在一九六九年推出與之競爭的合約，還以顏色。[14]根基穩固的流動性市場往往能得勝，因此紐約保住了白銀交易方面的王者地位，不過亨特兄弟十分看重紐約與芝加哥市場的競爭，尤其是大豆的競爭。[15]

班克預期價格會上漲，於是他著手購買大豆期貨，然而芝加哥期貨交易所規定每個投機商人最多只能買六百張合約，等同三百萬蒲式耳（譯註：農作物容量單位，美制蒲式耳等同三十五．二三八升）的大豆，這限制了意圖在大豆市場大快朵頤的班克。[16]所謂「持倉限額」（position limit）能防止單一投機商人主宰並壟斷市場、控制價格。在班克與赫伯特眼中，相關管制不過是繞道便能解決的小麻煩，他們的解決方法是將大豆的投機買賣當作家族事業。他們以自己的名義開立證券戶，並為成年的子女——班克之子休斯頓（Houston）；班克之女伊莉莎白（Elizabeth）、愛倫（Ellen）與瑪莉（Mary）；赫伯特之子道格拉斯（Douglas）——分別開戶。每個人都像是合資買家人的生日禮物一樣出一點錢，一共買了兩千兩百萬蒲式耳大豆，等同全美產出約三分之一。商品期貨交易委員會指控亨特兄弟違反持倉限額規定，指稱班克與赫伯特以同步用家族戶頭交易的方式操縱價格，並要求他們售出持有的合約，直到總共只剩三百萬蒲式耳，也就是單一投機商人能持有的最大限額。作為佐證，委員會指出，當時在塔爾薩大學（University of Tulsa）讀大學的休斯頓・亨特，據稱是「用Phi Kappa Alpha兄弟會宿舍（Phi Kappa Alpha Fraternity House）的投幣式公共電話進行大豆交易」。[17]

面對商品期貨交易委員會友善的要求，班克指控該機構「做了和他們對亨特兄弟的指控同樣的事」，也就是以「試圖撤銷供需法則」的方式使「大豆供給短缺」、「操控大豆價格」。[18] 此案後來鬧上法庭，雙方都證明了自己部分的清白，事情結束後，班克因此更堅持要買下陽光採礦公司了。[19]

亨特兄弟等期貨市場上的投機商人會吸收避險投資者的風險，幫助柯達等公司防止價格過於劇烈漲跌，但他們也像是二十一點牌桌上的賭客，總是在找尋贏錢的機會。期貨交易所之所以定下持倉限額的規定，就是為了確保投機商人不會越線，讓價格確實反映商品價值；然而，避險投資者不受此限，得以自由地交易。陽光採礦公司在白銀市場上自然而然成了避險投資者，它會售出期貨合約以保護仍未開採的儲備，或在產量下滑時購入合約。班克之所以希望能控制該公司，是為了躲避持倉限額的束縛、不著痕跡地進行投機買賣。商品期貨交易委員會制定了白銀的持倉限額，然而在一九七七年，無論是紐約商品交易所或芝加哥期貨交易所都沒有執行此規，因為兩間交易所忙著搶生意。班克預先投資陽光採礦公司，為交易所被迫嚴格執行規定之日做好準備。[20]

為加固保險，班克還將購買白銀的部分投資從紐約商品交易所移轉至芝加哥期貨交易所，透過大西部聯合公司在芝加哥收取五千萬金衡盎司白銀。[21] 另外，他發現莫卡塔金屬公司擁有一間倉庫，是商品交易所認可的白銀倉庫，班克擔心亨利・賈瑞奇會窺探他的交易項目。[22] 班克與亨利已在一九七四年二月發生過摩擦，莫卡塔公司險些因班克抬高銀價而破產，而亨利的反擊則是以每金衡盎司六・七〇美元的價格將四百萬金衡盎司白銀賣給班克，是當時的最高售價。不過班克與亨利和其他競爭對手一樣，在有利可圖之時，他們還是會做對方的生意；舉例而言，在亨利的利誘下，亨特兄弟向莫卡塔金屬公司借貸，並抵押白銀。

亨特兄弟在紐約商品交易所或芝加哥期貨交易所收取銀貨時，支付的不只有期貨合約上註明的保證金，而是金屬完整的售價。舉例而言，在一九七七年三月一日，每張紐約商品交易所或芝加哥期貨交易所合約涵蓋五千金衡盎司的金屬，所以若每金衡盎司白銀的價格為五・〇〇美元，每張合約的總價便是兩萬五千美元。[23] 若要收取兩千張合約、一共一千萬金衡盎司的白銀，就必須支付五千萬美元，即使是亨特兄弟也沒有如此大量的現金，所以他們通常會以借貸的方式支付部分款項。舉例來說，他們若借貸四千萬美元，只投資自己的一千萬美元，便能擴大潛在利潤；若銀價突然上漲百分之十，從每金衡盎司五・〇〇美元漲至五・五〇美元，他們投資的一千萬美元便能賺到五百萬美元，換得百分之五十的利潤——這是負債經營的妙處。然而，當價格下跌，負債經營就會造成相反的效果，放大他們的虧損。不過當時的亨特兄弟不以為意，他們照樣透過銀行與股票公司等尋常管道借錢，也向利率低的莫卡塔金屬公司借貸。

到了一九七七年年中，莫卡塔金屬公司成了金屬百貨公司，堪稱貴重金屬版的梅西百貨。該公司仍未放棄亨利展開新事業時的計畫，購入一九六五年前的銀幣、將它們融鑄成銀條進行套利交易，但現在它還買賣世界各地的實體黃金與白銀、替投資者保存金屬條、為客戶在紐約商品交易所與芝加哥期貨交易所執行交易、買賣客製化的金銀選擇權，並將實體金屬租借給暫時有所需求的人。莫卡塔公司雖沒能成為亨特兄弟在交易所的場內經紀人，卻還是以租借銀條的方式，讓班克與赫伯特成了亨利的客戶。

班克為了收取銀貨向銀行借錢時，會將白銀作為抵押品交給銀行，銀行則將實體白銀收入金庫。班克以同樣的方式向莫卡塔公司借貸時，亨利會將那些白銀租借給柯達、3M、杜邦（DuPont）等暫缺白銀又須生產X光底片的客戶。假設銀行開給班克的利率是百分之六，莫卡塔公司便會基於借貸班克的銀條能賺取的收入，開出更低的利率，所以亨特兄弟雖然擔心亨利居心叵測，不過仍會受莫卡塔公司的低利率吸引而向該公司借錢。亨利沒將自己的生意模式告訴亨特兄弟，他也沒必要說，畢竟這是業界的家常便飯。在銀價上漲後，亨利將班克的白銀拿去抵押，擴大自己向銀行的借貸。亨特兄弟發現亨利的所作所為之後，負責細項的赫伯特抱怨道，亨利「總是有利益衝突」，而且「他告訴你一件事的時候，你必須懷疑他的說詞」。[24] 負責細節的赫伯特確實該更仔細讀過借貸合約，不過他的擔心也是合情合理。

✦✦✦

一九七八年十月，銀價再度抬頭，一九七四年五月以來首次超越每金衡盎司六美元，此時班克正好重新展開了和沙烏地阿拉伯合作的計畫。[25] 銀價沉睡了四年，在一九七六年第一季跌到低谷，交易價格低達每金衡盎司三・八五美元，那之後才隨著從每金衡盎司一百三十美元漲至超過兩百二十五美元的金價步步上漲。[26] 貴重金屬的價格之所以上漲，是因為美國的通貨膨脹已達和平時期的新紀錄，美元在全世界都貶值了。國際投資者紛紛售出美元，美國貨幣形同廢紙。在一九七六年，一美元值二・四德國馬克，而到了一九七八年十月，它的價值僅剩一・八馬克，慘跌約百分之二十五。在一九七八年十月一日，巴黎著名的凱旋門大賽（Prix de l'Arc de Triomphe）過後，班克的預言——任何商品，尤其是白銀，都優於紙鈔——傳進了眾人耳裡；大賽中，班克和友人愛德華・斯蒂芬森（Edward Stephenson）共同擁有、出身班克於肯塔基州的藍草牧場（Bluegrass Farm）的賽馬「兆」（Trillion），在知名騎師威利・舍梅克（Willie Shoemaker）的騎乘下贏得亞軍，成功吸引了沙烏地阿拉伯王室的目光。[27]

數百年來，賽馬一直是阿拉伯半島的娛樂活動之一，沙烏地阿拉伯開國先王阿卜杜勒－阿齊茲・伊本・沙烏地對這種體育競賽的熱情，也遺傳給了自己的子嗣。他的其中一個兒子——王儲阿卜杜拉（Abdullah）——在一九七八年五十四歲時，為沙烏地王位的第二順位繼任者、國民衛隊指揮官（Commander of the National Guard），同時是頗有成就的賽馬者，之前在一九六五年創立了利雅德馬術俱樂部（Equestrian Club of Riyadh）。阿布杜拉前前後後娶了三十個妻子（當然，一次不超過四人），一名前妻舅——瑪穆德・富斯托庫（Mahmoud Fustok）——在王儲的指令下到巴黎出席十月一日的賽事，和班克進行了友好的競爭。[28]

富斯托庫當時四十出頭，生了一雙厚嘴唇、梳了個油頭，和友好的撲克牌競賽格格不入，不過他和阿卜杜拉在公事上關係密切，也因此頗受歡迎。此次前來巴黎，是為了參加大賽隔日在巴葛蒂爾馬術（Polo de Bagatelle）體育俱樂部舉辦的賽馬拍賣會，替曾經的親家買下有冠軍相的賽馬。和他同行的是納吉・納哈斯（Naji Nahas），這名瀟灑的三十五歲男子擁有方臉與漸疏的頭髮，雖出生在黎巴嫩，後來卻在巴西住了幾年、投資不動產，也曾透過富斯托庫和沙烏地阿拉伯進行交易。富斯托庫與納哈斯都善用了沙烏地阿拉伯王室不願直接從事商業行為的態度，將王室的財富輸入以自己名義從事的其他商業活動，不過最後還是會在扣除佣金後，將本金與利潤歸還給主顧。無論是利雅德的富商，或是比較國際化的紅海港都吉達的富商，也會出錢進行巨額交易。

巴葛蒂爾馬術俱樂部的拍賣會是年度活動，班克過去也曾因此造訪法國首都，不過這次他難得在為賽馬競標時敗下陣來，畢竟富斯托庫背後有阿卜杜拉龐大的財富撐腰，而沙烏地阿拉伯王室能輕易和班克分庭抗禮。然而，此次失敗或許十分值得，因為富斯托庫與納哈斯同意在拍賣會結束後和班克喝一杯，聊聊賽馬與石油，而這種對話往往會轉到白銀的話題。從接下來發生的種種看來，班克對兩人的發言想必相當動聽。

第十八章

銀價高漲

伊斯蘭教軍事勢力進入伊朗，使得銀價在一九七九年二月五日首次突破每金衡盎司七美元的紀錄，也令班克大悅。[1]以自己的名字為證券公司取名的詹姆斯・辛克萊（James Sinclair）表示：「週末發生在伊朗的事件使得人心惶惶，石油價格註定會上漲，歐美在中東的影響力也將減弱。」[2]革命示威者將沙王驅逐出境的兩週後，阿亞圖拉・何梅尼（Ayatolah Khomeini）——一名蓄了白鬍子、頭戴黑頭巾、身穿飄逸黑袍的穆斯林神職人員——在二月一日從巴黎抵達德黑蘭市，面對在德黑蘭機場迎接他的支持者，何梅尼宣稱：「當所有外國人離開這個國家，就是我們最終勝利到來之時。我乞求真主切下所有邪惡外國人的手，以及所有幫助他們的人的手。」[3]那個週末，《紐約時報》詳細描述了何梅尼在十四年後回歸伊朗之事：「就如沙皇被推翻後返回俄羅斯的列寧，何梅尼上週歸國，準備完成一種形式迥異的革命。」[4]《紐約時報》接著陰沉地預言道：「伊朗的政權交替，可能會如布爾什維克（Bolshevik）政權統一時期同樣混亂血腥。」二月五日星期一開市時，投資者爭相搶奪白銀，彷彿在爭奪救生衣，隨之而來的購銀狂潮在不到十二個月內把銀價從每金衡盎司七美元推至五十美元，形成古往今來唯一一次價格連翻六倍的盛況。在價格暴漲的混亂局勢中，很難區分憂心忡忡的投機商人與心懷不軌的市場操縱者，班克因此暗暗竊喜。

✦✦✦

銀價在一九七九年二月的暴漲，令人們擔心市場發生擠壓軋空的狀況；見此情景，亨利・賈瑞奇像是過去在耶魯紐哈芬醫院巡診時同樣迅速展開行動，準備處理問題。他派莫卡塔公司的許多團隊前往美國各地的城市，包括俄亥俄州哥倫布市、愛荷華州狄蒙因市與伊利諾州春田市，從比起閃亮的古董更需要現金的人手上收購銀製首飾、茶具組與餐具。[5]三四名莫卡塔員工會在當地報紙上宣布自己來到某區，在汽車旅館待一個週末，等當地人將一個個裝滿銀器的破舊購物袋帶來，再以高於市場行情的價格收購。亨利描述了令人心痛的一幕：一對老夫妻淚眼汪汪地看著莫卡塔員工將他們家的銀湯盤與茶具組踩扁，以利裝入木桶後運輸至他處。「我們沒理由不這麼做，」亨利表示。「我們的工作不是保存藝術創作，而是將裝滿的一桶桶白銀送往精煉廠。」[6]他先前在出差推銷莫卡塔金屬公司的服務時，耳聞白銀市場可能遭壟斷的傳聞：「白銀交易者開始討論他們感興趣又令他們感到不安的話題：白銀市場有沒有可能被擠壓軋空？如果有，那會發生什麼事？」[7]

作為回應，賈瑞奇在一九七九年三月的《歐元》（*Euromoney*）雜誌——全球發行且頗受歡迎的商業財經雜誌——中刊登文章，文章的結論是，白銀市場確實可能被擠壓軋空，因為「地面上的庫存少……使市場容易受銀鑛狀況影響」。[8]他表示，全世界的白銀「遠少於十億金衡盎司」，一個人只須控制「一億五千萬金衡盎司……就很有可能達到他們開出的價格」。[9]他還補充道，擠壓軋空的前提是，「一個龐大的企業願意實行大規模購銀的計畫」。[10]

亨利有時就是無法控制自己專業的口吻，但為了推銷莫卡塔公司的能力，他另外加上了實務上的計畫藍圖。他的文章中，「擠壓白銀市場的三種方法」以鮮明的粗體字呈現，和高速公路上的廣告看板同樣引人注目。[11]擠壓白銀市場的三種方法分別是：第一，直接購買某個交割月份——例如一九七九年十二月——的期貨合約；第二，平衡地在不同交割月份買賣期貨，又稱轉倉（switch）、價差交易（spread）或跨式交易（straddle），例如買入一九七九年十二月的一億五千萬金衡盎司白銀期貨，並售出等量的一九八〇年三月期貨；第三種方法，也是最複雜的方法，是不平衡地買賣期貨，例如買入一億七千五百萬金衡盎司的一九七九年十二月白銀期貨，並售出一億五千萬金衡盎司的一九八〇年三月期貨。

亨利坦承，最簡單的方案——直接購買——的獲利潛力最高，卻也是執行起來最昂貴的選項，因為期貨交易所會要求直接購買的投資客支付遠高於價差交易所需的保證金。此外，價差交易雖不會提升白銀整體的市場需求，但還是會對所謂跨式交易買方施壓。回到先前舉的例子，價差交易會迫使賣空者在十二月交割白銀。賈瑞奇聲稱價差交易是擠壓市場的最佳方法，卻也警告道，當投機商人想從提升的價格獲利，也必須注意其中的風險。「問題是，他如果接著想賣出，當他和觀察他的人一旦賣出，就會使價格迅速下跌，跌得比當初上漲的速度還要快。」[12]他以一九七四年亨特兄弟停止購買白銀時價格下跌的情形為例，表示投機商人須面對價格暴跌的風險，並提出較審慎的不平衡買賣才是最佳法門。亨利不曾透露避免虧損的方法，卻大肆宣揚自己在這方面的專業能力：「這條路顯然需要最大量的技能，（當然）也須由經驗豐富的市場專業人士處理。」[13]

亨利無意壟斷白銀市場，卻想得到亨特兄弟在壟斷市場過程中的生意。回顧當初，他表示那篇《歐元》上的文章「基本上就是莫卡塔公司對亨特兄弟的廣告，在對他們說：『你們想做這件事？那就來和我們談談。』」[14]亨利未曾遭受慫恿或協助任何人擠壓軋空的指控，因為根據他的說法：「亨特兄弟完全照著我描繪的地圖走，只有一步偏離路線：他們沒請我們幫忙。」他接著補充道：「不打給我們，可能是他們那時最大的錯誤。」

◆◆◆

班克與赫伯特並沒有「完全照著」亨利・賈瑞奇描繪的地圖走，但還是仔細參考過這份指示。一九七九年五月十八日，赫伯特致信達拉斯克雷頓證券公司（Clayton Brokerage）過去曾和他合作的一名商品交易人——史考特・戴奧（Scott Dial）——他寫道：「非常謝謝你送來演講的複印稿和傑瑞奇醫師（原文如此）的文章。昨晚有機會讀了這兩份資料，覺得它們十分有興趣（原文如此）。」[15]在日後的法庭證詞中，赫伯特表示不記得自己讀過《歐元》上的那篇文章，並指出他寫給戴奧的那封信並沒有簽名，但無論如何，亨特兄弟從那之後便在數方面改變了交易策略，包括首次使用賈瑞奇那三種方法之一：跨式交易。[16]此外，他們也在一九七九年六月，在陽光採礦公司管理團隊表示他們喊出的併購價太低之後，打消了購買該公司的念頭。[17]班克當然有能力抬高買價、再接再厲，但他不再需要陽光採礦公司的掩護，也能避免交易所可能制定的投機交易上限了。現在，他有了有錢的新生意夥伴，能用更雄厚的資金購買白銀了。

一九七九年七月二十四日，亨特兄弟低調地和謝赫阿里・賓・穆薩冷（Sheikh Ali bin Mussalem）與謝赫穆罕默德・阿布德・阿爾–阿穆迪（Sheikh Mohammed Aboud Al-Amoudi）這兩位沙烏地阿拉伯生意人達成協議，成立了以百慕達為據點、以囤積銀貨為標的的國際金屬投資公司（International Metals Investment Company，IMIC）。[18]兩位謝赫都十分富有，不過他們對班克與赫伯特主要的吸引力，源於他們和同為吉達市住民的費薩爾王子（Prince Faisal）——王儲與沙烏地阿拉伯國民衛隊指揮官阿卜杜拉之子——友好的關係。[19]從中斡旋的穆罕默德・阿法拉（Mohammed Affara）告訴赫伯特，「謝赫阿里是沙烏地阿拉伯政府的代表人物之一」。[20]為了接觸沙烏地阿拉伯王室，亨特兄弟付了一百萬美元佣金給阿法拉，如此一來，亨特兄弟有了為已然暴漲的銀價搧風點火的資本。[21]在不久前，同樣是一九七九年七月，銀價首度漲至每金衡盎司九美元以上，反映了人們對美國政經條件越發嚴重的不滿。

在一九七九年上旬，美國年度通貨膨脹率提升到超過百分之十三，打破了過去和平時期的紀錄，迫使卡特總統在大衛營（Camp David）——馬里蘭州卡特丁山（Catoctin Mountains）中的總統鄉村度假區——和包括工業業者、工會領袖、經濟學者與牧師在內，各行各業的美國人會面及商談（至於會面的先後順序是否如上，就不得而知了）。[22] 任何人開車上大衛營，都得忍受較高的油價，以及繞著服務站大排長龍、等著加油的車陣。總統將汽油短缺歸咎於何梅尼革命過後「伊朗進口的石油少於預期」，但一名來自麻薩諸塞州的憤怒車主認為，該為油價上漲負責的人不只有伊朗：「吉米‧卡特……應該痛揍那些捅出這場亂子的德州人和謝赫。」[23] 新聞媒體則評論道：「在卡特總統提出新的能源與通膨政策之前，主宰貴重金屬市場的不確定性……很有機會維持下去。」[24] 然而，卡特並沒有提出可行的計畫、安撫大眾，而是在下山後對全國發表一場三十三分鐘的致詞，且和卡特一比，《聖經》中預言末日的的耶利米簡直可說是樂觀主義者。卡特表示，逐漸成形的「信心危機」是「對美國民主的根本威脅」，接著像是收了班克的錢似的，說道：「在過去『和美元一樣安穩』這句話完全可信，但是從十年前開始，我們的美元和存款就因通貨膨脹，漸漸地縮水了。」[25]

美國總統在演說中貶低本國貨幣，使得投資者憂心忡忡，於是他們特別關注一九七九年九月六日的《華爾街日報》頭版。那天，交易人在勞動節假期後復工，銀價已超越每金衡盎司十一美元了：「金銀價難以理解地高漲，『金融界』入侵的流言四起。」[26] 該篇文章表示，現在相信那些「操縱市場的流言」是操之過急，並引用紐約商品交易所成員與大型期貨證券公司大陸商品投資服務公司（ContiCommodity Investor Services）董事諾爾頓‧瓦圖克（Norton Waltruch）關於經濟學基礎的言論：「看看世界各地氾濫的資金，紙幣逐漸衰頹，持有紙幣的人必須將錢存放在他處。」[27] 瓦圖克的話語自有一番道理，他有在紐約商品交易所領頭交易白銀的經驗，且根據《華爾街日報》，還是「將價格推往天際的關鍵力量之一」。[28]瓦圖克拒絕透露客戶的身分，不過新聞媒體表示，「投機商人廣泛相信」，白銀囤積事務背後的主使者是「阿拉伯商人」。[29]

瓦圖克有著一顆蛋形頭顱，除了頭頂邊緣一圈黑髮之外寸草不生，他從一九七〇年便是大陸商品投資服務公司紐約分部的經理，而該公司是十九世紀發源於比利時的家營商品交易巨頭——大陸穀糧公司（Continental Grain）——的證券子公司。一九七〇年代後半，期貨市場迅速成長，瓦圖克因此成了公司主要的收益來源，而在一九七九年勞動節過後銀價暴漲，使這名身形粗壯的交易人一夕間搖身變成大明星。根據《華爾街日報》，他光是「站在商品交易所的交易廳，無論是在購買合約或單純觀察，都足以促使價格暴漲」。[30]目擊者回憶道，交易人經常命辦事員在通往交易廳的走廊上待命，搶著在瓦圖克抵達世界貿易中心四號大樓（Four World Trade Center）八樓供紐約商品交易所與其他交易所眾人進行買賣的房間之前，事先做好準備。[31]人們光是瞥見他的黃色交易人外套從電梯出來，白銀圈子的價格便會疾速回升，甚至還有人到大陸商品公司辦公室所在的七樓觀察瓦圖克的行動，看他是準備搭電梯上樓做買賣，還是下樓吃午餐。

日後，瓦圖克在國會的多場白銀聽證會之一上發表證詞時，阿拉巴馬州參議員唐納・史都華（Donald Stewart）終於從瓦圖克含糊的口中問出了大陸商品公司客戶的身分。[32]

史都華（史）：能請你告訴我們，那些阿拉伯參與者是……從何而來嗎？

瓦圖克（瓦）：參議員，你是在問我嗎？

史：是。

瓦：我見了一個沙烏地阿拉伯人，還有兩、三個黎巴嫩人。

史：沙烏地阿拉伯人叫什麼名字？

瓦：富斯托庫先生。

史：能把另一人的名字告訴我嗎？

瓦：納哈斯先生是黎巴嫩人，不過他有巴西國籍。

史：你是在哪裡認識這些人的？

瓦：富斯托庫先生是在巴黎認識的，納哈斯先生則是在日內瓦。

史都華參議員接著開始找尋這兩名男子之間的關係。

史：你和這些人見面時，還有其他人在場嗎？

瓦：這個嘛，我和富斯托庫先生見面時，納哈斯先生在場。我和納哈斯先生見面時，有兩個亞維公司（Advicorp）的人在場，那是總部設在日內瓦的管理公司。

亞維公司是瑪穆德・富斯托庫的代表公司，於是參議員接著追問下去。[33]

史：你見過尼爾森・班克・亨特嗎？[34]

瓦：見過。

史：你是何時何地和亨特先生見面的？

瓦：我有一次在肯塔基州和他見過面……那是（一九七九年）七月的事。

史：那段時期就只見了那一次面嗎？

瓦：不……我後來九月在巴黎又和他見了一面，十月也在蘇黎世和他見面。

史：你們見面時都談了些什麼？

瓦：這個……他那時請教我的意見，問我對白銀有什麼想法。

史：當時，你有招攬他成為你的客戶嗎？

瓦：沒有的，先生。

史：你有沒有用任何方式告訴他，你……當時有為其他客戶執行交易？

瓦：只要是有在看財經版的人，都知道我在白銀市場裡非常活躍。

史：還有誰參與了那幾次會面？

瓦：納哈斯先生也在場。

史：還有誰？

瓦：就只有他。

史都華參議員問出了瓦圖克最重要的客戶的名字——納吉・納哈斯——一九七八年十月一日於巴黎起始的圓終於完滿了。後來，商品期貨交易委員會指控納哈斯與班克・亨特為壟斷白銀市場陰謀的「溝通與協調主軸」。[35]

白銀市場操縱者若想在不被官方逮到的情況下抬高價格，需要的就遠不只有溝通與協調。一九七九年後半，由於全球情勢緊張，被人視為安全保障的黃金市場需求大增，同樣的需求也擴散至白銀市場，掩藏了市場操縱者的行蹤。一九七九年九月十八日，紐約仍在睡夢中之時，歷史上難得一見的價格暴漲從香港開始，隨著太陽昇起擴散至歐美國家，世界各地的交易中心都出現了新的最高價紀錄。[36]沒有人說得出價格暴漲的原因，不過瑞士信貸銀行（Credit Suisse Bank）總經理萊納・古特（Rainer Gut）指出一口逐漸升溫的國際壓力鍋：「在伊朗政治動盪的影響下，全中東的流動性與不穩定性都提升了，我們不曉得沙烏地阿拉伯與波斯灣其他地區會發生什麼事。所以，我們看到中東很多買家放棄美元和其他紙幣，轉而投資黃金。」[37]所羅門兄弟投資銀行（Salomon Brothers investment bank）首席經濟學家——曾預言災難性的通貨膨脹率與利率、人稱「末日博士」（Dr. Doom）的亨利・考夫曼（Henry

Kaufman）——表示：「基本上，這是反對現行財經系統的一票。」[38]

九月十八日，紐約市場的金價一夕間暴漲到每金衡盎司三百七十六美元，將近二十五美元的漲幅一舉登上了《華盛頓郵報》頭版：「狂熱的投資交易使金價漲至歷史新高。」[39]《華盛頓郵報》表示，一夕間上漲百分之六・七的金價，對政治領袖傳達了訊息：「大大小小的投資者……都懷疑政府有沒有能力或意願控制日益嚴重的通貨膨脹問題。」[40]金價最為顯眼，九月十八日的漲幅為平時每日漲跌幅度的四倍，不過相較於堪比美鐵高速列車（Amtrak express）的銀價，金價不過是一輛悠然行進的貨物列車罷了。[41]同樣在九月十八日，銀價上漲將近每金衡盎司兩美元，收盤價為每金衡盎司十五・七八美元，一夕間漲了百分之十二・七，幾乎是金價漲率的兩倍。[42]新聞媒體將黃金形容為領先上漲的投資物，並表示銀價不過是「隨之高漲」，然而本就較不穩定的白銀，如今成了吸引各種麻煩的避雷針。[43]《華爾街日報》寫道，「白銀市場陷入混亂」，並引用一名交易人的發言：「市場失控了，人們真的很可能受傷。」[44]有鑑於此，班克與赫伯特決定拜訪亨利・賈瑞奇，確認雙方的合作關係。

亨特兄弟先前向莫卡塔金屬公司借了五千萬美元，那是在銀價約每金衡盎司五・五〇美元之際，他們借來購買更多白銀的資本，而他們在借錢的同時抵押了一千零七十萬金衡盎司白銀給莫卡塔公司。從向莫卡塔借貸至今，大漲十美元的銀價使囤積了一億金衡盎司白銀的亨特兄弟賺得十億美元暴利，卻也引發賈瑞奇和一九七四年時一樣被他們擺了一道的傳聞，亨特兄弟開始擔心自己抵押的白銀不保。[45]傳聞傳到了華府，商品期貨交易委員會一名成員表示：「亨利怎麼會被擺一道？他平時滿精明的啊。」[46]若莫卡塔公司破產，亨特兄弟必須和其他債權人一起排隊，等著收回自己抵押的貴重金屬，因此他們想盡快還債並贖回當初抵押的銀條——沒想到，這會成為和登陸月球同樣艱難的任務。

一日，赫伯特給了亨利一個「驚喜」，無預警地偕同律師巴特・寇曾斯（Bart Couzins）造訪世貿中心四號大樓五樓的莫卡塔公司辦公室。當時亨利坐在自己的辦公桌前，和遠在倫敦的朋友通電話，當他隔著玻璃隔間望見赫伯特，忍不住脫口說出：「天啊，亨特兄弟走進來了。」[47]至於接下來發生了什麼事，就眾說紛紜了。赫伯特回憶道：「賈瑞奇那裡亂成一團，都快被保證金追繳令淹沒了……我和班克之前抵押了一千零七十萬金衡盎司白銀……借出五千萬美元……這時候我突然發現，他把我們的白銀拿去抵押給銀行，銀行願意借多少錢給他，他就全數借了出來——應該有大約一億八千五百萬美元吧。」[48]赫伯特撥了通電話給身在達拉斯的班克，說道：「你最好上來關心一下自己的資產。」

亨利・賈瑞奇否認「莫卡塔的債務償付能力有過任何問題」，不過赫伯特聲稱，由於銀價高漲，亨利為追繳保證金而以高利率借貸大量金錢，卻是無庸置疑。[49]莫卡塔金屬公司掃光全美一九六五年前鑄造的銀幣，並開出高於行情的價格，從人們手中買下了標準純銀傳家寶，聚斂了大量銀貨，接著將銀幣與標準純銀租借出去，換取豐厚的租金，並在紐約商品交易所與芝加哥期貨交易所賣空白銀，保護自己的銀貨。莫卡塔公司雖在進行白銀期貨賣空，卻不算是在做投機買賣，而是在做避險投資。銀價下跌會壓低銀貨的價值，而空頭期貨則能抵銷價格下跌的虧損；假如銀價上漲，庫存銀貨的價值則會提升，公司能以期貨市場上的虧損平衡回來。如此一來，亨利便能確定自己的銀貨安全無虞，自己也能高枕無憂地收取銀條的租金了……話雖如此，他偶爾還是得面對名為「變動保證金」（variation margin）的夢魘。

買賣紐約商品交易所與芝加哥期貨交易所的期貨時，買家直到交割日方須支付購買白銀的全數金額，不過在那之前，每日的價格變動必須以現金的形式支付，這就是變動保證金。舉例而言，一九七九年九月十八日，銀價每金衡盎司漲了兩美元，因此莫卡塔持有約兩千萬金衡盎司的白銀期貨空倉，就須付四千萬美元給紐約商品交易所與芝加哥期貨交易所的票據交換所，票據交換所再將這筆錢分發給買空者。[50]雖然莫卡塔持有的銀貨同樣升值了，公司的資本淨值不變，它卻須借現金來支付保證金，而將期貨交易視為一種賭博的銀行家，往往對該公司的生意模式存疑。[51]

亨特兄弟擔心莫卡塔公司的財政出問題，所以想償還債款、贖回銀貨，卻一頭撞上賈瑞奇的律師設置的路障。紐約出身、身材細瘦、黃褐色皮膚的湯姆・盧梭（Tom Russo），給了亨利極盡專業的法律建議。盧梭是紐約最老的律師事務所——凱威萊德、維克山與塔夫特事務所（Cadwalader, Wickersham & Taft）——的合夥律師，曾任商品期貨交易委員會交易與市場部門的第一任主任，而且最重要的是，他的思考模式與生意人相似。盧梭知道莫卡塔是以租借銀貨的方式賺錢，班克與赫伯特抵押的銀條也被租了出去，所以在草擬借貸合約時，他刻意防止亨特兄弟提早償還債款、贖回白銀。他明智的商業決策，使得賈瑞奇在和亨特兄弟的衝突中占上風，得以像世界撲克大賽決賽選手似地出牌。

赫伯特表示，他和班克花了一週時間，在賈瑞奇的辦公室制定計畫：「我們只差沒睡在那裡了。他們每晚大約在十點、十一點送晚餐進來，我們每天都出去再買一件新衣服。」[52]雙方進行協商的同時，白銀的現金價持續上漲，在一九七九年十月一日星期一達到每金衡盎司十八美元，漲了顯著的百分之九——這是因為在週日晚間，前聯邦儲備理事會主席亞瑟・伯恩斯（Arthur Burns）發表演說，將美國通貨膨脹現象歸咎於「改變了美國經濟生活的政治趨勢」。[53]赫伯特回憶道，亨利突然衝進會議室說：「它漲到二十二・九〇美元的時候，我就完了——到時候莫卡塔就破產了。」[54]赫伯特表示，數分鐘後，賈瑞奇比先前更加驚恐地回到會議室，說道：「我算錯了，臨界點更低一些。」[55]

日後，亨利表示，接下漢布羅斯銀行的莫卡塔公司股權的渣打銀行（Standard Chartered Bank）「口袋無限深」，想必會借錢讓亨利保住他的避險投資組合，但他當然該在亨特兄弟面前故作驚慌。[56]亨特兄弟越是擔心莫卡塔公司無力償還債務，就越會為贖回銀條的事感到焦慮。協商結束時，雙方同意由莫卡塔公司將兩千三百萬金衡盎司實體白銀交給亨特，換取等量的期貨合約，賈瑞奇會以這些期貨合約抵銷自己的空倉。莫卡塔交給亨特兄弟的實體白銀從原先的一千零七十萬金衡盎司變成兩千三百萬金衡盎司，愛銀的兩人欣喜不已，而賈瑞奇也得以消除變動保證金造成的頭痛。雙方進行了名為「期貨轉成現貨部位」（exchange of futures for physicals，EFP）的基本交易，唯一的複雜之處在於莫卡塔公司的現貨是銀幣與對銀行及工業公司的白銀租借合約。舉例而言，一標準密封袋面額為一千美元的銀幣價值多少，取決於銀價，以及錢幣的磨損狀況。[57]代表亨特的律師——巴特・寇曾斯——抱怨道，「我們得戰戰兢兢」地避免陷進賈瑞奇的計謀。寇曾斯也承認：「他賺了我們每袋三或四金衡盎司。」[58]湯姆・盧梭則記得班克用他那德州口音強調道：「你把牛賣給我們，牛奶卻全都自己留著了。」[59]

一九七九年十月五日簽署的期貨轉成現貨部位合約中出現意外的條款，證實了亨特兄弟在市場上找到了盟友之事。班克指示莫卡塔公司將兩千三百萬金衡盎司白銀送至亨特兄弟與沙烏地阿拉伯生意伙伴共同擁有、總部設於百慕達的國際金屬投資公司。國際金屬投資公司於該年七月與九月之間購入約兩萬張期貨合約，等同一億金衡盎司白銀，除了抬高銀價之外，還給了公司要求紐約商品交易所倉庫交貨、更大力擠壓市場的立場。[60]然而，現在亨利不再空倉，他似乎不那麼在意亨特兄弟壟斷市場的指控了，只覺得過去一週漫長的交涉令他疲憊不堪。[61]他對朋友抱怨道：「班克・亨特害我少了很多睡眠時間，不過他每耗費我一個鐘頭，我就要讓他少睡十個鐘頭。」[62]班克則表示：「我很會睡。我就算虧錢，睡眠時間也不會虧。」

他可能不缺睡眠，但他或許該買鬧鐘的。亨利・賈瑞奇可是紐約商品交易所理事會（Comex Board of Governors）的成員，交易所可不打算讓亨特兄弟哄抬銀價、毀了白銀市場。

✦✦✦

紐約商品交易所和包括紐約證券交易所、芝加哥期貨交易所在內等美國大部分的金融市場一樣，是個在聯邦督導機構——商品期貨交易委員會——指引下自我規範的組織。紐約商品交易所理事會諸位成員是由交易所成員票選而出，負責維持公平且秩序的市場，吸引避險投資者與投機商人，這些投資者下單與交易時，交易所成員便有了商機。[63] 美林證券、E・F・赫頓公司（E.F. Hutton）、培基哈希史都華希爾德斯公司（Bache Halsey Stuart Shields）等大型證券公司都有理事會席次；恩格哈德礦物與化合物公司等工業公司，及莫卡塔金屬公司與J・亞隆公司（J. Aron & Company）等投資公司，也有各自的席次。除各公司代表之外，理事會成員還包括一般民眾代表人——前聯邦儲備理事會成員安德魯・布里默爾（Andrew Brimmer）——確保顧客不受賣方欺詐。

在布里默爾擔任主席期間，理事會成立白銀特別委員會（Special Silver Committee），宗旨是監控市場，在八、九月銀價翻倍後維持秩序。[64] 委員會一度請大陸商品服務公司董事長——沃爾特・歌德史密特（Walter Goldschmidt）——命該公司的頭號證券經紀人諾爾頓・瓦圖克遠離白銀圈子，因為他造成的混亂與衝擊太過嚴重了。[65] 歌德史密特反駁道，瓦圖克是正直負責的交易所成員，委員會無權妨礙他交易，但諾爾頓・瓦圖克還是同意減少在白銀圈子露面的次數。

為減緩投機狂潮，紐約商品交易所提高購買白銀期貨合約所需的保證金額度，芝加哥期貨交易所也依樣畫葫蘆。除此之外，芝加哥期貨交易所還為是否定下每個交易人六百張期貨合約的持倉限額進行表決，通過後，此項規定將迫使班克與赫伯特減少持倉。從大豆事件過後，持倉限額規定便令亨特兄弟擔憂不已，班克處處對人抱怨：「這就像利比亞一樣，他們搶了我的財產。」[66]話雖如此，其實交易所完全有權為守護市場健全而改變規定，班克也打從一開始就明白此事，所以才會將實體銀條運送至瑞士存放。班克另外提出更空泛的怨言，令人聯想到美國史上東岸銀行家與西部鄉下人的爭鬥：「經營市場的那群城市小子，不想讓任何一個外地人賺錢。」[67]由於修改規定的消息發布後，市場上怨聲載道，芝加哥期貨交易所決定在班克與赫伯特同意不收取一九八〇年二月期貨合約的銀貨後，將實行持倉限額的時間往後推。然而，在白銀戰爭中，這不過是第一發炮火。[68]

一九七九年十月二十九日，《紐約時報》一篇報導的標題為「擠壓白銀市場」，被控擠壓市場的密謀者身分就此公諸於世。[69]大多數交易人都拒絕置評，不過貨幣顧問、數年前透過書作讓賈瑞奇注意到莫卡塔與高德斯密公司的法蘭茲・匹克表示：「我已經八十二歲，不在乎自己樹多少敵人了。」匹克列出自己最不喜歡的幾個市場操縱者，包括「堅持拒絕討論他的交易活動」的諾爾頓・瓦圖克、「同樣完全不予置評」的亨特家族，以及「實為中東石油資金大集團的科威特投資者」。法蘭茲為其中一些人貼上的標籤也許有誤，不過他警告道：「他們能以下單購買大量商品的方式……輕易哄抬價格。」那一年，相對於成長約百分之七十的黃金，白銀已成長超過百分之一百五十，商品期貨交易委員會會在日後提出這份數據，將之列為市場受到操縱的證明之一。[70]在一九七九年年初，黃金與白銀的價格為三十六比一，意思是購買一金衡盎司黃金必須花三十六金衡盎司的白銀；而現在，金銀價格比已是二十三比一。[71]匹克表示，市場操縱者以《一八七三年鑄幣法案》前「歷史性的金銀十六比一」為目標；班克則反駁道，黃金與白銀的價格比和市場受到操縱與否無關，而是反映了正常的供給與需求。在政經局勢不穩定的情況下，金銀兩種貴重金屬的價值都有所提升，但是相較於無用處的黃金，白銀的工業需求終將使兩者的價格比壓得更低，可能低達五比一，到時購買一金衡盎司黃金只須花五金衡盎司白銀。[72]班克之所以提出五比一的數字，是因為它低於十六比一，不過他其實能說得更極端。在古埃及，白銀不僅稀少，還被用於醫藥，因此價值反而高於黃金。[73]

《商品交易法案》禁止市場操縱，卻沒有定義這個罪行，只能由法院界定「市場操縱」的範疇。[74]一間上訴法院表示，市場操縱的定義是「以預謀的行為刻意哄抬價格」；定義起來相當簡單，卻十分難證明，尤其在價格時時隨轟動的行為漲跌之時。[75]在這樣的情況下，要從正經的投機商人之中區別出市場操縱者，以及操縱者對市場造成的衝擊，是大規模訴訟才能達到的目標。[76]商品期貨交易委員會表示，一九七九年下旬，諾爾頓・瓦圖克、亨特兄弟與他們的沙烏地阿拉伯合作對象共謀，打算購入超過兩億金衡盎司白銀——超出加拿大、墨西哥、祕魯與美國這四大非共產產銀國家年產量總和——來哄抬銀價。[77]操縱者控制了交易所倉庫中逾百分之四十的白銀，並收取近五千萬金衡盎司銀條，對市場施壓。然而，此次的市場操作案，並不是典型的壟斷市場，事情並不只有買空者防止賣空者交割那麼簡單。舉例而言，在一九七九年十二月，隨著銀價上漲，就連商品期貨交易委員會也表示，賣空者「預期不會有商品交割的困難」。[78] 但是，一些原告反駁此次市場操作和「低價股」（penny stocks）相關的「哄抬計畫」（pump and dump）十分相似。[79] 後到的買家聲稱，亨特兄弟宣稱白銀是極好的投資物，購買大量銀條抬高價格，說服其他人加入白銀買賣，刻意製造價格上漲的循環。

亨特兄弟否定了操縱市場的念頭，表示他們沒有和任何人協調行動，就連兄弟之間也沒有事先協調，並堅稱他們將白銀視為抵抗全球風險的硬資產。商品交易所執行副總裁大衛・盧特雷吉（David Rutledge）也有同感：「我們沒理由相信銀價復漲是因為國際政治情勢以外的任何因素。」[80] 班克從未對任何「後到者」售銀，他還大肆宣稱：「我不是投機商人，也不是市場擠壓者。我就只是個投資者和白銀持有者而已。」[81] 法律糾紛持續了多年，過程中，一些人意外成了戰爭中的犧牲者。

詹姆斯・辛克萊證券公司的老闆——詹姆斯・辛克萊——抱怨道：「白銀市場幾乎完全被極度貪婪的操縱者毀了……他們將大眾逐出了期貨市場。」[82] 相較於過去九個月，在一九七九年十月，白銀的每日平均交易量下降百分之五十，印證了辛克萊的論述；交易量下滑也有部分歸因於越發嚴格的保證金規範。[83] 當然，並不是所有人都對白銀市場敬而遠之，此時購買白銀的人必須有錢，還必須堅信它是對抗經濟混亂的最佳避險投資物，所以班克的么弟——拉馬爾——暫且將堪薩斯城酋長美式足球隊放在一邊，投入白銀投資事業，也是情有可原。拉馬爾表示，他最初購銀是「基於我聽班克說過的話（還有）我讀過的文章，認為那是好投資」。[84]然而，拉馬爾和一九七三年便開始購銀的兩位兄長不同，他是在一九七四年才加入市場，並且坦承：「我看到價格上漲，結果我和其他典型的天真投資者一樣太晚進場，虧了錢。」

但是，拉馬爾．亨特並不是典型的投資者，他有本錢被賠錢的投資套牢，靜待它賺錢的那一刻，而他得勝的時機終於在一九七九年到來了。拉馬爾又開始投資，若以蒸汽挖土機比喻班克投入的資本，拉馬爾用的就是小茶匙，但至少是足以令他在一九七九年十月花心思關注的資本額——話雖如此，一到週日下午，拉馬爾便會將投資事務拋到腦後，關心握有四比二領先優勢、頗有冠軍相的酋長隊。[85]從一九七〇年一月在超級盃賽事中得勝至此，已經過了將近十年，拉馬爾當時得意洋洋地抱在懷裡的標準純銀獎杯，價值如今隨上漲的銀價翻了近九倍，他希望酋長隊能再贏一座獎杯回來。[86]可惜在前程似錦的開頭過後，酋長隊連敗了五局，無望抱得獎杯而歸，拉馬爾只能從一九七九年白銀狂熱爆炸性的結尾獲得些許慰藉。

◆◆◆

一九七九年十一月四日，伊朗一群學生挾持美國大使館的工作人員，再加上俄羅斯軍隊在十二月底進入阿富汗，國際局勢越發緊張，本已過熱的白銀市場燃起熊熊烈焰。一九七九年十二月三日星期一，《華爾街日報》新聞「中東危機引起不安，美元貶值」點出了美元相對德國馬克的最低值，該篇報導也指出，銀價漲到了每金衡盎司二十・〇五美元的新高。[87] 同樣在十二月，《紐約時報》一篇標題為「金價首度突破五百美元」的報導解釋道，「何梅尼表示，伊朗和美國當前的衝突可能惡化」，並表示對「消息指出，數千人的蘇聯軍隊在阿富汗出沒」。[88] 然而，相較於白銀在一九七九年最後數日一鳴驚人的表現，這些都簡直是小巫見大巫。

一九七九年十二月三十一日，白銀市場以每金衡盎司三十四・四五美元收盤，和聖誕節假期前最後的交易日——一九七九年十二月二十一日——的價格相比，上漲了將近百分之五十。[89] 聖誕節當週，許多交易人選擇放假休息，所以市場門可羅雀，價格經常大幅漲跌，尤其在蘇聯無預警進軍阿富汗之時。[90] 一名交易人說出了顯而易見的事實：價格水漲船高是「因為市場上就是沒有賣家」。一名金融分析師提出了更基本的說明：「白銀在投資活動中扮演的角色，正發生戲劇性的再估價。」[91]

亨特兄弟預期了人們的思想轉變，從中賺到只有亨特家人才想像得到的巨額財富。到了一九七九年年末，他們擁有約兩億金衡盎司白銀，平均價格約每金衡盎司八美元。[92] 在歲末收盤價——每金衡盎司三十四・四五美元——之下，他們的利潤超過五十億美元，班克完全能用這個數字抹消父親對他的那句：「你不配當我的繼承人。」不過H・L已經去世了，班克只表示自己「不理解，怎麼會有人有白銀短缺的狀況」。[93]可惜，名為伊斯麥・馮賽科（Ismael Fonseco）的祕魯公務員沒聽到班克這句話。

伊斯麥・馮賽科是個三十出頭、身形矮壯的男人，在祕魯國有地經銷企業祕魯礦產品銷售公司（Minpeco）工作，公司業務是聚集全國的白銀與其他礦產，銷售至全球市場。一九七九年年初，馮賽科被該公司送去參加訓練課程，學會用期貨合約降低公司面對的倉儲風險。[94]一九七九年九月，祕魯礦產品銷售公司擁有三百六十萬金衡盎司白銀，為避免價格下跌影響銀條的價值，馮賽科在期貨市場上賣空約等量的期貨合約。可是比起安分守己的公務員，馮賽科更想當超級巨星，於是當銀價於十月初逼近十八美元時，他開始在為取得上層同意的情況下售出更多期貨合約，等著在價格如預期下跌時賺取利潤。到了十一月底，馮賽科已賣空一千五百七十萬金衡盎司白銀期貨，不過公司庫存仍然只有三百六十萬金衡盎司銀條，這表示祕魯礦產品銷售公司短缺一千兩百一十萬金衡盎司白銀。馮賽科像在賭輪盤一樣，銀價每下跌一美元，他就能替公司賺入一千兩百一十萬美元；但反過來，銀價每上漲一美元，公司就虧損了一千兩百一十萬美元。等到十二月中，馮賽科暗中從事投機交易的行為被發現並阻止時，銀價已上漲超過六美元，公司虧損了約八千萬美元。[95]

班克從沒聽過伊斯麥・馮賽科的名字，在祕魯礦產品銷售公司控告亨特兄弟操縱價格、造成虧損時，他才漸漸對這個人有所認識。《華爾街日報》報導：「祕魯官員認為，祕魯礦產品銷售公司於十二月底購買（約）一千萬金衡盎司白銀期貨的需求……間接造成當時的銀價急遽上漲。」表示這很可能是公司自己造成的傷害。[96]班克認為該事件反映了政府的無能，又一次證明社會主義只會走向滅亡，而班克想得沒錯——官僚體制下的公務員並不適合當投機商人，馮賽科被開除也是合情合理。不過，此次事件造成最深的影響，是告訴大眾：班克失去了對市場的控制。一九七九年十二月，價格漲得太高、太快，市場來不及喘息，班克早該看出局勢中的危險的。前財政部長亨利・摩根索是出身紐約州菲什基爾村的農人，和班克・亨特相比不過是菜鳥市場操縱者，但連他也知道在《一九三四年白銀購買法案》下抬高銀價時，要避免過量投機交易。他曾在一次記者會上，發表經過深思的策略：「我們要的是銀價上漲，但不希望價格上漲引起轟動，因為最糟的情況是銀價在上漲後崩盤。」[97]

班克為無視歷史付出了代價。

第十九章

崩盤

紐約市以北的西徹斯特郡，盜賊從富裕的城鎮盜取標準純銀，將銀器鎔鑄成銀條，拿到交易所販售，此舉鬆動了班克・亨特對白銀市場的掌控。根據州警報告，一九七九年十一月與一九八〇年一月之間發生了一百多起竊盜案，其中八十五樁案件中，遭竊的物品是白銀。西徹斯特郡北堡鎮（North Castle）的警探——威廉・亞當斯（William Adams）——如此描述典型的非法侵入案：「他們先進臥房拿枕頭套，然後進飯廳把餐具櫃清空。他們不會擔心自己提著枕頭套離開是否將引人注目，因為離開時都是用跑的。」[1]亞當斯補充道：「最先被偷的銀器，是包括刀、叉、湯匙在內的餐具。」《紐約時報》開玩笑道：「警察看到一個男人肩上掛著枕頭套、奔往樹林，就知道他不是要去洗衣店。」有時，竊盜案是內鬼犯下的，基斯科山鎮（Mount Kisco）的警員報告：「兩樁竊盜案都是青少年盜取自家銀器，試圖轉售。」

銀價壯觀的漲勢，使得贓銀買賣一觸即發。在過去銀價仍是每金衡盎司一・二九美元時，一人份的標準純銀餐具組也許要價三、四十美元，現在卻價值至少五百美元。康乃狄克州哈特福市一名珠寶商出售克柯斯蒂夫公司（Kirk Stieff）出品的舊馬里蘭州雕刻（Old Maryland

Engraved）四件個人餐具組，一組要價六百三十七・五〇美元，所以若要買一套十二人用的餐具組，就得付出七千多美元的高價。[2] 一名警員表示：「如果銀器上午十點被偷，到下午三點就已經鎔了。」不過西徹斯特郡的亞當斯警探認為竊賊的手腳比那更快，他聽過竊賊「跑走後直接在卡車裡把它鎔了」。[3] 在銀器被鎔鑄成銀條後，物主就再也別想尋回失物了。到一九八〇年一月，竊盜瘟疫擴散至紐約市郊以外的地區，休士頓警局的J・C・戴維斯（J.C. Davis）警探表示：「金屬失竊案發生的頻率在過去六個月翻倍了。」[4] 戴維斯描述的一樁住宅竊盜案中，「電視、音響和德州槍枝收藏都被丟進游泳池，銀器和首飾卻被偷了」。底特律市郊奧克蘭郡的警探抱怨道：「當地報紙刊登錢幣與金屬商收購舊金器銀器且『不會多問』的廣告。」奧克蘭郡布魯姆斯菲德鎮（Bloomsfield Township）的唐納・季默曼警督（Lieutenant Donald Zimmerman）表示：「這當然是叫人變賣贓物的邀請函。」

本已忙得不亦樂乎的精煉廠，如今被大批湧入的贓銀壓得喘不過氣來。《洛杉磯時報》（*Los Angeles Times*）宣布「人們利用貴重金屬熱潮賺錢」，且根據報導，洛杉磯當地一間精煉廠——美國白銀回收公司（American Silver Recovery, Inc.）——的總裁建議道：「你手上如果有舊物（銀器或金器），那就賣了吧。如果它躺在閣樓或塞在某個抽屜裡，那就把它拿出來賣了。」[5] 有些人做得更絕，變賣家中代代相傳的古董；另一間精煉廠——雙子工業公司（Gemini Industries）——的總裁賽巴斯汀・慕斯柯（Sebastian Musco）表示：「人們陷入慌亂，而最悲傷的是，他們毀了珍貴的傳家寶。之前有人帶著一八〇〇年代製造的標準純銀咖啡壺進來……想把它當廢金屬賣了。」[6]「英國人將世襲財產變賣成現金」的新聞標題，證實白銀狂潮擴散至大西洋另一岸之事。[7] 根據英國金屬商莊信萬豐公司（Johnson Matthey），「放到櫃檯上的每一件物品都立刻被摧毀，包括它近期購入的一七四八年（標準純銀）托盤」。位於倫敦哈頓花園珠寶區的貴重金屬商D・佩納列公司（D. Penellier & Company）一名經理表示：「那實在是犯罪啊。」說話的同時，他忙著檢視一組被他當廢銀買下的英王喬治時代茶具組。

在一九七〇年代，亨利・賈瑞奇靠著將美國的舊銀幣鎔鑄成銀條致富；但到了一九八〇年一月，在暴利的吸引下，所有人都成了套利商人。在母親的陪同下，芝加哥兩名青少年將祖父留給他們的一九六五年前十美分與二十五美分硬幣共兩百美元，帶到鬧區的路普錢幣鋪（Loop）換得了四千美元。[8] 錢幣收藏者將他們收藏的錢幣當廢銀售出，賺了一些錢，不過專業的錢幣商人就看不下去了。費城知名錢幣專家——哈利・福爾曼（Harry Forman）——列舉被當廢銀鎔鑄的錢幣時，聽上去像是有至親死於流行病。據福爾曼所述，被鎔鑄的珍貴幣別包括「絕無僅有的……一九三一年D與S水銀十美分硬幣、一九三七年S與一九五五年D華盛頓二十五美分硬幣，還有一九四八、一九五三與一九五五年富蘭克林五毛硬幣。」[9] 他補充道：「我們見證了本世紀最大規模的鎔幣行動。」紐約市名頭響亮的錢幣商人喬爾・可恩（Joel Coen）表示：「我自己每週把價值兩百到四百萬美元的銀幣送去鎔鑄廠。如果我們繼續摧毀這些錢幣，以後還會剩下任何錢幣來讓我們收藏嗎？」美國財政部也加入這場派對，從國庫挖出了被埋沒已久的寶藏——將近一百萬枚於一八七八至一八九三年間在現已停止營運的卡森市鑄幣所鑄造的銀元——每枚銀元以四十五到六十五美元的價格售出。[10]

班克・亨特若想讓銀價維持在高峰，就必須買下市場上所有的銀條，包括墨西哥與祕魯新開採的白銀，以及錢幣商與古董店鎔鑄的銀條。此外，他還得擔心人們透過杜拜將印度的白銀走私到全球市場上，全球市場因此增加大量銀貨，在一九八〇年年初，增加的白銀量約等同墨西哥年產量的一半。[11] 據估計，印度平民脖頸、手腕與腳踝上的銀質首飾共多達數十億金衡盎司，卻在習俗與法令的規範下無法鎔鑄成銀條。[12] 傳統上，印度女性能繼承的就只有服裝與首飾，所以她們往往以金銀首飾的形式貯存財富。印度政府於一九七九年二月禁止白銀外銷，不過那之後銀價暴漲，導致白銀穩定地藉由出海的三角帆船出口，麵包大小的銀塊被藏在布匹、地毯與玩具之中。[13] 杜拜最大的貴重金屬商之一——阿許拉夫・阿敏（Ashraf Amin）——表示：「我們在進行開放的貿易。」新聞媒體也以文章標題印證此事：「走私白銀貿易在杜拜復甦。」[14]

在相關報導發布之前，班克一直對已經出土的白銀供給視而不見。他不解地表示：「怎麼會有人把銀賣了換錢？他們應該是擦銀擦到累了吧。」[15] 然而，美國至少有二十五億金衡盎司以錢幣、銀器與其他二級來源形式存在的白銀，遠多於亨利・賈瑞奇等專家所推估的數字，足以彌補十二年的白銀牛市世界產量與消費量差額；這些潛在銀貨靜靜等著，等待夠高的價格到來。[16] 一九八〇年一月，價格終於夠高了，鎔化的白銀被鑄造成銀條，不過由於精煉廠工間不足，這些次級供給沒能主宰市場，也沒能減緩價格上漲的壓力。馬里蘭州蓋瑟斯堡的一名錢幣商人表示：「鎔鑄業者都忙不過來了，他們現在完全沒有買入。」《華盛頓郵報》也寫道：「倉庫滿溢的同時……精煉業者停止購銀。」[17] 精煉業的瓶頸終會得到舒緩，但紐約商品交易所沒有餘裕等供給超越需求，此時白銀交易者已逐漸散去，紐約商品交易所必須窮盡全力存活下去。

✦✦✦

一九七九年最後三個月，銀價的每日變動幅度是一年前的兩倍，而在一九八〇年一月的前兩週，價格時而高達每金衡盎司四十三・七五美元，時而低達每金衡盎司三十三・六五美元，百分之三十的漲跌幅度實在嚇人。[18] 由於風險提升，一九八〇年年初的紐約商品交易所交易量減半了，不過默默消失的不只有投機商人，珠寶商與貴重金屬商也為了避免不確定性帶來的風險，拒絕向顧客購買白銀。[19] 尤金・伯克維茲（Eugene Berkowitz）——位於芝加哥東麥迪遜街二十九號，屬珠寶業中心的玫瑰公司（Rose Industries）總裁——說明自己不再向顧客購銀的理由：「我停止買這些東西……是因為市場反覆無常的天性。」[20]《芝加哥論壇報》報導道，西麥迪遜街十二號的老字號錢幣商約翰・羅斯公司（John Ross）「派投機商人上電話簿黃頁，替他們購物」，投機商人則為此感到不滿。[21] 上述兩間公司都拒絕參加白銀市場，避免受到銀價劇烈的波動波及，然而紐約商品交易所無法抽離白銀市場，因為該市場就是交易所的生意所在。

一九八〇年一月七日晚間，經過投票表決，紐約商品交易所理事會決定從一九三三年成立至今，首次制定對投機商人的持倉限額規定。新規定防止投機商人在交割月份持有超過五百張期貨合約，並將他們的淨倉位限制在兩千張合約以內。[22]理事會主席洛威爾・敏茲（Lowell Mintz）表示：「我們為了維持市場秩序，主動採取了行動。」但所有人都明白，這是針對亨特兄弟的舉措，為的是防止他們從交易所倉庫領取銀貨。[23]新聞媒體報導道，大眾「擔心少數大宗白銀持有者，例如美國的亨特兄弟與中東的石油巨賈，可能使市場擠壓軋空」。[24]班克被迫減少他在商品交易所的期貨倉位，而對於新規制，他的回應彷彿在重量級冠軍角鬥賽前挑釁對手：「現在市場設了持倉限額……我更有可能採取行動，接收到期期貨合約的銀貨了。」[25]

但其實班克深諳應對進退之道，在一九八〇年一月十四日那週，他以期貨轉成現貨部位的方式，像是一九七九年十月和莫卡塔金屬公司的交易那樣，和工業巨頭恩格哈德礦物與化合物公司進行交易（只不過這次的規模更大），減少自己的期貨倉位。[26]由恩格哈德公司菲利普兄弟（Philipp Brothers）分部副總裁雷蒙・內辛（Raymond Nessim）發起協議，以平均約每金衡盎司三十六美元的價格，售予亨特兄弟約兩千八百五十萬金衡盎司實體白銀，恩格哈德公司則換得等量銀條的紐約商品交易所多頭部位期貨合約，雙方各取所需。恩格哈德公司需要用期貨合約減少空頭部位，因為原先的空頭部位已迫使該公司支付了數百萬美元的變動保證金利息；班克則須減少自己的期貨倉位，以免違反持倉限額規定。那兩千八百五十萬金衡盎司白銀的總價為十億多美元，亨特兄弟同意在接下來數月分期付款，金額最高的一次付款將是一九八〇年三月三十一日的四億三千四百萬美元，不過恩格哈德公司有權選擇加速交割銀貨，在三月三日提前收款。沒有人想過，這是顆將在班克面前爆炸的定時炸彈。

紐約商品交易所新設下的持倉限額規定使銀價稍微下跌，但若將格局放大，就會發現那不過是路上一個微不足道的減速丘，整體而言，這條路仍通往銀價高峰。一九八〇年一月十八日星期五的交易日當中，銀價到達每金衡盎司五十美元、世界上前無古人後無來者的紀錄，在市場價格下，亨特兄弟持有的兩億金衡盎司白銀價值一百億美元。[27]在扣除相關借貸約五億美元後，他們的白銀倉位甚至價值高於班克那片利比亞油田的估價。以鄉村俱樂部為例來說明的話，每金衡盎司五十美元的銀價就表示三顆標準純銀高爾夫球（一份特別的父親節禮物），每顆含一・三六六金衡盎司純銀，售價會是兩百零四・九〇美元；如果是以一九六七年前的每金衡盎司一・二九美元銀價計算，那三顆球的價值就只有五・二九美元，還是留在高爾夫球場上比較划算。[28]

歷史證實了班克在一九七三年、銀價仍低於每金衡盎司三美元時購買白銀的決定，後來政經局勢於一九七九年陷入混亂，他像高明的二十一點玩家一樣「加倍下注」，也是十分明智的選擇。從一九七九年二月，何梅尼返國成為伊朗革命派領袖至今，黃金與白銀的價值都連連高漲，不過變動幅度較大的銀價漲了約七倍，金價的成長比例卻只有銀價的一半。[29]結果在一九八〇年一月十八日，金價漲到每金衡盎司八百五十美元的高峰，銀價也到達每金衡盎司五十美元之際，金銀價格比下降到十七比一，相當接近歷史上的十六比一，足以證實法蘭茲・匹克數月前大膽的預測，也使亨特兄弟在扭轉一八七三年的罪行此一百年戰爭中成為英雄人物。[30] 這下，威廉・詹寧斯・布萊恩終於能夠安息，不必再競選總統了。

依班克的建議進行買賣的投資者大賺了一筆，不過白銀買家若聽到席爾森羅卜羅德斯證券公司（Shearson Loeb Rhoades）貴重金屬分析師巴德・斯瓦德（Bud Sward）一句無辜的觀察，理應感到憂心才是。斯瓦德聲稱：「白銀已經不是窮人的金屬了，在以交易為目標的投機商人眼裡，它正在失去吸引力。」[31] 白銀之所以表現優於黃金，部分是因為它是平易近人的金屬，它在十九世紀前作為國際流通的交易媒介主宰市場，也是拜此所賜。儘管白銀不再是貨幣用金屬，只要它仍然是對抗通貨膨脹的硬資產，人們就沒有異議。問題是，紐約商品交易所需要投機商人在市場上交易，才有辦法存活下去，所以才在一九八〇年一月二十一日過後，禁止亨特兄弟繼續購買白銀。

◆◆◆

商品交易所理事會於一月二十一日星期一上午九點開會，討論白銀交易的新緊急措施，平時在上午九點四十分開盤的白銀市場也延遲開市了。[32] 會議持續得比預期的久，銀市開盤先是被延遲到上午十一點，接著是中午十二點三十分，最後改成下午一點三十分。會議紀錄顯示，理事會成員相信市場「失控了」，也不再具「合理的經濟功能」。[33]理事會成員與布蘭德斯歌德史密特公司（Brandeis, Goldschmidt & Co.）代表亨利・艾森堡（Henry Eisenberg）表示，買空者「已經達成典型的市場壟斷了」。[34]另一位理事——代表夏普斯皮克斯利公司（Sharps Pixley）的愛德華・霍夫斯塔特（Edward Hoffstatter）——將一月七日到一月十八日的價格上漲現象，描述為「市場阻塞、每日有新買空者加入的跡象」。[35]他也懷疑那些人「不是新的買空者，而是由舊有勢力控制的新戶」。後來，美國證券交易委員會（Securities and Exchange Commission）一次調查顯示，至少「二十一名亨特家人與相關實體持有或交易過白銀」。[36]到了十二點三十分，理事會經過表決，決定宣布白銀期貨的「緊急狀態」，並「將商品交易所所有交割月份的白銀交易限制在償付的範圍」，表示亨特兄弟等「買空者」只能售出（償付）自己的倉位，無法購入更多銀貨。[37]提案在全員同意下通過，投票支持此案的理事會成員，包括曾與亨特兄弟有生意往來的兩人：莫卡塔公司的亨利・賈瑞奇，以及恩格哈德公司的雷蒙・內辛。[38]

一月二十一日銀市延後在下午一點三十分開盤，而後一如往常地在下午兩點十五分收盤，商品交易所的即期銀價下跌不到三美元，跌到每金衡盎司四十四美元。[39]《華爾街日報》評論：「商品交易所爭議性的措施能否迫使大投機戶……赫伯特・亨特與兄長尼爾森・班克・亨特……與諾爾頓・瓦圖克的客戶……放棄既存的倉位，目前仍不清楚。」[40]隔日，一月二十二日星期二，情勢漸漸明朗，芝加哥期貨交易所也加入紐約商品交易所，聯手打擊被控操縱市場的亨特兄弟，制定了自己的僅限償付規定。白銀買家無法逃避新規，賣家則將即期銀價壓到每金衡盎司三十四美元，銀價前所未見地大跌十美元。[41] 英國《衛報》一篇標題為「商品交易所限制衝擊銀條市場」的報導談到，雖顯示了規模較大的紐約商品交易所以身作則的力量，但其實較顯著的價格下跌是在芝加哥期貨交易所加入行動之後才發生，兩間交易所都影響了市場。[42] 一月二十一日與二十二日，銀價暴跌百分之三十，創下一九六七年白銀開始自由交易至今最高的兩天跌幅紀錄，長久的牛市終於畫上句點，亨特兄弟將面對一連串的震盪。[43]

一月二十一日與一月二十二日兩天，赫伯特・亨特損失了約三十億美元，隔日，他寫信向商品交易所理事會主席李・伯恩特（Lee Berndt）抗議。亨特兄弟抱怨道，商品交易所理事會先前的政策「有失信用」，僅限償付的交易規定並不符合「市場中立」原則，且有意對價格「造成下降的影響」、「援助與安慰那些市場上的短缺賣家」。[44] 亨特兄弟並沒有直接提及雷蒙・內辛這位理事會成員，不過當初就是身為理事會第一副主席的他召開緊急會議的。[45] 內辛是恩格哈德礦物與化合物菲利普兄弟分部的代表，在一月二十一日，該公司仍有逾四千張期貨合約的短缺，是理事會上短缺最嚴重的公司，這表示內辛推行新政策可能是出於私人利益，即使是為了進行實體銀條的避險買賣，也存有疑慮，畢竟恩格哈德公司希望能壓低價格，減少空倉保證金龐大的利息壓力。[46] [47] 亨特兄弟在信中呼籲商品交易所「重新考慮」是否繼續實行新規，並警告道，若不「改正理事會偏頗的行為，之後無疑會造成商品交易所理事會、參與者與所有相關人士的法律與財政問題」。[48]

班克公開表示，這是東部都市人對西部鄉下人的欺凌，交易所的內部人士之前感到苦惱，是因為「他們認為如果有錢可賺，就該由他們賺走」。[49]班克也對新聞媒體訴說道：「我在既存的規則下買了期貨，結果規則突然變了，這樣公平嗎？」[50]

班克說得有理，期貨交易和美式足球同樣是接觸性運動，但球員在打美國人最愛看的美式足球賽時，都是遵守事先制定且不會更改的規則。球員為了在美式足球場上得勝而推擠、拉扯，冒著身受重傷的風險打球，不過我們打個比方，準備從四十碼外射門的主場球隊，不能臨時將球門向前移到三十碼線處。期貨交易怎麼會比職業美式足球還不公平呢？

亨利・賈瑞奇也曾為修改規則的公平性感到憂慮，在商品交易所理事會緊急會議前和律師湯姆・盧梭討論過此事；盧梭用一句話讓亨利舒展眉頭、露出笑容：「啊，不過其中一條規則就是期貨交易所得以修改規則，這是眾所周知的規定，所有人都該適應新規。」[51]新聞媒體稱僅限償付的新規制為「期貨交易所能採取的最極端措施之一，也是鮮少執行的政策」；話雖如此，亨特兄弟還是該仔細研究近代史的。[52]一九七九年十一月，白銀限制推行的兩個月前，市場遭擠壓軋空的危機迫使紐約咖啡、糖、可可交易所（New York's Coffee, Sugar and Cocoa Exchange）針對咖啡制定僅限償付的交易規定，紐約商品交易所也針對紅銅制定相同的限制，不過這兩者的新規都只套用在該交割月份，並沒有造成太過繁重的影響。[53]償付規定對亨特兄弟造成沉重的衝擊，但紐約商品交易所完全有權制定相關規則，所以班克的怨言並沒有引起太多迴響，只有參議院銀行事務委員會主席——威斯康辛州特立獨行的威廉・普羅斯米利（William Proxmire）——調查亨特兄弟對交易所內部利益衝突的指控，並表示：「極大的空倉」使「決策制定者明顯受私利影響」。[54]亨特兄弟一直沒展開法律訴訟，但一名證人證實班克還是指控商品交易所理事會成員利用新規獲利：「聽說他們至少半數人都賺了一大筆錢。」[55]紐約商品交易所雖在二月十三日修改規定，僅限償付的規定還是使白銀的歷史軌道轉了個彎，迫使班克與赫伯特為避免破產而賭上亨特家的家產。[56]

◆◆◆

交易所銀市確實開始走下坡了，但在下一次大崩盤之前，銀市一直維持相當穩定的價格，且維持了超過一個月。一九八〇年三月三日，白銀的現金價為每金衡盎司三十四・二五美元，從商品交易所與芝加哥期貨交易所的償付限定命令在一月二十二日使市場崩盤過後一直沒有大變動。那天，恩格哈德公司的內辛告知赫伯特，他的公司想行使期貨轉成現貨部位的選擇權，提早交付銀貨。[57]赫伯特禮貌地告訴內辛，亨特兄弟的資金都用於投資，在月底之前無法提用，因此「不方便」在三月三日收取銀貨。內辛則同樣禮貌地堅持要亨特兄弟為延後付款補償恩格哈德公司，在合約規定的交貨日——三月三十一日——多支付一百七十萬美元。考慮到恩格哈德公司本該在三月三日收到這筆錢，亨特兄弟補償公司損失的利息收入也是理所當然，再公平不過。公平歸公平，不過亨特兄弟延遲付款、默默補償利息損失的行為，在許多交易人眼中是一種警訊，這表示班克與赫伯特的財政狀況出現了弱點。

二月與三月，亨特兄弟借了將近十億美元買下到期期貨合約的實體銀條，白銀相關的借貸總金額已接近十五億美元。[58]他們會需要現金，一部分是為了幫助合夥人納吉・納哈斯——諾爾頓・瓦圖克的客戶——躲過商品交易所的持倉限額規定、收取銀貨；一部分是為了繳交自己越來越重的保證金。[59]三月四日，巴克萊銀行國際部門（Barclays Bank International）拒絕了亨特兄弟抵押銀條借貸一億美元的請求。赫伯特與班克先前為了奉承巴克萊銀行，表示他們將向歐洲各家大銀行借貸共三億美元，巴克萊的借款將占那三億美元的三分之一……沒想到他們失策了，巴克萊銀行聽了反而不願意借錢。一份內部備忘錄寫道，巴克萊銀行之所以拒絕借貸，是因為「抵押銀貨的量……過於龐大，在借方不履行債務的情況下，若嘗試將白銀流動化，銀價將大受侵損，抵押品可能無法涵蓋借貸額」。[60]亨特兄弟的事業規模已經太大了，巴克萊銀行審慎的考量將如土石流迅速擴散，使銀價下滑。

亨特兄弟過去也曾受到商業上的指控，包括操縱大豆價格、竊聽員工，以及用鑽油事業所得的資訊超越競爭對手，但無論人們如何指控他們，他們一向準時繳交各項費用。[61]近乎完美的信用評分，允許他們在不提供一般文件的情況下向美林證券、巴赫公司、E・F・赫頓公司等證券業巨頭借了將近五億美元。[62]這些借款的抵押品都是白銀，若亨特兄弟不履行債務，銀貨將全數賣到市場上，在可能性相當低但堪稱災難的情況下，白銀價格將瞬間暴跌。一九八〇年三月六日，巴克萊銀行拒絕借貸的兩天後，即亨特兄弟沒能在恩格哈德公司提早交割時付款的三天後，銀價跌了百分之八・五，這是一月二十二日後跌得最嚴重的一次。三月十日星期一，德意志銀行（Deutsche Bank）拒絕了類似的借貸請求過後，銀價又跌了百分之十・一。[63]銀行拒絕借貸的消息並沒有登上報紙，但班克為此感到不悅，而壞消息往往會滲入市場，像摧毀個人聲譽的醜聞一樣使價格下跌。而且，這還不是和亨特兄弟有關的最後一則壞消息。

一九八〇年三月十四日，卡特總統推行看似為摧毀亨特兄弟而設計的抗通貨膨脹限制信貸計畫，白銀交易者聞言急得如熱鍋上的螞蟻。人們預期新政策將減少投機交易所需的借貸資金，賣家紛紛壓低白銀的即期價格，價格在三天內幾乎腰斬，從原本的每金衡盎司二十九・三〇美元跌到十七・四〇美元。[64]根據《華爾街日報》報導，在三月十三日星期四，銀價「在卡特總統宣布實行抗通貨膨脹計畫過後」下跌。[65]三月十四日，詳情在下午四點三十分的演說前流出，價格又再次下跌。[66]而在三月十七日星期一，市場花了一個週末消化上週發布的消息，價格又跌了百分之十九。[67]新聞媒體報導道，星期一的下跌令專業人士十分吃驚：「德瑞克・伯恩漢・蘭伯特公司（Drexel Burnham Lambert Inc.）商品研究長傑克・波伊德（Jack Boyd）和業界許多人一樣，上週末預期期貨價格不會對新政策產生太大的反應，畢竟價格已在新政策發布前大跌了。」[68]

由於總統的新計畫缺乏明確的限制，研究員波伊德陷入過於安逸的思維模式，不過以自身資產承受風險的交易人總是會焦慮緊張，時時在報章雜誌中尋找新消息。三月十七日星期一上午，《華爾街日報》宣布了壞消息：美國中央銀行聯邦儲備系統發言人表示：「新政策的設計，一部分是為了確保信貸較平均分配，並削減它的成長。」[69]《華爾街日報》還補充道，聯邦儲備系統「『鼓勵』貸方限制消費者借貸、減少為企業收購借貸出資……（並）避免資助『純投機持有』商品」。反投機條款使白銀投機商人面臨威脅，交易者爭先在三月十七日星期一拋售白銀。隔日，加拿大皇家銀行（Royal Bank of Canada）、多倫多道明銀行（Toronto Dominion Bank）與加拿大豐業銀行（Bank of Nova Scotia）分別拒絕了亨特兄弟借貸一億美元的請求，表示加拿大銀行業者也重視聯邦儲備系統的警告。[70]這下，班克與赫伯特借不到錢，無法支付逐漸成長的變動保證金了。

在那個全球資產超過十億美元的富豪不到十二人的時期，亨特兄弟仍屬於世界頂層。[71]班克的賽馬、澳洲農地與牧牛場，赫伯特在達拉斯的房地產，再加上他們在普拉西德石油公司的股份，以及龐大的白銀庫存，總計仍舊是可觀的一筆財富。他們就像十四世紀的英格蘭貴族，擁有大莊園與大片地皮，持有的金銀貨幣卻不多。在資產方面相當富有，現金方面卻相當貧窮。過去，英格蘭國王愛德華三世（Edward III）為了僱用威爾斯弓箭手和法國作戰，向佛羅倫斯的巴爾第（Bardi）與佩魯奇（Peruzzi）銀行家族借取現金；二十世紀的班克與赫伯特也一樣，必須借錢繳付保證金。

卡特限制信貸的計畫封閉了向北美洲各間銀行借貸這條路，迫使班克與赫伯特用銀條與銀幣償還他們對證券公司的債務。亨特兄弟的個人戶頭在巴赫公司，國際金屬投資公司的戶頭則在美林證券，這兩間公司依交易所規定用現金代付保證金，並收下亨特兄弟抵押的白銀，卻每週將抵押品的價格打上百分之二十五到三十五的折扣，反映價格風險。[72]亨特兄弟將他們在南非的銀礦庫存抵押給美林證券時，證券公司甚至將它的價值打了百分之六十五的折扣。[73]班克接著在三月中前往歐洲，打算在不受聯邦儲備系統管制的歐洲，和他最愛的瑞士銀行（Swiss Bank Corporation）做生意。這間瑞士大銀行已經借了兩億美元給亨特兄弟，卻在三月二十日告知亨特兄弟：出於「技術上的問題」，銀行無法將貸款的金額預付給他們。[74]所謂「技術上的問題」，是指瑞士聯邦銀行監理委員會（Swiss Federal Banking Commission）同意加入美國聯邦儲備系統的行列，減少金銀投機交易用的借貸。[75]

除了向沙烏地阿拉伯的合作伙伴求援以外，班克已經別無他法了。三月二十二日，他包了十人座的小型四引擎商務噴射機洛克希德噴射星（Lockheed Jetstar），隨瑪穆德・富斯托庫和納吉・納哈斯從先前下榻的巴黎起飛，前往港都吉達謁見他們身分尊貴的出資人。[76]班克明白，這不是搭民航機的時候。抵達吉達時，富斯托庫用家族關係先替班克開一條路，和儲君阿卜杜拉之子——費薩爾王子——先談過話，並告訴王子，銀價下跌不過是一時的起伏，對他們有利的基本力量很快又會再次主導市場走向。富斯托庫之所以如此胸有成竹，是因為他耳聞沙烏地阿拉伯貨幣局將以購銀的方式，使國庫儲備多元化，若白銀再次成為貨幣金屬，它必將迎來截然不同的命運。[77]

費薩爾和父親商量過後，將壞消息傳達給富斯托庫：見識到近期的虧損，尤其是期貨交易所更改規則、聯邦儲備系統限制投機商人迫切需要的借貸管道後，王室認為白銀市場比班克所說的複雜許多。儲君阿卜杜拉拒絕提倡白銀幣制、犧牲沙烏地阿拉伯貨幣局的獨立性。白銀在沙烏地阿拉伯歷史上一度扮演重要的角色，但它對該國的影響將永遠停留在過去。

◆◆◆

此行失敗後，班克從吉達回到巴黎，籌備一場震驚金融界的記者會。一九八〇年三月二十五日，巴赫公司要求亨特兄弟立即以現金償付一億三千五百萬美元的變動保證金，而在三月三十一日，班克必須為一月的期貨轉成現貨部位付給恩格哈德公司四億三千四百萬美元。[78]恩格哈德公司握有班克抵押的八百五十萬金衡盎司白銀，不過即期銀市的收盤價為每金衡盎司二十．二〇美元，表示這批抵押物只有一億七千兩百萬美元的價值，還不到亨特兄弟債款的一半。赫伯特．亨特對巴赫公司表示，他們沒有現金也沒有足以支付保證金的銀條，而作為回應，巴赫公司打了正式的電報給班克、赫伯特、拉馬爾及其他在該公司開戶的亨特家人：「為達追繳額，我們將酌情立即將白銀及期貨部位流動化。」[79]

在亨特兄弟的債權人火速售出銀條的熱潮下，市場上所有人都會受創，但這也加深了班克對白銀的信念。從一九八〇年一月十八日的高峰至今，銀價大跌百分之六十，相對於跌了不到一半的黃金，白銀又變得廉價許多。[80]此時，黃金與白銀的價格比是二十五比一，遠超過最接近歷史比例十六比一的一月。班克的信念從未動搖，他仍舊堅信終有一天，人們只需五金衡盎司白銀便能購買一金衡盎司黃金：「我會繼續相信我預測的五比一。」[81]他不願意售出資產，但也明白若無法履行債務，債權人可能會迫使他進入宣告破產的程序，對一個身價遠超過十億美元的富豪而言，那樣的代價太高、太丟人了。

一九八〇年三月二十六日下午，班克在新聞稿中宣布，他原則上同意「加入另外四個持有大量白銀的男人，銷售以白銀為本的債券」，「分為不同面額，透過歐洲各家銀行」發售。[82]參與債券銷售的其他四人分別為沙烏地阿拉伯的費薩爾王子、瑪穆德・富斯托庫、納吉・納哈斯與謝赫穆罕默德・阿爾-阿穆迪。《紐約時報》表示，該計畫「近似恢復貴重金屬幣制」，和美國財政部一樣製作類似銀元券的債券，債券和一九六八年年中以前的銀元券一樣能兌換銀條，只不過債券還包括利息的部分。菲利普斯、阿普爾與華爾登證券公司（Philips, Appel & Walden）子公司拉茲國際（Racz International）的總裁安德魯・拉茲（Andrew Racz）表示：「亨特集團基本上就是在發行自己的貨幣。」這正是班克的目的。亨特兄弟宣布，該集團持有超過兩億金衡盎司的銀條，表示他們銷售的債券總額應該達四十億美元，接近美國財政部發行紙鈔的額度。若成功售出債券，他們能募得足以解決所有成員現金短缺問題的金錢。

市場做出近似斷頭台的反應，在三月二十六日將銀價砍到每金衡盎司十五・八〇美元，跌了將近百分之二十五。[83]《華爾街日報》以一篇文章的標題總結道，「N・B・亨特集團債券計畫震驚白銀圈」，不過該報也報導道，在亨特等人於巴黎宣布計畫之前，銀價便在和班克合作的場內經紀人——阿爾文・博德斯基——的銷售壓力下，從週三開始下跌了。[84] 交易者能理解白銀債券的概念，但班克的公告顯得十萬火急，彷彿乘著小舟試圖逃離大海嘯。投資者也知道，一個月前，班克曾想收購的陽光採礦公司剛推出五千萬美元的債券，並委託德瑞克・伯恩漢・蘭伯特投資銀行公司負責行銷。[85] 至於欲銷售四十億美元債券——幾乎是陽光採礦公司百倍金額——的班克，卻沒能說出自己和哪間銀行或財團合作，也沒有提出時程表。他太急著發布消息，以致說得不夠完全，違反了交易人心目中的首要規則：在能賣的時候賣，而不是在必要時賣。日後上法庭時，班克也在證詞中坦承：「如果是在兩個月前，那也許行得通……但在下跌的市場就（沒辦法了）……那是不錯的想法，也是募資的好方法，可是在錯誤的時間，你用這種方法連五分錢也募不到。」[86] 亨特兄弟若在一九七九年十一月，伊朗學生挾持美國國民之後立即在電視記者會上推出白銀債券，也許不到二十四小時就能將債券全數售出。

班克另外點出債券無法成功售出的原因：他在宣布消息時，公布了集團內其他成員的身分——費薩爾王子、瑪穆德・富斯托庫、納吉・納哈斯與穆罕默德・阿爾－阿穆迪——一開始也許是為了提升提案在國際市場的吸引力，卻令人懷疑他和阿拉伯人協力囤積白銀，人們懷疑他過去多次否認此事是在說謊。合資人名單在後續國會對於白銀風波的調查中引起不少問題，迫使班克頻頻閃爍其詞。阿拉巴馬州參議員唐納・史都華問道：「你是否在任一時間點……和沙烏地阿拉伯王室進行口頭或書面溝通？」班克的回答是：「這個嘛，沙烏地阿拉伯王室的男性成員有四千人，我認識很多阿拉伯人，不確定哪一些是王室成員、哪些不是。」[87]班克閃閃躲躲的詭辯毀了鄉下男孩的形象，身分尊貴的合作伙伴名單也沒能成功將債券推銷出去，他只能在隔日的一九八〇年三月二十一日，眼睜睜看著自己宏大的投機事業化為虛無，歷史上稱這天為「白銀星期四」（Silver Thursday）。

✦✦✦

在巴赫公司與美林證券的帶領下，各家證券公司紛紛在三月二十七日售出亨特兄弟的白銀倉位，設法收回它們借給這家德州億萬富翁的款項，白銀忽然間一文不值，即期售價跌了三分之一，只剩每金衡盎司十．八〇美元，也超越了紐約商品交易所過去的跌幅紀錄。[88]巴赫公司的資本相對較少，和亨特兄弟的合作又最深，該公司售銀時需要極盡細微的平衡。巴赫公司必須售出亨特兄弟的白銀期貨，阻止現金流失，問題是它在售銀的同時會使銀價下跌，增加公司虧損額。證券交易委員會一份報告指出，隨著銀價下跌，亨特兄弟的借方差額「可能造成巴赫集團相對本身總財務資源的實質損失」。[89]那篇報告寫得相當客氣，沒有明言寫出「破產」兩字，但證券交易委員會還是在一九八〇年三月二十七日下午兩點十五分，以「商品期貨交易相關的未公開有形企業事件」為由，中止了巴赫公司在紐約證券交易所的股票交易。[90]《紐約時報》為逐漸擴散的腥風血雨下了這樣的標題：「銀價暴跌撼動亨特兄弟帝國，華爾街陷入混亂。」[91]

巴赫公司執行長哈利・雅各斯（Harry Jacobs）先前懇請紐約商品交易所理事會關閉白銀市場，避免災難發生，還致電聯邦儲備理事會主席保羅・沃克，警告他注意即將到來的危機。雅各斯後來解釋道，他致電那位身高六呎七吋的中央銀行家，是因為「我認為那裡發生極缺流動資金的情況，打電話給身為世界最高層中央銀行家的他，是顧及了國家利益」。[92]雅各斯接著坦承：「第二……我們認為這多少會對商品交易所施壓。」沃克沒有直接左右期貨交易的權限，但正式的監管機構——商品期貨交易委員會——在白銀事件中完全沒有領導措施，還一再將危機時期的決策權推給交易所。沃克對期貨市場所知甚少，拒絕迫使商品交易所收市，但雅各斯成功引起他的注意了。他加入三月二十七日的守夜，是因為銀行借錢給亨特兄弟與巴赫公司等證券公司，身為金融系統穩定性的管理者，沃克自然該關心相關事件。他日後對眾議院商業、消費者與財政事務小組委員會（House Subcommittee on Commerce, Consumer, and Monetary Affairs）表示：「那是對金融市場而言十分嚴重的情況……當大型證券公司可能遭遇困難時，我也會擔心。」[93]沃克補充了較廣泛的警告：「我認為此種事件發生在某方面而言相對小的市場上——白銀市場畢竟不是世界上最大的市場——可能引發極為嚴重的後果。」[94]

沃克想傳達的訊息——「小並不等於無害」——充分總結了白銀的歷史。銀礦業對美國經濟活動的貢獻從過去便不多，白銀卻從一八七三年的罪行過後持續影響美國政治，光是廢止白銀幣制，便加劇了保守派西部鄉村與自由派東部都會之間的鬥爭。羅斯福總統在一九三〇年代以補助白銀政策的方式討好參議院人數不多的白銀集團，結果間接幫助日本征服經濟弱勢的中國，鼓勵日本走入第二次世界大戰。此時，沃克擔心一間小證券公司——巴赫當時是美國第八大的證券公司——會因為亨特兄弟對白銀的痴迷而威脅到金融系統的穩定性，延續白銀「微小卻爆發性奇高」的古老特質。

巴赫公司等到三月二十八日才售出亨特兄弟大部分的期貨合約，憑藉著往往招致災難的運氣與祈禱存活下來了。[95] 那天上午，短短兩個月前要價每金衡盎司五十美元的白銀，被人用每金衡盎司十二美元的低價撿了回去，巴赫公司成功售出亨特兄弟的白銀期貨合約，補全了亨特家族對該公司的債務。[96] 危機稍微得到了舒緩，但亨特兄弟仍欠其他債權人十七億美元，還損失了亨特等級的一大筆財富，他們將責任推給其他所有人，就是不肯自己扛起責任。[97] 後續對國會的證詞中，赫伯特將事情歸咎於制定償付限定規則、「終於在一九八〇年一月二十一日和二十二日壞了白銀市場」的交易所，卻沒提到銀市崩盤其實是從三月初，亨特兄弟流動化危機擴散至全市場時開始的。[98]

價格下跌的混亂局面上，還是有些交易人大賺了一筆。新聞媒體報導道，經營國際石油與汽油公司——西方石油公司（Occidental Petroleum）——的阿莫德・哈默（Armand Hammer）「在價格暴跌之時……透過期貨市場的金銀交易賺了一億一千九百萬美元」。[99] 哈默表示，他的公司之前就在經營內華達州的金銀礦場，趁銀價在一月突漲時賣出「每金衡盎司四十一美元以上」的白銀，後來「在過去一週或十天內……拋售了我們的白銀期貨合約」，這是投資者預期商品產量增加時，優秀的期貨避險投資範例。亨利・賈瑞奇的頭號白銀交易人——薩爾・阿薩拉（Sal Azzara）——在三月二十八日上午告訴自家老闆：「我們昨晚過了不錯的一年。」[100]紐約商品交易所在白銀星期四收市過後，薩爾預期商人接著會進行狂熱的交易，於是他在亨利曼哈頓聯合國廣場的公寓架設臨時工作站，備齊工作所需的電傳機與電話。那一整夜，他從紐約各家被迫流動化的證券公司購買白銀，再立刻將銀條轉售給想撿便宜的歐洲公司。那晚，銀價在每金衡盎司八美元與十二美元之間波動，阿薩拉交易了超過一千五百萬金衡盎司，過去的交易利潤往往是每金衡盎司五美分或十美分，這回卻每次都賺入至少每金衡盎司一美元的價差。亨利從中賺了不少錢，而此次交易活動令他聯想到過去在巴賽爾與海德堡之間從事雀巢咖啡套利生意的經驗，讓他會心一笑。

亨特兄弟垮台之事完全符合賈瑞奇心目中典型的失敗，他在一九七九年三月的《歐元》文章中便警告道，壟斷市場的交易人需要退場策略，因為在商品出手時，「他售出的行為，以及觀察他之人一同售出的行為，會導致價格急速下跌，比當初上漲的速度還要快」。賈瑞奇完美預測了一九八〇年三月的事件，曾向亨特兄弟推銷自己的服務卻碰壁的他，日後表示：「他們若來請教我，我也許能教他們如何脫身。當你成功壟斷了市場，脫身方法就只有一種，就是將你持有的東西轉變成其他物品。以白銀為例，他們當時應該能找到生產石油的主權國家，用白銀購買原油；他們或許能說服這麼一個國家的元首……施行銀本位制度能使國家富強……亨特兄弟試了我的想法的一個變種……（推出）白銀債券，可是為時已晚……他們做得太倉促了……我原本能給他們許多方面的建議，但我說了他們也不會聽。」[101]

✦✦✦

一九八〇年三月二十八日星期五，班克、赫伯特與拉馬爾持有價值超過五十億美元的資產，積欠共十七億美元白銀相關的債務，即使在白銀市場虧損了數十億美元，他們仍舊是全世界最富有的家族之一。然而，若無法在時限內繳付債款，他們將面臨破產的威脅。[102]亨特兄弟必須在三月三十一日星期一，以現金支付四億三千四百萬美元給恩格哈德礦物與化合物公司，償還一月期貨轉成現貨部位那筆交易的欠款。現在想來，那可說是史上最糟糕的一次交易，幾乎和紅襪隊在一九二〇年為十萬美元現金將貝比・魯斯（Babe Ruth）賣給洋基隊一樣糟糕。亨特兄弟——主要是班克與赫伯特——先前同意花將近七億美元購買當時價值約兩億美元的一批銀貨。[103]恩格哈德公司擁有一頭銀髮的董事長米爾頓・羅森塔爾（Milton Rosenthal）與副董事長大衛・坦德勒（David Tendler）率律師團隊飛往達拉斯，在三月二十九日到亨特兄弟的辦公室收取債款，但一名恩格哈德公司員工表示：「當時很顯然沒什麼自由抵押物。」[104]他也表示：「亨特兄弟絲毫沒表現歉意，他們說那就是現實，現實很糟。以剛賠了二十億美元的人來說，他們顯得鎮定無比。」班克在協商過程中表示：「十億美元的價值已經大不如前了。」這也許就是亨特兄弟處變不驚的原因。[105]

協商過程拖了三天，最後雙方同意進行複雜的交易：亨特兄弟將他們在加拿大波弗特海的石油與天然氣資產百分之二十的股份給了恩格哈德公司，放棄期貨轉成現貨部位交易的那一千九百萬金衡盎司白銀，也放棄贖回他們抵押給恩格哈德公司的八百五十萬金衡盎司銀條。[106]《紐約時報》下了「恩格哈德：一言既出，駟馬難追」的新聞標題，暗示這間在紐約證券交易所上市的公司在協商後凱旋而歸，但恩格哈德公司其實是在情勢所迫下，才勉強接受亨特兄弟提出的投機組合──價值約三億五千萬美元的銀條，以及尚未開挖的波弗特海石油儲備一小部分股權。[107]多年後，恩格哈德公司放棄了波弗特海的石油儲備，不過在羅森塔爾接受協議之時，他沒有直接向亨特兄弟宣戰、迫使他們宣告破產，是因為亨特兄弟不履行債務的後果可能會更可怕。[108]羅森塔爾表示，他確信「我們顯然有辦法追討回債款」，卻擔心公司發起法律訴訟後，亨特兄弟的資產會受法院管控，恩格哈德公司可能被迫對股東公布事件細節，使得白銀星期四重演、更多證券公司破產。[109]

保羅・沃克也擔心亨特兄弟宣布破產後引起金融界的混亂，於是批准銀行借十一億美元給亨特家族的普拉西德石油公司，幫助班克、赫伯特與拉馬爾償還餘下白銀相關的債務──在和恩格哈德公司清帳過後，他們還剩共約十億美元債務。[110]根據沃克的描述，此交易的目的是「大幅加固債權人的證券持倉」，為確保交易不違反總統限制信貸計畫中禁止人們為投機交易向銀行貸款的禁令，沃克必須親自授權交易。[111]在對眾議院商業、消費者與財政事務小組委員會主席眾議員班傑明・羅森塔爾（Benjamin Rosenthal）發表證詞時，沃克坦承：「我明白，從債權人利益與金融穩定性出發，這明顯是好結果，但也可能同時穩定亨特兄弟自身的金融境況。」[112]沃克並沒有說出亨特兄弟「事業規模太大，不能失敗」這句話，但身形細瘦、

面戴眼鏡的羅森塔爾並不滿足於他的回答，接著向沃克追問細節：[113]

羅森塔爾（羅）：亨特兄弟正在和多間銀行協商，希望能借貸約十億美元，對嗎？

沃克（沃）：對。

羅：你有用任何方式表示聯邦儲備系統願意配合各間銀行，協助它們借貸嗎？

沃：我們在協商中主要的目標……是確保雙方提供最大的保證……確保此次借貸不被用於白銀商品或證券市場上更進一步的投機交易。

羅：你們會為這些銀行提供任何金錢嗎？

沃：不會。

羅：這會如何影響整體信貸市場？

沃：這會鞏固銀行與其他貸方的持倉……增加穩定性。

羅：這筆貸款是給兩個個體戶的嗎？

沃：這筆貸款……不會是給亨特兄弟或亨特家族，而是給普拉西德石油公司的。

亨特兄弟與普拉西德石油公司劃清界線，結果班克、赫伯特與拉馬爾嚐到了悲慘的後果。他們父親生前為萊妲・班克・亨特的六個孩子設立信託基金，六個孩子共同擁有普拉西德石油公司，該公司賺了不少錢，一九七九年憑生產、提煉與輸油管線等相關收益，靠石油與天然氣收入七億五千六百萬美元，其中利潤為一億五千三百萬美元。[114] [115] 一九八〇年三月，摩根信託公司（Morgan Guaranty Trust Company）估計班克、赫伯特與拉馬爾持有的普拉西德公司股份價值十九億美元。[116] 各家銀行將現金借給普拉西德公司而非亨特兄弟，就是迫使所有信託基金持有者背負三兄弟做白銀投機買賣所產生的債款。班克的長姊——瑪格麗特——和從小抗拒不了食物誘惑的班克關係親密，卻「一直不喜歡班克和赫伯特投機舉巧的做事方法」。[117] 她逼三個弟弟將資產抵押給普拉西德公司，確保他們之後償還對家族企業的債務。

白銀危機過去了，巴赫公司的股票在一九八〇年四月二日星期三重新開始交易，但班克、赫伯特與拉馬爾抵押給普拉西德公司的資產列表登上了報紙。[118] 英國《衛報》在一篇標題為「億萬富翁的撲滿破掉的瞬間」的報導中，讓全世界一窺亨特家人的生活究竟有多麼富裕。[119] 三兄弟抵押了全美各地的企業，包括「密西西比州的棉花田、……達拉斯一間老保齡球館、……加利福尼亞州的柑橘園，以及阿拉斯加州安克拉治市的停車場」。[120] 赫伯特還抵押了他收藏的稀有羅馬與希臘雕像，拉馬爾則押上妻子的水貂皮外套與鑽戒，不知是否傷到了夫妻倆的感情，但他也公平地列了自己的勞力士錶與梅賽德斯車。當然，抵押最多的是班克，他列了五百多匹純種賽馬，包括接連在雅士谷賽馬場奪得英王喬治六世及女王伊莉沙伯錦標冠軍的雌馬達莉亞，以及在凱旋門大賽中奪得亞軍、間接幫助他結識瑪穆德・富斯托庫與納吉・納哈斯的「兆」。[121]

到此為止，事情已經夠丟臉了，不過最慘的部分還沒到來。

第二十章

審判

一九八八年二月二十四日星期三，記者、商品交易人與審判愛好者成群湧入曼哈頓鬧區弗利廣場的美國地方法院，努力擠進鑲了木牆的法庭，只盼一瞥八年前在白銀市場上賠上了名聲與財產的德州富豪。[1]年紀較大的人可能還記得財富化為不幸的其他人，例如據稱在一九二九年股市崩盤前靠賣空賺入一億美元，後來又在五年後全部賠光的傑西・李佛摩（Jesse Livermore）。人稱「火柴王」（match king）的瑞典企業家伊瓦爾・克魯格（Ivar Kreuger）也是，他一度控制全球的火柴生產業，在一九二〇年代創建國際企業帝國，後來卻被揭發騙徒身分，在一九三二年自殺身亡。然而，一九八八年二月二十四日擠入聯邦法院的好奇觀眾想看的，是體重兩百五十英磅、短短數年前仍是世界首富的班克・亨特。他們想看班克在祕魯政府的行銷機構——祕魯礦產品銷售公司——對於他和赫伯特、拉馬爾為私利操縱白銀價格、導致一億五千萬美元損失的民事訴訟中，為自己辯駁，並試圖避免在反壟斷法規下支付三倍的賠償金。[2]祕魯礦產品銷售公司在聯邦法庭上對亨特兄弟的民事訴訟，暫緩了商品期貨交易委員會執法部門（CFTC Division of Enforcement）從一九八七年開始對班克與赫伯特的訴訟。[3]

聯邦法官莫利斯・拉斯克（Morris Lasker）——一位保養有方、深色頭髮梳得整整齊齊的七十歲男性——坐在法庭前頭的高台上，右手邊區域坐的是六人組成的陪審團，以及曼哈頓區與布朗克斯區的教師與家庭主婦等候補陪審員。祕魯礦產品銷售公司的律師與兩位公司代表面對法官，坐在類似教堂座席的第一排座位，他們身後坐的則是亨特兄弟的律師，以及同樣被告的瑪穆德・富斯托庫與國際金屬投資公司的律師。然而，法庭上不見班克、赫伯特或拉馬爾的蹤影，接下來好一段時間，觀眾都沒機會看見他們本人。被告律師決定暫時不讓亨特兄弟上法庭，以免原告律師傳喚他們作證，等被告方開始傳喚證人再請亨特兄弟露面。[4]被告的住所在法院傳票效力的一百英里範圍之外，因此被告律師得以採用此常見的策略，等被告終於登場，律師將提出對被告有利的說法，在陪審團心中留下正面印象。拉斯克法官告訴陪審團：「根據法律，被告沒有參加審判的義務。」沒想到，被告方的策略將引致災難。[5]

◆◆◆

審判剛開始，雙方律師會對陪審團發表開場陳述，提出他們準備證明的種種論述。通常是原告方先開場，於是代表祕魯礦產品銷售公司、當年四十一歲、留有時髦濃密黑色八字鬍的馬克・西姆羅特（Mark Cymrot）率先表示，亨特兄弟「貪得無厭、渴望權勢，而且行事不擇手段」。[6]他打算在審判過程中證明他們「操縱白銀市場（且）作弊、抬高白銀價格，而且是刻意為之」。[7]他指控亨特兄弟和包括瑪穆德・富斯托庫、納吉・納哈斯在內的他人協謀操縱價格，違反了《謝爾曼反壟斷法案》。在此之前，拉斯克法官對陪審團解釋，《謝爾曼反壟斷法案》禁止「兩人以上（達成）……操縱物價……的協議」，並以一般用語將操縱市場定義為「大致上來說……就是人為控制價格漲跌」。[8] 西姆羅特請陪審團不要期望「班克・亨特或赫伯特・亨特或富斯托庫先生或拉馬爾・亨特來這邊說『是，我達成了協議』……他們會否定這件事」。[9] 西姆羅特表示，證據「有點像拼圖」，陪審團必須將證據拼湊在一起，但他也以簡單易懂的圖表作為輔助，幫助陪審團理解事情全貌。[10] 陪審團對面、窗戶上方的牆上，掛著一張追蹤一九六八至一九八七年銀價漲跌的大圖。圖表尺寸幾乎達整間法庭的寬度，突顯了一九六八年從每金衡盎司約二美元開始緩緩上漲的銀價，和緩的漲幅在一九八七年以約七美元終結，接著是一九八〇年一月摩天樓般突兀的飆漲，漲至每金衡盎司五十美元。[11] 一名被告律師表示，整場審判的過程中，圖表一直占據法庭內那一面牆，迫使亨特兄弟竭力推卸價格不自然暴漲的責任。[12]

曾任美國紐約南區地方法院律師、身形健壯的保羅・庫蘭（Paul Curran）則代表亨特兄弟開場，他表示祕魯礦產品銷售公司有「舉證的責任」，並強調該案件中事實的不同面向。[13] 他說道，即使祕魯礦產品公司證明協謀的存在，原告方仍須證明密謀導致「白銀價格漲到超越自然漲幅的程度」。他接著解釋道：「與推測區別的證據將顯示，價格上漲是世界政經事件所致……只不過在此時此刻，政經事件發生得更加頻繁、影響力較強，且較為密集，這是前所未見、未來也少有的情形。銀價之所以上漲，是因為白銀和黃金一樣，是人們在動亂時期避險用的投資物。」[14]庫蘭補充道，白銀的「變動比黃金大得多」，以此說明為何白銀漲幅是黃金的兩倍，他也提醒陪審團，八年前的局勢非常混亂，通貨膨脹「到達二位數」、「伊朗恐怖分子入侵美國在德黑蘭的大使館，綁架並挾持美國人民」，而且「俄軍進犯阿富汗」。[15]

西姆羅特與庫蘭的論述都頗具說服力，陪審團聚精會神地聆聽——至少，還沒有人睡著——但拉斯克法官在開場陳述開始前提醒：「無論雙方律師對於此案的事實有什麼說法，都不算是證據。直到證人出庭作證，你們才開始針對證據做判斷。」[16]在無法傳喚班克、赫伯特或拉馬爾親自作證的情況下，西姆羅特將有損三兄弟形象的錄影播給陪審團觀看，被告方的夢魘就這麼拉開了序幕。

◆◆◆

陪審員席前方架起兩面黑色電視螢幕，播放一段模糊的影像：畫面中，穿著體面的班克・亨特正對攝影機，坐在一張擺滿檔案夾的紅木長桌前。[17]餐桌旁還坐了三、四名穿著襯衫的男子，每個人面前擺著半滿的酒杯，這看似在班克家飯廳舉行的非正式商務會議——但實際上，這是馬克・西姆羅特在達拉斯一間律師事務所的會議室錄下的影像，是班克・亨特宣誓作證後錄製的口供證詞。班克並沒有對鏡頭露出笑容，因為口供證詞是在開庭前用以取得證人擁有的資訊之用，感覺和結腸鏡檢查一樣不舒服，更何況對方是原告律師，班克感到更不自在了。律師連連對證人提出問題，希望證人認罪，證人則儘量不對對方律師透露太多情報。這是近似赤手空拳搏擊賽的衝突，法院書記官坐在班克身旁，記錄班克說的每一句話以便之後謄寫逐字稿，長桌兩側坐的則是監督流程的律師，還有攝影師負責錄下所有程序。錄製口供證詞的開頭，西姆羅特針對眾所周知的事件，提出簡單的問題：[18]

西姆羅特（西）：亨特先生，你是否於一九八〇年三月在巴黎發布的新聞稿上，公開關於白銀債券的消息？

班克（班）：我知道那件事……但我認為「新聞稿是我發布的」這個說法不正確。

西：（將一張紙遞給班克）好，請你看……這份標題為「公告」的文件，文件底部寫著尼爾森・班克・亨特先生……26-3-1980……文件上那是你的簽名嗎？

班：（將眼鏡往鼻樑推，像在檢查偽鈔似地將紙張舉到面前近處）我看不出來，太模糊了。這是摹寫。

西：看上去像是你的簽名嗎？

班：我沒辦法保證那是我的簽名，但是有一點像。

西：（一臉驚訝）你懷疑那不是你的簽名？

班：我已經回答問題了。

西：（聳肩，繼續問下去）新聞稿是否和一群當時持有超過兩億金衡盎司白銀的白銀持有者有關？

班：（搖頭）我不知道。

西：（指向班克面前的新聞稿複本）我問你，當時發布的新聞稿是不是這樣寫的？

班：（看了看文件，然後將文件翻還給西姆羅特）我不知道，我對它的……印象沒那麼深。

在錄製口供證詞時，班克為簽名的真偽進行辯論，也許算是按規則比賽，不過新聞媒體大肆報導了原始公告的內容，他再怎麼推託也沒有意義。然而，這名德州人不可能忘記兩億金衡盎司白銀的下落；在錄影時，西姆羅特也許為他故作健忘的行為感到不悅，但在法庭上播放影像時，成了原告方意外的收穫。影片中的班克顯得支支吾吾、不配合也不值得信任，他的肢體語言展現出對於司法流程的不屑，令陪審團相信他後來聲稱自己無辜時不過是在撒謊。在審判結束後的訪談中，不只一名陪審員表示，那些錄像顯示被告「沒有盡實說明自己的行為」，且「班克・亨特對於自己在白銀債券中扮演的角色改口，對他造成了特別大的傷害」。[19]

◆◆◆

班克親自在法庭粉墨登場時，表現得更不如意。審判開始的三個月後，保羅・庫蘭用一連串的問題，在直接詢問階段讓班克敘述自己的故事。班克用他輕緩的德州腔說明自己對白銀的痴迷，表示自己想「投資我雙手碰得到的東西」，他環顧法庭，目光掃過赫伯特與拉馬爾兩個弟弟所在的觀眾席，補充道：「就白銀市場而言，那是非常樂觀、幾乎是狂喜的行為。」[20] 庫蘭問起原告的指控時，班克義憤填膺地表示：「我從沒在任何時間點和任何人密謀。」[21] 班克坦承，自己曾討論投資白銀的事——「我和所有人都會談論白銀的事」——卻也堅稱，「我從頭到尾都不瞭解富斯托庫的生意」，且「從頭到尾都不曉得納哈斯在做什麼」。[22] 班克表示，他向來獨自做交易決策，沒有和包括弟弟赫伯特在內的任何人協商。乍聽之下，他簡直像個正直純潔的鷹級童軍……可惜他的形象在西姆羅特開始反詢問時崩解了。西姆羅特從班克與赫伯特的關係開刀：[23]

西：在一九七四到一九八〇年間，你有在任何時間點預先和赫伯特・亨特決定在某一天購買白銀嗎？

班：我不記得有發生過這種事。

西：在一九七四到一九八〇年間，你和赫伯特・亨特偶爾會持有等量白銀與相同的合約……你認為這是巧合嗎？

班：我不記得有發生過這種事，但就算有，那也是巧合。

西：（將一大疊資料夾放在桌上，開始將兄弟倆一模一樣的交易紀錄展示給班克看）亨特先生，如這兩份備忘錄所示……你和弟弟在一九七九年十一月透過合約向瑞士銀行購買七十五萬金衡盎司白銀，這是巧合嗎？

班：不是，那次——和瑞士銀行交易那次——和商品交易所的交易是分開的，我應該有在那一次購買白銀……我問弟弟要不要一起買。在那一次，我記得他說他要……

西：（將另一份文件展示給他看）這些圖表顯示，你和你弟弟赫伯特截至一九八〇年一月一日，各持有六十萬金衡盎司一九八〇年三月十一日交割的倫敦遠期合約。這是巧合嗎？

班：我不記得為什麼買那些，是不是巧合只能讓別人來決定。反正我不記得了。

西：亨特先生，從一九七九年五月初到一九七九年七月中，你和你弟弟赫伯特都在芝加哥期貨交易所與紐約商品交易所建立了實質的多頭價差部位，有二月、三月與五月期貨合約的長腳（long leg）。這是巧合嗎？

班：不，我不記得這件事。我不知道那是不是巧合，我認為不算是。

西姆羅特與班克關於相同交易紀錄的問答持續約一小時，但亨特律師團隊上聰明的年輕律師——菲爾・傑拉奇——表示，早在問答結束前，被告方就玩完了：「我那時候只覺得再聽到『巧合』這個詞，我就要吐了。」[24]班克聲稱自己和赫伯特沒有一同交易，但他的聲明缺乏可信性，也有損他否認「與瑪穆德・富斯托庫、納吉・納哈斯、費薩爾王子與一九八〇年三月二十六日白銀證券公告其他參與者協謀」的聲明。

✦✦✦

審判結束後，陪審員表示他們只花數小時便判定班克、赫伯特與拉馬爾，必須為操縱市場、壟斷市場、詐欺與共謀負責，而他們能如此迅速得到結論，主要是因為亨特兄弟作證時躲躲閃閃、前言不對後語。[25] 陪審團仰賴「一事假，萬事假」的原則，亨特的律師——保羅・庫蘭——之前也以此原則指出馬克・西姆羅特開場陳述中的錯誤，沒想到這句話到頭來害了自己的委託人。[26] 班克、赫伯特與拉馬爾每天從飯店搭地鐵前往地方法院，希望能在勞工階級陪審團心中留下良好的形象，但沒有人在乎這點，拉馬爾帶堪薩斯城酋長隊前明星後衛威利・蘭尼爾（Willie Lanier）上法庭、和他同座之事，也沒有人在乎。[27] 陪審團毫無障礙地判定亨特兄弟有罪，卻相互爭辯了五天，遲遲無法決定該判給祕魯礦產品銷售公司多少賠償金，因為審判過程中，不同證人對於亨特兄弟操縱市場的行為是否成功提升了銀價看法不一。[28]

提供證詞的經濟學專家，包括原告方從哈佛大學找來的亨德瑞克・霍薩克（Hendrik Houthakker），以及被告方分別從耶魯大學、哥倫比亞大學與史丹佛大學請來的史蒂芬・羅斯（Stephen Ross）、法蘭克・愛德華茲（Frank Edwards）與傑弗瑞・威廉斯（Jeffrey Williams），但陪審團無法從他們的統計模型看出亨特交易紀錄與銀價上漲之間的關係。[29] 亨特兄弟購銀行動和銀價上漲沒有直接關係，這本該讓亨特兄弟脫罪才是，問題是對市場頗有影響的政治新聞也無法完全解釋價格變動，有太多部分只能由陪審團自行想像。[30]據陪審員所述，最具說服力的關聯來自原告方掛在窗戶上方的大圖表，圖表顯示亨特兄弟持有的大量白銀，以及相應的價格漲幅，兩者如暴風雨時的閃電與雷聲似地密切相關。[31]被告方專家證人傑弗瑞．威廉斯日後表示：「隨著證據的複雜性提升，審判的時間拉長，簡單好記的論述力道會增強。」[32]一九八八年八月二十日星期六，在拉斯克法官多次催促後，陪審團在未多加說明的情況下判給祕魯礦產品銷售公司六千五百七十萬美元賠償金，並在反壟斷與詐騙相關法規下將金額乘以三，最後扣除祕魯人在其他和解案中已然收到的金額，亨特兄弟必須賠償一億三千兩百萬美元給祕魯礦產品銷售公司。[33]

在密謀這方面，陪審團的判斷正確無誤。以民事審判而言，證明標準是「證據優勢」（preponderance of evidence），陪審團聽到太多被亨特敷衍過去的巧合，實在無法否定原告關於亨特兄弟共謀的控訴。然而，以相同的標準而論，原告方沒能證明亨特兄弟與他們的盟友抬高了銀價，時間表只顯示，包括大量囤積銀條與一連串駭人聽聞的新聞在內，許多前所未聞的事件將銀價哄抬到了近乎傳說等級的高價，幾乎像是將桃樂絲一路吹到奧茲王國的那陣龍捲風。亨特案的陪審團必須區別被告囤積白銀與駭人聽聞的新聞造成的影響，衡量亨特兄弟應負的責任，而諸位專家的證詞在這方面都沒有幫助。舉例而言，原告方提出金價反映了政治與經濟動亂，而銀價的漲幅是金價的兩倍，這便是估量損失的基準。[34]但從歷史證據可以看出，即使在正常時期，銀價的變動程度也是金價的兩倍。[35]於是，陪審團選擇折衷解法，將祕魯礦產品銷售公司索取賠償金的三分之一判給該公司——一億五千萬美元的三分之一，也就是六千五百萬美元——也許是將金錢損失的責任平分到經濟因素、政治因素與共謀因素上了。[36]不過，該公司的損失大部分都是自作自受，當時也有祕魯官員坦承，他們「在十二月底購買白銀期貨……的需求……也對當時急遽上漲的銀價有所貢獻」；如此說來，該公司即使無法向亨特兄弟索取較低額的賠償金，也是合情合理。[37]

◆◆◆

一九八八年九月二十一日，班克與赫伯特向達拉斯聯邦法院宣告個人破產，並在亨特公司一位經理發布的正式聲明中解釋道：「班克與赫伯特相信紐約的陪審團判決太過不公，以致決定向破產法院尋求破產法第十一章的保護，以確保繼續經營事業、同時上訴白銀案件的能力。」[38]班克在聲明中添加了一絲人情味：「即使只是將一枚十分美幣交給祕魯政府，也是極為噁心的想法。」[39]破產聲請在通往亨特資產的路上架設了路障，亨特兄弟暫時不必償付債款，祕魯礦產品銷售公司的債務優先序也被排到有抵押債權人之後，如此一來，該公司必須到破產法院繞一圈路，才有辦法獲得賠償金。

此時，白銀已然侵蝕亨特家最重要的資產，迫使普拉西德石油公司在一九八六年八月，油價跌至每桶十二美元以下、公司無法如期償還十多億美元白銀借貸的款項時，尋求破產法第十一章的保護。[40]普拉西德公司聲請破產後，《富比士》（*Forbes*）雜誌仍將亨特兄弟列在美國前四百富豪榜上，但他們在一九八六年名單上的排名掉了不少，班克的身價從九億美元掉到四億美元，赫伯特從八億美元掉到三億五千萬美元，拉馬爾則從五億美元掉到兩億五千萬美元。[41] 亨特兄弟仍然是待祕魯礦產品銷售公司索取賠償金的肥羊，但除了未宣告破產、乖乖償付原本就份量較少的債款的拉馬爾以外，亨特兄弟並不打算讓祕魯政府輕鬆拿到錢財。[42]

班克在一九八八年九月二十一日提交的厚厚一份破產聲請書中，列出價值兩億四千九百萬美元的個人資產，以及超過十二億美元的債務，但他也對金額最高的兩筆債款提出質疑：欠國稅局的六億美元，以及欠包括祕魯礦產品銷售公司在內多人的訴訟費五億美元。[43] 他未提出質疑的債務有大有小，較大的包括欠紐約銀行巨頭——漢華實業銀行（Manufacturers Hanover Trust Company）——的三千六百萬美元，較小的包括欠德州羅克代爾市收稅人的六十七美分。達拉斯市一位前破產法院法官表示：「我看過數以千計的破產聲請書，從沒見過任何人把積欠收稅人的六十七分債款列在上頭。」[44] 赫伯特也不甘示弱，估算出四千萬美元的資產與八億八千七百萬美元的債務，其中包括欠紐約漢華實業銀行的三千六百萬美元——這是他和班克共同又個別的負債——以及欠愛荷華州昆拉皮茲市丹尼斯・布拉南（Dennis Brannan）的二十七・二三美元，還有欠休士頓安娜・貝拉・蘭利（Anna Belle Langley）的三十六美分。破產聲明文件列出了價值不斐的個人資產，包括班克的古幣收藏，以及赫伯特博物館等級的羅馬與希臘青銅雕像，卻也包括無關緊要的小東西，像是班克價值一千美元的一九七九年奧茲摩比Cutlass車（Oldsmobile Cutlass），還有赫伯特價值三千美元的所有服飾。漢華實業銀行與祕魯礦產品銷售公司等大債權人擔心過於瑣碎的細節，會像是扒手「無意間」撞上別人的行為，是班克與赫伯特在破產前將資產移轉至他處、逃避債務的聲東擊西之計。漢華實業銀行一名律師休‧雷伊（Hugh Ray）表示：「我們在檢查所有的資金移轉。」這應該包括班克將資金移轉至紐西蘭、利比亞與葉門海外商業活動的行為，以及赫伯特出售他的一九七三年梅賽德斯車，償還對女兒——萊妲‧阿爾雷德‧亨特（Lyda Allred Hunt）的五千美元債務的行為。

一年多時間過去了，亨特兄弟與債權人終於在破產法第十一章下，達成償還剩餘債款的協議。一九八九年十二月十五日，達拉斯一間擁擠的法庭內，聯邦破產法院法官哈羅德‧阿伯拉姆森（Harold Abramson）認證了亨特兄弟與債權人的協議，班克價值約一億五千萬美元的資產——包括澳洲的土地、古幣收藏與占地兩千英畝的德州圓T牧場——將由受託代理人出售。[45] 一九八九年十二月二十一日，法官認證了類似的計畫，赫伯特價值約一億兩千五百萬美元的資產，也將由代理人出售。[46] 重整計畫包含商品期貨交易委員會對班克與赫伯特的訴訟，雙方最後和解，兩兄弟必須各付一千萬美元的罰款，並終身不得在美國商品市場進行交易。[47]

破產代理人將在六年時限內變賣亨特兄弟的資產，大部分的收入——班克資產的百分之八十與赫伯特資產的百分之七十——將繳給國稅局，補全欠繳的稅負，餘下則由包括祕魯礦產品銷售公司在內的其他債權人分得，亨特兄弟每欠祕魯礦產品銷售公司一美元，該公司便能取回約三十美分。[48] 沒有人對最終結果滿意，債權人得到的補償太少，而亨特兄弟的生活則會因這場德州規模的二手拍賣會而大受影響。

德州韋斯特萊克鎮圓T牧場出售時，超過兩千人湧入班克最愛的度假勝地參加拍賣會，其中有來自超過二十五州與不含美國七個國家的藝術品商人、旅遊達人與便宜貨買家，汽車全停在亨特家過去用以牧牛的草地上。牧場內的一切都將售出，包括一條以九千美元成交的中式地毯、一個以八千五百美元成交的齊本德爾衣櫥，以及達拉斯居民麥克・麥克利（Mike McCurley）花三千五百美元買下、椅背燙有班克名字的一張橡木搖椅。他表示：「我會用它時時提醒自己，不管你做得多大，都隨時有可能垮台。」[49]那天售出的物品之中，最貼近私人的一件，是一尊燦笑的班克半身青銅像，雕像被他兒子休斯頓・亨特花三千五百美元買下。休斯頓解釋道：「我們會把幾件對我們意義深重的東西買回來。」新聞報導中，一名未具名的家族成員表示，他們將半身像購回是因為「我們怕半身像之類的私人物品會淪為酒館或餐廳的擺飾品，受人譏嘲」。

一九九〇年六月十九日，蘇富比拍賣行（Sotheby's）在紐約市出售亨特家的藝術品與古董時，吸引了較為風雅的一群買家。對於那場活動，班克頗具哲理地表示：「那不是什麼快樂的情境，但在人生中，你就是得做自己不想做的事。我這輩子可能再也沒錢收藏東西了，如果我活得夠久，可能會有錢做點什麼，但應該是沒辦法了。」[50]他論及收藏中自己最喜愛的錢幣，其中包括西元前五世紀初鑄造的十元雅典銀幣，那是他一九七四年以破紀錄的二十七萬兩千美元買下的古幣，在此次拍賣會上將以當初的兩倍價格售出——「我喜歡看這些東西，它們很美。」赫伯特也同樣深愛自己收藏的拜占庭錢幣，蘇富比拍賣行一位私人顧問對它們的描述為「堪比許多博物館收藏」。赫伯特表示：「我喜歡拜占庭銀幣，它們比較稀有，從過去留存到現在的拜占庭銀幣少得多。它們也很漂亮。我就是喜歡它們。」

班克兄弟對白銀的偏愛，令他們付出了高昂的代價。

|第二十一章|

巴菲特的操縱？*

＊華倫・巴菲特謝絕為此事受訪，只如書末本章註25所述，透過行政助理回覆電子信件，回答了一個問題。

一九九八年一月十四日星期三，亨特案開始審判將近十年後，《華爾街日報》報導道，商品期貨交易委員會「在接獲多名市場參與者操縱價格的投訴後，加強了白銀期貨市場的監督」。[1]銀價在一九九七年十一月與十二月突然上漲將近百分之三十，漲到八年半內的新高——接近每金衡盎司六美元——根據《華爾街日報》報導，相關監管機構為此事展開審查。[2]商品期貨交易委員會發言人表示：「當不尋常的事件或活動發生，例如我們近期在白銀市場上所見的現象，委員會便會加強監督。」[3]

商品期貨交易委員會懷疑有人搞鬼也是理所當然，畢竟在一九七九與一九八〇年，投資者購買黃金與白銀是為了在通貨膨脹日趨惡化、政局動盪的時期避險，而一九九七年下旬白銀暴漲近百分之三十，則是發生在全球安穩、金價下跌超過百分之十三的時期，銀價會突然回漲很可能是人為操縱所致。[4]大通曼哈頓銀行（Chase Manhattan Bank）商品風險分析部門主管丁沙・梅塔（Dinsa Mehta）表示：「我們必須懷疑有人試圖強硬地抬高商品價格。」[5]

《華爾街日報》報導「商品交易所倉儲的白銀庫存降到了……一九八五年之後的新低」，還有關於「那些白銀有很大一部分都被送出國了」的傳聞，聽上去像是亨特兄弟的事業死灰復燃。[6] 紐約律師克利斯托福・洛維爾（Christopher Lovell）控告菲布羅公司（Phibro）——旅行家保險公司（Travelers Insurance Company）的商品交易分部，原為恩格哈德公司菲利普兄弟分部——將銀貨從商品交易所倉庫移往英國等「音訊全無的黑洞地區」；發起訴訟的同時，十年前人們耳熟能詳的名字重新回到了新聞版面上。[7] 英國《衛報》也刊登一篇危言聳聽的國際報導：「景氣佳的白銀市場『被操縱』。」並引用倫敦一名銀條市場交易人的發言：「在我們看來，有人在暗中行事。」[8]《衛報》還報導道：「英格蘭銀行……與倫敦金銀市場協會……都在關注情況發展。」[9]

幕後的神祕人士，終於在一九九八年二月三日露面。華倫・巴菲特的波克夏海瑟威公司發表了新聞稿，表示：「由於白銀市場近期的價格變動，也因波克夏海瑟威公司收到關於銀金屬持倉的質詢，本公司將釋出本將在下個月的年度報告中發表的特定資訊。本公司持有一億兩千九百七十一萬金衡盎司白銀，第一次購買白銀是在一九九七年七月二十五日，最近一次則是在一九九八年一月十二日。」[10]

在當時，巴菲特是個將白髮梳成遮禿髮型、即使六十八歲仍十分硬朗的男人，也是美國二十世紀後半最成功的投資者。他在新聞稿中暗示，自己已經完成囤積白銀的作業：「目前為止，波克夏並沒有購買或售出白銀的計畫。」[11] 他的聲明沒能勸退投機商人，在波克夏海瑟威公司發布聲明後兩天內，投機商人的購銀行為使得銀價上漲了顯著的百分之十六，到達將近十年內的高峰：每金衡盎司七・五九美元。[12] 投機商人一窩蜂購銀也是情有可原，畢竟在不到六個月的時間內，巴菲特已買入白銀世界年產量的百分之二十五，堪比當年的尼爾森・班克・亨特了。[13]

◆◆◆

白銀和華倫・巴菲特其他的投資格格不入。當時，巴菲特已擔任波克夏海瑟威公司首腦逾三十年，以類似挑選人生伴侶的標準，選出「易懂、經濟狀況佳，且由優秀人才經營」的公司，並引以為豪，而他的投資也往往比現代人的婚姻還長久。[14] 在一九九七年，波克夏公司持有股份最多的是可口可樂公司，而該年十月，可口可樂執行長羅伯特・古茲維塔（Robert Goizueta）去世時，巴菲特評論：「他死後，我把他過去九年寫給我的一百封信與字條都讀了一遍，我完全能將它們當作在商場與人生中成功的指南。」[15] 談論到他在一九九七年收購的國際冰雪皇后公司（International Dairy Queen）時，他首先提供一些基本資訊：「目前有五千七百九十二間冰雪皇后店面，共在二十三個國家營運——其中除了少數幾間以外，都是由特許經營者經營。」他接著從自己的出發點補充，他和生意伙伴查理・孟格（Charlie Munger）——波克夏海瑟威公司的副董事長——「在進行這筆交易時，也帶了點鑑定產品的專業眼光，（查理）是明尼蘇達州卡斯湖市（Cass Lake）與伯米吉市冰雪皇后數十年的老顧客，我也一直是奧馬哈市店面的常客，我們這是以實際行動支持自己愛吃的東西」。[16] 論及貴重金屬等資產時，巴菲特往往表示自己不考慮這方面的投資，他認為貴重金屬「永遠不會生產任何東西，買家購買那些是希望未來會有別人……花更多錢買它們」。[17] 最入不了他法眼的投資物是黃金，他認為黃金「永遠都不會有生命」。[18]

波克夏海瑟威公司執行長之所以沒那麼厭惡白銀，是因為它同時是貴重金屬與工業用金屬，除了被數百萬人用以保存財富之外，還能用於攝影與電子業的生產。在巴菲特發展投資事業的最初，他也在白銀市場收穫不少，所以白銀對他親如冰雪皇后：「三十年前（一九六七年），我預期銀幣會廢止通用，買了白銀……從那之後，我就持續追蹤銀金屬的變化規律，但沒有持有它。」[19] 他觀察白銀市場的時間比班克還長，在一九九七年波克夏海瑟威股東信中揭露這份「非傳統投資」時，寫得彷彿重回故友的懷抱：「某方面而言，這對我來說是回歸過往。」

一九九七年七月二十五日，巴菲特開始重返白銀市場，當時銀價是每金衡盎司四・三三美元，到了年底，巴菲特得意地宣布，該「持倉產生了九千七百四十萬美元的稅前收益」。[20] 他也說明自己投資白銀、使白銀占波克夏海瑟威公司投資組合約百分之二的理由：「我和查理得到結論，認為供需平衡會需要更高的價格。」巴菲特喜歡白銀，是因為工業界的年消費量大於礦業產量，亨特兄弟受白銀而非黃金吸引也是出於此因。不過，巴菲特也很快地在自己與那三位身敗名裂的億萬富翁之間劃清界線：「我們在估算白銀的價值時……完全不考慮預計的通貨膨脹。」話雖如此，在其他所有人看來，白銀價格突漲令人回想起市場遭擠壓的過去，人們也自然而然地將巴菲特與班克・亨特相提並論。

波克夏海瑟威公司揭露購銀消息的隔日，《華盛頓郵報》告訴讀者：「巴菲特聚積了一九八〇年亨特兄弟被控壟斷白銀市場至今，任何單一個體持有的最大白銀持倉。」[21]《紐約時報》則在兩者之間做區別：「亨特兄弟囤積持倉時，他們和許多投資者相信日益嚴重的通貨膨脹不可能減緩……現今，大多數人抱持相反的想法，認為通貨膨脹相當平穩，也很可能繼續平穩下去。」[22]然而，《紐約時報》接著做技術方面的評論，表示「白銀近期是以所謂逆價差（backwardation）的方式交易」，使華倫・巴菲特顯得像班克・亨特。「逆價差」是指立即交割的銀貨售價高於未來交割的銀貨，以買賣家須付存貨費用的貴重金屬而言，這是相當不尋常的交易模式。該篇文章接著解釋道，這奇怪的現象「反映人們對現存供貨受擠壓軋空的擔憂，也表示……大量白銀已被囤積」。《紐約時報》也在該文中提醒讀者，商品期貨交易委員會曾以逆價差與類似的觀念，對亨特兄弟提起操縱市場的訴訟。[23]

巴菲特試圖減少人們聯想到擠壓軋空的可能性，在原始的新聞稿中表示：「如果任何賣家無法如期交割，波克夏願意收取小額費用，合理延後交割期限。」[24]回顧當初，巴菲特聲稱波克夏海瑟威公司「刻意避免購買能輕易交割的貨量」，不過從同時期的白銀逆價差交易看來，事實不然。[25]巴菲特是旅行家保險公司的大股東，也曾利用它的商品交易子公司——菲布羅公司——在倫敦囤積白銀，榨乾商品交易所倉儲，並造成供給短缺的假象。[26]《衛報》解釋：「白銀應巴菲特先生的訂單送到倫敦，從此就消失在神祕簾幕之後，因為倫敦並不會發表庫存銀條的數據。」[27]巴菲特的銀條存放在倫敦，亨特兄弟的銀貨則悄悄藏在瑞士。

商品期貨交易委員會的調查才剛開始，就在一九九八年二月三日被波克夏海瑟威公司的新聞稿終結了，由此可見巴菲特正直誠實的聲譽，以及操縱市場模糊不清的定義。[28] 委員會的年度報告一次也沒提及華倫・巴菲特的名字，以氣象局報導熱帶氣旋的口吻總結事件：「一九九七年七月與一九九八年二月之間，銀價從每金衡盎司四美元突漲至超過七美元……最顯著的擔憂關乎倫敦大規模持倉持有者對白銀的需求……爾後，市場得以提供足量的供給，價格下跌，價差也隨之減少。」[29] 先前控告菲布羅公司操縱市場的紐約律師克利斯托福・洛維爾撤回訴訟，加入商品期貨交易委員會旁觀的行列。[30]

操縱市場本質上是主觀事件，操縱者必須有意扭曲價格，因此巴菲特的評價沒有受到太大的影響。商品期貨交易委員會執法部門控告亨特兄弟時期的部門首席律師丹尼斯・A・克雷吉納（Dennis A. Klejna）表示：「依法證實市場操縱非常困難，因為人們購買大量商品期貨合約或大量實體商品，也可能是出於合法原因。」[31] 巴菲特囤積白銀擠壓了銀市，但在證明單一投資者操縱市場之前，你必須先學會讀心術。當初的陪審團判亨特兄弟有罪，是因為他們和其他交易人共謀、違反了反壟斷法，而華倫・巴菲特的投資模式與共謀操縱市場完全不符合。巴菲特的成就源自特立獨行的投資模式，如他在一九九七年的波克夏海瑟威股東信中所述，他往往在所有人賣出之時買入：「你花非常高價格……買的是愉快的共識……而悲觀思想會使價格跌到真正誘人的程度。」[32]巴菲特投資白銀的行動，也符合他的論述。

波克夏海瑟威公司未曾揭露它持有白銀平均每金衡盎司的價格，不過它在一九九七年公開九千七百四十萬美元的稅前收益，表示它可能在一九九七年以每金衡盎司約五・〇五美元的價格，購入約一億一千一百二十萬金衡盎司白銀，餘下一千八百五十萬金衡盎司的價格則是每金衡盎司約五・五〇美元。[33][34]巴菲特在低價時期用現金購買白銀，所以理論上能和他的可口可樂股份一樣，永遠不釋出。[35]但後來他感到不耐煩，自責道：「我買得非常早，也賣得非常早。」[36]巴菲特錯失了爆炸性的銀價暴漲時期，不久後，銀價將挑戰亨特時期每金衡盎司五十美元的紀錄。

|第二十二章|

來自奧馬哈的訊息

新的千禧年到來，白銀的光彩逐漸黯淡。在政經動盪的時期貴重金屬價格節節上漲，但在一九八〇年代中期開始的大穩健時期（Great Moderation）——通貨膨脹減緩、經濟成長漸趨穩定，利率也逐漸降低——使世界顯得如沙漠中的海市蜃樓般平和。二〇〇一年九月第一週，銀價平均為每金衡盎司四・一七美元，華倫・巴菲特在一九九七年的九千七百四十萬美元的假想利潤，成了將近一億美元的假想虧損，對波克夏海瑟威公司而言不過是小零頭，但對執行長而言則相當令人失望。[1]

然後，九一一事件橫空出世。

在九一一事件中喪命的美國人數超過珍珠港事變，紐約市的一切忽然停擺，美國安逸的氛圍也就此消失無蹤。從倫敦到東京的投機商人，都該像何梅尼榮歸伊朗之時那樣，積極購買白銀，結果他們幾乎沒有反應。九月十二日，倫敦金屬市場的銀價只上漲〇・〇四美元，漲至每金衡盎司四・二二美元，幾乎等同一般日子的價格變動；反觀金價，在突如其來的事件過後，金價有了顯著變化，上漲百分之三，漲至每金衡盎司兩百七十九・五〇美元。[2] 到了該年年底，無論是黃金或白銀都沒達到安全網的效果，二〇〇一年十二月三十一日，白銀的收盤價為每金衡盎司四・六二美元，較九一一前的價格高出一些；而金價則依然是每金衡盎司兩百七十九美元，兩種金屬都和恐慌前的價格相差不多。[3]從一九八〇年一月泡沫破裂開始，貴重金屬價格便持續下跌，在高點購入金屬的投資者仍舊被套牢。金價跌到了高峰時期的三分之一不到，銀價則跌到高峰時期的十分之一不到，二十年來慘淡的市場表現，使得貴重金屬市場顯得和西維吉尼亞州的煤礦業同樣乏人問津。

儘管如此，華倫・巴菲特仍不以為意，他是在價格下跌後購買白銀，他還有本錢等當初播下的銀種子開花結果。巴菲特之所以相信白銀的潛力，是因為經濟學的基本力量會驅使價格上漲，而不是因為銀幣廢止通行之後白銀成了硬資產；他將白銀視為銅或石油那樣的工業商品，仰賴供需法則獲利。巴菲特回憶道，在一九九七年，「白銀失衡了」，白銀在攝影業、珠寶業、電子業與其他用途的需求，每年超出礦產量與廢銀回收量兩億金衡盎司，為了彌補供給與需求之間的差距，嬰兒潮世代將祖父母遺留下來的銀袖扣與銀髮夾都鎔了。[4]巴菲特預期白銀供給不足的情形會年年持續下去，推動價格上漲，因為「單純開採銀礦的礦場寥寥無幾——大部分白銀都是其他礦業的副產物——所以提高產量並不容易」。[5]另外，波克夏海瑟威公司執行長也明白耐心的力量，他最初在一九八八年購入可口可樂股票，便告訴自家股東：「我們最理想的持有期是永遠。」[6]於是，他繼續等了下去。

到了二〇〇五年年中，巴菲特的耐心有了回報。持續發展的美國經濟趨使銀價上漲，《紐約時報》也在二〇〇五年五月二十九日慶祝白銀的復甦，該篇文章的標題為「黃金沉睡，白銀搖滾」。[7] 根據《紐約時報》報導，「截至上週，白銀在每金衡盎司七．三一美元收盤，今年漲了百分之七．四」，而金價則「在二〇〇五年下跌百分之四．二」。該篇報導還像是特別到奧馬哈採訪過巴菲特似地，如此解釋白銀優於黃金的表現：「白銀比較算是工業用商品，黃金則仍舊存有作為貨幣與避風港的吸引力，表示經濟成長對白銀有利。」正如華倫．巴菲特所料，白銀牛市再次興起了。

一年後的二〇〇六年五月五日，波克夏海瑟威公司年度會議前一日，白銀交易價為每金衡盎司十四．一五美元，價格幾乎在十二個月內翻倍，證實了奧馬哈的神諭的智慧。[8] 價格上漲的速度緩慢卻又穩定，如同蒸氣壓路機，而不似亨特時期突兀的起伏——過去，銀價曾在兩個月內翻倍（而且發生了兩次），卻在投機商人現金用罄時慘跌。[9] 這下，波克夏股東有得期待了。

✦✦✦

二〇〇六年五月六日星期六上午，奧馬哈市鬧區兩萬席次的奎斯特體育場與會議中心（Quest Arena and Convention Center）湧入大批人潮，熱鬧得如同搖滾演唱會，畢竟在其股東眼裡，華倫．巴菲特的人氣甚至高於布魯斯．斯普林斯汀（Bruce Springsteen）。[10] 會議從上午八點三十分開始，首先放映波克夏海瑟威公司最新的喜劇片，那是一部長約一小時的影片，片中巴菲特與年長六歲、同樣氣色紅潤的生意伙伴查理．孟格和女演員潔美．李．寇蒂斯

（Jamie Lee Curtis）即興笑談他們的投資策略。[11] 影片放映過後，是為時五小時的問答時間，巴菲特與孟格都會回答問題，不過孟格最常說的還是那句：「我沒什麼好補充的了。」[12] 他們回答的問題關乎波克夏的現金結餘——「三百七十億美元」——以及美國面對的核武攻擊威脅——「它總有一天會發生」。[13] 以上兩者都是驚人的回答，但真正令人吃驚的部分，發生在談論商品泡沫經濟之時。在二〇〇一至二〇〇五年間，紅銅價格漲了五倍，從每英磅〇・七〇美元漲至三・五〇美元，巴菲特表示自己擔心紅銅市場的投機交易狀況。他認為銅價的表現最初是「受基礎力量推動」，後來「被投機買賣占據」。他還補充了自己最愛的名句：「聰明人最初做的事，就是傻子最後做的事。」接著，他道出最有衝擊力的消息：「我們一度持有大量白銀，但現在沒有了。」

巴菲特語帶歉意地表示：「我買得非常早，也賣得非常早，賺了幾個錢。」[14] 那之後謠言頻傳，人們認為波克夏海瑟威公司在二〇〇五年年中，《紐約時報》吹捧白銀投資過後不久，就以每金衡盎司七・五〇美元的價格售出了銀貨。[15] 巴菲特不曾證實相關細節，但那個時間點相當合理，因為《紐約時報》那篇報導很可能引致不健康的跟風投機買賣，令巴菲特感到不安，而且到了二〇〇五年，當初吸引巴菲特的工業需求礦產供給失衡比例已下降到原本的三分之一。[16] 波克夏海瑟威公司一九九七年投資五億六千萬美元，賺了兩億七千五百萬美元，八年的年複利回饋約為百分之五，比投資美國財政部債券的利率還要低。[17] 查理・孟格故作正經地說道：「這下，我們展現了自己在商品交易這方面的專業水平，你們看看我們投資白銀的行動就知道了。」[18] 巴菲特也坦承：「我們不擅長預測投機遊戲結束的時間。」巴菲特有所不知，遊戲才正要開始呢。

◆◆◆

巴菲特將白銀視為工業用商品的想法，在二〇〇六年五月波克夏海瑟威公司年度會議過後被廣為接受，二〇〇六至二〇〇八年間，白銀的製造需求下降將近一億金衡盎司——百分之十——而這主要是因為數位攝影技術減少了人們對傳統底片的需求。[19] 白銀供給過剩的情形，使銀價在二〇〇六年五月五日至二〇〇八年九月十二日之間下跌超過百分之二十，銅價也在同一時期下跌百分之十一，倒是金價漲了百分之十二。[20][21] 二〇〇八年九月十二日的十・八七美元銀價，仍令在七・五〇美元時售出的巴菲特感到羞愧，但也印證了他的說法：比起貴金屬，白銀的市場表現更近似賤金屬。接著，經濟蕭條時期來臨了。

二〇〇八年九月十五日星期一，雷曼兄弟聲請破產保護，此為美國史上規模最大的破產事件，使原本輕微的經濟衰退，演變成經濟大恐慌時期以降最嚴重的一次金融危機。雷曼兄弟的失敗毀了人們對金融資產的信任，以致民眾驚慌地從金融市場共同基金提領資金，在此之前，共同基金的價值被視為等同現金，因此美國財政部被迫保障共同基金的安全。政府擴大了保險計畫，以免銀行如一九三〇年代那般捲款而逃、奪取數百萬人畢生的積蓄，然而，股票等風險較高的資產仍不受保障。雷曼兄弟破產的六個月後，急於售出股權的投資者使美國股價大跌百分之四十六，情況堪比史上最慘的熊市。[22]百餘年前由湯瑪斯・愛迪生（Thomas Edison）創立的奇異公司（General Electric），股價從雷曼兄弟破產前二〇〇八年九月十二日的二十六・七五美元，暴跌了百分之七十，到二〇〇九年三月九日的股市低谷，股價只剩七・四一美元。[23]一名八十多歲、心灰意冷的華爾街工作者，以較難入耳的比喻解釋道：「他們突襲妓院時，把所有的女孩子都帶走了……連漂亮的女生都被搶了。」[24]

經濟動盪的那六個月，羸弱的經濟環境同時毀了原物料價格，原油價格大跌超過百分之五十，銅價則跌了百分之四十九。[25]投資者轉而購買價格上漲時利潤便會減少的美國國庫券，並購買古往今來保有高價的黃金與白銀，金價與銀價上漲了百分之二十。[26]金價上漲不令人意外，但被巴菲特貼上工業用金屬標籤的白銀，並沒有如紅銅與原油那般下跌，倒是被二十一世紀的投資者擦得雪亮，反映了它輝煌的歷史。[27]比起紅銅，白銀的表現更近似黃金。[28]

美國財政部緊急援助通用汽車（General Motors）、克萊斯勒集團（Chrysler）保險巨頭美國國際集團（AIG），聯邦儲備系統也推行零利率政策，幫助美國熬過雷曼兄弟破產風波，但歐洲就沒這麼幸運了。[29]二〇〇九年年底，美國股價已恢復超過四分之三，國際放款者方使懷疑希臘、愛爾蘭與葡萄牙的信譽，義大利與西班牙的狀況也十分糟糕。[30]在歐洲主權債務危機（European sovereign debt crisis）的影響下，雷曼兄弟破產後的金銀價格上漲，成了尼爾森・班克・亨特時代過後前所未見的大暴漲。混亂的金融界使得金價在二〇一一年九月五日漲到有史以來的最高峰——每金衡盎司一千九百美元——從雷曼兄弟破產到三年後的這一天，金價漲了百分之兩百五十。[31] 同日，銀價以每金衡盎司四十二・九二美元收盤，和三年前相比漲了百分之四百，幾乎是金價變動率的兩倍，完全證實了白銀變動性高的特質。

經濟大衰退時期，白銀表現優於黃金的證據來得太遲，沒能替亨特兄弟洗清上回投機市場大暴漲時操縱市場的罪名，卻讓華倫・巴菲特學到了教訓。巴菲特將白銀視為工業金屬並沒有錯，銀金屬確實容易受工業力量影響，這可能是它一直沒突破一九八〇年五十美元門檻的原因，而暴漲至每金衡盎司一千九百美元的金價，已經是一九八〇年高峰期價格的兩倍了。但是，巴菲特忘了一件事，白銀就像是棒球比賽中左右開弓的打者，可以扮演工業金屬的角色，卻也能搖身變成貴重金屬。他難得一次因不耐煩而售出投資物，結果付出了遠高於他所述的代價。巴菲特若在二〇一一年九月五日，以四十二・九二美元的價格售出銀貨——當時的銀價遠低於危機高峰期的四十八美元——就能用當初投資的五億六千萬美元賺到四十二億美元了。[32] 如此一來，他為期十四年的白銀投機生意，便能得出相當不錯的成績：平均百分之十六・五的年報酬率。

◆◆◆

沒有人能精準地在高峰期售出投資物，所以貴重金屬應該和可口可樂股份一樣，永遠放在包括華倫・巴菲特在內每一位投資者的投資組合裡。他撥出百分之二的資金投資白銀，是相當合理的行為，這筆錢不會多到令他輾轉反側，但也足以在下一次危機到來時確保溫飽，

一枚漂亮的美國銀鷹幣。

再外加一支iPhone了。證據顯示，過去百年為投資者帶來重重挑戰的三場災難——一九三〇年代的經濟大恐慌、一九七〇年代的大通膨，以及新紀元的經濟大蕭條——讓人們學到了不少。後兩段時期，投資者在不受政府干預的情況下購買金銀，使價格漲至天價，卻只能在動盪與混亂消退後看著價格下跌。不過，危機不一定會圓滿收場，投資者也明白，從三次危機推估貴重金屬未來的表現，實在有些牽強。二〇一七年，經濟大衰退的影響力消退後，銀價跌到了每金衡盎司約十七美元，這是二〇一一年高峰價的三分之一，但仍是巴菲特二十年前購銀價格的三倍。在法定通貨的世界裡，白銀證實了自己作為硬資產的角色，投資者也得以受它庇護。

美國財政部從一九八六年開始發行美國銀鷹幣，以高於內含價值的友善價格，銷售這枚含有一金衡盎司百分九十九・九純銀的一美元硬幣。[33]這閃亮的銀白色錢幣美得堪比尼爾森・班克・亨特的十元雅典銀幣，正面刻了自由女神，背面刻了類似美國國徽（Great Seal of the

United States）的老鷹與盾牌。一九八六至二〇〇七年間，美國鑄幣局平均每年售出七百一十萬枚錢幣，而二〇〇八至二〇一六年間，年售量漲了五倍，平均為三千七百三十萬枚。[34]美國、加拿大、澳洲與其他國家售出的銀幣量總和，從年平均三千萬金衡盎司，提升到一億一千五百五十萬金衡盎司。[35]二〇〇八年後上升的銷售量顯示，至少有一些人預期白銀會作為交易媒介再次流通，而猶他州給了這些人一線希望：該州通過《二〇一一年法定貨幣法案》（Legal Tender Act of 2011），准許人們在州內流通美國銀鷹幣，並以內含價值計算銀鷹幣的價值。儘管如此，其他州分沒能通過相同的法案，眾議員榮・保羅（Ron Paul）提出恢復金銀幣制的法案，也沒能通過。[36]拉斯維加斯的賭博業者應該不會下重本賭銀幣重新在美國流通，這就和世界首富被迫宣告破產一樣，再也不可能發生了。

再也不可能發生了……吧？

第二十三章

從過去看未來

尼爾森・班克・亨特於二〇一四年十月去世時，《紐約時報》的訃文從他父親設立、沒在一九九〇年代用以償還個人破產債務的信託推估，班克在死時仍是身價數百萬美元的富翁。[1]《紐約時報》的估算應該沒錯，而他弟弟赫伯特就絕對是富豪了——赫伯特在二〇一三年售出他數年前在北達科塔州購買的土地，盛產石油的土地以十四億五千萬美元的價格售出，使得赫伯特重回身價數十億的富翁之列。[2]《彭博新聞》（*Bloomberg News*）報導道，赫伯特的總身價為四十二億美元。亨特兄弟經歷了痴迷白銀的階段，最後走了出來，但他們的名字將永遠和白銀脫不了關係，每當人們想起亨特兄弟，便會想到震撼了金融系統、使銀價在一九八〇年一月漲至高峰的白銀狂熱。面對當時的政治與經濟動亂，投資者選擇投入黃金與白銀等硬資產的懷抱，二〇〇八年金融危機過後的投資者也一樣。亨特兄弟和波克夏海瑟威公司執行長華倫・巴菲特一樣偏愛白銀，本該洗清操縱價格罪名的他們，因鄙視法律程序、在法庭上閃爍其詞，結果被判有罪，即使最後保留了部分財富，也永遠無法洗刷名聲的汙點。班克的那句話，有了新的意義：「十億美元的價值已經大不如前了。」

白銀以閃亮的外表吸引人們，使員工寥寥無幾的小型礦業，成長為經濟與政治史上的一大勢力。它因為有價值，在古時作為貨幣流通，有了特殊的地位，也因為它的價值一直沒變得太高，而保有關鍵交易媒介的地位數百年。美國第一任財政部長亞歷山大・漢彌爾頓推行白銀幣制，避免這個年輕共和國出現流通貨幣短缺的問題，然而他為推動經濟成長而設計的弱勢通貨系統，在接下來兩百年讓不少人的政治生涯染上汙點，也波及了美國以外的國家。

美國參議員兼參議院財政委員會主席約翰・謝爾曼以欺瞞與誤導的手段，在一八七三年廢止了白銀幣制，設立了美國的金本位制度。他也許是在為自己競選總統鋪路，總之此舉造就了美國十九世紀最後二十五年嚴重的通貨緊縮。通貨緊縮帶來的經濟動盪，使美國西部鄉村與東部都市的民粹鬥爭惡化，讓威廉・詹寧斯・布萊恩於一八九六年競選總統，呼籲美國眾人推翻金本位制。布萊恩觸動人心的言詞、「十六比一」的口號，以及恢復金銀複本位制的政見沒能拉攏選民，黃金仍舊高居貨幣金屬之位。儘管如此，支持白銀的力量持續到了二十世紀，也影響了國際情勢。

美國參議院內，西部產礦州的十四位參議員形成了強大的白銀集團，白銀在國會上議院影響力大增。「產銀之州」內華達州野心勃勃的基伊・彼特曼參議員在一九三三年成了影響力極大的參議院外交委員會主席，引起剛當選不久的富蘭克林・德拉諾・羅斯福的注意，羅斯福選擇以支持《一九三四年白銀購買法案》的方式拉攏彼特曼，此舉部分抵銷了一八七三年的罪行。《白銀購買法案》以購銀計畫重新建構白銀的貨幣地位，目標是讓白銀占美國國庫儲備的百分之二十五，而在該法案的作用下，美國政府的購銀行動抬高了銀價，使中國在一九三五年放棄銀本位制度，也削弱了日本外交官的力量，助長了日本軍方的氣焰。早在《白銀購買法案》推行前，日本便蠢蠢欲動，但美國的購銀計畫使本就被毛澤東的共產叛亂份子分裂的中國更加式微，以致中日衝突在一九三七年爆發，並在第二次世界大戰時期演變成全球戰亂。最終，中國陷入通貨膨脹的惡性循環，使共產份子在一九四九年得勝。

羅斯福不顧《白銀購買法案》對遠東地區的影響，由此可見，在不考慮國際後果的情況下制定國內政策，可能招致極大的危險——在今天的二十一世紀，這仍是我們須謹記在心的教訓。新紀元伊始，總統若政治視野受限，可能會造成類似的國際附帶損傷，而且「美國優先」政策的後果，可能和羅斯福推行白銀政策的結果一樣，直到來不及挽救了才浮出水面。

國會在一九六三年廢止《白銀購買法案》後，白銀持續影響全球事件。在當時，美國律法仍禁止人民持有投資用的黃金，於是數百年來因價格較黃金低廉而較為普及的白銀，成了對抗政經動亂的避風港，人們在動盪不安的時期選擇將財富與價值寄託於白銀。直到國會在一九六八年切割貴重金屬與國內信貸最後的關係，美國貨幣與貴重金屬的法律連結才徹底斷開，而尼克森總統在一九七一年八月十五日停止讓外國中央銀行用美元兌換黃金過後，無內含價值的法定通貨誕生了。

全球的純紙幣實驗一直延續到今日，卻險些在一開始便失敗了。不久前脫離貴重金屬束縛的美國中央銀行——聯邦儲備系統——得以應政治壓力擴大信貸，導致一九七〇年代的大通膨。當然，越戰相關的花費，以及逐漸上漲的油價也是造成通膨惡性循環的因素，但貢獻最多的是未受限制的聯邦儲備系統。一九七〇年代差點毀了美元、毀了美國的國際地位，不過在混亂的局勢下，大眾開始支持獨立中央銀行以穩定價格為主要目標。一九八〇年代，聯邦儲備系統在理事會主席保羅‧沃克的主導下，馴服了失衡的通膨經濟，也使貨幣恢復可信度。自此之後，世界各地中央銀行的獨立性取代了金銀，成了貨幣的守護者。

貴重金屬有沒有可能恢復貨幣金屬的地位呢?只要中央銀行妥善營運，金銀幣制就不會復甦，但大眾有可能收回對中央銀行的支持、侵蝕它們的意志。舉例而言，美國國會能以一次簡單的多數決，廢除聯邦儲備系統——換言之，美國中央銀行可能會在利率上升、民眾湧至國會山莊抗議時大量印鈔。[3]聯邦儲備系統熬過了法定通貨五十年的考驗，然而在世界史上，五十年還不到一拍心跳的時間。想當初，二十世紀大半時期，蘇聯的共產主義實驗挑戰了美國的世界第一強國地位，最後卻如威瑪共和國毫無價值的紙幣系統那般瓦解了。中央銀行家必須持續面對挑戰，而在奮鬥結果未知的情況下，即使到了二十一世紀，從古至今替人們貯存財富與價值的黃金與白銀，將持續保有尊貴的地位。

圖片來源

1. 頁32，National Photo Company Collection, Prints & Photographs Division, Library of Congress, LC-DIG-npcc-24200
2. 頁40，Brady-Handy Collection, Prints & Photographs Division, Library of Congress, LC-DIG-cwpbh-04797
3. 頁52，Prints & Photographs Division, Library of Congress, LC-USZ62-22703
4. 頁63，Prints & Photographs Division, Library of Congress, LC-USZ62-86702
5. 頁127，National Numismatic Collection, National Museum of American History
6. 頁151，National Numismatic Collection , National Museum of American History
7. 頁162，（上）Photograph by Dimitri Karetnikov；（下）United States Mint
8. 頁313，United States Mint

31. 下一句的金價與銀價，請見商品研究局資料庫的現金價格紀錄。

32. 二〇一一年四月二十八日，銀價到達四十八・四二美元的高峰價。四十二億美元利潤的算式如下：每金衡盎司的利潤為四十二・九二美元減五・〇五美元，等於三十七・八七美元，再乘上一億一千一百二十萬金衡盎司，等於四十二億零三百五十七萬美元。

33. 錢幣生產的授權，出自Public Law 99-61 of July 9, 1985, available at https://www.gpo.gov/fdsys/pkg/STATUTE-99/pdf/STATUTE-99-Pg113.pdf。

34. 一九八六年到二〇一五年的錢幣生產數據，出自http://silvereagleguide.com/mintages/。二〇一六年的數據出自“American Eagle silver bullion coins struck at three facilities in FY 2016” at http://www.coinworld.com/news/precious-metals/2017/02/silver-eagle-production-spread-between-three-mints.all.html#。

35. 請見CPM Group, *CPM Silver Yearbook 2016*, pp. 6-7。

36. “Utah Law Makes Coins Worth Their Weight in Gold (or Silver),” *New York Times,* May 30, 2011, p. A1。另外請見法案草案，https://le.utah.gove/~2011/bills/hbillint/hb0317s01.htm#。榮・保羅在二〇〇九年提出H.R. 4248，該法案的目標是「廢止法償貨幣法規，禁止對特定錢幣與金屬的課稅，並廢止幣制相關的非必要法規。」請見https://www.ronpaul.com/2009-12-10/break-the-monopoly-ron-paul-introduces-hr-4248-the-free-competition-in-currency-act。

第二十三章：從過去看未來

1. 請見“Nelson Bunker Hunt, Texas Tycoon, Dies at 88,” *New York Times,* October 22, 2014, p. A24：「班克和兄弟姊妹同樣仍擁有父親為他設立的數百萬美元信託，且《富比士》在二〇〇一年報導道，他雖在很久前離開了美國富豪榜，卻仍在近期花兩百五十萬美元購買八十匹賽馬，且他以兩萬美元購買的小雌馬海蒂堡（Hattiesburg）贏了三十五萬七千美元的獎金。」

2. “Hunt Becomes Billionaire on Bakken Oil after Bankruptcy,” March 28, 2013, Bloomberg News at https://www.bloomberg.com/news/articles/2013-03-28/hunt-becomes-billionaire-on-bakken-oil-after-bankruptcy。

3. 欲瞭解詳情，請見Paul Wachtel, “Central Bank Independence: More Myth than Reality” (paper, Colloquium on Money, Debt and Sovereignty, University de Picardie Jules Verne, Amiens, France, December 11-12, 2017)。

三・二〇九美元。

22. 我計算時以二〇〇八年九月十二日——雷曼兄弟破產前的星期五——為起始日期，二〇〇九年三月九日——標普五百的低點——為終止日期。二〇〇八年九月十二日的標普指數為一千兩百五十一・七，二〇〇九年三月九日的標普指數則為六百七十六・五，降幅為百分之四十五・九。

23. 奇異公司的價格數據出自雅虎財經頻道。

24. 當然是出自匿名資訊來源了。

25. 二〇〇八年九月十二日，西德克薩斯中間基原油（West Texas Intermediate）現金價為一百零一・一八美元，二〇〇九年三月九日的價格則為四十七・〇七美元。二〇〇八年九月十二日的紅銅現金價為三・二〇九美元，二〇〇九年三月九日則為一・六二九五美元。所有數據出自商品研究局現金價紀錄。

26. 二〇〇八年九月十二日的黃金現金價為七百六十六・一九美元，二〇〇九年三月九日的價格則為九百二十二・七八美元，漲幅為百分之二十。二〇〇八年九月十二日，白銀現金價為十・八七美元，而在二〇〇九年三月九日，銀價為十三・〇一美元，漲幅為百分之十九・六九。

27. 雷曼兄弟宣告破產當週，貴重金屬證實了自己在市場上作為避風港的地位，四分之三的價格上漲都是在第一週發生。二〇〇八年九月十九日星期五，白銀收盤價為十二・六一美元，比起上週五漲幅為百分之十六，而黃金收盤價則是八百七十三・四四美元，漲幅為百分之十四。考慮到二〇〇八年九月十二日過去九十日的金銀利率標準差，以上兩者都具統計上的顯著意義。金價的每日利率標準差為百分之一・五二，銀價的每日利率標準差則為百分之二・六八。

28. 從倫敦金屬市場協會一九八七年一月至二〇一四年十二月的數據可以算出，銀價與金價每日利率的關係係數為〇・七一，銀價與銅價的關係係數則是〇・一三六。

29. 欲參閱政府救濟計畫的相關討論，請見Alan Blinder, *After the Music Stopped* (New York: Penguin Press, 2013)。

30. 二〇〇九年十二月三十一日，標普五百收盤指數為一千一百一十五・一〇。相較雷曼兄弟破產前的星期五的指數——一千兩百五十一・七——在二〇〇九年三月九日的市場低谷，指數的降幅為百分之四十六，而在二〇〇九年十二月三十一日，相比雷曼兄弟破產前的指數降幅只有百分之十・九。欲參閱歐洲債務危機的相關討論，請見Philip R. Lane, "The European Sovereign Debt Crisis," *Journal of Economic Perspectives* 26, no. 3 (2012): pp. 49-68。

buffett_050606/index.htm?section=money_latest；二、J.V. Bruni & Co., "The 2006 Berkshire Hathaway Annual Meeting: Top 20 Questions," available at http://www.jvbruni.com/Berkshire2006annualmeeting.pdf；三、Whitney Tilson, "2006 Berkshire Hathaway meeting notes," May 6, 2006, at http://www.designs.valueinvestorinsight.com/bonus/bonuscontent/docs/Tilson_2006_BRK_Meeting_Notes.pdf；四、"Notes from Berkshire Hathaway Annual Meeting," available at https://www.gurufocus.com/news/1569。

11. 請見"Notes from Berkshire Hathaway Annual Meeting"。

12. 請見Zweign, "Buffett"。

13. 引文與此段落餘下的引文出自Tilson, "2006 Berkshire Hathaway meeting notes"。

14. 出處同上。

15. 請見Adam Doolittle, "Analyzing Warren Buffett's Investment in Silver," available at http://www.silvermonthly.com/analyzing-warren-buffetts-investment-in-silver/。

16. CPM Group, *CPM Silver Yearbook 2016*, pp. 6-7顯示，在一九九七年，製造業需求超過新採銀礦加上次要供給一億七千五百萬金衡盎司，而在二○○五年，製造業需求只超過新採銀礦加上次要供給六千七百萬金衡盎司。

17. 「一九九七年年終」購買的一億一千一百二十萬金衡盎司，價格為每金衡盎司五・○五美元，總價五億六千一百萬美元，在「二○○五年年中」以每金衡盎司七・五○美元的價格售出那一億一千一百二十萬金衡盎司，共得八億三千四百萬美元，八年的年度複利成長率為百分之五・○八。一九九七年最後六個月，十年國庫債券平均成長率為百分之六・○七五。請見*Economic Report of the President*, Transmitted to the Congress February 1998, together with the *Annual Report of the Council of Economic Advisers* (Washington, DC: Government Printing Office, 1998）, p. 367。

18. 引文與下一段引文出自Tilson, "2006 Berkshire Hathaway meeting notes"。

19. CPM Group, *CPM Silver Yearbook 2016*, pp. 6-7顯示，在二○○五年，製造業需求超過新採銀礦加上次要供給六千七百萬金衡盎司，而在二○○八年，需求則超過供給量六千七百五十萬金衡盎司。

20. 商品研究局資料庫顯示，二○○六年五月五日的白銀現金收盤價為十三・九七美元，二○○八年九月十二日的銀價則為十・八七美元。

21. 商品研究局資料庫顯示，二○○六年五月五日的黃金現金價為六百八十二・五七美元，二○○八年九月十二日則為七百六十六・一九美元；二○○六年五月五日的紅銅價格為每金衡磅三・五九七美元，二○○八年九月十二日的銅價則為每金衡磅

第二十二章：來自奧馬哈的訊息

1. 以他在一九九七年十二月三十一日持有的一億一千一百二十萬金衡盎司白銀估算，帳面損失的算式如下：平均成本為每金衡盎司五・五〇美元，扣除九月第一週的平均現金價——四・一七美元——每金衡盎司虧損〇・八八美元，按市值計算，一億一千一百二十萬金衡盎司白銀的虧損額為九千七百八十五萬美元。

2. 過去九十日的銀價利率標準差為百分之〇・八二，金價標準差為百分之〇・六九。銀價上漲四美分等同百分之〇・九六的漲幅，不具統計上的顯著意義，而金價上漲百分之二・九八，明顯具顯著意義。我之所以使用倫敦金屬市場的價格，是因為紐約市場受攻擊事件衝擊。在此記錄的金價漲幅為九月十二日上午定價相比九月十一日上午定價的變動比率，可比擬白銀定價的發布時間。九月十一日，倫敦市場的下午定價在攻擊事件過後發布，價格突漲至兩百八十七美元，漲幅將近百分之六；九月十二日的下午定價為兩百七十九美元，與當日的上午定價相去不遠。部分人士指控定盤會員操縱倫敦定價。請見Andrew Caminschi, "Too Precious to Fix: The London Precious Metals Fixings and Their Interactions with Spot and Future Markets," (PhD diss., University of Western Australia, 2016)。

3. 出自商品研究局資料庫相應的現金價格紀錄。

4. 白銀相關數據出自CPM Group, *The CPM Silver Yearbook 2016* (New York, 2016), pp. 6-7。引文出自Tilson, "2006 Berkshire Hathaway meeting notes"。

5. 引文出自Tilson, "2006 Berkshire Hathaway meeting notes"。

6. Berkshire Hathaway 1988 Chairman's Letter.

7. 引文與此段落餘下的引文出自"Gold Sleeps While Silver Rocks," *New York Times,* May 29, 2005, p. B8。

8. 根據商品研究局資料庫，白銀現金高峰價為十四・一五美元，收盤價則為十三・九七美元。

9. 一九七九年八月一日，白銀現金價為八・九四美元，而一九七九年十月一日，銀價則為十八・〇〇美元。一九七九年十一月一日的白銀現金價為十六・三二美元，一九八〇年一月二日的白銀現金價則為三十七・七五美元。

10. 在當時，波克夏海瑟威公司年度會議不准許任何人錄音或錄影，不過有一些與會者作筆記並發表了筆記內容。二〇〇六年度會議的討論與資訊，出於下列文獻，特定引文分別列出。一、Jason Zweig, "Buffett: Real Estate Slowdown Ahead," May 8, 2006, CNN Money, available at http://money.cnn.com/2006/05/05/news/newsmakers/

1998, p. A23，商品期貨交易委員會的調查「靜了下來」。即使查詢一九九八年商品期貨交易委員會的年度報告，我也沒找到提及華倫・巴菲特的任何段落，而白銀只出現在標題為「Division of Economic Analysis」的段落，段落大意請見本書內文。二〇一七年八月十四日，我按《資訊自由法》（Freedom of Information Act，FOIA）向商品期貨交易委員會提出請求，請它提供該時期委員會與巴菲特或波克夏海瑟威公司的「所有通訊紀錄」。二〇一七年十一月二十二日，我收到以下回覆：「我們查詢商品期貨交易委員會的紀錄，查無符合您的請求的紀錄。」

29. CFTC, *1998 Annual Report* (Washington, DC: Government Printing Office, [1999]), pp. 58-59。

30. "In This Corner, a Silver Bull. In That Corner, India," *Wall Street Journal*, February 18, 1998, p. A23。

31. "Buffett's Purchases Push Silver Past $7 an Ounce," *New York Times,* February 5, 1998, p. D1。

32. Berkshire Hathaway 1997 Chairman's Letter.

33. 算式如下：波克夏海瑟威公司一九九七年的董事長信中寫道，該公司在一九九七年年底購入一億一千一百二十萬金衡盎司白銀，一九九七年按市值計算的利潤為九千七百四十萬美元。一九九七年十二月三十一日的白銀現金收盤價為每金衡盎司五・九三美元，一億一千一百二十萬金衡盎司白銀賺得九千七百四十萬美元利潤，等同每金衡盎司賺〇・八七六美元利潤。五・九三美元扣除〇・八七六美元，等於五・〇五四美元。

34. 一九九八年一月十二日——巴菲特最後一次購銀的日子——白銀的現金收盤價為每金衡盎司五・四九美元，不過他不太可能是在那一天買入整整一千八百五十萬金衡盎司。一九九八年年初十二個日曆日的平均銀價為五・八四五七美元，所以實際價格應該高於五・五〇美元。

35. 喬安・曼哈特的電子信件（請見前述註解）寫道：「全都是以現金購買。」根據*Berkshire Hathaway 2016 Annual Report* (p. 19)，該公司持有可口可樂公司的四億股份，這是巴菲特第三大的股票投資。上文引用他一九九七年的信件，文中暗示他是在九年前或在一九八九年購買可口可樂公司。

36. 出自Whitney Tilson's "2006 Berkshire Hathaway meeting notes," May 6, 2006, at http://www.designs.valueinvestorinsight.com/bonus/bonuscontent/docs/Tilson_2006_BRK_Meeting_Notes.pdf。

七百萬金衡盎司。波克夏海瑟威公司購入一億兩千九百七十萬金衡盎司，等同世界總產量的百分之二十四・六一。

14. 引文與此段落餘下的引文出自Berkshire Hathaway 1997 Chairman's Letter available at http://www.berkshirehathaway.com/1997ar/1997.html。

15. 出處同上。

16. 出處同上。

17. Warren Buffett, "Why Stocks Beat Gold and Bonds," *Fortune*, February 27, 2012。

18. 出處同上。

19. 引文與此段落餘下的引文，請見Berkshire Hathaway 1997 Chairman's Letter。

20. 引文與此段落餘下的引文出處同上。

21. "Buffett Discloses Big Silver Purchases," *Washington Post*, February 4, 1998, p. C13。

22. 此段落餘下的引文出自"Buffett's Company Is Amassing Silver, Pushing Up Prices," *New York Times,* February 4, 1998, p. A1。

23. 欲參閱關於亨特兄弟囤積白銀「操縱期」的討論，以及對「扭曲的價格關係」的衝擊，請見CFTC Docket No. 85-12, p. 7。商品期貨交易委員會這部分的控訴，出自Professor Albert Kyle, "Report on the Behavior of Silver Prices and Economic Evidence of Manipulative Activities," February 19, 1987。凱爾（Kyle）表示（DX22207ff），在亨特兄弟操縱銀價的時期——一九七九年九月至一九八〇年三月——商品交易所的白銀價差交易無法反映完整的運輸成本；相較於交割延期，這是以較不嚴謹的方式顯示價格扭曲。另外請見Kyle and Viswanathan, "Price Manipulation in Financial Markets," p. 276。

24. Berkshire Hathaway press release, dated February 3, 1998。

25. 巴菲特的發言，出自我在二〇一七年六月二十一日，透過他的行政助理喬安・曼哈特（Joanne Manhart）的電郵通訊。

26. 欲瞭解此事與菲布羅公司的關係，請見"Buffett Silver Gambit Stirs Silver Again," *Wall Street Journal*, February 5, 1998, p. C1。

27. "The $10 Billion Man, on a Silver Buying Spree, Keeps Horde in Secretive London Market," *Guardian*, February 5, 1998, p. 3。

28. 根據"In This Corner, a Silver Bull. In That Corner, India," *Wall Street Journal*, February 18,

50. 引文與此段落餘下的引文出自"Bankrupt Hunt Brothers Bid Adieu to Art Collections Worth Millions," *Chicago Tribune*, May 10, 1990, p. C1。

第二十一章：巴菲特的操縱？

1. "CFTC Boosts Surveillance of Silver-Futures Market," *Wall Street Journal*, January 14, 1998, p. C1。
2. 一九九七年十二月三十一日，商品研究局現金銀價收盤價為五・九三美元。十二月十八日到十二月三十日，白銀以高於每金衡盎司六美元的價格進行交易。
3. "CFTC Boosts Surveillance of Silver-Futures Market," *Wall Street Journal*, January 14, 1998, p. C1。
4. 一九九七年六月三十日，黃金現金價為三百三十三・七〇美元，一九九七年十二月三十一日的價格則為兩百八十八・八美元，跌幅為百分之十三・五。六月三十日，銀價為四・六三美元，十二月三十一日的價格則為五・九三美元，漲幅為百分之二十八。所有數據出自商品研究局的黃金與白銀現金價格紀錄。
5. "Silver Futures Rally as Analysts Say Market Is Refocused on Fundamentals," *Wall Street Journal*, January 7, 1998, p. C15。
6. "Gold Rises from 12 1/2 Year Lows as Silver Surges," *Wall Street Journal*, December 11, 1997, p. C17。
7. "Phibro and Others Sued Over Silver Prices," *Wall Street Journal*, January 29, 1998, p. C18。
8. "Booming Silver Market 'Rigged,'" *The Guardian*, January 13, 1998, p. 18。
9. 出處同上。
10. Berkshire Hathaway press release, dated February 3, 1998。
11. 出處同上。
12. 一九九八年二月三日前九十日的銀價利率標準差為百分之一・九，兩日標準差為百分之二・六九八。二月四日與二月五日的利率分別為百分之十・七與百分之四，兩者分別具統計上的顯著意義，合併的兩日收益率也具統計上的顯著意義。
13. Henry E. Hilliard, "Silver," in Bureau of Mines, *Minerals Yearbook 1998*, vol. 1, *Metals and Minerals* (Washington, DC: Government Printing Office, 2000), 1, p. 69, available at https://catalog.hathitrust.org/Record/003909435。一九九八年，全球銀礦產量為一萬六千四百公噸，一公噸等同三萬兩千一百五十・七金衡盎司，所以全國銀礦產量為五億兩千

每日利率標準差，銀價標準差為百分之二・四五，金價標準差則為百分之一・一。為避免每日利率的短期變動率影響計算，我使用同一時期每月月底的金價與銀價，計算出每月的銀價利率標準差為百分之八・三四，金價標準差則為百分之四・七六。

36. Williams, *Manipulation on Trial*, p. 194將陪審團的判決描述為「妥協」，但不同於此處所示。

37. 第十八章末尾的引文出自“Peru Sustained Loss of about $80 Million because of Speculation in Silver Futures,” *Wall Street Journal*, February 15, 1980, p. 30。

38. “2 Hunts File for Personal Bankruptcy,” *New York Times*, September 22, 1988, p. D1。

39. 出處同上。

40. “3 Hunt Brothers Put Oil Concern into Bankruptcy,” *New York Times*, August 30, 1986, p. 1。根據西德克薩斯中間基原油在https://fred.stlouisfed.org/series/OILLPRICE與https://fred.stlouisfed.org/series/MCOILWTICO的油價紀錄，一九八六年七月的原油價格為十一・五七美元。

41. “It Takes $180 Million to Make *Forbes* List of Richest in the U.S.,” *Wall Street Journal*, October 14, 1986, p. 8。

42. “Lamar Hunt Pays $17 million in Damages to Peru’s Minpeco,” *Washington Post*, October 21, 1988, p. F2。

43. “Hunt Brothers’ Debts Dwarf Their Texas-Sized Fortunes,” *Chicago Tribune*, November 27, 1988, p. G12B。

44. 引文與此段落餘下的引文出自“Hunts, Proving No Detail Too Small, List 67 Cent Debt in Bankruptcy Filing,” *Wall Street Journal*, November 23, 1988, p. B5。

45. “Hunts’ Assets Will Pay Creditors, Court Rules,” *New York Times*, December 17, 1989, p. 36。

46. “William Hunt’s Bankruptcy Plan Cleared,” *New York Times*, December 22, 1989, p. D6。

47. “2 Hunts Fined and Banned from Trades,” *New York Times*, December 21, 1989。

48. “Hunts’ Assets Will Pay Creditors, Court Rules,” *New York Times*, December 17, 1989, p. 36。

49. 引文與此段落餘下的引文出自“Hunt’s Treasure: Oil Baron’s Belongings Go on the Block,” *Chicago Tribune*, July 29, 1990, p. C6C。

18. 對話出自班克・亨特口供證詞的逐字稿：April 10, 1986, 1, pp. 8-11；與口供證詞的錄影。
19. Williams, *Manipulation on Trial*, pp. 194-95。
20. "Nelson Hunt Denies Trying to Corner the Silver Market," *Wall Street Journal*, June 1, 1988, p. 43。
21. "Nelson Hunt Denies Plotting to Manipulate Silver Market," *Los Angeles Times*, June 2, 1988, p. E12。
22. "Hunt Says He Was Just 'Bullish' on Silver," *Los Angeles Times*, June 3, 1988, p. D14。
23. 西姆羅特與班克・亨特餘下的討論節自Mark Cymrot, "Cross-Examination in International Arbitration," *Dispute Resolution Journal* 62, no. 1 (2007)。對話的詳細描述出自亨特律師菲爾・傑拉奇訪談，January 14, 2015。
24. 出自亨特律師菲爾・傑拉奇訪談，January 14, 2015。
25. 請見Williams, *Manipulation on Trial*, p. 194。
26. Transcript, *Minpeco S.A., Plaintiff v. Nelson Bunker Hunt, et. al., Defendants*, February 24, 1988, p. 509。
27. 出自亨特律師菲爾・傑拉奇訪談，January 14, 2015。
28. 欲參閱爭議證據的概述，請見chapter 4, "Testing for the Cause of the Price Rise in Silver," Williams, *Manipulation on Trial*。
29. 出處同上，pp. 104-9。
30. 出處同上，p. 114。
31. 視覺呈現十分重要，因為顯示亨特兄弟與銀價關係的統計證據在統計學上有嚴重的問題。欲參閱相關討論，請見Williams, *Manipulation on Trial*, pp. 109-10。
32. 出處同上，p. 195。
33. 出處同上，p. 190；另外請見"Hunts Are Ruled Part of Scheme to Control Silver," *New York Times*, August 21, 1988, p. 1。
34. 原告方試圖連結金價與政治事件的討論，請見Williams, *Manipulation on Trial*, pp. 115-18, 124。欲參閱金銀價格比的相關討論，另外請見上述出處，pp. 92-96。
35. 我用倫敦金屬市場的數據，計算了一九八一年一月到二〇一七年七月的黃金與白銀

第二十章：審判

1. "Trial of Hunt Brothers in Silver Case Begins," *New York Times,* February 25, 1988, p. D2。
2. 原告律師馬克・西姆羅特在開場陳述中提及的金額為一億五千萬美元（請見Transcript, *Minpeco S.A., Plaintiff v. Nelson Bunker Hunt, et. al., Defendants*, February 24, 1988, p. 418）。但在開始審理案件前，莫利斯・拉斯克法官將祕魯礦產品銷售公司的求償金額從兩億五千兩百萬美元減至七千五百萬美元，此金額可乘三計算。請見"Hunts Hail Silver Ruling," *New York Times,* January 7, 1988, p. D14。
3. 請見Williams, *Manipulation on Trial*, p. 3。拉馬爾・亨特雖同樣遭祕魯礦產品銷售公司起訴，卻沒被商品期貨交易委員會起訴。
4. 出處同上，pp. 194-95。
5. Transcript, *Minpeco S.A., Plaintiff v. Nelson Bunker Hunt, et. al., Defendants*, February 24, 1988, p. 403。
6. 出處同上，p. 417。
7. 出處同上，p. 418。
8. 出處同上，pp. 410-11。
9. 出處同上，p. 481。
10. 出處同上，p. 482。
11. 出處同上，p. 425。
12. 出自二〇一五年一月十四日，紐約凱薛勒法律事務所——訴訟中代表亨特兄弟的法律事務所——的菲爾・傑拉奇律師的訪談。
13. 引文與下一段引文出自transcript, *Minpeco S.A., Plaintiff v. Nelson Bunker Hunt, et al., Defendants*, February 24, 1988, p. 518。
14. 出處同上，p. 521。
15. 出處同上，pp. 522-23，527。
16. 出處同上，p. 414。
17. 法庭陳設的描述出自"Hunts Still Fighting Losses from Silver Crisis," *Washington Post*, March 20, 1988, p. H1。錄影帶內容的描述與細節，來自我從匿名資料來源收到的錄影帶備份。

105. 出處同上。

106. 出處同上，p. 84。

107. "A Deal's a Deal, Said Engelhard," *New York Times,* April 6, 1980, p. F1。

108. 我是在二〇一六年十一月二十二日的訪談中，得知波弗特海不動產沖銷之事。訪談對象為和亨特兄弟進行交易時，恩格哈德公司菲利普兄弟分部總裁——哈爾・貝雷茲（Hal Beretz）。

109. Bernstein, "Engelhard's Not So Sterling Deal," p. 86。

110. 欲瞭解普拉西德公司的借貸詳情，請見SEC, *Silver Crisis of 1980*, pp. 42-43。另外請見Federal Reserve's "Interim Report on Financial Aspects of the Silver Market Situation in Early 1980," published in House Committee on Government Operations, "Silver Prices and the Adequacy of Federal Actions," pp. 250-57。

111. House Committee on Government Operations, "Silver Prices and the Adequacy of Federal Actions," p. 209。

112. 出處同上。

113. 以下對話出處同上，pp. 218-19。

114. 根據SEC, *Silver Crisis of 1980*, p. 26，普拉西德石油公司由六個信託共有，但根據亨特公司前員工威廉・布雷德索（William Bledsoe）的證詞（House Committee on Government Operations, "Silver Prices and the Adequacy of Federal Actions," p. 554），信託只有五個。

115. SEC, *Silver Crisis of 1980*, p. 26。

116. 出處同上，p. 31。

117. 引文出自Hurt, *Texas Rich*, p. 415。

118. 請見SEC Release No. 16715, April 1, 1980。

119. "When a Billionaire's Piggy Bank Breaks," *Guardian*, May 28, 1980, p. 4。

120. 出處同上。

121. "Hunt Mortgages 500 Thoroughbreds," *Washington Post*, May 25, 1980, p. F12。關於達莉亞第二場勝利的討論，請見"Dahlia Wins $194,976 in Ascot Race," *New York Times,* July 28, 1974, p. 181。

90. "Silver's Plunge Jolts Hunts' Empire and Brings Turmoil to Wall Street," *New York Times,* March 28, 1980, p. A1。

91. 出處同上。

92. 引文與下一段引文出自SEC, *Silver Crisis of 1980*, p. 92。

93. House Committee on Government Operations, "Silver Prices and the Adequacy of Federal Actions," p. 218。

94. 出處同上，p. 223。

95. CFTC, *Report on Recent Developments in the Silver Futures Markets*, p. 86。

96. 三月二十八日，商品交易所的四月期貨合約開盤價為十二美元，日間交易價高峰為十三美元，低價為十・九〇美元，收盤價為十二美元（請見*Washington Post*, March 29, 1980, p. D12）。

97. 亨特兄弟的債務概述於Federal Reserve's "Interim Report on Financial Aspects of the Silver Market Situation in Early 1980," published in House Committee on Government Operations, "Silver Prices and the Adequacy of Federal Actions," p. 244。

98. House Committee on Government Operations, "Silver Prices and the Adequacy of Federal Actions," p. 282。

99. 引文與後續兩段引文出自"Markets Rebound; Silver Lining for Occidental," *Boston Globe*, March 29, 1980, p. 14。

100. 引文與故事出自Jarecki Manuscript, chap. 9, p. 37。

101. 出處同上，chap. 9, pp. 39-40。

102. 五十億美元的估算，出自抵押給家族所有普拉西德石油公司的總資產，請見SEC, *Silver Crisis of 1980*, pp. 24-25。證券交易委員會的報告顯示，抵押資產的價值其實遠少於五十億美元，但該報告也沒有計入未抵押的其他資產，所以五十億美元似乎是合理的估計值。

103. 原始的期貨轉成現貨部位交易為兩千八百五十萬金衡盎司白銀，但未清償的銀貨只剩一千九百萬金衡盎司。雙方在一月達成協議，協議中的價格約為每金衡盎司三十六美元，總價六億八千四百萬美元。以三月二十八日每金衡盎司十二美元的收盤價計算，銀貨價值兩億兩千八百萬美元。

104. 引文與下一段引文出自Peter Bernstein, "Engelhard's Not So Sterling Deal with the Hunts," *Fortune*, May 19, 1980, p. 86。

71. 一九八二年《富比士》雜誌刊出美國富豪榜單時，世界上身價超過十億美元的富豪僅十三人。請見http://www.forbes.com/sites/seankilachand/2012/09/20/the-forbes/400-hall-of-fame-36-members-of-our-debut-issue-still-in-ranks/。

72. Williams, *Manipulation on Trial*, p. 47。

73. SEC, *Silver Crisis of 1980*, p. 156。

74. 出處同上，p. 153。

75. Fay, *Beyond Greed*, p. 200。

76. 出處同上，pp. 201-10。

77. 出處同上，p. 98。

78. SEC, *Silver Crisis of 1980*, p. 83n72。

79. 出處同上。

80. 一九八〇年一月十八日的高峰價為八百五十美元，而一九八〇年三月二十五日的即期金價為四百九十六・五〇美元，從高峰期下跌了百分之四十二。金銀價格比為四百九十六・五〇／二十・二〇＝二十四・六。

81. 請見"Talkfest with the Hunts," *Fortune*, August 11, 1980, p. 168。

82. 引文與此段落餘下的引文出自"Hunt Group Sets Silver-Backed Bonds," *New York Times*, March 27, 1980, p. 81。

83. 十五・八〇／二十・二〇的對數收益率為百分之負二十四・六。

84. "N.B. Hunt Group Shocks Silver World with Plan for Bonds," *Wall Street Journal*, March 27, 1980, p. 12。

85. "Sunshine Planning Sale of Silver-Backed Notes," *New York Times*, February 5, 1980, p. D1。

86. Deposition of Nelson Bunker Hunt, Minpeco S.A., et al., Plaintiff, against Nelson Bunker Hunt, et al., Defendants, April 10, 1986, pp. 90-92。

87. 請見Senate Subcommittee on Agricultural Research, and General Legislation, "Price Volatility in the Silver Futures Market," p. 215。

88. 三月二十七日商品交易所的即期銀價（四月交割的合約）為十・八〇美元（請見*New York Times*, March 28, 1980, p. D8）。三月合約在二十六日便停止交易，收盤價為十五・八〇美元。

89. SEC, *Silver Crisis of 1980*, p. 87。

59. 請見CFTC Docket No. 85-12, pp. 33-38。

60. SEC, *Silver Crisis of 1980*, p. 39。

61. 大豆操縱事件如上所述。竊聽事件的討論，請見Hurt, *Texas Rich*, chap. 12。亨特兄弟擅用來自他們擁有的潘羅德鑽油公司（Penrod Drilling Company）、據稱機密的資訊，當著競爭對手的面購買鑽油權的指控，請見Bledsoe testimony in House Committee on Government Operations, "Silver Prices and the Adequacy of Federal Actions," pp. 561-62。

62. 尚未償付給美林證券、巴赫公司與E・F・赫頓公司的債務，請見SEC, *Silver Crisis of 1980*, p. 35。美林證券缺乏相關紀錄之事，請見p. 136。

63. 三月五日的即期白銀合約（三月交割）價格為三十六・〇五美元，三月六日的即期銀價則為三十三・一〇美元，對數收益率為百分之負八・五四。三月七日的即期銀價為三十二・九〇美元，三月十日的即期銀價則為二十九・七五美元，對數收益率為百分之負十・〇六（即期銀價出自商品研究局一九八〇年三月期貨資料庫）。考慮到過去九十日的利率標準差為百分之六・九八，上文計算的兩個對數收益率都不具統計上的顯著意義，但都是對於非公開資訊的反應，也類似企業併購消息傳出前的價格漲幅。三月五日到三月十七日累積的對數收益率（請見文中後續討論）為百分之負七十二・八四，此數值具統計上的顯著意義。

64. 此段落所有價格都指商品研究局資料庫記載的商品交易所即期合約價格。

65. "Precious Metals Prices Plunge as Carter Sets Anti-Inflation Speech," *Wall Street Journal*, March 14, 1980, p. 38。即期銀價從三月十二日的二十九・三〇美元，跌至三月十三日的二十五・五〇美元，對數收益率為百分之負十三・九。

66. 卡特的計畫細節刊登於週五上午的報紙，例如"Carter to Unveil Anti-Inflation Plan," *Chicago Tribune*, March 14, 1980, p. 3；與"Anti-Inflation Plan to Be Unveiled Today, with Credit Curbs Expected," *Wall Street Journal*, March 14, 1980, p. 3。即期銀價從三月十三日的二十五・五〇美元跌至三月十四日的二十一・〇〇美元，對數收益率為百分之負十九・四。

67. 即期銀價在三月十七日跌至十七・四〇美元，對數收益率為百分之負十八・八。

68. "Prices Suffer Broad, Steep Decline Triggered by Early Drop in Europe," *Wall Street Journal*, March 18, 1980, p. 36。

69. 引文與下一段引文出自"Reserve Board, in New Attack on Inflation, Is Stressing Restraint on Debt Rather Than Higher Interest Rates," *Wall Street Journal*, March 17, 1980, p. 2。

70. SEC, *Silver Crisis of 1980*, p. 39。

42. "Comex Curb Hits Bullion," *Guardian*, January 23, 1980, p. 15。

43. 考慮到前九十個日曆日——一九八〇年一月十八日止——的白銀每日利率標準差為百分之五，這兩日的對數收益從四十六・八美元降至三十四美元——百分之負三十二的差異——具統計上的顯著意義。

44. 引文節自赫伯特・亨特在CFTC-Jarecki Pdf, pp. 12-13的信件。

45. Williams, *Manipulation on Trial*, pp. 44。

46. CFTC-Jarecki Pdf, p. 4顯示，恩格哈德公司在一九八〇年一月二十一日有四千九百一十八張合約的短缺。

47. 請見"A Study of the Silver Market," in "Report to the Congress in Response to Section 21 of the *Commodity Exchange Act*, Public Law No. 96-276," 96th Cong., 2d sess., section 7, pt. 2, June 1, 1980. *Statutes at Large*, 94, p. 133 (542)。

48. 請見CFTC-Jarecki Pdf, pp. 12-13。

49. "Country-Boy Hung King of Silver Hill," *Chicago Tribune*, March 2, 1980, p. N1。

50. "The Lone Range: Hunt Rides Silver Out of the Market," *Wall Street Journal*, February 29, 1980, p. 12。

51. Interview with Tom Russo, February 15, 2017。

52. "Copper Futures Curbed to Prevent a Squeeze," *New York Times,* November 16, 1979, p. D1。

53. "Coffee Futures Curbed to Prevent a Squeeze," *New York Times,* November 22, 1979, p. D8。

54. "Self Interest Charged in Comex Silver Rulings," *Chicago Tribune*, May 31, 1980, p. A6。

55. 引文出自"Talkfest with the Hunts," *Fortune*, August 11, 1980, p. 168。證人不希望透露身分，但此人證實，當時有部分理事會成員以價差交易的方式售出數千張黃金合約，合約價值在一月二十一日的公告後隨銀價崩盤。

56. 償付規定後來遭廢止，被較不麻煩的新持倉限制規則取而代之。請見CFTC, *Report on Recent Developments in the Silver Futures Markets*, p. 80。

57. 此段落的資訊出自SEC, *Silver Crisis of 1980*, pp. 36-38。

58. 出處同上，pp. 34, 38。一九八〇年一月十七日與一九八〇年三月二十七日間，亨特兄弟一共借了八億九千六百萬美元。

顆球的價值為兩百零四・九〇美元。

29. 一九七九年二月一日，即期黃金收盤價為兩百二十九・六〇美元，銀價則為六・六六美元。我以下一註解中一九八〇年一月十八日的高峰收盤價計算，銀價上漲了七・六倍，金價則上漲三・七倍。

30. 精確算式如下：商品交易所即期黃金收盤價為八百二十二美元，即期白銀收盤價則為四十六・八〇美元，金銀價格比為十七・五六比一。商品交易所即期黃金高峰價為八百五十美元，八百五十美元除以即期白銀高峰價五十・三六美元，可得金銀價格比十六・八八比一。

31. "Comex, in Bid to Cool Silver Market, Bans Traders from Taking New Positions," *Wall Street Journal*, January 22, 1980, p. 39。

32. 文中討論是基於貌似商品期貨交易委員會總結商品交易所會議與後續討論的一百二十二頁報告，報告未註明日期。此文件引用一九八四年的證詞逐字稿，由此可知它是在該日期後準備，且經過部分編輯。亨利・賈瑞奇提供了此pdf檔案給我，我引用的頁數也是pdf檔案的頁數，該檔案此後稱為「CFTC-Jarecki Pdf」。

33. CFTC-Jarecki Pdf, p. 3。

34. 出處同上。

35. 出處同上，p. 4。

36. SEC, *Silver Crisis of 1980*, p. 31。

37. CFTC-Jarecki Pdf, p. 2。

38. CFTC-Jarecki Pdf, p. 3寫道，表決結果為十票同意，零票反對，五人棄權。

39. 商品交易所一月合約的價格下跌幅度為二・八〇美元（請見*Washington Post*, January 22, 1980, p. D15），對數收益率為百分之負六・二。考慮到前九十個日曆日的白銀每日利率標準差為百分之五，一月二十一日的價格下跌不具統計上的顯著意義。

40. "Comex, in Bid to Cool Silver Market, Bans Traders from Taking on New Positions," *Wall Street Journal*, January 22, 1980, p. 39。

41. "Chicago Board Limits Futures Trading," *New York Times,* January 23, 1980, p. D12。考慮到前九十個日曆日的白銀每日利率標準差為百分之五，商品交易所一月合約的即期銀價（請見*Washington Post*, January 23, 1980, p. B10）與對數收益率百分之負二十五・八具統計上的顯著意義。

Washington Post, January 21, 1979, p. D13。

18. 一九七八年十月一日到十二月三十一日，銀價每日利潤標準差為百分之一・三，一九七九年相同月份的標準差則是百分之三・二。一九八〇年一月前十個交易日從一月二日開始、一月十五日結束；一九八〇年一月九日的白銀現金價為三十三・六五美元，一九八〇年一月十五日的現金價則為四十三・七五美元。

19. 一九七九年前十個交易日的交易量為一萬七千一百九十七張合約，一九八〇年前十個交易日的每日交易量則為八千八百八十二張合約。雖然一九八〇年的銀價超過去年的兩倍，總交易金額也較高，商品交易所與證券經紀人的收費是以合約數計算，所以交易合約數量下降對他們造成虧損。

20. "Metal Fever Hits—'Mom's Teeth' Sold," *Chicago Tribune*, January 20, 1980, p. 3。

21. 出處同上。

22. 欲瞭解詳情，請見CFTC, *Report of the Commodity Futures Trading Commission on Recent Developments in the Silver Futures Markets*, at the request of Committee on Agriculture, Nutrition, and Forestry, 96th Cong., 2d sess. (Washington, DC: Government Printing Office, 1980, pp. 73-74。

23. "Limits on Silver Futures Touches Off Price Drop," *New York Times,* January 9, 1980, p. D1。

24. "Position Limits Adopted in Comex Silver Futures," *New York Times,* January 8, 1980, p. D1。

25. "Limits on Silver Futures Touches Off Price Drop," *New York Times,* January 9, 1980, p. D1。

26. 恩格哈德公司的期貨轉成現貨部位交易細節，出自SEC, *Silver Crisis of 1980*, pp. 36-37。

27. 商品交易所的日間即期銀價高峰為五十・三六美元，芝加哥期貨交易所的日間高峰價則是五十・五〇美元（請見*New York Times,* January 19, 1980, p. 36）。

28. 沒有標準純銀高爾夫球這種東西（會不會是有尚未通過的專利申請案呢？），但如果有，它們的重量須符合一・六二常制盎司的規制，等同一・四七六七五金衡盎司。標準純銀的純度為百分之九十二・五，所以每顆球含一・三六六金衡盎司純銀，三顆球則含四・〇九八金衡盎司純銀，在每金衡盎司一・二九美元的情況下，三顆標準純銀高爾夫球價值五・二九美元，而在每金衡盎司五十美元的情況下，三

January 19, 1980, p. 14。

3. "Silver Thefts: A High Yield," *New York Times,* February 24, 1980, p. WC1。

4. 引文與此段落餘下的引文出自"Gold and Silver Prices Cause Rash of Thefts throughout the Country," *New York Times,* February 1, 1980, p. A1。

5. "People Cashing in on Precious Metal Boom," *Los Angeles Times*, February 6, 1980, p. C1。

6. 出處同上。

7. 新聞標題「英國人將世襲財產變賣成現金」與此段落餘下的引文，出自*New York Times,* January 23, 1980, p. D1。

8. "Metal Fever Hits—'Mom's Teeth' Sold," *Chicago Tribune*, January 20, 1980, p. 3。

9. 引文與此段落餘下的引文出自"Too Many Coins into the Melting Pot," *New York Times,* January 20, 1980, p. D41。

10. "Declining Dollar? Not 90%-Silver Ones Involved in U.S. Sale," *Wall Street Journal*, February 8, 1980, p. 4。

11. 根據Handy & Harman, *The Silver Market, 1980, 65th Annual Review* (New York, 1981)，一九八〇年印度出口的白銀量約為兩千五百七十萬金衡盎司（p. 18），墨西哥的產量約為五千一百五十萬金衡盎司（p. 25）。

12. 請見Allen Boraiko, "Silver: A Mineral of Excellent Nature," *National Geographic*, September 1981；印度的三十四億金衡盎司估計值，出自W.J. Streeter, *The Silver Mania* (Dordrecht, Neth.: D. Reidel Publishing Company, 1984), p. 109。

13. "Smuggled Silver Trade Revives in Dubai," *Times of India*, March 3, 1980, p. 8。

14. 出處同上。

15. "The Lone Ranger: Hunt Rides Silver Out of the Market," *Wall Street Journal*, February 29, 1980, p. 12。

16. 請見U.S. Bureau of Mines, *The Price Responsiveness of Secondary Silver* (Washington, DC, 1982), pp. 7, 117。"Silver Threads," *Euromoney*, p. 136中，亨利・賈瑞奇記錄的世界總供給量為六億到八億金衡盎司，但他的估算不如一九八二年三月那篇詳盡的研究可信。

17. 第一段引文出自"Scrap Silver Market Saturated," *Washington Post*, January 19, 1980, p. C7；第二段引文出自"Canadian Silver Sllers' Checks Bounce as Refiners Stop Buying,"

五美元，十二月三十一日的價格則為二十八・〇〇美元，與昨日無異。十二月二十一日，商品交易所的即期合約（一九八〇年一月交割的合約）收盤價為三十四・四五美元，比上一個交易日的收盤價高五・一〇美元。我選用商品交易所的收盤價，是因為翰蒂與哈曼公司的現金價（得自商品研究局數據）並沒有更新，也可能是在翰蒂與哈曼於正午登記報價後，商品交易所的價格又發生變動。三十四・四五美元收盤價被CFTC Docket No. 85-12, p. 29證實。

90. Williams, *Manipulation on Trial*, pp. 114-115顯示了一九七九年最後一週，蘇聯入侵阿富汗與銀價的關聯。

91. 第一段引文出自"Price of Gold Tops $500 for First Time," *New York Times*, December 27, 1979, p. D11；第二段引文出自"Gold's Price Edges Up to $517.80 an Ounce for Another Record," *Wall Street Journal*, December 31, 1979, p. 5。

92. 平均八美元的價格，算式如下：根據Williams, *Manipulation on Trial*, p. 31，一九七九年七月「底」到九月初這兩個月，亨特兄弟每日透過國際金屬投資公司購買約五百張合約。因此，他們聚積了兩萬張合約，代表一億金衡盎司白銀，在那個時期的平均價格約為十美元。此前，他們已從一九七三到一九七七年其他交易購入約一億金衡盎司白銀（請見SEC, *Silver Crisis of 1980*, p. 32），當時的平均價格為五美元。綜上所述，亨特兄弟持有的白銀平均價格為七・五〇美元，為反映滑動價差，我將價格四捨五入至八・〇〇美元。Hurt, *Texas Rich*, p. 419支持我為亨特兄弟估算的持倉額與利潤。

93. Fay, *Beyond Greed*, p. 135。

94. 此段討論出自*Minpeco S.A., plaintiff v. ContiCommodity Services, et.al.* Civil no. 81-7619 (M.E.L.) Fourth Amended Complaint, p. 93ff；與Fay, *Beyond Greed*, pp. 147-50。

95. 數據出自Williams, *Manipulation on Trial*, p. 43n27。

96. "Peru Sustained Loss of About $80 Million because of Speculation in Silver Futures," *Wall Street Journal*, February 15, 1980, p. 30。

97. "Treasury Pushes New Silver Policy," *New York Times*, June 22, 1934, p. 31。

第十九章：崩盤

1. 此段落的引文與資訊出自"Silver Thefts: A High Yield," *New York Times*, February 24, 1980, p. WC1。

2. "As Silver Market Reaches Record Highs, So Does Price of Flatware," *Hartford Courant*,

77. 詳細控訴記於CFTC Docket No. 85-12, esp. para. 36, 49, 51, and table 3。根據Handy & Harman, *The Silver Market in 1978* (New York, 1979), p. 21，一九七八年，本書文中提及的四個國家共生產一億六千兩百萬金衡盎司白銀，非共產國家的白銀總產量為兩億六千五百萬金衡盎司。

78. 請見CFTC, *Report of the Commodity Futures Trading Commission on Recent Developments in the Silver Futures Markets*, [prepared for] Senate Committee on Agriculture, Nutrition, and Forestry (Washington, DC: Government Printing Office, 1980), p. 68。

79. Williams, *Manipulation on Trial*, pp. 6-7提出「操縱」一詞其他定義的討論，並提出「哄抬計畫」的比喻。另外請見Albert S. Kyle and S. Viswanathan, "Price Manipulation in Financial Markets: How to Define Price Manipulation," *American Economic Review* 98, no. 2 (2008)。

80. "Rush of Silver-Delivery Offers Spurs Fall in Prices as Speculator Showdown Mounts," *Wall Street Journal*, November 30, 1979, p. 38。

81. "The Lone Ranger: Hunt Rides Silver Out of the Market," *Wall Street Journal*, February 29, 1980, p. 12。

82. 引文出自"Commodities: Squeezing the Silver Market," *New York Times*, October 29, 1979。

83. 一九七九年一月一日到九月三十日，商品交易所每日白銀交易量平均為一萬九千零二十六張；而在一九七九年十月，每日白銀交易量平均為八千三百三十九張合約（數據出自商品研究局資料庫）。

84. 引文與下一段引文出自Deposition of Lamar Hunt, Minpeco S.A., et al., Plaintiff, against Nelson Bunker Hunt, et al., Defendants, October 21, 1986, 1, pp. 51-52。

85. 根據SEC, *Silver Crisis of 1980*, pp. 31-32，拉馬爾在一九八〇年一月持有約八百一十萬金衡盎司白銀，而班克與赫伯特（包括國際金屬投資公司）則持有一億九千五百萬金衡盎司白銀。一九七九年，堪薩斯城酋長隊的勝敗比為七比九。

86. 一九七〇年一月十二日，即超級盃的隔日，白銀現金價為一・八一美元。一九七九年十月三十一日，銀價為過去的九倍：十六・四〇美元。

87. *Wall Street Journal*, December 4, 1979, p. 3。

88. *New York Times*, December 27, 1979, p. D11。

89. "Gold and Silver at Peaks; Dollar Ends Year Mixed," *New York Times*, January 1, 1980。商品研究局資料庫的紀錄顯示，一九七九年十二月二十一日的白銀現金價為二十三・六

69. 此段落所有引文出自“Commodities: Squeezing the Market in Silver,” *New York Times*, October 29, 1979, p. D2。

70. 請見Burrows, CFTC Report, mimeo., undated, Chapter 1, p. 4。

71. 一九七九年一月，黃金現金價平均為兩百二十七美元，白銀現金價約為六・二五美元，比例為三十六・三比一。一九七九年十月，金價平均為三百九十二・七〇美元，銀價平均為十六・七三美元，比例為二十三・四比一。一九七九年一月到十月，金價漲幅為百分之七十三，銀價則是百分之一百六十七。

72. 請見Fay, *Beyond Greed*, p. 135。

73. 白銀的價值曾高於黃金的證據，請見N.H. Gale and Z.A. Stos-Gale, “Ancient Egyptian Silver,” *Journal of Egyptian Archaeology* 67, no. 1 (1981): p. 103。另外請見Arthur R. Burns, *Money and Monetary Policy in Early Times* (New York: Alfred A. Knopf, 1927), p. 186。在《聖經》〈創世紀〉列祖的故事中，白銀被列在黃金之前，且哈佛大學（Jacob E. Safra Professor of Jewish History and Sephardic Civilization）（Bernard Septimus）在我的要求下對〈創世紀〉中黃金與白銀的遠近進行研究，證實了上述關係（但他也警告道，除了相對價值之外，《聖經》中的文字排序可能受其他因素影響）。根據Rhonda L. Rundle, “This War against Germs Has a Silver Lining,” *Wall Street Journal*, June 6, 2006，即使在過去，人們也相當瞭解白銀的醫藥用途：「從古時開始，人們便知道白銀有抗菌特質，人們用銀布包裹屍體以防止死屍發臭，而存放於銀器中的牛乳也較慢變質。」欲參閱技術性討論，請見A. Lansdown, “Silver in Health Care: Antimicrobial Effects and Safety in Use,” in *Biofunctional Textiles and the Skin*, ed. U.-C. Hipler and P. Eisner (Basel; New York: Karger, 2006)。

74. Phillip McBride Johnson, *Commodities Regulation* (Boston: Little Brown and Company, 1982), 2, p. 233。

75. 請見Williams, *Manipulation on Trial*, p. 5。

76. 關於此時期疑似操縱銀價的訴訟與法律程序很多，但最主要的事件有二。第一是商品期貨交易委員會執法部門的聽證會，在一九八五年提出CFTC Docket No. 85-12中的控訴後，聽證會從一九八七年開始在行政法法官的審理下進行。第二是一九八八年開始的民事訴訟：U.S. District Court, Southern District of New York, Minpeco S.A., et al., Plaintiff, against Nelson Bunker Hunt, et al., Defendants。上述兩樁案件都不是刑事訴訟，而刑事訴訟一般由司法部處理（請見Johnson, *Commodities Regulation*, 1, p. 183）。本書內文討論了以上兩起訴訟。

53. 請見Silber, *Volcker*, p. 167。考慮到前九十個日曆日的白銀每日利率標準差為百分之三・五，十月一日突漲的百分之九具統計上的顯著意義。

54. "Talkfest with the Hunts," *Fortune*, August 1980, p. 167。

55. 出處同上。

56. 出處同上。

57. 欲瞭解銀幣扮演的銀行儲備角色，請見Williams, *Manipulation on Trial*, p. 38n22中的討論。

58. "Talkfest with the Hunts," *Fortune*, August 1980, p. 167。

59. Interview with Tom Russo, February 15, 2017。

60. Williams, *Manipulation on Trial*, p. 33, table 2.2顯示，一九七九年八月三十一日為止，亨特兄弟與國際金屬投資公司買空三萬六千八百一十五張合約，賣空一萬三千兩百五十四張合約，總為買空兩萬三千五百六十一張合約。Willaims (p. 31)另外寫道，亨特兄弟在一九七九年七月「底」與九月初之間，大約每日購買五百張合約。另外請見SEC, *Silver Crisis of 1980*, pp. 27-28。

61. 一九七九年十月二十九日的商品交易所理事會會議上，賈瑞奇表示，就十二月的白銀期貨而言，他們並沒有任何人「擠壓軋空或操縱市場」的證據。請見Senate Subcommittee on Agricultural Research, and General Legislation, "Price Volatility in the Silver Futures Market," p. 484。

62. 引文與下一段引文出自"Talkfest with the Hunts," *Fortune*, August 1980, p. 167。

63. 商品交易所理事會成員列於Senate Committee on Banking, Housing, and Urban Affairs, "Information Related to Futures Contracts in Financial Instruments," Hearing, 96th Cong., 2d sess., pt. 1, July 1980, pp. 9-10。

64. 一九七九年八月一日，白銀現金價格為八・九四美元，一九七九年十月一日，價格為十八・〇〇美元。

65. Senate Subcommittee on Agricultural Research, and General Legislation, "Price Volatility in the Silver Futures Market," p. 31。

66. Fay, *Beyond Greed*, p. 138。

67. 出處同上。

68. CFTC Docket No. 85-12, p. 26。

41. 前九十個日曆日的黃金每日利潤標準差為百分之一・五。

42. 銀價出自商品研究局現貨銀價紀錄。

43. 在一般時期，白銀的變動幅度大於白銀，一九八七到二〇一四年金銀每日利潤標準差證明了此事。在一九八七到二〇一四年，無論是黃金或白銀都不受政府政策或疑似操縱市場的行為影響，而在此時期，倫敦下午黃金定價的每日標準差為百分之一・一，白銀的標準差則是百分之一・九六，表示平時的銀價變動幅度約為金價的兩倍。本書引言討論了其中一種解釋：白銀市場比黃金市場小得多，所以供給或需求的外生變動對價格的衝擊相對較大。我們能從期貨市場看出黃金市場與白銀市場的相對規模，二〇一四年十二月三十一日，商品交易所數據顯示，黃金的總未平倉量（未結清合約的總量）為三十七萬一千六百四十六張合約，白銀的總未平倉量則是十五萬一千兩百一十五張合約。以上數值轉換成美元如下：黃金的期貨合約每張一百金衡盎司，二〇一四年十二月三十一日的金價為每金衡盎司一千一百九十九美元，所以總價為四百四十五億美元。白銀期貨合約每張五千金衡盎司，現金價為每金衡盎司十六・二五美元，總價為一百二十三億美元。此句中的引文出自"Frenzied Trading Sends Gold Price to Record High," *Washington Post*, September 19, 1979, p. A1。

44. "Silver Surge Roils Market, So Exchanges Sharply Increase Margin Requirements," *Wall Street Journal*, September 19, 1979, p. 38。

45. 欲瞭解詳情，請見SEC, *Silver Crisis of 1980*, p. 58n37。

46. 請見Fay, *Beyond Greed*, p. 127。

47. 出處同上。

48. "Talkfest with the Hunts," *Fortune*, August 1980, p. 166。

49. 出處同上，p. 167。

50. Jarecki Manuscript (chap. 9, p. 16)中，亨利寫道，「莫卡塔擁有約四千萬金衡盎司白銀」，所以文中的數字應乘以二。本書之所以使用兩千萬金衡盎司，是因為Jarecki Manuscript (chap. 9, p. 21)另外聲稱，「期貨轉成現貨部位交易幾乎讓我們的持倉歸零」。如後文所述，期貨轉成現貨部位的交易轉換了兩千三百萬金衡盎司白銀。

51. 欲詳加瞭解用期貨合約有效進行避險投資如何平衡變動保證金利息，請見Stephen Figlewski, Yoram Landskroner, and William Silber, "Tailing the Hedge: Why and How," *Journal of Futures Markets* (April 1991)。

52. "Talkfest with the Hunts," *Fortune*, August 1980, p. 167。

June 17, 1979, p. 25。

24. "Silver Prices Set Highs for Third Day in Row; Gold Increases Slightly," *Wall Street Journal*, July 12, 1979, p. 30。

25. 請見Silber, *Volcker*, pp. 143-44。

26. 請見"Gold, Silver Prices' Unfathomable Surge Stirring Rumors of 'Big Money' Invasion," *Wall Street Journal*, September 6, 1979, p. 30。

27. 出處同上。

28. 出處同上。

29. "Silver, Gold Futures Soar in Buying by Speculators," *Los Angeles Times*, September 6, 1979, p. E15。

30. "Gold Price Falls in London, Posts Rise in New York," *Wall Street Journal*, September 14, 1979, p. 12。

31. 我在一九八四年加入商品交易所，做黃金與白銀期權買賣，並在近期和一名一九七九至一九八〇年參與白銀圈子的交易人談話。他不希望透露身分，但詳盡提供了下述不少細節。

32. 對話出自Senate Subcommittee on Agricultural Research and General Legislation, "Price Volatility in the Silver Futures Market," pp. 28-29。

33. CFTC Docket No. 85-12, p. 5。

34. 對話出自Senate Subcommittee on Agricultural Research and General Legislation, "Price Volatility in the Silver Futures Market," pp. 45-46。

35. CFTC Docket No. 85-12, p. 15。

36. "Gold Mart a 'Nightmare' as Price Jumps $22," *Chicago Tribune*, September 19, 1979, p. C1。

37. 出處同上。

38. "Frenzied Trading Sends Gold Price to Record High," *Washington Post*, September 19, 1979, p. A1。

39. 出處同上。金價出自商品研究局現貨金價紀錄。

40. 出處同上。

7. Henry Jarecki, "A Squeeze in Silver: How Likely?" *Commodities Magazine*, March 1979, pp. 56-58。

8. Henry Jarecki, "Silver Threads Among the Gold," *Euromoney*, March 1979。引文出自第149頁。

9. 出處同上，p. 139。

10. 出處同上，p. 149。

11. 出處同上，p. 142。

12. 出處同上。

13. 出處同上。

14. 引文與下一段引文出自Jarecki Manuscript, chap. 9, pp. 11-12。

15. 赫伯特・亨特的信件與相關資料出自一九八八年的審判：*Minpeco S.A. v. Nelson Bunk Hunt, et al.*。原告律師馬克・西姆羅特一九八八年四月十五日給拉斯克法官的通訊，包括赫伯特・亨特寄給史考特・戴奧的信件複印本。

16. 亨特兄弟首次使用跨式交易，在馬克・西姆羅特給拉斯克的信件第二頁，以及CFTC Docket No. 85-12, Complaint and Notice of Hearing被提及。在Matter of Nelson Bunker Hunt, et. al., pp. 17-18，亨特兄弟聲稱他們最初是為節稅而使用跨式交易。請見Jeffrey Williams, *Manipulation on Trial: Economic Analysis and the Hunt Silver Case* (Cambridge, UK: Cambridge University Press, 1995), p. 30。

17. "Hunt International, Sunshine Mining Co. Settle Their Disputes," *Wall Street Journal*, June 8, 1979, p. 24。

18. CFTC Docket No. 85-12, p. 15。

19. Harry Hurt III, "Silverfinger," *Playboy*, September 1980, pp. 230-31。

20. Deposition of William Herbert Hunt, Minpeco S.A., et al., Plaintiff, against Nelson Bunker Hunt, et al., Defendants, October 29, 1986, p. 231。

21. 出處同上，p. 304。

22. 請見Silber, *Volcker*, p. 143。

23. 第一段引文出自"Gas Crunch Will Hit Entire Nation: Carter," *Chicago Tribune*, May 6, 1979, p. 1。第二段引文出自"From the Gas Lines; Anger and Frustration," *Boston Globe*,

制議題發生的衝突及相關討論，請見Markham, *Law Enforcement*, pp. 175-77。

21. Fay, *Beyond Greed*, pp. 73-74。

22. 欲瞭解班克・亨特將白銀移至芝加哥期貨交易所倉庫，避免使用商品交易所認證、莫卡塔金屬公司擁有的鐵山倉庫（Iron Mountain Depository）的理由，請見"Silver Futures Follow Soybean Lead," *New York Times,* August 21, 1976。

23. 芝加哥期貨交易所合約必然代表五千金衡盎司白銀。商品交易所於一九七四年九月二十七日，將合約代表的銀貨量從一萬金衡盎司調降至五千金衡盎司。

24. Deposition of William Herbert Hunt, Minpeco S.A., et al., Plaintiff, against Nelson Bunker Hunt, et al., Defendants, October 29, 1986, p. 143。

25. 一九七八年十月二十六日，商品研究局資料庫記載的白銀現金價為六・一二五美元，是一九七四年五月十四日（當時銀價為六・〇六美元）後首次突破六美元。

26. 一九七六年一月二十日，白銀現金價為三・八五美元。一九七六年二月二日，黃金現金價為一百三十・四〇美元，之後在一九七八年十月十日漲至兩百二十五美元。

27. "Alleged Easy Winner in l'Arc de Triomphe," *Los Angeles Times*, October 2, 1978, p. D10。

28. 討論出自Fay, *Beyond Greed*, pp. 81-84, 94-100；與testimony by Norton Waltuch in Senate Subcommittee on Agricultural Research and General Legislation, "Price Volatility in the Silver Futures Market," Hearing, 96th Cong., 2d sess., pt. 2, June 26, 1980。

第十八章：銀價高漲

1. 考慮到前九十個日曆日每日銀價利率的標準差為百分之一・三，二月五日的白銀利率——百分之六・二——具統計上的顯著意義。做統計假設檢定時，我使用商品研究局資料庫的白銀現金價進行計算。

2. "Gold Prices at Record in Near-Panic Buying," *New York Times,* February 6, 1979, p. D12。

3. "Khomeini Arrives in Teheran; Urges Ouster of Foreigners; Millions Rally to Greet Him," *New York Times,* February 1, 1979, p. A1。

4. "A Prophet Returns to His Own Land—With Honor," *New York Times,* February 4, 1979, p. E1。

5. Jarecki Manuscript, chap. 8, pp. 15-16。

6. 出處同上。

8. 請見"King Faisal Slain by Nephew," *Los Angeles Times*, March 25, 1975, p. 1；與"Hint Revenge Motive in King's Death," *Chicago Tribune*, March 26, 1975, p. 15。

9. Harold Drake, "Silver," in U.S. Bureau of Mines. *Minerals Yearbook 1977*, vol. 1, *Metals and Minerals* (Washington, DC: Government Printing Office, 1980) 1, p. 829 (table 1), available at https://catalog.hathitrust.org/Record/003909435。

10. "Hunts Making Offer for Sunshine Mining," *New York Times,* March 22, 1977, p. 64。亨特兄弟喊出每股十五・七五美元，上限兩百萬股。當時未售出的股份有五百八十萬股。

11. Patrick Ryan, "Silver," in U.S. Bureau of Mines, *Minerals Yearbook 1965*, vol. 1, *Metals and Minerals* (except fuels) (Washington, DC: Government Printing Office, 1966) 1, p. 831, available at https://catalog.hathitrust.org/Record/003909435。

12. 欲參閱火災相關的討論，請見"Steel Union Aide Assails Company in Idaho Mine Fire," *New York Times,* May 16, 1972, p. 8；欲瞭解罷工行動與餘波，請見Drake, "Silver," *Minerals Yearbook 1977*, p. 830, available at https://catalog.hathitrust.org/Record/003909435。

13. "Sunshine Mining: Why Hunts Want It," *New York Times,* June 24, 1977, p. 76。

14. 根據Handy & Harman, *The Silver Market in 1969, 54th Annual Review* (New York, 1970), p. 11，芝加哥期貨交易所在一九六九年十一月三日開始白銀交易。

15. 欲參閱期貨市場——包括白銀期貨市場——先發制人的優勢與相關討論，請見William Silber, "Innovation, Competition and New Contract Design in Futures Markets," *Journal of Futures Markets* (Summer 1981)。

16. 此段落的資訊出自"Commodity Agency Accuses 7 Hunt Heirs of Violations in Soybean-Futures Trades," *Wall Street Journal*, April 29, 1977, p. 36。

17. Fay, *Beyond Greed*, p. 75。

18. "Commodity Agency Accuses 7 Hunt Heirs of Violations in Soybean-Futures Trades," *Wall Street Journal*, April 29, 1977, p. 36。

19. 請見"Court Frees Hunts to Act on May Soybean Deliver," *New York Times,* May 13, 1977, p. 84；與"U.S. Wins Suit against Hunts as Court Backs Curb on Futures Holdings," *New York Times,* June 8, 1977, p. 85。另外請見Jerry W. Markham, *Law Enforcement and the History of Financial Market Manipulation* (Armonk, N.Y.: M.E. Sharpe, 2014), pp. 174-75。

20. 欲瞭解商品期貨交易委員會與芝加哥期貨交易所為一九七九年三月小麥危機相關管

23. Hurt, *Texas Rich*, p. 325。

24. *Economic Report of the President*, Transmitted to the Congress, February 1975, together with the *Annual Report of the Council of Economic Advisers* (Washington, DC: Government Printing Office, 1975), p. 304。

25. 出處同上，p. 128。

26. 此段落的討論出自testimony by Bledsoe in House Committee on Government Operations, "Silver Prices and the Adequacy of Federal Actions," p. 560；與Hurt, *Texas Rich*, p. 324的討論。

27. 引文出自http://www.au.af.mil/au/awc/awcgate/navy/log_quotes_navsup.pdf。

28. Jarecki Manuscript, chap. 14, pp. 1-4。

第十七章：沙烏地關係

1. 生平相關細節，請見"Ibn Saud, Arabian Ruler, 73, Dies; Won Desert Kingdom with Sword," *New York Times*, November 10, 1953, p. 1；"Ibn Saud, Ally in War, Dies; Ruler Built Modern Arabia," *Washington Post*, November 10, 1953, p. 14；與"The Saga of Ibn Saud," *Boston Globe*, November 15, 1953, p. C7。

2. 根據Arthur N. Young, "Saudi Arabian Currency and Finance," *Middle East Journal* 7, no. 3 (1953): p. 365，一九五二年未清帳的銀里亞爾仍有兩億七千萬枚，每枚含〇・三四三七五金衡盎司白銀，共為九千兩百八十萬金衡盎司純銀。一九五〇年，沙烏地阿拉伯人口為三千八百萬人（請見http://www.bluemarblecitizen.com/world-population/Saudi-Arabia），平均每人有二十四・四金衡盎司白銀，等同每人二金衡磅白銀。

3. Young, "Saudi Arabian Currency," p. 369。

4. 請見Arthur N. Young, "Saudi Arabian Currency and Finance: Part II," *Middle East Journal* 7, no. 4 (1953): pp. 539-56。

5. 出處同上，p. 539。

6. 欲瞭解伊朗之旅與沙烏地阿拉伯之旅的行程，請見testimony by Bledsoe in House Committee on Government Operations, "Silver Prices and the Adequacy of Federal Actions," p. 558。

7. "Faisal, Rich and Powerful, Led Saudis into 20th Century and to Arab Forefront," *New York Times*, March 26, 1975, p. 10。

9. Donnelly, "Commodities Corner," p. 481。

10. 引文出自"Precious Metals Post Price Gains: Silver and Platinum Futures Follow Activity in Gold," *New York Times,* February 9, 1974, p. 41。一九七三年十二月三日與一九七四年二月二十六日的金價，出自商品研究局資料庫的現金金價記錄。

11. 引文與此段落餘下的引文出自*The Congressional Record—House*, February 28, 1974, p. 4803。

12. Senate Committee on Agriculture and Forestry, *The Commodity Futures Trading Commission Act of 1974*: Hearing, November 15, 1974, p. 122。

13. "Who's Trying to Corner the Market in Silver?" *Christian Science Monitor*, December 12, 1973, p. 10。

14. 請見testimony by Henry Jarecki in House Committee on Agriculture, *Commodity Futures Trading Commission Act of 1974*, Hearings on H.R. 11955, 93d Cong., 2d sess., pt. 2, January 23, 24, 29, 30, 31, 1974, p. 190。

15. 欲參閱造市商相關討論，請見William L. Silber, "Marketmaker Behavior in an Auction Market: An Analysis of Scalpers in Futures Markets," originally published in *Journal of Finance* 39, no. 4 (Sept 1984): pp. 937-53, and reprinted in *Futures Markets*, ed. A.G. Maliaris (Edward Elgar Publishing Co., 1997)。

16. 引文與此段落餘下的故事，出自Jarecki Manuscript, chap. 8, pp. 9-10；補充資料為賈瑞奇訪談。

17. Jarecki Manuscript, chap. 9, p. 14。

18. 五百萬金衡盎司空倉出自Jarecki Manuscript, chap. 8, pp. 24-25。賈瑞奇回憶道，他當時損失了數百萬美元，我的估算如下：一九七四年二月二十六日的銀價為六・七〇美元，Jarecki (chap. 8, p. 24)寫道，他當時的銀貨短缺是在每金衡盎司二・〇〇美元的價格，表示他承擔每金衡盎司四・七〇美元的虧損。四・七〇美元乘以五百萬，等於兩千三百五十萬美元。

19. Jarecki Manuscript, chap. 8, p. 25。

20. 出處同上。

21. 出處同上，chap. 8, p. 26。

22. 討論與此段落餘下的討論出處同上，chap. 9, pp. 5-6。

financial weekly, *Barron's*, dated February 11, 1974)。此紀錄被亨特兄弟前員工威廉・布雷德索（William Bledsoe）的證詞證實：House Committee on Government Operations, "Silver Prices and the Adequacy of Federal Actions"。白銀在法國的工業用途，請見Handy & Harman, *Silver Market in 1972*, p. 20。

2. 商品交易所十二月期貨合約的價格，出自商品研究局資料庫。利潤計算方式如下：一九七三年十一月，十二月期貨合約的每日收盤價平均為二・八六五美元，十二月三日的收盤價為三・〇四美元，和平均價格的差異為每金衡盎司〇・一七五美元。每金衡盎司〇・一七五美元乘以兩千萬金衡盎司，等於三百五十萬美元。

3. 根據Ron Scherer in "Who's Trying to Corner the Market in Silver?" *Christian Science Monitor*, December 12, 1973, p. 10，巴赫公司在十二月第一個交割日收取了一千零七十一張合約的銀貨。根據Securities and Exchange Commission, *The Silver Crisis of 1980: A Report of the Staff of the U.S. Securities and Exchange Commission* (Washington, DC: 1982), pp. 50-51，巴赫公司在一九七三年十二月為亨特兄弟收取五百萬金衡盎司銀貨。兩筆資料的數字差異，部分原因可能是證券交易委員會那份研究錯誤地認定每張合約代表五千金衡盎司白銀，然而此規定一直到一九七四年九月才生效。在一九七三年十二月，一張期貨合約仍代表一萬金衡盎司白銀，所以當時羅恩・舍爾（Ron Scherer）記錄的一千零七十一張合約，代表至少一千萬金衡盎司白銀。除此之外，證券交易委員會還提及其他和亨特兄弟做生意的證券公司——雷諾證券（Reynolds Securities）——所以兩千萬金衡盎司也許有一部分是被送至雷諾證券。

4. 引文與此段落餘下的引文出自"Who's Trying to Corner the Market in Silver?" *Christian Science Monitor*, December 12, 1973, p. 10。

5. 引文與此段落餘下的引文出自Richard A. Donnelly, "Commodities Corner," *Barron's*, February 11, 1974, reprinted in Senate Committee on Agriculture and Forestry, *Commodity Futures Trading Commission Act*, pp. 480-81。

6. 上列註解2寫道，十一月購買白銀的平均價格為二・八六五美元，所以在白銀現金價為五・三七美元（商品研究局資料庫）的情況下，每金衡盎司白銀買賣的利潤為二・五〇五美元乘以兩千萬金衡盎司，等於五千零一十萬美元。

7. 六・七〇美元的現金銀價出自商品研究局資料庫。

8. 一九七三到一九七四年間五千萬金衡盎司的總量，在William Bledsoe in House Committee on Government Operations, "Silver Prices and the Adequacy of Federal Actions," p. 558的證詞中證實。

65. Michael MacCambridge, *Lamar Hunt: A Life in Sports* (Kansas City, Mo.: Andrews McMeel Publishing, 2012), p. 82。

66. 出處同上，p. 91。

67. 出處同上，pp. 99-100。

68. Burrough, *Big Rich*, p. 302。

69. 引文與下一段引文出自Roy Rowan, "Talkfest with the Hunts," *Fortune*, August 11, 1980, p. 164。

70. Jerome F. Smith, *Silver Profits in the Seventies* (West Vancouver, BC: ERC Publishing Company, 1972)。

71. 出處同上，p. 5。

72. 出處同上，p. 18。

73. 出處同上，p. 24。銀含量百分之四十的五毛美幣，在尼克森總統於一九七〇年十二月三十一日簽署Public Law 91-607之後停止發行。請見Handy & Harman, *The Silver Market in 1970, 55th Annual Review* (New York, 1971), pp. 8-9。

74. Smith, *Silver Profits*, pp. 26, 44。

75. 出處同上，p. 43提及十六比一比例，並將之套用在七十美元的金價，表示銀價應為四・三八美元。我同樣取十六比一的比例，套用在一九七三年九月二十八日——該年度第三季最後一個交易日，也是亨特兄弟開始大規模購銀之前不久——的數據，一百美元金價為倫敦金屬市場一九七三年九月二十八日的下午定價。我也使用同一日期倫敦金屬市場的白銀報價：二・七〇美元。

76. Tuccille, *Kingdom*, pp. 312-13。

77. 引文與下一段引文出自Smith, *Silver Profits*, p. 48。

78. 引文與此段落餘下的引文出處同上，p. 47。

第十六章：重量級搏鬥

1. 亨特兄弟的交易紀錄出自巴赫公司副總裁兼商品交易所總裁查爾斯・馬蒂（Charles Mattey）的國會證詞，Senate Committee on Agriculture and Forestry, *Commodity Futures Trading Commission Act*: Hearings on S. 2485, S. 2578, S. 2837, H.R. 13113, 93d Cong., 2d sess., pt. 2, May 16, 17, 20, 1974, pp. 475-76, 481 (which reproduces an article from the

p. 2。

51. 班克・亨特初次於一九七〇年一月投資白銀，日期出自“Silver Chronology” p. 1——一份在*Minpeco S.A. v. ContiCommodity Services*, September 3, 1987訴訟中繳交的文件。

52. Hurt, *Texas Rich*, p. 317。

53. “N.B. Hunt Purchases Mississippi Project,” *Los Angeles Times*, August 20, 1972, p. J8。

54. “U.S. Investors Scurry for Land in Australia's Big Northern Territory,” *Wall Street Journal*, February 9, 1970, p. 1。

55. “When It Is Far Cheaper to Buy than Breed,” *Observer*, February 20, 1972, p. 18。

56. “Yanks' New Owners Got Deal They Couldn't Refuse,” *New York Times,* January 11, 1973, p. 45。

57. “Dahlia, American-Owned Filly, Captures Richest English Race,” *New York Times,* July 29, 1973, p. S1。

58. Handy & Harman, *The Silver Market in 1968, 53rd Annual Review* (New York, 1969), p. 8。

59. J.R. Welch, “Silver,” in U.S. Bureau of Mines, *Minerals Yearbook 1973*, vol. 1, *Metals and Minerals (except fuels)* (Washington, DC: Government Printing Office, 1975), 1, p. 1123, available at http://digital.library.wisc.edu/1711.dl/EcoNatRes.MinYB1973v1。

60. 欲參閱紐約證券交易所優勢的分析，請見Kenneth D. Garbade and William L. Silber, “Dominant and Satellite Markets: A Study of Dually-Traded Securities,” *Review of Economics and Statistics* 61, no. 3 (1979): pp. 455-60。

61. Handy & Harman, *The Silver Market in 1972, 57th Annual Review* (New York, 1973), p. 8。

62. 請見Handy & Harman, *The Silver Market in 1974, 59th Annual Review* (New York, 1975), p. 5。*The 1973 Annual Review* (p. 5)寫道：「翰蒂與哈曼價格在每個工作日的正午發布，反映了商品交易所當時的價格水平。」

63. 欲參閱價格發現的討論，請見Kenneth D. Garbade and William L. Silber, “Price Movements and Price Discovery in Cash and Futures Markets,” *Review of Economics and Statistics 65*, no. 2 (1983), pp. 289-97。

64. *New York Times* (March 10, 1974, p. 157, “The World of Gold”)寫道：「賈瑞奇醫師……是全國最大金條與錢幣交易公司的首腦人物。」根據Jarecki Manuscript, chap. 9, p. 8，莫卡塔公司成了柯達公司的主要供應商之一。

32. Hurt, *Texas Rich*, p. 379。

33. "U.S., British Rights Threatened by Coup," *Chicago Tribune*, September 2, 1969, p. 4。

34. "Libya Rocks Mideast," *Christian Science Monitor*, September 3, 1969, p. 1。

35. "New Libyan Regime Charts Radical Course Except for Oil," *Boston Globe*, December 28, 1969, p. 25。

36. "Libya Seizes BP Plants Worth 60 Million Pounds," *Guardian*, December 8, 1971, p. 1。

37. "Libya Denies Threat of More Takeovers," *Guardian*, December 10, 1971, p. 4。

38. "Libya Summons Oil Men," *New York Times,* June 10, 1972, p. 40。

39. "Libyan Bid Eyed by U.S. Oilmen," *Washington Post*, November 6, 1972, p. A20。

40. 出處同上。

41. "Libyan Chief, Citing U.S. Aid to Israel, Seizes Oil Concern," *New York Times,* June 12, 1973, p. 1。

42. "U.S. Oil Firm Nationalized by Qaddafi," *Washington Post and Times Herald*, June 12, 1973, p. A1。

43. 引文與後續引文出自"Libya Seizes Hunt's Stake in Sarir Oil Field; Nigeria Negotiates 35% Holding in Shell BP," *Wall Street Journal*, June 12, 1973, p. 17。

44. Burrough, *Big Rich*, p. 352。

45. "Consumer Prices up .7% for June, Food Again Leads," *New York Times,* July 23, 1973, p. 57。

46. *Economic Report of the President*, Transmitted to the Congress, February 1974, together with the *Annual Report of the Council of Economic Advisers* (Washington, DC: Government Printing Office, 1974), p. 21。

47. "Controls a Way of Life," *New York Times,* July 15, 1973, p. 136。

48. Hurt, *Texas Rich*, p. 325。

49. 根據商品研究局資料庫，一九六八年六月二十四日——銀元券兌換截止日期——的白銀現金價為二・四七美元，一九六九年十二月三十一日的白銀售價則為一・八〇美元。銀價低谷為一九七一年十一月三日的一・二八八美元。

50. 引文出自Handy & Harman, *The Silver Market, 1970* (New York: Handy & Harman, 1971),

9. 引文與此段落餘下的引文出自“Decies Sold to Texan for 110,000 Guineas,” *The Times*, December 5, 1969, p. 15。

10. Hill, *H.L. and Lyda*, p. 50。

11. 詳情請見Burrough, *Big Rich*, p. 119。

12. Hill, *H.L. and Lyda*, p. 243。

13. Harry Hurt III, *Texas Rich: The Hunt Dynasty from the Early Oil Days through the Silver Crash*, (New York: W.W. Norton & Company, 1981), p. 106。

14. Tuccille, *Kingdom*, p. 227。

15. Hurt, *Texas Rich*, p. 106。

16. Burrough, *Big Rich*, p. 157。

17. Tuccille, *Kingdom*, p. 228。

18. Hill, *H.L. and Lyda*, p. 15。

19. 出處同上，p. 253。

20. 出處同上，p. 229。

21. Fay, *Beyond Greed*, p. 14。

22. Hill, *H.L. and Lyda*, p. 239。

23. Hurt, *Texas Rich*, p. 370。

24. Tuccille, *Kingdom*, p. 312。

25. Hurt, *Texas Rich*, p. 371。

26. 一九五七年的日期出自“Britain Protests Libya's Seizure of Oil Operations,” *Wall Street Journal*, December 9, 1971, p. 4。

27. Tuccille, *Kingdom*, pp. 227-28。

28. Burrough, *Big Rich*, p. 296。

29. Hurt, *Texas Rich*, p. 21。

30. Burrough, *Big Rich*, pp. 62-65, 124-25, 274-75。

31. Hill, *H.L. and Lyda*, p. 264。

PrecoiusHeritage.pdf。

14. "U.S. Silver Plan: Leading London Bullion Firm Believes Purchase Program May Not Be Completed," *Wall Street Journal*, January 21, 1937, p. 4。

15. "London Gold Market Reopened for First Day's Trading Since '39," *New York Times,* March 23, 1954, p. 35。

16. "Broker Forecasts a Silver Shortage," *New York Times,* January 3, 1961, p. 41。

17. Jarecki, *Alchemist's Road*, p. 23。

18. "Suzy Says: London Doings," *Chicago Tribune*, May 6, 1969, p. B1。

第十五章：尼爾森・班克・亨特

1. *Wall Street Journal*, April 25, 1966, p. 12。標題為「Big Oil Discovery Well」，我調換了「Well」與「Discovery」的字序，調整成正確的字義「油井大發現」。

2. "Dallas Was Trying to Polish Image Tarnished by Rightists," *Washington Post and Times Herald*, September 28, 1964, p. A18。

3. "The Biggest Pipeline," *Daily Telegraph*, December 14, 1964, p. 15。

4. 瑪格麗特的引文出自Margaret Hunt Hill, *H.L. and Lyda* (Little Rock, Ark.: August House Publishers, 1994), p. 251；蓋蒂的觀察評論，請見Jerome Tuccille, *Kingdom: The Story of the Hunt Family of Texas* (Ottawa, Ill.: Jameson Books, 1984), p. 268。

5. Tuccille, *Kingdom*, p. 227。

6. 六十億到八十億美元的估計值出自Bryan Burrough, *The Big Rich: The Rise and Fall of the Greatest Texas Oil Fortunes* (New York: Penguin Press, 2009), p. 296。十五年前——一九八二年——《富比士》雜誌首次發布美國富豪榜單，當時世界上只有十三位身價超過十億美元的富豪。請見http://www.forbes.com/sites/seankilachand/2012/09/20/the-forbes-400-hall-of-fame-36-members-of-our-debut-issue-still-in-ranks/。

7. 引文出自班克・亨特一九八〇年的國會證詞，記於House Subcommittee of the Committee on Government Operations, "Silver Prices and the Adequacy of Federal Actions in the Marketplace, 1979-80": Hearings, 96th Cong., 2d sess., March 31; April 14, 151, 29, 30; May 2, 22, 1980, p. 313。

8. "Suzy Says: London Doings," *Chicago Tribune*, May 6, 1969, p. B1。

第十四章：戰線

1. 此段落與下一段落出自"Two Men Are Seized, Charged with Illegal Melting of Coins," *Wall Street Journal*, December 5, 1968, p. 29；與"State Man Seized in Coin Melting," *Hartford Courant*, December 5, 1968, p. 12。
2. "Two Men Are Seized, Charged with Illegal Melting of Coins," *Wall Street Journal*, December 5, 1968, p. 29。
3. 注意，次要硬幣的白銀含量價值一・三八二五美元，以每金衡盎司二・〇〇美元售出可賺得百分之四十四・七的利潤。
4. 引文與下一段引文出自"Opening Statement of the Secretary before the Meeting of the Joint Coinage Committee," May 12, 1969, reprinted in U.S. Department of the Treasury, *Annual Report of the Secretary of the Treasury on the State of the Finances, for the Fiscal Year Ended June 30, 1969* (Washington, DC: Government Printing Office, 1970), p. 379。
5. 引文與下一段引文出處同上，p. 375。
6. 請見Board of Governors of the Federal Reserve System, *Banking and Monetary Statistics: 1941-1970*, p. 621。
7. 一九六七年五月，尚未兌換的銀元券仍有五億四千七百萬美元，每一張銀元券可兌換〇・七七金衡盎司白銀，共能兌換四億兩千一百萬金衡盎司白銀。一九六五年十二月，尚未兌換的次要硬幣仍有二十六億八千萬美元，每一美元可兌換〇・七二金衡盎司白銀，共可兌換十九億兩千九百萬金衡盎司白銀，白銀量為四億兩千一百萬金衡盎司的四・五倍。
8. Jarecki, *Alchemist's Road*, p. 22。
9. "Speculators and Melters Rush for Silver Coins," *Christian Science Monitor*, May 15, 1969, p. 17。
10. 引文與下一段引文出自Jarecki, *Alchemist's Road*, p. 18。
11. 此書一九七一年由紐約J.B. Lippincott出版社發行。
12. 亨利・賈瑞奇訪談。
13. 一六八四年的日期出自"Along Wall Street: London's 'Four Just Men,'" *Wall Street Journal*, June 13, 1937, p. 47。一七二〇年的日期出自"Notes on 'Precious Heritage: three hundred years of Mocatta & Goldsmid,'" available at http://www.barrow-lousada.org/PDFdocs/

38. "Treasury to Restrict Silver Sales to Grades Needing More Refining," *Wall Street Journal*, October 13, 1967, p. 19。

39. "Prices of Silver in Sharp Advance," *New York Times,* October 14, 1967, p. 30。

40. Franz Pick, *Silver: How and Where to Buy and Hold It*, rev. and enl. 3d ed. (New York: Pick Publishing Corporation, [1974]), p. 39。

41. 出處同上，p. 41。

42. 對話出自Jarecki, *Alchemist's Road*, pp. 9-10。

43. 書句出自商品研究局資料庫即期銀價紀錄。

44. 引文與此段落餘下的引文出自"Silver Now at Bryan's 16 to 1 Ratio," *New York Times,* December 25, 1967, p. 42。十二月十二日，即期銀價到達每金衡盎司二・一〇美元，一直到年底都沒有變化。

45. 引文與後續兩段引文出自"Price Rise Beginning to Worry Experts," *Washington Post and Times Herald*, December 24, 1967, p. B1。

46. *Economic Report of the President*, transmitted to the Congress, February 1968, together with the *Annual Report of the Council of Economic Advisers* (Washington, DC: Government Printing Office, 1968), p. 96。

47. "Commodities: Speculators Continue to Trade Precious Metals," *New York Times,* November 28, 1967, p. 75。

48. Handy & Harman, *Silver Market in 1967*, p. 22。

49. 出處同上，p. 24。

50. "British Devalue Pound," *Boston Globe,* November 19, 1967, p. 1。

51. "How Sound Is Your Dollar?" *Chicago Tribune*, October 30, 1967, p. 16。

52. 請見"Gold Pool Dropped to End Speculation: Two Prices Adopted by 7 Nations," *Washington Post*, May 18, 1968, p. A1；與"The Gold Rush Threatens the Entire System," *New York Times,* March 17, 1968, p. E3。

53. 出自商品研究局資料庫的即期金價與銀價。

54. 事件與引文出自Jarecki, *Alchemist's Road*, p. 15。

24. Jarecki, *Alchemist's Road*, p. 1。

25. 請見http://sabr.org/research/mlbs-salary-leaders-1874-2012與https://sportslistoftheday.com/2011/12/05/major-league-baseballs-average-salaries-1964-2010/。

26. 賈瑞奇在Jarecki Manuscript, chap. 6, p. 6表示，運送成本約為每金衡盎司〇・〇四美元，但也在*Alchemist's Road*, p. 1寫道，銀價必須高於每金衡盎司一・三五美元，超出一・二九美元六分錢，暗指運送成本為每金衡盎司〇・〇六美元。不過，他在後者的估算中加入「麻煩」的成本，所以運送成本的最佳估計應該是每金衡盎司稍微少於〇・〇五美元。

27. 根據Board of Governors of the Federal Reserve System, *Banking and Monetary Statistics: 1941-1970*, p. 621，在一九六七年五月，尚未兌現的銀元券總額為五億四千七百萬美元。

28. 請見*New York Times,* August 3, 1967, p. 48。

29. 故事出自Jarecki, *Alchemist's Road*, p. 3。

30. *Washington Post and Times Herald*, July 7, 1967, p. F7。

31. 引文與下一段引文出自Jarecki, *Alchemist's Road*, p. 5。

32. Public Law 90-29, 90th Cong., "An act to authorize adjustments in the amount of silver certificates outstanding and for other purposes," in U.S. Department of the Treasury, *Annual Report of the Secretary of the Treasury, for the Fiscal Year Ended June 30, 1967* (Washington, DC: Government Printing Office, 1968), p. 400。另外請見Handy & Harman, *The Silver Market in 1967, 52nd Annual Review* (New York, 1968), p. 6。

33. "Treasury Halting Sales of Its Silver at $1.29 An Ounce," *New York Times,* July 15, 1967, p. 32。

34. 出處同上。

35. 一九六七年七月十七日星期一，商品交易所七月即期合約的收盤價為一・七九五美元，相較於一九六七年七月十四日星期五的收盤價一・六九八五美元，漲幅為百分之五・七。

36. "Silver Certificates and Certain Nickels Draw Premiums as Dealers Seek Easy Gain," *Wall Street Journal*, August 14, 1967, p. 18。

37. Jarecki, *Alchemist's Road*, p. 6。

8. 出處同上，chap. 3, pp. 7, 30-31。

9. 出處同上，chap. 4, pp. 7-9。

10. 出處同上，chap. 3, pp. 34-36。

11. 引文出自賈瑞奇的訪談，故事出自Jarecki Manuscript, chap. 5, p. 6。

12. Jarecki Manuscript, chap. 4, p. 14。

13. 出處同上，chap. 3, p. 7。

14. 出處同上，chap. 4, p. 14。

15. Russell Barnhart, *Beating the Wheel* (New York: Kensington Publishing Company, 1992), p. 93。

16. "Treasury Halts Silver Dollar Run, Offers Bullion for Paper Money," *Washington Post*, May 26, 1964, p. A1。

17. 賈瑞奇訪談，與Henry Jarecki, *An Alchemist's Road: My Transition from Medicine to Business* (privately printed, October 1989), p. 1。

18. 出處同上。

19. "Treasury Acts to Guard Silver," *New York Times*, May 19, 1967, p. F55。

20. Handy & Harman, *The Silver Market in 1967, 52nd Annual Review* (New York, 1968), p. 7。

21. 出處同上。

22. 根據*New York Times*, "Silver Futures All Set Records," May 19, 1967, p. F61，五月十八日星期四的消息在交易日結束後發布，但即使在消息公布前，「對白銀期貨的興奮激流」已經產生。一・四九美元的報價是五月十九日星期五，商品交易所五月即期合約的收盤價（請見*Wall Street Journal*, May 22, 1967, p. 4, "Silver price Spiral Is Seen Affecting Gold as Crises, New U.S. Rules Shake Markets"）。過去的銀價高峰值出自U.S. Department of the Treasury, *Annual Report of the Secretary of the Treasury, for the Fiscal Year Ended June 30, 1920* (Washington, DC: Government Printing Office, 1921), p. 595。

23. 商品研究局資料庫顯示，七月的白銀期貨在五月十八日星期四、五月十九日星期五、五月二十二日星期一與五月二十三日星期二，各漲了每日最高限度的〇・〇五美元。銀價在五月二十四日星期三以一・五四四美元收盤，當日漲幅為〇・〇二美元，表示那是在五月十八日公告後，第一次不受規定限制、反映了公告所造成的影響的期貨合約價格。

46. Wright Patman, interview (1) by Joe B. Frantz, August 11, 1972, oral history transcript, LBJ Presidential Library, available at http://transition.lbjlibrary.org/files/original/49e8dd04e2a6a1db3aaa8ef58993cbdc.pdf。

47. 以下對話出自House Committee on Banking and Currency, *Coinage Act of 1965*, pp. 20-21。

48. 請見第十一章，註解27。

49. Public Law 89-3, March 3, 1965, *An Act to Eliminate the Requirement that Federal Reserve Banks Maintain Certain Reserves in Gold Certificates against Deposit Liabilities*。

50. 以下引文出自Senate Committee on Banking and Currency, "Gold Reserve Requirements": Hearings on S. 797, S. 743, S. 814, 89th Cong., 1st sess., February 2, 3, 4, 9, 10, 1965, pp. 142-44。

51. 國會將在一九六八年切斷貴重金屬與美國國內貨幣發行的最後一絲連結。一九六八年三月十八日，詹森總統簽署PL 90-269，廢止每間聯邦儲備銀行準備不少於現流通聯邦儲備券（貨幣）百分之二十五的黃金券（gold certificate）儲備的規定。請見"President Wins Battle to Remove Gold Cover," at https://library.cqpress.com/cqalmanac/document.php?id=cqal68-1283478。

52. 引文與此段落餘下兩段引文出自Robert Barro, "United States Inflation and the Choice of Monetary Standard," in *Inflation: Causes and Effects*, ed. Robert E. Hall, 104 (Chicago: University of Chicago Press, 1982)。

53. "Mr. Fowler's Unwieldy Legacy," *Wall Street Journal*, April 1, 1965, p. 12。

第十三章：崩潰的精神醫師

1. Eugene Lichtenstein, "Our Silver Dolors," *Fortune*, March 1965, p. 126ff。

2. 出處同上，p. 128。

3. "U.S. Won't Mint Cartwheels," *Boston Globe*, May 25, 1965, p. 28。

4. 亨利・賈瑞奇的生平細節出自稱為「Jarecki Manuscript」的自傳稿，以及他的訪談。

5. 出處同上，chap. 1, p. 5。

6. 出處同上，chap. 1, p. 15。

7. 出處同上，chap. 2, p. 22。

Banking and Monetary Statistics: 1941-1970, p. 620, available at https://fraser.stlouisfed.org/scribd/?title_id=41&filepath=/docs/publications/bms/1941-1970/BMS41-70_complete.pdf。欲瞭解兌換銀元券所需的銀條量，請見U.S. Department of the Treasury, *Treasury Staff Study*, p. 16, table 5。注意，每一張銀元券得以兌換與一枚銀元等量的銀條，也就是〇・七七三四四金衡盎司。尚未兌換的十二億三千兩百萬美元銀元券乘以〇・七七三四四，等於九億五千兩百萬金衡盎司。

30. 出處同上，p. 16, table 5, col. 2。
31. 出處同上，p. 7, table 1。關於價格對消費狀況的影響，請見pp. 30-32。
32. "It's Silver Time in the Rockies as Mines Come Alive," *New York Times,* December 10, 1964, p. 75。
33. 出處同上。
34. 出處同上。
35. 出處同上。
36. 請見U.S. Department of the Treasury, *Treasury Staff Study*, p. 28。
37. 新聞標題與此段落餘下的引文，請見*Washington Post,* January 1, 1965, p. C5。
38. 此段落的引文與下一段落的討論，出自"Text of President Johnson's Message to Congress on Changing the Nation's Coinage," *New York Times,* June 4, 1965, p. 18。
39. "U.S. Won't Mint Cartwheels," *Boston Globe*, May 25, 1965, p. 28。
40. "Text of President Johnson's Message to Congress on Changing the Nation's Coinage," *New York Times,* June 4, 1965, p. 18。
41. 在過去，福勒綽號的由來被歷史的重重迷霧掩蓋，直到我問了羅伊・史密斯——福勒的女婿與我在史登商學院的同仁——才得知背後的故事。另外請見"Perfect Fit: The Appointment of Fowler," *Washington Post*, March 22, 1965, p. A18。
42. House Committee on Banking and Currency, *Coinage Act of 1965*: Hearings on H.R. 8746, 89th Cong., 1st sess., June 4, 7, 8, 1965, p. 19。
43. "Reaction to President's Coin Proposal Is Mixed," *New York Times,* June 4, 1965, p. 18。
44. 引文與下一段引文出自House Committee on Banking and Currency, *Coinage Act of 1965*, pp. 17-19。
45. 出處同上，p. 22。

案》的討論，請見Laughlin, *History of Bimetallism*, p. 82；欲參閱《一八七三年法案》第十五段，請見Laughlin (p. 305)。之所以進行微小的變動，是因為《一八五三年法案》中，五毛美元的總重量被定義為一百九十二金衡喱，而在《一八七三年法案》中，它被重新定義為十二・五公克，等同一百九十二・九〇五金衡喱（一公克等同十五・四二三四金衡喱）。由於每一枚錢幣含百分之九十白銀，每一枚一八七三年後鑄造的五毛硬幣重一百七十三・六一四五金衡喱，而兩枚五毛硬幣則重三百四十七・二二九金衡喱。

15. "Coin Business Is High Finance," *Hartford Courant*, November 15, 1964, p. 10C3。

16. 此處提到的五分美幣含百分之五十六銅、百分之九錳，與百分之三十五銀，每一枚硬幣的銀金屬部分重〇・〇五六二六金衡盎司，在銀價為一・二九三美元的情況下，價值〇・〇七二七四美元。請見http://silvercoinnmeltvalues.net/jefferson-nickels-1942-1945/。

17. 引文與此段落餘下的討論，請見"Grocery Chains Plan to Issue Own 'Money' to Meet Coin Needs," *Wall Street Journal*, June 8, 1964, p. 1。

18. 出處同上。

19. "Wooden Nickel Test Foiled by Treasury," *Hartford Courant*, June 1, 1964, p. 12A。

20. 出處同上。

21. "Paper Scrip Plan Ruled Illegal in Treasury Advisory Opinion," *New York Times*, June 13, 1964, p. 27。

22. "Johnson OK's Around-Clock Work at Mints," *Chicago Tribune*, May 4, 1964, p. E6。

23. 出處同上。

24. "Silver Dollar Legislation Signed," *Washington Post*, August 4, 1964, p. A13。

25. "News of Coins: President Gets the Bill to Freeze 1964 Date," *New York Times*, September 6, 1964, p. X24。

26. 請見U.S. Department of the Treasury, *Treasury Staff Study*, p. 16, table 5。

27. 出處同上，p. 7, table 1。

28. "Treasury Delays Minting of Silver Dollars; Will Seek to Cut All Coins' Silver Content," *Wall Street Journal*, December 28, 1964, p. 9。

29. 欲瞭解一九六四年銀元券量，請見Board of Governors of the Federal Reserve System,

60. 出處同上。

61. 此段落的引文出自"Warren Commission Report," pp. 40-41。

62. 出處同上，p. 296。

63. 請見第二章，最後一段。

第十二章：詹森總統的最後一根稻草

1. Caro, *Passage of Power*, p. 356。
2. 出處同上，p. 426後的圖片。
3. 出處同上，p. 429。
4. 出處同上，p. 430。
5. 請見*Annual Report of the Secretary of the Treasury for 1963*, p. 400。
6. "Long Lines Form to Buy Silver Dollars at Treasury," *New York Times,* March 24, 1964, p. 10。
7. "Dillon Asks New Silver Dollars as Trading in Old Ones Goes On," *Washington Post,* March 24, 1964, p. A1。
8. 引文與此段落餘下的引文出自"Mansfield Fights to Keep Cartwheels Rolling," *Boston Globe*, March 22, 1964, p. 33。
9. "State Residents Flip Over New JFK Halves," *Hartford Courant*, March 26, 1964, p. 10A。
10. "Kennedy Half Dollar Due Today with Limit of 40 to Customer," *Washington Post,* March 24, 1964, p. A3。
11. "Bank Workers Profit on Kennedy Halves," *Washington Post*, June 26, 1964, p. A1。
12. "Fruit of the Mints," *New York Times,* November 29, 1964, p. X34。
13. "Problem of Sinking Silver Supply Draws Multitude of Plans," *Chicago Tribune*, October 27, 1964, p. C5。
14. 《一八五三年鑄幣法案》規定，價值一美元的次要硬幣的白銀含量為三百四十五・六金衡喱，等同每金衡盎司〇・七二（三百四十五・六／四百八十）。《一八七三年鑄幣法案》第十五段將銀含量稍微提高至三百四十七・二二九金衡喱，等同每金衡盎司〇・七二三三九+。因此，在一八七三年過後，次要硬幣能以一／〇・七二三三九＝一・三八二四美元的價格購買一金衡盎司白銀。欲參閱《一八五三年法

45. 引文與下一段引文出處同上，pp. 4-5。

46. 一九六一年，愛達荷州生產一千七百萬金衡盎司白銀，第二大產銀州——亞利桑那州——則產出五百萬金衡盎司白銀，過去五年兩州的關係與一九六一年相去不遠。請見Ryan and McBreen, "Silver," *Minerals Yearbook 1961*, p. 1108, available at http://digital.library.wisc.edu/1711.dl/EcoNatRes.MinYB1961v1。

47. Senate Committee on Banking and Currency, "Repeal of Silver Purchase Acts," p. 81。

48. 引文與本段落其他引文出處同上，pp. 72-74。

49. 引文與下一段引文出處同上，p. 81。

50. 引文與下一段引文出自狄龍的證詞，翻印於U.S. Department of the Treasury, *Annual Report of the Secretary of the Treasury, for the Fiscal Year Ended June 30, 1963* (Washington, DC: Government Printing Office, 1963), pp. 400, 404。

51. 公法88-36翻印版，出處同上，p. 405。

52. 根據"Senate Votes End to Silver Backing," May 24, 1963, *New York Times,* p. 1，參議院的投票結果是六十八比十。根據Senate Committee on Banking and Currency, "Repeal of Silver Purchase Acts," p. 8的紀錄，陶德、佩爾、帕斯托與基挺表示支持。

53. "Cutting the Silver Chord," *Washington Post*, May 26, 1963, p. E6。

54. "Silver Is Traded on Open Market: Hectic Trading as Brokers Enter the 'Silver Ring' for the First Time in 29 Years," *New York Times,* June 13, 1963, p. 59。

55. "Silver Hits Price Treasury Quotes for Its Holdings," *Wall Street Journal*, September 10, 1963, p. 32。

56. 請見"Silver Is Bought from U.S. Stocks," *New York Times,* September 13, 1963, p. 19；與"Cashing Bills to Get Silver Now Feasible," *Chicago Tribune*, September 15, 1963, p. D3。

57. 請見"Delivery of Silver Bullion in Exchange for Silver Certificates," in *Federal Register* (July 24, 1963), vol. 28, no. 143, reprinted in Handy & Harman, *Silver Market in 1963*, pp. 27-28。

58. 欲瞭解財政部白銀庫存的詳細數據，請見U.S. Department of Treasury, *Treasury Staff Study of Silver and Coinage* (Washington, DC, 1965), table 5 (p. 16)。一九六三年年底，財政部持有十五億八千四百萬金衡盎司白銀。

59. "Senate Drops Dollar's Silver," *Newsday*, May 24, 1963, p. 2。

Legislation Relating to the Purchase of Silver and for Other Purposes," 記錄的日期是一九六二年二月二十二日。

29. 引文與下一段引文出自"U.S. Moves to End Backing of Silver," *New York Times,* February 22, 1962, p. 33。

30. 比布爾的評論與其他論述，出自Senate Subcommittee on Minerals, Materials, and Fuels of the Committee on Interior and Insular Affairs, "Gold and Silver Production Incentives": Hearings on S.J. Res. 44, 87th Cong., 2d sess., March 15 and June 8, 1962, pp. 6-7。

31. 出處同上。

32. "Administration Bid to Repeal Silver Acts Appears Doomed, at Least for This Year," *Wall Street Journal*, March 15, 1962, p. 5。

33. 引文與下一段引文出自"Critical Coin Shortage Hits Christmas Buying," *Boston Globe*, December 11, 1962, p. 17。

34. "Mint Employees Work Weekends to Ease Yule Coin Shortage," *Wall Street Journal*, November 27, 1962, p. 8。

35. "Critical Coin Shortage Hits Christmas Buying," *Boston Globe*, December 11, 1962, p. 17。

36. "Coin Shortage Held Likely by Treasury Boss," *Los Angeles Times*, January 31, 1963, p. B7。

37. 出處同上。

38. "Dillon Backs Change in U.S. Silver System," *Chicago Tribune*, March 12, 1963, p. 5。

39. 引文與下一段引文出自"Coins Remain Scarce in Many U.S. Cities; Treasury Seeks Funds to Build New Mint," *Wall Street Journal*, March 26, 1963, p. 32。

40. 數據出自Handy & Harman, *The Silver Market in 1963, 48th Annual Review* (New York, 1964), pp. 20-21。

41. "Silver Act Repeal Plan Wins House Approval," *New York Times,* April 11, 1963, p. 61。

42. "Campaign to Get Congress to Sever Silver's Link to Paper Currency Is Opened by Dillon," *Wall Street Journal*, January 31, 1963, p. 6。

43. "Bill to Cut Silver's Paper-Currency Link Is Passed in House," *Wall Street Journal*, April 11, 1963, p. 20。

44. Senate Committee on Banking and Currency, "Repeal of Silver Purchase Acts": Hearing, 88th Cong., 1st sess., April 29, 1963, p. 4。

p. 409, available at https://fraser.stlouisfed.org/docs/publilcations/bms/1914-1941/BMS14-41_complete.pdf。

24. 「近十七億金衡盎司」部分，請見狄龍給甘迺迪的信件：Ryan and McBreen, "Silver," *Minerals Yearbook 1961*, pp. 1102-4。一九六一年十二月三十一日，仍未兌換的二十一億兩千萬美元銀元券，確切而言可兌換的白銀為：〇・七七三四（銀元所含的白銀，單位為金衡盎司）乘以二・一二，等於一六・二三九六金衡盎司。注意，一張銀元券能兌換一枚銀元，而不是一盎司白銀。根據Board of Governors of the Federal Reserve System, *Banking and Monetary Statistics: 1941-1970* (p. 620)，一九六一年十二月三十一日尚未兌換的聯邦儲備券總價為兩百八十七億美元，超過銀元券數量的十倍。

25. 一九一四年十二月二十三日的《聯邦儲備法》第十六段「紙鈔發行」部分，允許聯邦儲備銀行為流通之用，「視需求發行五元、十元、二十元、五十元與一百元的紙鈔」。該法案明文刪去了一美元紙鈔，卻未多加說明，也許是因為參議院白銀集團大力提倡銀元與一美元銀元券的流通。

26. 請見U.S. Department of the Treasury, *Annual Report of the Secretary of the Treasury, for the Fiscal Year Ended June 30, 1962* (Washington, DC: Government Printing Office, 1963), p. 177。

27. 欲瞭解次要硬幣的定義，請見Bratter, *Silver Market Dictionary*。一八七九年六月九日的法案並沒有給次要硬幣太重要的法償貨幣地位，該法案規定道，在十美元以下的交易中，人們必須接受次要硬幣，但超過十美元的交易就不一定了。一九三三年五月十二日《托馬斯修正案》第三條寫道：「美國所有錢幣與貨幣……都應為所有公共與私人交易的法償貨幣。」但此項規定不一定適用於次要硬幣。根據一九六〇年美國財政部一份備忘錄，「次要銀幣的法償特質從未經法庭認證」。請見"Coins and Currency of the United States," reprinted in Senate Committee on Banking and Currency, *Federal Reserve Direct Purchases—Old Series Currency Adjustment Act*: Hearings on S. 3702 and S. 3714, 86th Cong., 2d sess., June 24, 1960, pp. 21-40, esp. p. 28。此中模糊地帶，後來在Public Law 89-81 of July 23, 1965, section 102進行說明：「美國所有錢幣與貨幣（包括聯邦儲備券與聯邦儲備銀行及全國銀行協會的流通鈔票）無論在何時鑄造或發行，都將被視為所有公共或私人債務、公共收費、稅務、義務或應付款的法償貨幣。」

28. 根據"U.S. Moves to End Backing of Silver," *New York Times,* February 22, 1962, p. 33，該法案是在二月二十日推出，不過法案本身——S. 2885, "A Bill to Repeal Certain

9. "U.S. Silver Decision Reverberates," *Christian Science Monitor*, November 30, 1961, p. 20。

10. 引文出自甘迺迪的信件，翻印於Ryan and McBreen, "Silver," *Minerals Yearbook 1961*, pp. 1102-4, available at http://digital.library.wisc.edu/1711.dl/EcoNatRes.MinYB1961v1。

11. 梅爾・卡納漢（Mel Carnahan）曾代表民主黨擔任密蘇里州州長，在選前三週因飛機失事死去，但死後仍在二〇〇〇年當選美國參議員。

12. 欲瞭解此段落的生平細節，請見"C. Douglas Dillon Dies at 93; Was in Kennedy Cabinet," *New York Times,* January 12, 2003。

13. 關於道格拉斯・狄龍的部分，請見http://www.anb.org/articles/07/07-00862.html。

14. William L. Silber, *Volcker: The Triumph of Persistence* (New York: Bloomsbury, 2012), p. 28。

15. Paul Volcker and Toyoo Gyohten, *Changing Fortunes* (New York: Times Books, 1992), p. 22。

16. "Mint Director Loses Authority to Supervise Silver Policies," *New York Times,* October 27, 1961, p. 19。

17. Silber, *Volcker*, pp. 27-28。

18. "Mint Chief Confirmed," *New York Times,* September 24, 1961, p. 80。

19. "Silver Backer to Head Mint—Minus Powers," *Los Angeles Times*, October 29, 1961, p. D1。

20. 狄龍的引文出自"Woman Sworn in as Mint Director," *New York Times,* October 31, 1961, p. 16。

21. 請見甘迺迪的信件：Ryan and McBreen, "Silver," *Minerals Yearbook 1961*, pp. 1102-4, available at http://digital.library.wisc.edu/1711.dl/EcoNatRes.MinYB1961v1。

22. "Excerpts from President Kennedy's Economic Report to the Congress," *New York Times,* January 23, 1962, p. 16。

23. 欲瞭解一九六一年年底的數據，請見Board of Governors of the Federal Reserve System, *Banking and Monetary Statistics: 1941-1970* (Washington, DC: Government Printing Office, 1976), p. 620, available at https://fraser.stlouisfed.org/scribd/?title_id=41&Filepath=/docs/publications/bms/1941-1970/BMS41-70_complete.pdf。一九三四年六月三十日的銀元券量為四億零一百萬美元。請見Board of Governors of the Federal Reserve System. *Banking and Monetary Statistics: 1914-1941* (Washington, DC: Government Printing Office, 1943),

25. "Congress Sets Price of Silver at 90.5 cents; Agreement Frees Postal and Treasury Pay," *New York Times,* July 20, 1946, p. 26。

26. "House, Senate Accept 90.5 Cent Silver Price," *Christian Science Monitor*, July 20, 1946, p. 15。法案翻印版，請見*Annual Report of the Secretary of the Treasury for 1946*, p. 325。

27. "Both Houses Pass Silver Legislation: Koppleman Hails Reduction from $1.29 for Treasury Metal," *Hartford Courant*, July 20, 1946, p. 2。

28. 當然，為補償成本與賺一點小利潤，財政部的買價——〇・九〇四一美元——與賣價——〇・九〇九一美元——仍存在微小的差異。請見Handy & Harman, *Annual Review of the Silver Market, 31st, 1946* (New York: Pandick Press, 1947), p. 7。

第十一章：甘迺迪總統的背叛

1. 關於華倫委員會調查案，詹森寫道：「俄羅斯並沒有免疫，古巴也是、德州也是，美國新任總統也是。」請見Robert Caro, *The Passage of Power* (New York: Random House, 2012), p. 440。

2. *Report of the President's Commission on the Assassination of President Kennedy* (Washington, DC: Government Printing Office, 1964), pp. 347-49。爾後，此文件將簡稱為「Warren Commission Report」。

3. 「Warren Commission Report」當中並未提及白銀或白銀集團參議員。

4. 信件與甘迺迪的回覆翻印於（pp. 1102-4）J.P. Ryan and Kathleen M. McBreen, "Silver," in U.S. Bureau of Mines, *Minerals Yearbook 1961*, vol. 1, *Metals and Minerals (except fuels)* (Washington, DC: Government Printing Office, 1962), available at http://digital.library.wisc.edu/1711.dl/EcoNatRes.MinYB1961v1。

5. 數據出自Handy & Harman, *The Silver Market in 1963, 48th Annual Review* (New York: 1964), pp. 20-21。

6. "Hi-Yo, Silver," *New York Times,* November 30, 1961, p. 36。

7. 商品研究局資料庫一九六一年十一月二十八日的報價為〇・九一三七五美元，十一月二十九日的報價為一・〇〇七五美元。此前一整年，由於美國財政部固定的買賣價格，銀價一直停滯在〇・九一三七五美元。比較商品研究局紀錄與同時期翰蒂與哈曼公司的每日白銀報價，證實了商品研究局報價的可信度。

8. "Mining Men Cheer Kennedy Order on Silver," *Los Angeles Times*, November 29, 1971, p. C9。

contentid=188897#id188897。

12. "McCarran Halts Senate on Silver," *New York Times,* December 9, 1942, p. 47。

13. "McCarran Succeeds in Killing Silver Bill," *New York Times,* December 12, 1942, p. 8。

14. "Silver for War Work," *New York Times,* November 23, 1942, p. 22。

15. 請見"Senate Vote Silver Bill for Its Use in Industry," *New York Times,* June 19, 1942；與"Bill to Release U.S. Silver Goes to White House," *Christian Science Monitor*, July 6, 1943, p. 14。

16. "Bill to Sell Federal Silver Gets Approval," *Christian Science Monitor*, May 12, 1943, p. 18。

17. 一九四五年六月三十日，西點軍校的白銀庫存為兩億三千五百萬金衡盎司，U.S. Department of the Treasury, *Annual Report of the Secretary of the Treasury, for the Fiscal Year Ended June 30, 1945* (Washington, DC: Government Printing Office, 1946), p. 230；而在一九四六年六月三十日，庫存為一億七千兩百萬金衡盎司，U.S. Department of the Treasury, *Annual Report of the Secretary of the Treasury, for the Fiscal Year Ended June 30, 1946* (Washington, DC: Government Printing Office, 1947), p. 216。

18. 欲瞭解美國國內礦產情形，請見Charles Merrill and Helena Meyer, "Gold and Silver," in U.S. Bureau of Mines, *Minerals Yearbook 1946* (Washington, DC: Government Printing Office, 1948), p. 561，工業消費請見P. 577, available at http://digital.library.wisc.edu/1711.dl/EcoNatRes.MinYB1946。另外請見Everest, *Morgenthau, New Deal and Silver*, pp. 164-66。

19. 一九四五年六月三十日，財政部一般基金的自由白銀總價值為三億兩千四百萬美元，而在一九四六年六月三十日，總價值為一億零兩百萬美元。請見表格："Condition of the Treasury Exclusive of Public Debt Liabilities" in the *Annual Report of the Secretary of the Treasury for 1945* (p. 612) and *1946* (p. 430)。

20. "Acute Shortage Threatens Many Silver Producers," *Hartford Courant*, April 20, 1946, p. 14。

21. "Senate Delays on Silver Cuts Supply of Film," *Wall Street Journal*, June 17, 1946, p. 4。

22. "Acute Shortage Threatens Many Silver Producers," *Hartford Courant*, April 20, 1946, p. 14。

23. "West's Silver Bloc Seeking 19 Cent Boost: Remonetization Expected in Two Years," *Chicago Daily Tribune*, April 26, 1946, p. 31。

24. "Senators for Silver Sales at 90 cents; McCarran Sees Re-monetization," *New York Times,* April 26, 1946, p. 1。

41. 引文與下一段引文出自Elting E. Morison, *Turmoil and Tradition: A Study of the Life and Times of Henry L. Stimson* (Boston: Houghton Mifflin Company, 2003), p. 621。

42. Groves, *Now It Can Be Told*, p. 109。

43. 出處同上。

第十章：價格不斐的勝利

1. 欲參閱麥卡蘭簡單的生平記事，請見http://www.onlinenevada.org/articles/patrick-anthony-mccarran。

2. 請見Michael J. Ybarra, *Washington Gone Crazy: Senator Pat McCarran and the Great American Communist Hunt* (Hanover, N.H.: Steerforth Press, 2004), p. 29。

3. Jerome E. Edwards, *Pat McCarran: Political Boss of Nevada* (Reno: University of Nevada Press, 1982), p. 45。

4. 麥卡蘭與麥卡錫，請見上述出處，p. 147；麥卡蘭與佛朗哥，請見上述出處，p. 132。

5. 欲瞭解生平資訊，請見Erwin L. Levine, *Theodore Francis Green: The Washington Years* (Providence, R.I.: Brown University Press, 1971) and "Theodore Francis Green of Rhode Island," at http://knoxfocus.com/2013/08/theodore-francis-green-of-rhode-island/。

6. 請見Senate Subcommittee of the Committee on Banking and Currency, "To Authorize the Use for War Purposes of Silver Held or Owned By the United States": Hearings on S. 2768, 77th Cong., 2d sess., October 14, 1942, p. 26。

7. "Subcommittee Backs Bill for Silver Sale," *New York Times,* October 15, 1942, p. 9。

8. 請見Senate Subcommittee of the Committee on Banking and Currency, "To Authorize Use for War Purposes," p. 6。

9. 麥卡蘭的引文出自"Subcommittee Backs Bill for Silver Sale," *New York Times,* October 15, 1942, p. 9。

10. 財政部售銀受限於《白銀購買法案》第四段，只有在財政部白銀存量的價值超過國庫金銀總庫存百分之二十五時，售銀活動才不受限。當時的情形並不適用此例外條款。

11. Morgenthau Diaries, vol. 578, October 10-15, 1942, pp. 24-25, available at http://www.fdrlibrary.marist.edu/archives/collections/franklin/?p=collections/findingaid&id=535&q=&root

archives/collections/franklin/?p=collections/findingaid&id=535&q=&rootcontentid=188897#id188897。

29. 比德爾的信出自Morgenthau Diaries, vol. 514, pt. 1 pp. 81-86；公告則記於"40,000 Tons of Silver 'Loaned' for Busbars," *New York Times,* April 8, 1942, p. 8 (the dateline on the story is April 7)。

30. "40,000 Tons of Silver 'Loaned' for Busbars," *New York Times,* April 8, 1942, p. 8。

31. 欲瞭解計畫初期的情形，請見U.S. Department of the Treasury, *Annual Report of the Secretary of the Treasury, for the Fiscal Year Ended June 30, 1942* (Washington, DC: Government Printing Office, 1943), pp. 45, 184。

32. Morgenthau Diaries, vol. 564, August 29-31, 1942, pp. 15-17, available at http://www.fdrlibrary.marist.edu/archives/collections/franklin/?p=collections/findingaid&id=535&q=&rootcontentid=188897#id188897。這些頁面的清晰影本由羅斯福總統圖書館暨博物館（FDR Presidential library and Museum）的檔案技術員肯卓・萊特納（Kendra Lightner）提供。

33. 六千噸換算成一億七千五百萬金衡盎司的算式如下：兩千常衡英磅乘以六千噸等於一千兩百萬常衡英磅，乘以十六常衡盎司等於一億九千兩百萬常衡盎司，常衡盎司除以一・〇九七換算成較重的金衡盎司，等於一億七千五百零二萬二千七百八十九金衡盎司。

34. Leslie R. Groves, *Now It Can Be Told: The story of the Manhattan Project* (New York: Harper & Row Publishers, 1962), pp. 107-8。

35. 根據史汀生，摩根索對自己被隱瞞之事耿耿於懷，因自己「不受保密的信任」而憤怒。請見Robert S. Norris, *Racing for the Bomb* (South Royalton, Vt.: Steerforth Press, 2002), pp. 203 and 337-38。

36. 請見Cameron Reed, "From Treasury Vault to the Manhattan Project," *American Scientist* 99, no. 1 (January 2011): p. 44。

37. 出處同上。

38. Norris, *Racing for the Bomb*, p. 203。

39. Reed, "From Treasury Vault," p. 44。

40. 出處同上，p. 45。

254紀錄，西點軍校銀庫貯藏了十五億四千二百六十九萬四千八百八十五金衡盎司銀條。

14. Roosevelt, "Executive Order 9024," *American Presidency Project.*

15. "Wartime Curb on Newspaper Size Predicted," *Chicago Daily Tribune*, January 28, 1942, p. 25。

16. "WPB Plans to Build Stockpile of Cloth," *New York Times,* January 29, 1942, p. 29。

17. "Brass Discontinued for Shoe Eyelets," *Washington Post*, January 28, 1942, p. 22。

18. "WPB Halts Output of Metal Zippers," *New York Times,* March 31, 1942, p. 33。

19. 出處同上。

20. 鋼質美分硬幣於一九四三年二月推出，一九四三年十二月最後一週停止發行。請見U.S. Department of the Treasury, *Annual Report of the Secretary of the Treasury, for the Fiscal Year Ended June 30, 1943* (Washington, DC: Government Printing Office, 1944), p. 263。

21. "Steel Pennies Move into Use Quickly; Complaints Grow," *Chicago Daily Tribune*, September 5, 1943, p. 4。

22. "Minting of Steel Pennies to End This Year: New Coin to Be of Salvaged Cartridge Shells," *New York Times,* October 23, 1943, p. 15；與"End of a Bad Penny," *New York Times,* December 23, 1943, p. 16。

23. 自由鑄造銀幣運動的描述與十三億金衡盎司估計值，請見*Annual Report of the Secretary of the Treasury for 1943*, p. 364。

24. Morgenthau Diaries, vol. 512, April 1-2, 1942, p. 86, available at http://www.fdrlibrary.marist.edu/archives/collections/franklin/?p=collections/findingaid&id=535&q=&rootcontentid=188897#id188897。

25. 引文與下一段引文出自"Using Silver for War," *Washington Post*, March 30, 1942, p. 11。

26. "Morgenthau Advocates Wiping Out Silver Laws," *New York Times,* February 4, 1943, p. 10。

27. "Treasury Weighs Use for Its Silver: Seeks Way under Law to Meet WPB's Desire to 'Lend' It for Industrial Use," *New York Times,* March 31, 1942, p. 33。

28. Edward Foley to Henry Morgenthau, memorandum, March 30, 1942, Morgenthau Diaries, vol. 514, pt. 1, April 7-9, 1942, pp. 76-79；與Henry Morgenthau to Francis Biddle, April 1, 1942, Morgenthau Diaries, vol. 512, p. 86, available at http://www.fdrlibrary.marist.edu/

5；與“Huge Silver Vault Gets First Deposit,” *New York Times,* July 7, 1938, p. 21。

2. 四萬五千噸的估計值，源自《白銀購買法案》下政府購入的約十三億金衡盎司（請見Leavens, *Silver Money,* p. 273, table 15），金衡盎司乘以一・一後，轉換為常衡盎司。《紐約時報》於一九三八年七月七日報導中提及的七萬噸白銀，指的是西點軍校銀庫當時的總倉儲空間。請見“U.S. to Send Silver Here,” *New York Times,* May 9, 1938, p. 29。

3. Roberts, “Silver Purchase Program and Its Consequences,” p. 22。

4. 出處同上，p. 23。

5. “Treasury Department Appropriation Bill for 1938,” p. 34。

6. 根據一七九二年四月二日的《鑄幣法案》，一銀元含三百七十一・二五金衡喱白銀。一金衡盎司等同四百八十金衡喱，所以一銀元含三百七十一・二五／四百八十＝〇・七七三四三七五金衡盎司純（999足）銀。每金衡盎司一・二九美元的價格為一／〇・七七三四＝一・二九二九二九。

7. 迫使美國人放棄黃金資產的正式命令，發布於一九三三年四月五日，“Executive Order 6102—Requiring Gold Coin, Gold Bullion and Gold Certifications to Be Delivered to the Government,” April 5, 1933. Online by Peters and Woolley, *American Presidency Project*。

8. “Silver's Subsidy,” *Washington Post*, December 28, 1937, p. 7。

9. 請見Richard Burdekin and Marc Weidenmier, “The development of ‘non-traditional’ open market operations: Lessons from FDR's silver purchase program,” in *The Origins and Development of Financial Markets and Institutions from the Seventeenth Century to the Present,* ed. Jeremy Attack and Larry Neal, pp. 319-44 (Cambridge, UK: Cambridge University Press, 2009)。

10. 此句與下一句的數據出自Y.S. Leong, *Silver: An Analysis of Factors Affecting Price* (Washington, DC: Brookings Institution, 1933), p. 97。

11. Franklin D. Roosevelt, “Annual Budget Message,” January 5, 1942. Online by Peters and Woolley, *American Presidency Project.* http://www.presidency.ucsb.edu/ws/?pid=16231。

12. 請見Franklin D. Roosevelt, “Executive Order 9024 Establishing the War Production Board,” January 16, 1942, Online by Peters and Woolley, *American Presidency Project*。

13. 根據U.S. Department of the Treasury, *Annual Report of the Secretary of the Treasury, for the Fiscal Year Ended June 30, 1941* (Washington, DC: Government Printing Office, 1942), p.

71. 請見Borg, *United States and the Far Eastern Crisis*, p. 299。

72. George B. Roberts, "The Silver Purchase Program and Its Consequences," *Proceedings of the Academy of Political Science* 17, no. 1 (1936): p. 23。

73. 欲瞭解最初有利的影響，請見Leavens, *Silver Money*, p. 323：「現實與多人的擔憂相反，新貨幣系統……在一九三六年與一九三七年極為成功。」戰時壓力下的通貨膨脹討論，請見Everest, *Morgenthau, New Deal and Silver*, p. 123：「孔……選了最省事的方法，印了紙鈔。流通的貨幣從一九三七年的十五億美元，增加到一九四六年的一兆美元；物價也隨著類似的趨勢高漲，直到第二次世界大戰對日戰爭勝利紀念日，已達戰前的兩千五百倍。」另外請見Friedman, *Money Mischief*, p. 179：「一九四五年發行的紙鈔量為一九三七年的三百倍，平均一年增加百分之百……價格調整得更快……平均一年上漲百分之一百五十。」Friedman (p. 181)寫道：「戰爭……本就會導致通貨膨脹……然而在無白銀購買計畫的情況下，中國國民黨應該能有一、兩年低通膨時期……銀本位制度也能限制通貨膨脹。」

74. Morgenthau Diaries, vol. 13, December 1-December 12, 1935, p. 90, available at http://www.fdrlibrary.marist.edu/archives/collections/franklin/?p=collections/findingaid&id=535&q=&rootcontentid=188897#id188897。

75. 出處同上，p. 89。摩根索寫道：「白銀進入日本，只可能是從中國走私，有人從中國的白銀售價——〇・四〇美元——與世界銀價——〇・六五美元——之間賺取價差。」

76. 引文與此段落餘下的引文出處同上。

77. 此段落所有的引文出處同上，p. 90。

78. 這四個月，翰蒂與哈曼公司的自由市場報價在〇・六五七五與〇・六五三七五之間變動。

79. *Wall Street Journal*, December 10, 1935, p. 1。

80. "New York Mystified," *Manchester Guardian*, December 11, 1935, p. 14。

81. 出處同上。

82. 引文與後數段引文出自Morgenthau Diaries, vol. 13, p. 218。

第九章：一絲銀色希望

1. 此段落的資訊出自"Moving of Silver to Vault Is Begun," *New York Times*, July 6, 1938, p.

pp. 307ff, 314。

55. 完整的貨幣改革命令記於Young, *China's Nation-Building Effort*, pp. 484-85。

56. 此段落的討論與引文出自Morgenthau Diaries, vol. 10, September-October 31, 1935, pp. 180-81, available at http://www.fdrlibrary.marist.edu/archives/collections/franklin/?p=collections/findingaid&id=535&q=&rootcontentid=188897#id188897。

57. 引文與下一段引文出自Morgenthau Diaries, vol. 11, November 1-November 14, 1935, pp. 50-51, available at http://www.fdrlibrary.marist.edu/archives/collections/franklin?p=collections/findingaid&id=535&q=&rootcontentid=188897#id188897。

58. 此對話節錄出處同上，pp. 63-64。

59. "China's Money Plan Angers Japan," *New York Times,* November 5, 1935, p. 1。

60. 出處同上。

61. 引文與本段落餘下的引文出自*New York Times,* November 6, 1935, p. 24。

62. "Why America Must Stand Firm in the Far East," December 27, 1934, in Joseph C. Grew, *Ten Years in Japan* (New York: Simon and Schuster, 1944), p. 148。

63. "Jap Militarists Renew Drive to Seize North China," *Chicago Daily Tribune*, November 23, 1935, p. 4。

64. "Japanese March into North China; Seize Rail Centre," *New York Times,* November 28, 1935, p. 1。

65. "Hull's Warning on China," *New York Times,* December 6, 1935, p. 16。

66. 引文與後兩段引文出自"Japan's 'Frank Statement'," *Manchester Guardian*, December 6, 1935, p. 11。

67. "Jap Militarists Renew Drive to Seize North China," *Chicago Daily Tribune*, November 23, 1935, p. 4。

68. "New State Born in North China; Japs in Control," *Chicago Daily Tribune*, December 8, 1935, p. 5。引文出自Barbara Tuchman, *Stilwell and the American Experience in China, 1911-45* (New York: Grove Press, 1970), p. 151。

69. "North China Plans Its Own Currency," *New York Times,* December 17, 1935, p. 18。

70. "China: Warned and Bombed," *Washington Post*, December 22, 1935, p. B2。另外請見"Tojo and 6 Others Hanged by Allies as War Criminals," *New York Times,* December 23, 1948, p. 1。

44. 四月二十七日的價格下跌百分之五・三，相較於前九十個日曆日白銀每日利率標準差——百分之一・四——此次價格變動幅度具統計上的顯著意義。相比四月初百分之〇・五六的標準差，此時的標準差大二・五倍。

45. 請見Leavens, *Silver Money*, p. 284；與"Mexican Business Recovering from Monetary Changes," *Christian Science Monitor*, May 17, 1935, p. 11。

46. "Everybody's Business: Silver Market Waiting for Action by Treasury—'Rigged' by Buying Operations," *Boston Globe*, April 29, 1935, p. 19。

47. Leavens, *Silver Money*, p. 304寫道，一九三五年，走私量估計為一億一千兩百萬金衡盎司到一億七千兩百萬金衡盎司，平均值為一億四千兩百萬金衡盎司。根據Leavens (p. 297)，走私之所以發生，是因為中國銀圓的白銀被定在低於市場價值的面額，且中國財政部嚴格限制了外匯買賣（p. 303），且與銀行達成了「君子協定」防止白銀出口。限制減緩了銀圓的價格上漲，卻沒能完全消除漲勢。Leavens (p. 306)顯示，銀圓價格隨銀價上漲，只不過在管制下漲幅較小。

48. "Japanese Rout Forces of Rebels in China," *New York Times*, May 23, 1935, p. 15；與"300 Chinese Slain Inside Great Wall," *New York Times*, May 26, 1935, p. 23。

49. 引文與下一段引文出自"Chinese: Japan's at It Again," *Washington Post*, May 26, 1935, p. B2。

50. "Japan Denies Plans for Invading China," *New York Times*, June 1, 1935, p. 2。

51. 出處同上。

52. 電報日期為一九三五年五月三十一日。U.S. Department of State, *United States Diplomatic Paper, 1935. Far East*, 3, p. 190。

53. Joseph Grew to Cordell Hull, telegram, June 11, 1935，出處同上，3, p. 230。

54. "Chinese Abandon Silver Standard; Note Issue Unified," *New York Times*, November 4, 1935, p. 1。經濟學者為中國通貨緊縮的情形及此事與美國《白銀購買法案》的關聯爭論不休，認為美國購銀計畫與中國通貨緊縮有密切相關的學者主要為Milton Friedman, "FDR, Silver, and Inflation," in *Money Mischief*。Loren Brandt and Thomas Sargent, "Interpreting New Evidence about China and U.S. Silver Purchases," *Journal of Monetary Economics* 23, no. 1 (1989): 31-51挑戰了上述觀點。傅利曼的論點受Richard Burdekin, *China's Monetary Challenges: Past Experiences and Future Prospects* (Cambridge, UK: Cambridge University Press, 2008), chap. 5支持。我個人認為，當時無論是經濟學者或記者都做過大量的相關報導，證實了傅利曼的看法。建議參閱Leavens, *Silver Money*,

30. 根據*Wall Street Journal*, April 13, 1935, p. 8：「〇・六八五美元的銀價，是一九二六年一月九日後紐約最高的白銀定價。」四月十一日的價格漲幅為百分之二・五，四月十二日的漲幅則是百分之四・一，考慮到前九十個日曆日白銀每日利率標準差——上述的百分之〇・五六——兩者皆有統計上的顯著差異。

31. "Upward Revision in Statutory Price Level Viewed," *Wall Street Journal*, April 12, 1935, p. 1。

32. *Manchester Guardian*, April 12, 1935, p. 19。

33. "Markets of World Quickly Respond to Silver Increase," *Wall Street Journal*, April 12, 1935, p. 1。

34. "Everybody's Business: Speculation in Silver Sweeps the Market Bare and Makes Manipulation Easy," *Boston Globe*, April 24, 1935, p. 13。

35. 財政部的新補助銀價為每金衡盎司1000足銀〇・七七五七美元，翰蒂與哈曼公司將之轉換為工業標準的999足銀，再考慮到銷售費用，將價格調整至每金衡盎司〇・七七美元（請見"Silver: Daily Quotations by Handy & Harman," *Wall Street Journal*, April 26, 1935, p. 12）。*Wall Street Journal*, April 29, 1935, p. 8報導道，翰蒂與哈曼公司四月二十五日的自由市場報價為〇・七七美元，四月二十六日的報價則是〇・八一美元。

36. *New York Times*, April 25, 1935, p. 2。

37. 引文出自Morgenthau Diaries, vol. 4, pt. 3, March 1-April 22, 1935, p. 227, available at http://www.fdrlibrary.marist.edu/archives/collections/franklin/?p=collections/findingaid&id=535&q=&rootcontentid=188897#id188897。

38. 引文與本段落餘下的引文出自Morgenthau Diaries, vol. 5, pt. 1, April 23-May 30, 1935, pp. 28-29, available at http://www.fdrlibrary.marist.edu/archives/collections/franklin/?p=collections/findingaid&id=535&q=&rootcontentid=188897#id188897。

39. 引文與後述對話節錄出處同上，pp. 30-31。

40. "Silver Stirs World Turmoil: Mexico Closes Banks, Trading Wild in Europe," *Chicago Daily Tribune*, April 28, 1935, p. 1。

41. Allan S. Everest, *Morgenthau, The New Deal and Silver* (New York: King's Crown Press, 1950), p. 79。

42. Morgenthau Diaries, vol. 5, pt. 1, p. 38。

43. 請見"Silver Nations Plead with U.S. for Protection," *Christian Science Monitor*, April 27, 1935, p. 1。

18. "Japan's New Move Starts Old Alarms," *New York Times*, January 27, 1935, p. E5。

19. 引文與下兩句引文出自"Japan to Offer China Union in Economic Bloc," *Chicago Daily Tribune*, January 28, 1935, p. 5。

20. "China to Melt Ornaments for Silver Stocks," *Chicago Daily Tribune*, February 15, 1935, p. 31。Leavens, *Silver Money*, p. 308寫道，中國貨幣的匯率「約低於世界銀價百分之二十五」。《芝加哥每日論壇報》新聞報導並沒有描述相關規範，而勒文斯（p. 310）只寫道：「政府試圖吸引各式舊銀製首飾。」

21. 此事件與引文出自Morgenthau Diaries, vol. 3, pt. 2, p. 305, available at http://www.fdrlibrary.marist.edu/archives/collections/franklin/?p=collections/findingaid&id=535&q=&rootcontentid=188897#id188897。

22. 引文出自Arthur N. Young, *China's Nation-Building Effort, 1927-1937* (Stanford, Calif.: Hoover Institution Press, 1971), p. 227, 227n17。亞瑟曾任中國金融顧問，他表示自己留有電報的備份。Morgenthau Diaries, vol. 3, pt. 2, p. 305證實了電報內容。

23. Morgenthau Diaries, vol. 3, pt. 2, p. 305。

24. 請見U.S. Department of State, Division of Far Eastern Affairs, "China: Silver Situation, Problem and Suggested Solution," February 14, 1935, in Morgenthau Diaries, vol. 3, pt. 2, pp. 300-303。國務院提出的解決方法（p. 302）是建議「中國考慮向多個國家提出合作借貸的請求，以助中國實行貨幣改革計畫」。

25. 一九三五年年初三個月的月平均數值，出自House Subcommittee of the Committee on Appropriations, "Treasury Department Appropriation Bill for 1938": Hearings, 75th Cong., 1st sess., p. 27。根據Leavens, *Silver Money*, pp. 278-79, table 17，從一九三四年年中至此，白銀從國庫儲備的百分之十二提升到超過百分之十六，但由於黃金同時流入美國，政府須購買的白銀量也隨之增加。

26. 十億金衡盎司的估計值出自Leavens, *Silver Money*, p. 279；也記於同時代的"Upward Revision in Statutory Price Level Viewed," *Wall Street Journal*, April 12, 1935, p. 1。

27. "Everybody's Business," *Boston Globe*, April 11, 1935, p. 23。

28. 四月十日的收盤價為〇・六四一二五美元，比四月九日的〇・六三美元高出百分之一・七七，且考慮到前九十個日曆日白銀每日利率標準差——百分之〇・五六——此變化有統計上的顯著差異。

29. "President Puts Price of Silver Up to 71 Cents," *Chicago Daily Tribune*, April 11, 1935, p. 27。

5. Arthur N. Young, interview by James R. Fuchs, February 21, 1974, oral history interview, Harry S. Truman Presidential Library & Museum at https://www.trumanlibrary.org/oralhist/young.htm。亞瑟在普林斯頓大學修得經濟學博士學位，一九二九到一九四七年擔任中華民國政府的顧問。

6. 請見"American Trained Monetary Expert Steadies China's Tottering Currency," *Hartford Courant*, January 13, 1935, p. D1；與"Books of the Times: The Soong Dynasty," March 14, 1985。

7. 引文與下一段引文出自Morgenthau Diaries, vol. 3, pt. 1, p. 53。

8. 欲瞭解布列特的身家背景，請見："Bullitt Confirmed as Envoy to Soviet," *New York Times*, January 12, 1934；"The Strange Case of William Bullitt," *New York Review of Books*, September 29, 1988；與Moley, *After Seven Years*, pp. 136-37。

9. FDR to William C. Bullitt, August 14, 1934, in *For the President Personal and Secret: Correspondence between Franklin D. Roosevelt and William C. Bullitt*, ed. Orville H. Bullitt (Boston: Houghton Mifflin Company, 1972), pp. 94-95。

10. FDR to William C. Bullitt, August 29, 1934, in response to Bullitt to FDR, August 5, 1934. Bullitt, *For the President Personal and Secret*, pp. 92-93, 95。

11. 通話紀錄節自Morgenthau Diaries, vol. 2 pt. 2, pp. 338-43。欲瞭解布列特與摩根索早先的互動情形，請見Bullitt, *For the President Personal and Secret*, pp. 40, 42。

12. Morgenthau Diaries, vol. 3, pt. 1, p. 1。

13. 出處同上，p. 84。

14. 引文與本段落餘下的引文出自*Chicago Daily Tribune*, January 2, 1935, p. 1。

15. 請見Tai-chun Kuo and Hsiao-ting Lin, *T.V. Soong in Modern Chinese History* (Stanford, Calif.: Hoover Institution Press, 2006), pp. 3-5。

16. 引文與本段落餘下的引文，出自宋子文對布列特的溝通紀錄：U.S. Department of State, *Foreign Relations of the United States Diplomatic Papers, 1935, The Far East* (Washington DC: Government Printing Office, 1935), 3, pp. 532-33。「複本由布列特先生交予總統」記於此文件註腳。

17. 請見"Japanese Attack Towns in Chahar," *New York Times*, January 24, 1935；與"Japanese Planes Kill 44 Chinese as Chahar-Jehol Dispute Rages," *Hartford Courant*, January 26, 1935, p. 19。

45. "The Hull and Kung Notes on Silver," *New York Times*, October 15, 1934, p. 4。

46. Schlesinger, *Age of Roosevelt*, p. 191。

47. Hull, *Memoirs of Cordell Hull*, 1, pp. 207-8。

48. 請見Blum, *From the Morgenthau Diaries*, 1, p. 206；與Dorothy Borg, *The United States and the Far Eastern Crisis* (Cambridge, Mass.: Harvard University Press, 1964), pp. 75-82。

49. Cordell Hull to Joseph Grew, telegram, May 1, 1934, 7 p.m., in U.S. Department of State, *Foreign Relations of the United States Diplomatic Paper, 1934, The Far East* (Washington DC: Government Printing Office, 1934), 3, p. 153。

50. Cordell Hull to Edwin Cunningham, telegram, May 18, 1934, 11 a.m.，出處同上，3, p. 437。

51. 引文與本段落餘下的引文出自"Dictated on November 27th," in Morgenthau Diaries, vol. 2, pt. 2, p. 194, available at http://www.fdrlibrary.marist.edu/archives/collections/franklin/?p=collections/findingaid&id=535&q=&rootcontentid=188897#id188897。

52. "Deflation in China Gains Momentum," *New York Times*, December 9, 1934, p. N7。

53. "China Losing Her Silver," *New York Times*, December 7, 1934, p. 17。

54. "Chinese Silver Coins Imported by Chicago Firm," *Chicago Daily Tribune*, December 16, 1934, p. B8。

55. 出處同上。

56. "China Is Hart Hit by Loss of Silver," *New York Times*, December 16, 1934, p. N13。

57. Morgenthau Diaries, vol. 2, pt. 2, p. 301ff。

58. 出處同上，p. 303ff。以下對話節錄出自完整通話紀錄逐字稿。

第八章：轟動上海

1. Morgenthau Diaries, vol. 2, pt. 2, p. 294ff。

2. 出處同上，p. 345與p. 347後未標記頁數的頁面。

3. 引文與下一段引文出自Morgenthau Diaries, vol. 3, pt. 1, January 1-February 28, 1935, p. 53, available at http://www.fdrlibrary.marist.edu/archives/collections/franklin/?p=collections/findingaid&id=535&q=&rootcontentid=188897#id188897。

4. 出處同上。

(OF) 21, Box 1, Folder "Dept of Treasury, Mar-Aug 1934," Franklin D. Roosevelt Presidential Library, Hyde Park, N.Y.。

29. Morgenthau Diaries, vol. 2, pt. 1, July 1-December 31, 1934, p. 3, available at https://www.fdrlibrary.marist.edu/archives/collections/franklin/?p=collections/findingaid&id=535&q=&rootcontentid=188897#id188897。

30. "Spot Silver 48 Cents, Four-Year High," *Wall Street Journal*, August 9, 1934。

31. Morgenthau Diaries, vol. 2, pt. 1, p. 14。

32. "Pittman Sees End of Silver Question," in "Leading Countries of World Mark Time and Await Effect of U.S. Nationalizing Metal," *Christian Science Monitor*, August 10, 1934, p. 1 continued。

33. "The President's New Order Nationalizing Silver Explained," *Chicago Daily Tribune*, August 10, 1934, p. 1。

34. "Retail Sales Gain Unexpectedly in August; Outlook Brightens," *Washington Post*, September 3, 1934, p. 18。

35. 請見"Silverware," *Wall Street Journal*, September 19, 1934, p. 19；與"New Struggle in Silver Seen," *Wall Street Journal*, September 26, 1934, p. 9。

36. "China Pleads That U.S. Stop Buying Silver," *Christian Science Monitor*, September 29, 1934, p. 1。

37. "American Trained Monetary Expert Steadies China's Tottering Currency," *Hartford Courant*, January 13, 1935, p. D1。

38. "The Hull and Kung Notes on Silver," *New York Times*, October 15, 1934, p. 4。

39. 李銘一九三四年六月在紐約演說時發表譴責性言論，被引用於"Denies China Plans Embargo on Silver," *New York Times*, September 30, 1934, p. 7。

40. "Shanghai Silver Again Moves Out," *Wall Street Journal*, September 12, 1934, p. 13。

41. "Silver in the Far East," *New York Times*, June 6, 1934, p. 20。

42. "The Ungrateful Chinese," *Washington Post*, September 30, 1934, p. B4。

43. 出處同上。

44. "Silver Price Again Reaches New High," *Wall Street Journal*, October 13, 1934, p. 2。

19. Franklin D. Roosevelt: "Message to Congress on Silver Policy," May 22, 1934. Online by Peters and Woolley, *American Presidency Project.* http://www.presidency.ucsb.edu/ws/?pid=14882。

20. "Text of Silver Purchase Bill 1934," *Wall Street Journal*, May 23, 1934, p .5。另外請見U.S. Department of the Treasury, *Annual Report of the Secretary of the Treasury on the State of the Finances for the Fiscal Year Ended June 30, 1935* (Washington DCL Government Printing Office, 1936), pp. 42-43。銀元券最初於一八七八年二月二十八日在《布蘭德—艾利森法案》下授權與發行（請見Bratter, *Silver Market Dictionary*, p. 149）。

21. 引文與前述「授權條款」出自"President Asks Silver Base Be Ultimately 1 to 3 Gold; Wants 50% Speculation Tax," *New York Times*, May 23, 1934, p. 1 continued。

22. 一九三三年五月八日，翰蒂與哈曼公司的白銀報價為〇・四三七五美元，一九三四年五月九日的報價則是〇・四五一二五美元。根據《華爾街日報》（"Commodity Exchange, Inc.," May 9, 1934, p. 14），價格上漲是受「美國現有白銀存貨國有化與將白銀納入金屬儲備為目的的原則協議」的消息影響。消息是在一九三四年五月八日下午兩點後發布，已經過了翰蒂與哈曼記錄當日報價的時間，所以翰蒂與哈曼公司的報價直到五月九日才反映了新消息。相較於前九十個日曆日銀價每日利率標準差——百分之〇・八六七——此次百分之三・一的價格上漲具顯著意義。法案在一九三四年五月二十二日於參議院公告時，並沒有衝擊銀價，反映了《基督科學箴言報》的報導（"U.S. Silver Plan Is Not Expected to Upset Prices," May 23, 1934, p. 2）：「羅斯福的白銀公告被精準預測，以致它的實際發布只造成些微的確定效果。」

23. 在該計畫下應購買的白銀重量估算差異極大，《紐約時報》（"President Asks Silver Base Be Ultimately 1 to 3 Gold; Wants 50% Speculation Tax," *New York Times*, May 23, 1934, p. 1 continued）報導道，政府最多須購買十七億金衡盎司白銀。根據Leavens, *Silver Money*, pp. 278-79, table 17的計算，最初的需求為十三億金衡盎司。

24. "Treasury Pushes New Silver Policy," *New York Times*, June 22, 1934, p. 31。

25. "The Treasury's Regulations for Federal Transactions in Silver," *New York Times*, June 20, 1934, p. 36。

26. 請見"Roosevelt Sets Sail Tonight on Vacation at Sea," *Chicago Daily Tribune*, July 1, 1934, p. 8。

27. 請見"Roosevelt to Retain Close Touch with Affairs," *New York Times*, June 29, 1934, p. 20。

28. 一九三四年六月二十八日那份單頁備忘錄以及附帶文件，出自President's Official File

3. 出處同上，p. 2。
4. 請見Leavens, *Silver Money*, pp. 86-87。另外請見“An Act Regulating Foreign Coins, and for Other Purposes,” February 9, 1793。
5. 請見Bratter, *Silver Market Dictionary*, p. 173。
6. 出處同上，p. 172將元寶定義為白銀純度的度量單位，而Kann, *Currencies of China*, chap. 3討論到用元寶進行交易。
7. Bratter, *Silver Market Dictionary*, p. 200。此篇提及「一九三三年三月八日在南京發布的鑄幣法」，比第一百七十三頁的日期——一九三三年四月六日——早約一個月。
8. 此段落是根據Franklin D. Roosevelt: “Message to Congress Recommending Legislation on the Currency System,” January 15, 1934. Online by Peters and Woolley, *American Presidency Project*. http://www.presidency.ucsb.edu/ws/?pid=14868。
9. 瑪丹娜與小賈斯汀的金牙相片，請見http://www.newnownext.com/pop-stars-summers-it-accessory-grills/08/2013/。
10. 一九七四年十二月三十一日後，在總統行政命令11825的規定下，美國民眾得以持有黃金。
11. Roosevelt, “Message Recommending Legislation on Currency System”。
12. 請見Garbade, *Birth of a Market*, pp. 242-43。
13. 請見《托馬斯修正案》43 (b) (2)，重印於Leavens, *Silver Money*, pp. 372-73。
14. “New Money is Demanded by Senators in Gold Bill....Wheeler to Insist on Silver Buying,” *Washington Post*, January 25, 1934, p. 1。
15. Leavens, *Silver Money*, p. 355, table E顯示，一九三三年，世界銀產量一億六千九百萬金衡盎司。之後五年，白銀的平均世界年產量約為兩億四千萬金衡盎司。勒文斯寫道（p. 258）：「強制購買如此大量的白銀，會使價格迅速漲至十六比一的比例。」
16. 引文與下一段引文出自“Gold Bill Passed by Senate 66-23; Silver Vote Large,” *New York Times*, January 28, 1934, p. 1 continued。
17. “Senate Votes Gold Bill 66 to 23, Killing Silver Rider by Slim Margin,” *Hartford Courant*, January 28, 1934, p. 1。
18. “Gold Bill Passed by Senate 66-23, Silver Vote Large,” *New York Times*, January 28, 1934, p. 1 continued。

33. "Gold Plan Aids Speculations in U.S. Silver," *Washington Post*, November 7, 1933, p. 13。

34. 出處同上。

35. 引文與下一段引文出自Morgenthau Diaries, vol. 00, p. 82。

36. 引文與本段落其他引文出處同上，p. 94。

37. 出處同上。請見一九三三年十一月二日，論及前一晚的項目。

38. 十月二十一日的價格為〇・三六八七五美元，十一月六日的價格則是〇・四一五美元，漲幅為百分之十二・五。十月二十一日前九十個日曆日的銀價每日利率標準差為百分之一・四一四，十月二十一日與十一月六日之間差十六個日曆日，該期間的標準差為百分之五・六六（一・四一四乘以十六的平方根）；十二・五除以五・六六的t值為二・二一。

39. "Pittman, Silver Pact Author, Sees Export Trade Increase," *Washington Post*, December 22, 1933, p. 8。

40. 引文與敘述出自"Ghost Towns to Be Revived as Government Buys Silver," *Chicago Daily Tribune*, December 23, 1933, p. 6。

41. 敘述出自Israel, *Nevada's Key Pittman*, p. 95。

42. "Hint of World Gold Deal," *New York Times*, December 23, 1933, p. 1 continued。

43. 出處同上。

44. Senate Committee on Foreign Relations, Commercial Relations with China, Report No. 1716, 71st Cong., 3d sess., February 17 (calendar day 20), 1931, p.4。

45. Sir Arthur Salter, *China and Silver* (New York: Economic Forum, Inc., 1934), esp. pp. 3-6。另外請見Leavens, *Silver Money*, p. 216。

第七章：中美衝突

1. Senate Resolution 443, "Advising the President relative to our commercial relations with China, the conditions in China, and the necessity for moral intellectual, and financial support of the National Government of China," 71st Cong., 3d sess., January 26 (calendar day February 11), 1931, p. 3。

2. 請見Eduard Kann, *The Currencies of China: An Investigation of Silver & Gold Transactions Affecting China* (Shanghai: Kelley & Walsh, Limited, 1927), p. 234。

27. Franklin D. Roosevelt, "Proclamation and Statement Ratifying the London Agreement on Silver," December 21, 1933. Online by Peters and Woolley, *American Presidency Project*. http://www.presidency.ucsb.edu/ws/?pid=14586。

28. 公告並未提及任何價格，不過新聞媒體報導的數字是〇・六四五美元，大眾也接受了這個價格。公告暗示財政部會以每金衡盎司一・二九美元的公定價購買白銀，但只有半金衡盎司會還給原物主，表示每一金衡盎司的白銀能讓持有者換得一・二九美元的一半，也就是〇・六四五美元。舉例而言，請見"How Silver Coinage Plan Will Work Under New Order, *Chicago Daily Tribune*, December 22, 1933, p. 10中人們廣為接受的描述。公告中相關的部分為：「本人——美利堅合眾國總統富蘭克林・D・羅斯福——在此宣告並指示，美國每一間鑄幣所都將接收該鑄幣所在財政部長於此訂定的規章下在此宣告發布日前自美國天然礦脈開採，或任何受本國管轄之處開採之白銀，鑄造標準銀元。在持有者自願同意下，鑄幣局局長將扣除並保留前述白銀，並以百分之五十特許捐與美國政府對於錢幣與運送銀元之服務換之。接收之白銀其百分之五十將鑄造為標準銀元，而同一或等量其他標準銀元將被運送至持有者或前述白銀之存款人。前述白銀扣除的百分之五十將被財政部以銀條的形式留存，在一九三七年十二月第三十一日前不得處置之，只得鑄造為美國錢幣。」Franklin D. Roosevelt, "Proclamation 2067—Ratifying the London Agreement on Silver," December 21, 1933. Online by Peters and Woolley, *The American Presidency Project*. http://www.presidency.ucsb.edu/ws/?pid=14587。

29. "Pittman, Silver Pact Author, Sees Export Trade Increase," *Washington Post*, December 22, 1933, p. 8。

30. "2 Silver Prices Now in Effect," *Wall Street Journal*, December 23, 1933, p. 1。翰蒂與哈曼公司報的財政部價格為〇・六四一二五美元，反映了將白銀運送至鑄幣所的成本。

31. 公告在十二月二十一日晚間發布（請見"Roosevelt Order Remonetizes Silver in U.S.," *Chicago Daily Tribune*, December 22, 1933, p. 1），因此價格從十二月二十一日的〇・四三美元漲至十二月二十二日的〇・四四二五美元——漲幅為百分之二・八六五——能用以量度公告對銀價的衝擊。相較於前九十個日曆日百分之一・二三的銀價每日利率標準差，兩日價差具顯著差異。

32. 從一九二七到一九三三年十一月，當時的五大白銀生產國——墨西哥、加拿大、澳洲、祕魯與美國——共產出約一百二十二萬九千金衡盎司白銀，其中美國的產量約為二十九萬九千金衡盎司，占世界總產量的百分之二十四（請見"2 Silver Prices Now in Effect," *Wall Street Journal*, December 23, 1933, continued on p. 7）。

二・〇一——這兩個交易日之間百分之五・一五的利率具統計上的顯著差異（請注意此時期銀價變動幅度較大）。儘管價格上漲具統計意義，相對小的漲幅反映了兩種因素：第一，各國政府是否會正式簽署協議，仍是個未知數；第二，協議對與會各國的限制「表現出極少自我否定」，只有美國除外（請見Leavens, *Silver Money*, pp. 250-51）。

13. 惠勒的引文是指美國在倫敦會議開始時的提案："Wheeler Attacks Silver Plan Again," *New York Times*, June 25, 1933, p. 2。

14. 出處同上。

15. Israel, *Nevada's Key Pittman*, p. 93。

16. 亨利・摩根索生平的細節，主要出自Blum, *From the Morgenthau Diaries*, 1, pp. 1-27。

17. 出處同上，1, p. 12。

18. 出處同上，1, p. 15。

19. 出處同上，1, p. 20。

20. Morgenthau Diaries, vol. 00, Farm Credit Diary, April 27-November 16, 1933, p. 73, available at http://www.fdrlibrary.marist.edu/archives/collections/franklin/?p=collections/findingaid&id=535&q=&rootcontentid=188897#id18897。

21. Morgenthau Diaries, vol. 00, p. 65。

22. 出處同上。

23. 出處同上，p. 75。

24. 出處同上。十月二十九日，總統對包括艾奇遜在內的一群政府高層表示：「各位……購買黃金是我們的政府政策，我們現在是同舟共濟的情況，如有任何人對這條船不滿，歡迎下船。」（出處同上，p. 87）十一月十三日，羅斯福要求艾奇遜請辭（出處同上，p. 101）。另外請見"Inflationists Hail Victory as Morgenthau Replaces Woodin; Acheson Resigns," *Washington Post*, November 16, 1933, p. 1。

25. Fanklin D. Roosevelt, "Fireside Chat," October 22, 1933. Online by Gerhard Peters and John T. Woolley, *The American Presidency Project*. http://www.presidency.ucsb.edu/ws/?pid=14537。

26. Kenneth D. Garbade, *Birth of a Market: The U.S. Treasury Securities Market from the Great War to the Great Depression* (Cambridge, Mass.: MIT Press, 2012), pp. 237-45漂亮地描述了該計畫。

43. 四月二十日，法國法郎的開盤價為〇・〇四四六（美分），相較前一交易日的收盤價——〇・〇四三八（美分）——上漲了百分之二，但當日收盤價為〇・〇四三〇（美分），跌了百分之二（請見"Foreign Monies Continue to Rise," *Wall Street Journal*, April 21, 1933, p. 1；與"Dollar Continues Exchange Decline," *New York Times*, April 21, 1933, p. 3）。我計算開盤與收盤價的平均值，得到的結論是四月二十日並沒有價格變動，因此，黃金的美元價格在這兩天內有所上漲，漲幅為四月十九日記錄的百分之九。概括而論，白銀的變動幅度大於黃金，是因為它的市場較小（請見*Minerals Yearbook: 1932-1933*, p. 12），因此影響銀價所需的條件較少。這符合本書早先的討論：二〇〇八年金融危機過後，金價只上漲百分之兩百五十，銀價卻漲了將近百分之四百。

44. Raymond Moley, *The First New Deal* (New York: Harcourt, Brace & World, 1966), p. 369。

第六章：白銀補助

1. *Congressional Record*, 63d Cong., 2d sess., March 19, 1914, p. 5101。

2. Israel, *Nevada's Key Pittman*, p. 33。

3. 出處同上，p. 88。

4. Cordell Hull, *The Memoirs of Cordell Hull* (New York: Macmillan Company, 1948), 1, p. 249。

5. Israel, *Nevada's Key Pittman*, p. 91。

6. Arthur Schlesinger Jr., *The Age of Roosevelt: The Coming of the New Deal* (Boston: Houghton Mifflin Company, 1959), p. 211。

7. Israel, *Nevada's Key Pittman*, p. 91。

8. "Silver Triumphant," *Christian Science Monitor*, July 31, 1933, p. 12。

9. 欲瞭解詳情，請見"A World Conference Success," *Manchester Guardian*, July 24, 1933, p. 5；與"Text of Silver Treaty Concluded at London," *New York Times*, July 23, 1933, p. 16。

10. "Silver Triumphant," *Christian Science Monitor*, July 31, 1933, p. 12。

11. "A World Conference Success," *Manchester Guardian*, July 24, 1933, p. 5。

12. 一九三三年七月二十二日星期六晚間，各國代表簽署了協議。七月二十二日，翰蒂與哈曼公司的白銀報價為每金衡盎司〇・三五五美元，七月二十四日星期一的報價則是〇・三七三七五美元。相較前九十個日曆日銀價的每日利率標準差——百分之四。根據“Buying of Cotton Heaviest in Years,” *New York Times*, April 20, 1933, p. 34，前一日的棉花售價為〇・〇六七三美元，而當日收盤價則是〇・〇七一五美元，漲幅約為百分之六。

36. 四月十八日，法郎收盤價為〇・〇四〇二（美分），四月十九日則是〇・〇四三八（美分）。（請見“Dollar Collapses in Foreign Exchange Market—Silver Here, Up 3C., Limit for Day's Trading,” *Wall Street Journal*, April 20, 1933, p. 1；與“Dollar Drops Sharply Again,” *Wall Street Journal*, April 19, p. 1。）以法國法郎取代黃金的作法，是根據Paul Einzig, *The Future of Gold* (New York: Macmillan, 1935), p. 5。根據《曼徹斯特衛報》報導“Money and Stocks; the Paper Dollar,” April 20, 1933, p. 14：「在不久前美國銀行停工前，倫敦金價以美元匯率為準，但自此之後，金價的標準改以法國法郎界定。」*Times of India*, April 21, 1933, p. 6, “Special Service: London Market Quotations”記述道：「現今金價不再以美元為基礎，而是以法國法郎為基礎。」

37. 四月十八日，翰蒂與哈曼公司的白銀報價為〇・二八八七五美元，四月十九日則是〇・三二三七五美元，相較前九十個日曆日百分之一・六的每日利率標準差，這兩日百分之十一・四四的利率具統計學的顯著意義。

38. “Bill Is Introduced in Senate by Thomas,” *Washington Post*, April 21, 1933, p. 1。

39. 欲參閱重修相關的討論，請見Moley, *After Seven Years*, pp. 159-61。另外請見“President Takes Action,” *New York Times*, April 20, 1933, p. 1。

40. 請見“Text of the Administration Measure on Inflation,” *New York Times*, April 21, 1933, p. 2。該修正案後於一九三三年四月二十六日經過修改，加入授權總統以對黃金固定比例的規則無限鑄造銀幣，然而銀價並沒有在四月二十六日上漲，也沒有在四月二十八日——修改版修正案通過的日子——上漲。請見“Silver Plan Added to Inflation Bill,” *New York Times*, April 27, 1933, p. 1。另外請見“Text of Thomas Amendment with Silver Provision,” *Wall Street Journal*, April 29, 1933, p. 8。四月二十六日，銀價從〇・三六美元跌至〇・三五五美元，並在四月二十八日從〇・三五三七五美元跌至〇・三四六二五美元。一九三三年四月十九日前九十個日曆日，銀價的每日利率標準差為百分之一・六，所以上述兩次價格變動都未達統計上的顯著差異。

41. “Robinson's Statement on Thomas Money Bill,” *Washington Post*, April 21, 1933, p. 4。

42. 引文出自“Federal Reserve to Lead Credit Expansion,” *Washington Post*, April 21, 1933, p .1。四月二十日，銀價從四月十九日的〇・三二三七五漲至〇・三五五，相較於四月十九日前九十個日曆日的每日利率標準差——百分之一・六——此次百分九・二的利率有顯著差異。

20. 此時期關於白銀的假說檢定是基於我從《華爾街日報》收集的每日銀價數據，數據則是由翰蒂與哈曼金屬商提供。總統於三月五日星期日宣布銀行假期，而三月六日星期一的白銀報價為每金衡盎司〇・二九七五美元，相較三月四日星期五的每金衡盎司〇・二七二五美元已有所上漲。在那之前九十個日曆日的日利率標準差為百分之〇・九九，而這兩日內百分之八・七七的利率（使用log相對價格計算）已具統計學上的顯著意義。

21. T・S・艾略特詩作〈荒地〉（The Waste Land）（1922）的前四句為：「四月是最為殘酷的月份，產下／死亡大地中的紫丁香，混融／記憶與欲望，攪拌／了無生氣的根與春雨。」

22. Wheeler with Kelley, *Yankee from the West*, pp. 302, 304。

23. 出處同上，p. 304。

24. 出處同上，相片17、18。

25. "Roosevelt Urges Speed on Farm Aid," *New York Times*, April 1, 1933, p. 3。

26. "Inflation Plan Loses 43 to 33 in Senate Test," *Chicago Daily Tribune*, April 18, 1933, p. 1。

27. 欲參閱十位參議員的估計，請見Raymond Moley, *After Seven Years* (New York: Harper & Brothers Publishers, 1939), p. 158。彼特曼被列為「支持修正案」，卻與一位被列為「反對」的參議員「配對」，等同不參與表決。請見"The Vote on Inflation," *New York Times*, April 18, 1933, p. 1。

28. *Encyclopedia of Oklahoma History and Culture*, s.v. "Thomas, John William Elmer" (by David D. Webb), http://www.okhistory.org/publications/enc/entry.php?entry=TH008。

29. "Seek Inflation for Farm Bill," *Wall Street Journal*, April 13, 1933, p. 12。

30. "Inflation Moves Wait," *New York Times*, April 20, 1933, p. 1。

31. "President's Action Forced by Events," *New York Times*, April 20, 1933, p. 1。

32. Moley, *After Seven Years*, p. 158。

33. "U.S. Goes Off Gold by Roosevelt Ban on Foreign Export," *Christian Science Monitor*, April 19, 1933, p. 1 continued。

34. 出處同上。

35. 根據"Grain Prices Soar as Dollar Drops," *New York Times*, April 20, 1933, p. 2，小麥的收盤價介於〇・〇二美元與〇・〇二五美元之間，每蒲式耳〇・六五美元，約百分之

J. Schwartz, *A Monetary History of the United States*, 1867-1960 (Princeton, N.J.: Princeton University Press, 1963), pp. 712-13, table A-1）。一九三二年六月，消費者物價指數降了百分之二十一（CPI for all urban consumers at http://research.stlouisfed.org/fred2），失業率則是百分之二十三・七（seasonally adjusted monthly unemployment rate at http://research.stlouisfed.org/fred2）。

8. "Text of Democratic Platform Submitted to Convention," *Chicago Daily Tribune*, June 30, 1932, p. 4。

9. "Governor Roosevelt's Radio Speech Interpreting Party Platform," *New York Times*, July 31, 1932, p. 2。羅斯福在演說的最初說道：「我希望在這次競選期間，能透過無線電廣播多多和各位談論與我們所有人息息相關的重大議題。在過去的年代，競選活動往往在銅管樂隊與紅燈包圍下進行……而今天，嘗試扮演較大的角色，我們都是在安靜的家中得到最終結論。」

10. "Churchill Blames Money for Crisis," *New York Times*, May 9, 1932, p. 5。

11. 翰蒂與哈曼公司的數據顯示，一九三二年十二月二十九日的銀價跌到有史以來的低谷，每金衡盎司只值〇・二四二五美元。

12. 無論是供給或需求都造成了價格下跌，印度廢止銀幣流通後，來自印度的銀條使供給量上升，而蕭條的經濟狀況也降低了需求。請見Senate Subcommittee of the Committee on Banking and Currency, *Purchase of Silver Produced in the United States with Silver Certificates*: Hearings on S. 3606, 72d Cong., 1st sess. May 9, 1932, esp. p. 34。

13. "Wheeler to Offer A 16-1 Silver Bill," *New York Times*, January 4, 1932, p. 2。

14. Burton K. Wheeler with Paul F. Kelley, *Yankee from the West* (Garden City, N.Y.: Doubleday & Company, 1962), p. 302。

15. "Wheeler to Offer a 16-1 Silver Bill," *New York Times*, January 4, 1932, p. 2。

16. House Committee on Foreign Affairs, "Remonetization of Silver, Part 2," May 19, 1933, p. 10 (typed)。

17. "Senate Beats 16 to 1 Silver," *Chicago Tribune*, January 25, 1933, p. 1。

18. 引文出自"The President's Bank Proclamation," *New York Times*, March 6, 1933, p. 1。欲參閱銀行假日的細節，請見William L. Silber, "Why Did FDR's Bank Holiday Succeed?" *Federal Reserve Bank of New York Economic Policy Review* (July 2009): pp. 19-30。

19. 請見Alter, *Defining Moment*, p. 269。

20. 請見"The Pittman Act Presents the Anomaly of Two Kinds of Silver," *Wall Street Journal*, June 19, 1920, p. 10；另外請見"Quotation in Silver Are Changed in Form," *Atlanta Constitution*, June 18, 1920, p. 11。

21. 請見"Would Repeal Silver Purchase Clause," *Wall Street Journal*, January 13, 1920, p. 13。

22. 請見"Doing Something for Silver," *New York Tribune*, June 24, 1920, p. 8。

23. "Says Pittman Act Will Stand," *Wall Street Journal*, October 5, 1921, p. 12。

24. 出處同上。

25. 大衛・勞合・喬治的引文發表於一九三四年八月——希特勒崛起之後（*Newsweek*, January 27, 1997, p. 86）。

26. 請見Leavens, *Silver Money*, p. 175。

27. 出處同上，p. 180。勒文斯（Leavens）寫道，銀價在一九二六年夏季跌了約百分之十。商品研究局數據顯示，該年九月，銀價為每金衡盎司〇・六〇五八美元，到了同年十月，價格跌至〇・五四五美元。皇家委員會是在一九二六年八月出版（Leavens, *Silver Money*, p. 175）。

28. 〇・五六二三美元的平均價格，是基於商品研究局一九二六年十月到一九二九年九月的數據計算得出。

第五章：羅斯福促進白銀買賣

1. "Text of Gov. Roosevelt's Speech on Cost of Government and Pledge of Economy," *Chicago Daily Tribune*, October 20, 1932, p. 6。另外請見"Roosevelt Is Opposed to Cashing Bonus Now," *Daily Boston Globe*, October 20, 1932, p. 1。

2. 請見Donald A. Ritchie, *Electing FDR: The New Deal Campaign of 1932* (Lawrence: University Press of Kansas, 2007), p. 141。

3. Alter, *Defining Moment*, p. 111。

4. 出處同上，p. 105。

5. 出處同上，p. 111。

6. 出處同上，p. 105。

7. 一九二九年十月，貨幣供應量（活期存款加上貨幣）為兩百八十三億美元，而一九三二年六月降至兩百零四億美元，降幅為百分之二十八（Milton Friedman and Anna

3. 此段落與下一段落的生平細節出自Betty Glad, *Key Pittman: The Tragedy of a Senate Insider* (New York: Columbia University Press, 1986), esp. pp. 4, 5, 8, 11, 14。

4. 出處同上，p. 24。

5. 出處同上，pp. 26-27。

6. 出處同上，p. 27。

7. 出處同上，p. 30。

8. 引文與下一段引文出自Fred L. Israel, *Nevada's Key Pittman* (Lincoln: University of Nebraska Press, 1963), p. 31。

9. 出處同上，p. 32。

10. Glad, *Key Pittman*, p. 45。

11. Israel, *Nevada's Key Pittman*, p. 36。

12. 出處同上。

13. Glad, *Key Pittman*, p. 59。

14. 一九一四年七月到一九一八年十一月，躉售物價指數（wholesale price index）（NBER序號M04049USM052NNBR）從八・七上升至十九・〇二。銀價相關數據出自商品研究局的每月紀錄。Leavens, *Silver Money*, p. 137討論了次要硬幣對銀金屬需求上升的議題。

15. 售價與買價為純銀（1000足銀）的價格，定於Public Law 139, 65th Cong., 2d sess., April 23, 1918, chap. 63, sections 1 and 2。該法案——S. 4292——被描述為：「節約美國黃金供給、允許對美國有害貿易收支以白銀支付、為次要硬幣與商業用途提供白銀、協助與美國敵方勢力作戰的外國政府，以及為以上目的穩定價格並鼓勵白銀生產的法案。」

16. "Silver Going to India," *Wall Street Journal*, May 3, 1918, p. 9。

17. Israel, *Nevada's Key Pittman*, p. 77。

18. Leavens, *Silver Money*, p. 79記載了一九二〇年銀價跌至一美元以下的事件，以及一九二三年七月財政部停止購買白銀的時間點。

19. 平均值是基於一九二〇年六月與一九二三年七月月底價格計算得出，數據出自商品研究局資料庫。

34. Coletta, *William Jennings Bryan*, p. 300。

35. Williams, *Realigning America*, pp. 149-50。

36. Coletta, *William Jennings Bryan*, p. 164。

37. "Not Caught by Silver," *New York Times*, July 18, 1896, p. 8。

38. "The Battle of the Standards," *Washington Post*, August 24, 1896, p. 4。

39. "The Pivotal Point," *Washington Post*, September 13, 1896, p. 6。

40. 銀元含三百七十一・二五金衡喱純銀。一金衡盎司等同四百八十金衡喱，所以一銀元的平均銀含量為（三百七十一・二五／四百八十）乘以六十三・五，等同〇・四九美元。

41. 請見William L. Silber, *When Washington Shut Down Wall Street* (Princeton, N.J.: Princeton University Press, 2007), p. 151。

42. Coletta, *William Jennings Bryan*, p. 330。

43. 出處同上。

44. "Bryan's Egg Illustration," *Chicago Daily Tribune*, September 24, 1896, p. 6。

45. "Eggs Thrown at Orator Bryan," *San Francisco Chronicle*, October 28, 1896, p. 3。

46. "How Bryan's 129 Cents Would Work," *Chicago Daily Tribune*, October 8, 1896, p. 6。

47. "Bismarck and Silver," *Chicago Daily Tribune*, September 30, 1896, p. 8。

48. 請見Friedman, *Money Mischief*, esp. pp. 119-21。

49. 《一九四七年總統繼任法案》（Presidential Succession Act of 1947）將總統繼任者的排序改成今日的順序：副總統、眾議院議長、參議院臨時議長，而後是國務卿。

50. 請見Michael Kazin, *A Godly Hero: The Life of William Jennings Bryan* (New York: Alfred Knopf, 2006), pp. 285-303。

第四章：羅斯福總統操縱銀價的起因

1. 引文與下一段引文出自Jonathan Alter, *The Defining Moment: FDR's Hundred Days and the Triumph of Hope* (New York: Simon and Schuster, 2006), p. 41。

2. Burton Folsom Jr., *New Deal or Raw Deal: How FDR's Legacy Has Damaged America* (New York: Simon & Schuster, 2008), p. 25。

14. 一八九三年，停止營運的銀行數目為四百九十六間，而一八八三到一八九二年這十年間的年平均停止營運數量為四十二間。請見U.S. Bureau of the Census, *Historical Statistics of the United States, Colonial Times to 1970*, Part 2 (Washington, DC: 1975), p. 1015 (Series X 741-55)。

15. 欲參閱與一九三〇年代的比較，請見Friedman, *Money Mischief*, p. 107。另外請見Rockoff, "Wizard of Oz," p. 742。

16. Hibben, *Peerless Leader*, p. 145。

17. Coletta, *William Jennings Bryan*, p. 71。

18. 出處同上，p. 150。

19. 出自*Annual Report of the Director of the Mint*, p. 89。

20. "Bryan's Speech for Silver Monometallism," *Chicago Tribune*, August 18, 1893, p. 4。

21. "Kansas May Be Lost," *New York Times*, July 2, 1896, p. 5。

22. 引文出自"Western Farm Mortgages," *Omaha Daily Bee*, January 20, 1890, p. 3。新聞報導接著批評紐約監管機構的報告，為內部拉斯加州房貸的品質護航。

23. *New York Times*, July 18, 1896, p. 8。

24. Coletta, *William Jennings Bryan*, p. 203。

25. 出處同上，p. 575。

26. Koenig, *Bryan*, p. 202。

27. 引文與本段餘下引文出自布萊恩的演說，翻印於"Boy Orator Scores a Great Hit," *Chicago Daily Tribune*, July 10, 1896, p. 11。

28. 出處同上。

29. "The Noisy Georgians: They Took a Conspicuous Part Yesterday," *Atlanta Constitution*, July 10, 1896, p. 4。

30. Hibben, *Peerless Leader*, p. 161。

31. 請見U.S. Bureau of the Census, *Historical Statistics of the United States*, Part 1, p. 135。

32. Coletta, *William Jennings Bryan*, pp. 197-98。

33. R. Hal Williams, *Realigning America* (Lawrence: University Press of Kansas, 2010), p. 144。

43. 美國本會沿用白銀幣制的證據，請見Friedman, *Money Mischief*, p. 72。傅利曼也在文中提出（p. 76），若價格較平穩，美國本該受益。

44. 根據Friedman, *Money Mischief*, p. 76，當時的年平均通貨緊縮率為百分之一・五。

45. 最佳詮釋出自Hugh Rockoff, "The 'Wizard of Oz' as a Monetary Allegory," *Journal of Political Economy* 98, no. 4 (1990): pp. 739-60。此段落餘下的部分係使用他文中的比擬，只有一處例外：我將龍捲風詮釋為政經動盪（類似http://www.roadmaptolastbesthope.com/files/Chapter12Lesson_LessonPlan.pdf的教學指南），而他視龍捲風為自由鑄造銀幣運動本身的象徵。

46. Rockoff, "Wizard of Oz," p. 750。

47. "Denouncing the 'Goldbugs,'" *New York Times*, August 2, 1893, p. 2。

第三章：自由鑄造銀幣運動

1. "Fame Won in an Hour," *Washington Post*, March 20, 1892, p. 3。
2. 出處同上。
3. Louis W. Koenig, *Bryan: A Political Biography of William Jennings Bryan* (New York: G. P. Putnam, 1971), p. 95。
4. Paxton Hibben, *The Peerless Leader: William Jennings Bryan* (New York: Farrar and Rinehart, 1929), p. 129。
5. 此引文與下一段引文出處同上，pp. 30-31。
6. 出處同上，p. 34。
7. 出處同上，p. 38。
8. Koenig, *Bryan*, p. 84。
9. 欲參閱他的辯論紀錄，請見Bryan, *First Battle*, p. 39。
10. Hibben, *Peerless Leader*, p. 80。
11. Paolo Coletta, *William Jennings Bryan*, vol. 1, *Political Evangelist, 1860-1908* (Lincoln: University of Nebraska Press, 1964), p. 25。
12. Hibben, *Peerless Leader*, p. 124。
13. 出處同上。

Chicago Press, 1901), p. 115。

30. 請見Steven P. Reti, *Silver and Gold: The Political Economy of International Monetary Conferences, 1867-1892* (Westport, Conn.: Greenwood Press, 1998), pp. 53-54。《帝國鑄幣法》並沒有廢止銀幣流通，但在該法下，政府不再鑄造法償銀幣，並以一句話暗示國家將轉至金本位制度：「在收回銀幣的法案通過之前。」欲參閱詳細討論，請見"Demonetization of Silver in Germany," *Report and Accompanying Documents of the United States Monetary Commission*, 1:74-78, esp. p. 75。

31. Jastram, *Silver*, p. 75。

32. Willis, *History of the Latin Monetary Union*, p. 117。

33. 請見Leavens, *Silver Money*, p. 33。

34. 請見：*Report and Accompanying Documents of the United States Monetary Commission*, 1, p. 98；*Report from the Select Committee on Depreciation of Silver, together with the proceedings of the Committee, minutes of evidence, and appendix*, ordered by the House of Commons to be printed 5 July 1876, available at https://catalog.hathitrusut.org/Record/001118659, p. iv；U.S. Department of the Treasury, *Annual Report of the Secretary of the Treasury on the State of the Finances for the Year 1889* (Washington, DC: Government Printing Office, 1889), esp. p. LXII, "Causes of the Depreciation of Silver"。

35. 請見Laughlin, *History of Bimetallism*, p. 75；與John Walton Caughey, *The California Gold Rush* (Berkeley: University of California Press, 1948), pp. 8-10。

36. 請見Laughlin, *History of Bimetallism*, pp. 283, 285。

37. 請見*Report on Weights, Measures, and Coins*, p. 52。

38. 欲瞭解關於利物浦伯爵（Lord Liverpool）《一八一六年貨幣法》（Coinage Act of 1816）的討論，請見Feavearyear, *Pound Sterling*, pp. 211-13。

39. 在一八九四年，倫敦的平均報價為每金衡盎司〇・六三五美元。*Annual Report of the Director of the Mint*, p. 89。

40. 欲參閱關於《一八七八年布蘭德—艾利森法案》的完整討論，請見Laughlin, *History of Bimetallism*, chap. 15。

41. 出處同上，chap. 16。

42. 引文出自Sherman, *Recollections*, p. 830，也記於Leavens, *Silver Money*, p. 41。

14. Walker, "Free Coinage of Silver," p. 170。

15. 一八六七年三月四日，第四十屆國會就職宣誓時，他成為新任主席。請見Sherman, *Recollections*, p. 334。不具飛行能力的渡渡鳥，在十七世紀滅絕了。

16. 出處同上，pp. 339, 420。

17. 此事件的敘述出處同上，pp. 342-43。

18. 出處同上，p. 343。

19. 請見*Report of the International Conference on Weights, Measures, and Coin*, held in Paris, June 1867；與*Report of the International Monetary Conference*, held in Paris, June 1867 (London: Harrison and Sons, 1868), available at http://babel.hathitrust.org/cgi/pt?id=mdp.35112103466761;view=1up;seq=1。提案5與6（p. 51）談論的是以黃金作為國際貨幣的益處。

20. 請見*Report of the International Monetary Conference*。第52頁討論到金礦新發現的後果：「加利福尼亞州、澳洲與美國西北部礦產豐富的礦場被發現，以及美洲被英國殖民之前，價值高於法定價格的金幣往往最先停止流通，人們只能以高於市價的價格購買之。礦藏發現後，情況與過往相反，黃金價值變得低於法定價格，白銀反而消失了。關於第七提案（反對雙金屬本位制）的討論，請見第五十五頁；該提案經過表決，被「絕大多數人接受」。

21. *In relation to the coinage of gold and silver*, S. 217, 40th Cong., 2d sess., January 6, 1868在前言中提及：「謝爾曼先生提議並在全員同意下提出下述法案，經二讀後送至財政委員會，被授權印刷。」

22. "Opposition of Senator Morgan to the Plan of the Paris Conference for Monetary Unification," *New York Times*, June 12, 1868, p. 5。

23. S. 859首次於一八七〇年四月二十八日在41st Cong., 3d sess.中被提及。

24. 《一八七三年鑄幣法案》第五段。

25. 舉例而言，一八七〇年五月五日，《芝加哥論壇報》一篇標題為「幣制」的報導，將廢止白銀幣制的消息放在第六段。

26. Sherman, *Recollections*, p. 393。

27. 請見Leavens, *Silver Money*, p. 23。

28. Sherman, *Recollections*, p. 393。

29. 請見Henry Parker Willis, *A History of the Latin Monetary Union* (Chicago: University of

Cabinet (Chicago: Werner Company, Chicago, 1895), available at https://archive.org/details/johnshermansreco00sher第一與第二章。

2. 請見William Kolasky, "Senator John Sherman and the Origin of Antitrust," *Antitrust* 24, no. 1 (2009): 85。

3. 綽號出處同上。西奧多・伯頓（Theodore Burton）在*American Statesman: John Sherman* (Boston: Houghton Mifflin Company, 1906), p. 384如此描述這位參議員的性格：「將軍喜歡和朋友見面，也深愛社交……參議員……則在他工作的智力實驗室如魚得水。」

4. 請見《一八七三年鑄幣法案》第十四節："An Act revising and amending the Laws relative to the Mints, Assay offices, and Coinage of the United States," 42d Cong., 3rd sess., February 12, 1873. *Statutes at Large*, vol. 17, chap. 131。

5. 《一八七三年鑄幣法案》第十五段從銀幣鑄造清單上刪去了銀元，第十七段則寫道：「此後除本法案列出面額、標準與重量的錢幣之外，無論是金幣、銀幣或次等錢幣，都不會由鑄幣局發行。」

6. "An Act Regulating Foreign Coins, and for Other Purposes" (February 9, 1793), *Statutes at Large*, 1:300-301。

7. 此段討論關乎該法案較早先的版本——S. 859——此版本於一八七〇年四月由謝爾曼提出，一八七〇年十二月經過修改。法案中同樣確立了金本位制度，使銀幣成為次要硬幣，款項少於一美元時方可作法償貨幣使用（請見第十四、十五與十八段）。

8. The *Congressional Globe*, January 9, 1871, p. 374。

9. 上述細節記述於該法案的正式名稱："An Act revising and amending the Laws relative to the Mint, Assay Offices, and Coinage of the United States," 42d, sess. 3 (February 12, 1873)。

10. 請見Robert R. Van Ryzin, *Crime of 1873: The Comstock Connection*, (Iola, Wisc.: Krause Publications, 2001), chap. 10。

11. Walker, "Free Coinage of Silver," p. 17n1。

12. 維斯頓的論述，請見Paul M. O'Leary, "The Scene of the Crime of 1873 Revisited: A Note," *Journal of Political Economy* 68, no. 4 (1960): p. 390，本書引用言論出自*Report and Accompanying Documents of the United States Monetary Commission*, 1, p. 193。

13. Paul Barnett, "The Crime of 1873 Re-Examined," *Agricultural History* 38 (July 1964): p. 178。

19. 一八三三到一九三五年間每一年的平均銀價數據（基於倫敦的報價），出自*Annual Report of the Director of the Mint*, p. 89。同時期還有另外兩個資料來源提供相似的數值（價格差異小於一美分）。*Annual Report* p. 88提供紐約一八七四到一九三五年的價格估計值，而NBER Macrohistory Database at http://www.nber.org/databases/macrohistory/contents/chapter04.html也如*Annual Report* p. 89那般記錄了倫敦的銀價。商品研究局提供一九一〇到一九四六年的每月銀價，並從一九四七年一月開始提供每日銀價。

20. 一九六七年的年平均銀價為每金衡盎司一・五七八美元（商品研究局資料庫每月現金銀價的平均值），那是一八五九年之後年平均銀價首度超越一・三六美元。一九一九到一九二〇年的每日銀價（紐約報價）兩度出現超越一・三六美元的高峰（請見*Annual Report*, p. 88），但上述年份的年平均價格都低於一・三六美元。Roy Jastram, *Silver: The Restless Metal* (New York: John Wiley & Sons, 1981), p. 86寫道，銀價「在一九一九年十一月暴漲到了一・三七五美元」。Bratter, *Silver Market Dictionary*, p. 113寫道：「紐約紀錄中最高的銀價，是一九一九年十一月二十五日的一・三八二五美元。」

21. Ronald M. James, *The Roar and the Silence: A History of Virginia City and the Comstock Lode* (Las Vegas: University of Nevada Press, 1998), esp. p. 35。

22. 請見"Special Report to the Monetary Commission on the Recent and Prospective Production of Silver in the United States, Particularly from the Comstock Lode," in *Report and Accompanying Documents of the United States Monetary Commission*, organized under Joint Resolution of August 15, 1876, 2 vol., 44th Cong., 2d sess. S. Rept 703 (Washington, DC: Government Printing Office, 1877)第一頁的討論部分與表格。此時期全美的白銀總產量價值一億美元，在一八六一年，兩百萬美元的總產量全出自康斯塔克，而最後一年的產量為一千六百萬美元，其中五百萬美元出自康斯塔克。我估計康斯塔克在這整段時期的產值時，用的是十六分之五的比值，但此數值應該低於實際比值。

23. 請見James, *Roar and Silence*, pp. xix-xx。

24. 平均銀價數據來自倫敦金屬市場，並出自*Annual Report of the Director of the Mint*, p. 89。

25. 平均銀價低於一・三〇美元的最後一年為一八四五年，當時的年平均價格為一・二九八美元。

第二章：解開一八七三年的罪行之謎

1. 欲參閱背景資料，請見*John Sherman's Recollections of Forty Years in the House, Senate, and*

11. 欲參閱較精確的討論，請見Arthur J. Rolnick and Warren E. Weber, "Gresham's Law or Gresham's Fallacy," *Journal of Political Economy* 94, no. 1 (1986): 17-24。

12. Feavearyear, *Pound Sterling*, p. 155引用了牛頓的報告"Gold and Silver Coin," *Cobbett's Parliamentary History* (Long, T.C. Hansard, 1811), 7:525-30，表示他沒預見黃金的強勢地位：「若在銀幣稍微稀少前不作為，黃金將自行垮台。」

13. 金片在二〇一六年十二月二十一日登上《紐約時報》p. A25，標題為「警認出疑似從卡車取走金片的男人」（Police Identify Man They Say Took Gold Flakes from Truck）。珠寶匠製作黃金飾品時削落的金片，會在收集後存放在桶子裡，最後由裝甲卡車送至貯藏所。遭竊的桶子有八十六英磅重，價值一千六百萬美元。

14. Hamilton, "On the Establishment of a Mint," p. 94。

15. 法案第九段規定，一美元硬幣含三百七十一・二五金衡喱純銀，十元金鷹幣則含兩百四十七・五金衡喱純金。上述數值轉換成價格如下：一金衡盎司含四百八十金衡喱，所以為達一金衡盎司純銀，就需四百八十／三百七十一・二五＝一・二九二九三美元。十美元金鷹幣含兩百四十七・五金衡喱，為達四百八十金衡喱黃金（一金衡盎司），就需四百八十／兩百四十七・五＝十九・三九三九美元。

16. 此時期黃金的相對價格提升，是受墨西哥礦場提高白銀產量、白銀透過貿易流入美國影響。欲瞭解詳情，請見J. Laurence Laughlin, *The History of Bimetallism in the United States* (New York: D. Appleton and Company, 1897), pp. 47-48。另外，欲詳加瞭解美國從墨西哥進口白銀、白銀出口至中國的歷史，請見Peter Temin, "The Economic Consequences of the Bank War," *Journal of Political Economy* 74, no. 2 (1968), esp. pp. 267-70。

17. 國會在一八三四年將一美元的黃金含量從二十四・七五金衡喱調降至二十三・二金衡喱，又於一八三七年將金含量調至二十三・二二金衡喱。美元的金含量減少，表示購買一金衡盎司黃金所需的美元量提升了；一金衡盎司等同四百八十金衡喱，購買一金衡盎司黃金就需四百八十／二十三・二二＝二十・六七美元。請見Leavens, *Silver Money*, p. 20。

18. Laughlin, *History of Bimetallism*, p. 61寫道，一八三四年，人們發現北卡羅萊納州與其他南方州份產銀後，金價因應國會的政治壓力被刻意高估。Laughlin p. 65另外寫道，國會「在銀價相對金價多年的穩定下跌範圍內」高估了金價，「（而國會也認為），它在未來極可能持續下跌」。制定十六比一的比例，是因為人們預期相對市場價格將持續下降，但白銀相對黃金的價格並沒有繼續下跌，因此高估的價格留存了下來，使銀幣停止流通。

八六六金衡盎司。銀元含三百七十一・二五金衡喱純銀（〇・九九九足銀），所以銀元的純度為〇・八九二四（三百七十一・二五／四百一十六）。銀元純度在一八三七年一月十八日被新法案修正為〇・九〇，作法是將錢幣的重量縮減為四百一十二・五金衡喱。法案第九段規定，十美元金鷹幣含兩百四十七・五金衡喱純金，總重為兩百七十金衡喱，純度為〇・九一六六（兩百四十七・五／兩百七十），總重量換算成金衡盎司為〇・五六二五金衡盎司（兩百七十／四百八十）。此項規定後來在一八三四年六月二十八日被新法修改，又被一八三七年一月十八日的法案修正如下：金鷹幣的純金含量減少為兩百三十二・二金衡喱，總重量為兩百五十八金衡喱，純度為〇・九純金，總重量換算成金衡盎司為〇・五三七金衡盎司（兩百五十八／四百八十）。欲參閱更新版白銀相關細節，請見Dickson Leavens, *Silver Money* (Bloomington, Ind.: Principia Press, 1939), p. 20；欲參閱更新版黃金相關細節，請見H.R. Lindeman, *Money and Legal Tender in the United States* (New York: G.P. Putnam's Sons, 1879), pp. 24-27。

4. 漢彌爾頓一七九一年一月二十八日的報告「On the Establishment of a Mint」最後一段討論了貨幣檢查箱制度。

5. John Cragg, *The Mint* (Longdon: Cambridge University Press, 1953), p. 61。

6. 引文出自section 18 of the act of April 2, 1792, "Establishing a mint and regulating the coins of the United States"。

7. 出處同上，第19段。

8. 請見Thomas K. Delorey, "The Trial of the Pyx," available at http://www.hjbltd.com/departments/articles/details.asp?inventorynumber=33&linenum=23。

9. 完整的語句為：「倘若廢止兩金屬之一的錢幣之用，等同刪減循環媒介的數量，相較於完滿的循環之善，易受過分吝嗇的循環之惡衝擊。」請見Hamilton, "On the Establishment of a Mint," p. 93。

10. 考古學者發現的錢幣之中，最古老的錢幣是鐵器時代中期——西元前八百到九百年——的銀幣。請見Raz Kletter and Etty Brand, "A New Look at the Iron Age Silver Hoard from Eshtemoa," *Zeitschrift des Deutschen Palästina-Vereins* Bd. 114, H. 2 (1998): 139-154；與Christine M. Thompson, "Sealed Silver in Iron Age Cisjordan and the 'Invention' of Coinage," *Oxford Journal of Archaeology* 22, no. 1 (2003): 67-107。此發現推翻了希臘歷史學者希羅多德的說法，證實錢幣並非呂底亞王國克羅伊斯王（King Croesus of Lydia）於西元前六百年左右所發明。請見Peter Bernstein, *The Power of Gold: The History of an Obsession* (New York: Wiley, 2000), pp. 27-37。

27. 我從一九三〇年代的《華爾街日報》蒐集了翰蒂與哈曼公司的每日報價，數據顯示，一九三二年十二月二十九日為每金衡盎司〇・二四二五美元的價格低谷。根據Herbert M. Bratter, *Silver Market Dictionary* (New York: Commodity Exchange, 1933), p. 99：「紐約『正式』的價格通常會在決定後於每日近午時分由翰蒂與哈曼公司發布，價格係基於當日決定報價前，以五萬金衡盎司為單位在紐約左近交割的即期銀貨的主流市場價格。」

28. 欲參閱同時代的相關討論，請見James D. Paris, *Monetary Policies in the United States: 1932-1938* (New York: Columbia University Press, 1938), pp. 48-49。

29. 出處同上，p. 42。

30. "Pittman, Silver Pact Author, Sees Export Trade Increase," *Washington Post*, December 22, 1933, p. 8。

31. 欲參閱中國白銀出口貿易的說明，請見"Shanghai Silver Again Moves Out," *New York Times*, September 12, 1934, p. 13；與"Lower Silver Price Seen Necessary to End Smuggling," *Wall Street Journal*, p. 1。在拋棄白銀制度這方面，米爾頓・傅利曼在*Money Mischief*, pp. 177-78表示：「如果美國沒抬高白銀的美元價格，中國會晚一點廢止銀本位制度——也許會遲數年——政經條件也會好一些。」

32. 請見John Morton Blum, *From the Morgenthau Diaries*, vol. 1, *Years of Crisis, 1928-1938* (Boston: Houghton Mifflin Company, 1959), p. 204。

第一章：漢彌爾頓的構思

1. 根據Richard Sylla, *Alexander Hamilton* (New York: Sterling Publishing Company, 2016), p. 102，漢彌爾頓否定自己有「君主派」傾向的說法。

2. Alexander Hamilton, "On the Establishment of a Mint," 1st Cong., 3d sess., January 28, 1791, *American State Papers: Finance*, 1st Cong., 3d sess., vol. 1:91-100, available at https://memory.loc.gov/cgi-bin/ampage?collId=llsp&fileName=009/llsp009.db&recNum=3。

3. 請見"Establishing a mint and regulating the coins of the United States," 2d Cong., 1st sess., April 2, 1792, *Statutes at Large*, 2d Cong., 1st sess., vol. 1:246-251, available at https://memory.loc.gov/cgi-bin/ampage?collId=llsl&fileNames=001/llsl001.db&recNum=2。該法案第九段提出本書內文下一句提及的確切金銀重量標準，以及將合金（未寫明種類）加入錢幣時，每一枚錢幣的總重量。銀元的總重量為四百一十六金衡喱（grain）；由於每金衡盎司等同四百八十金衡喱，銀元的重量為四百一十六／四百八十＝〇・

日，商品交易所數據顯示，黃金的總未平倉量（total open interest）（未結清合約的總量）為三十七萬一千六百四十六張合約，白銀的總未平倉量則是十五萬一千兩百一十五張合約。以上數值轉換成美元如下：黃金的期貨合約每張一百金衡盎司，二〇一四年十二月三十一日的金價為每金衡盎司一千一百八十四美元，所以總價為四百四十億美元。白銀期貨合約每張五千金衡盎司，現金價為每金衡盎司十五・六九美元，總價為一百一十九億美元。這些數值想必低估了世上黃金與白銀的總價值，不過金銀市場的相對規模也被完全不同年代的資料來源證實了。U.S. Department of Commerce, *The Minerals Yearbook: 1932-1933 Year 1931-32* (Washington, DC: Government Printing Office, 1933), p. 12估計了一四九三年後開採的金銀總價（而且是以當時相對極低的市場價格進行估算），黃金總價為兩百二十九億美元，白銀總價則是一百四十六億美元。

20. 我們以前列註解的三年區間觀察金價，二〇〇八年九月十二日的黃金現金價為每金衡盎司七百六十六美元，二〇一一年九月十二日的價格則是每金衡盎司一千八百一十四美元，價格在三年內上漲了百分之兩百三十七。

21. 請見Milton Friedman, *Money Mischief: Episodes in Monetary History* (New York: Harcourt Brace & Company, 1994), pp. 249-60。

22. David Ricardo, *The Principles of Political Economy and Taxation* (London: John Murray, 1817), pp. 506-7。

23. 基於上列出處p. 503，我在引文中用方括弧加入「白銀」：「我對於金幣的論述同樣適用於銀幣，但不必每一次都提及以上兩者。」

24. 關於此事件的多份研究當中，最實用的研究包括：Francis A. Walker, "The Free Coinage of Silver," *Journal of Political Economy* 1, no. 2 (1893)；Walter K. Nugent, *Money and American Society; 1865-1889* (New York: Free Press, 1968), esp. chap. 12-13；Friedman, *Money Mischief*, chap. 3。

25. 此二十五年區間內最高的價格，是一八七四年的一・二九三七五美元，最低價格則是一八九七年的〇・五二七五美元。請見U.S. Mint, *Annual Report of the Director of the Mint for the Fiscal Year Ended June 30, 1936* (Washington, DC: Government Printing Office, 1936), p. 88。

26. 舉例而言，請見俄亥俄州眾議員查爾斯・H・格羅維諾（Representative Charles H. Grosvenor）一八九六年二月三日一場演說的註記之一：54th Cong., 1st sess., *Congressional Record and Appendix*, 27, pt. 7, App. p. 83。

1999), pp. 20-24。另外請見http://www.sciencecompany.com/How-to-Test-Gold-Silver-and-Other-Precious-Metals.aspx。

9. 請見A.E. Feavearyear, *The Pound Sterling: A History of English Money* (Oxford: Clarendon Press, 1931), chap. 4；與Seymour Wyler, *The Book of Old Silver* (New York: Crown, 1937), p. 7。根據Thomas Sargent and Francois Velde, *The Big Problem of Small Change* (Princeton, N.J.: Princeton University Press, 2002), pp. 82-83，「在不同時期，一英鎊代表了不同量的金與銀」，此話也許屬實，但無論是懷勒（Wyler）或費福耶爾（Feavearyear）都證實了伊莉莎白女王宣告了「十一金衡盎司、兩本尼懷脫」的英鎊標準。每金衡盎司等同二十本尼懷脫（pennyweight，dwt），所以標準純銀等同十一・一金衡盎司，又等同〇・九二五金衡磅（十二金衡盎司）。

10. Feavearyear, *Pound Sterling*, p. 8。

11. Daniëlle O. Kisluk-Grosheide and Jeffrey Munge, *The Wrightsman Galleries for French Decorative Arts* (New York: Metropolitan Museum of Art, 2010), p. 106。

12. William E. Brooks, "Silver," in U.S. Department of the Interior & U.S. Geological Survey。*Minerals Yearbook 2008*, vol. 1, *Metals and Minerals* (Washington, DC: Government Printing Office, 2010), p. 68.2, available at https://babel.hathitrust.org/cgi/pt?id=msu.31293031621463;view=1up;seq=902。

13. 請見Rhonda L. Rundle, "This War against Germs Has a Silver Lining," *Wall Street Journal*, June 6, 2006, updated 12:01 a.m.。「現在，白銀作為抗菌與除臭材料，出現在運動襪、洗衣機等現代消費品之中。」

14. 出處同上。

15. "Constantly Battling a Hidden Foe," *New York Times*, October 8, 2017, p. SP1。

16. 請見*World Silver Supply and Demand*, available at https://www.silverinstitute.org/site/supply-demand/。

17. "Teheran Students Seize U.S. Embassy and Hold Hostages," *New York Times*, November 5, 1979, p. A1。

18. 一九七九年十一月二日（挾持案發前最後的交易日）的即期銀價（換言之，商品交易所十一月的期貨合約）以十六・〇八美元收盤，而一九八〇年一月十八日，即期銀價漲到了五十・三六美元的高峰。（請見註解2）。

19. 我們能從期貨市場看出黃金市場與白銀市場的相對規模。二〇一四年十二月三十一

註解

引言：痴迷

1. "Lamar Hunt, a Force in Football, Dies at 74," *New York Times*, December 15, 2006, p. C12。
2. 相關稱號「二十世紀最大膽的期貨操縱案」出自Burton Malkiel, *A Random Walk Down Wall Street*, rev. ed. (New York: Norton, 2015), p. 417。高峰價為一九八〇年一月十八日紐約商品交易所的日間最高即期銀價（換言之，一月的期貨合約）——五十・三六美元——（請見*New York Times*, January 19, 1980, p. 36）。芝加哥期貨交易所的日間最高價則是五十・五〇美元。
3. 欲詳加瞭解班克和約翰伯奇協會的關係，請見Stephen Fay, *Beyond Greed* (New York: Viking Press, 1982), pp. 18-19。
4. "Bankrupt Hunt Brothers Bid Adieu to Art Collections Worth Billions," *Chicago Tribune*, May 10, 1990, p. C1。
5. "Nelson Bunker Hunt, 88, Oil Tycoon with a Texas-Size Presence, Dies," *New York Times*, October 22, 2014, p. A24。
6. "Speech Concluding the Debate on the Chicago Platform," in William Jennings Bryan, *The First Battle: A Story of the Campaign of 1896* (Chicago: W.B. Conkey Company, 1896), pp. 199-200。
7. 二〇〇八年九月十二日，雷曼兄弟投資銀行宣告破產前的星期五，白銀現金價為每金衡盎司十・八七美元。三年後的二〇一一年九月十二日，歐洲主權債務危機的高峰期，銀價為每金衡盎司四十・二六美元，價格在三年內漲了百分之三百七十。二〇一一年九月十二日，波克夏海瑟威公司以十萬零三千八百美元的價格收盤，相比二〇一年九月十日的六萬八千美元，漲幅不到百分之百。注意，如本書開頭「作者的話」所述，除了特定例外之外，一九三〇年代過後的現金價格出自商品研究局資料庫（SI-Y紀錄），波克夏海瑟威公司股價出自雅虎財經頻道（Yahoo! Finance）。
8. 我在紐約市第五大道五百八十號珠寶檢定與保證實驗室，見證了唐納與安傑洛・帕米埃利進行此項檢驗，不過對我而言，區分不同的顏色相當困難。此外，他們還用較現代的X光螢光技術，證實了檢驗的真實性。欲參閱關於古今「火焰檢驗」的討論，請見J.S. Forbes, *Hallmark: A History of the London Assay Office* (London: Unicorn Press,

88th Cong., 1st sess., April 29, 1963.

———. Senate Committee on Banking, Housing, and Urban Affairs. "Information Related to Futures Contracts in Financial Instruments": Hearing, 96th Cong., 2d sess., pt. 1, July 1980.

———. Senate Committee on Foreign Relations. "Commercial Relations with China." Report No. 1716, 71st Cong., 3d sess., February 17 (calendar day 20), 1931.

———. Senate Subcommittee of the Committee on Banking and Currency. "Purchase of Silver Produced in the United States with Silver Certificates": Hearings on S. 3606, 72d Cong., 1st sess., May 9, 1932.

———. Senate Subcommittee of the Committee on Banking and Currency. "To Authorize the Use for War Purposes of Silver Held or Owned by the United States": Hearing on S. 2768, 77th Cong., 2d sess., October 14, 1942.

———. Senate Subcommittee on Agricultural Research and General Legislation. "Price Volatility in the Silver Futures Market": Hearings, 96th Cong., 2d sess., pt. 1–2, May 1–2 and June 26, 1980.

———. Senate Subcommittee on Minerals, Materials, and Fuels of the Committee on Interior and Insular Affairs. "Gold and Silver Production Incentives": Hearings on S.J. Res. 44, 87th Cong., 2d sess., March 15 and June 8, 1962.

審判文件

Burrows, James. CFTC Report. mimeo.

CFTC Docket No. 85–12, Complaint and Notice of Hearing, In the Matter of Nelson Bunker Hunt, et. al.

Deposition of Lamar Hunt, Minpeco S.A., et al., Plaintiff, against Nelson Bunker Hunt, et al., Defendants, October 21, 1986, vol. 1.

Deposition of Nelson Bunker Hunt, Minpeco S.A., et al., Plaintiff, against Nelson Bunker Hunt, et al., Defendants, April 10, 1986.

Deposition of William Herbert Hunt, Minpeco S.A., et al., Plaintiff, against Nelson Bunker Hunt, et al., Defendants, October 29, 1986.

Kyle, Albert S. "Report on the Behavior of Silver Prices and Economic Evidence," February 19, 1987, mimeo.

Minpeco S.A. plaintiff v. ContiCommodity Services, et al. Civil no. 81–7619 (M.E.L.) Fourth Amended Complaint.

Trial Transcripts, *Minpeco S.A. Plaintiff v. Nelson Bunker Hunt, et al., Defendants.* Various dates.

Videotape Depositions. Various dates.

Committee on Agriculture, Nutrition, and Forestry. Washington, DC: Government Printing Office.

Congressional Record. Various dates.

"Establishing a Mint and Regulating the Coins of the United States," 2d Cong., 1st sess., April 2, 1792. *Statutes at Large*, vol. 1, chap. 14, 15, 16

Hamilton, Alexander. "On the Establishment of a Mint." 1st Cong., 3d sess. January 28, 1791. *American State Papers, Finance*, vol. 1, item 24.

"Report and Accompanying Documents of the United States Monetary Commission," organized under Joint Resolution of August 15, 1876, 2 vol., 44th Cong., 2d sess. S. Rept 703 Washington, DC: Government Printing Office, 1877.

"Report of the President's Commission on the Assassination of President Kennedy," September 24, 1964. Washington, DC: Government Printing Office, 1964.

"Report to the Congress in Response to Section 21 of the *Commodity Exchange Act*, Public Law No. 96–276," 96th Cong., 2d sess., sect. 7, pt. 2: "A Study of the Silver Market." June 1, 1980. *Statutes at Large*, vol. 94 (542).

U.S. Congress. House Committee on Banking and Currency. *Coinage Act of 1965*: Hearings on H.R. 8746, 89th Cong., 1st sess., June 4, 7, 8, 1965.

———. House Subcommittee of the Committee on Appropriations. "Treasury Department Appropriation Bill for 1938": Hearings, 75th Cong., 1st sess.

———. House Subcommittee of the Committee on Government Operations. "Silver Prices and the Adequacy of Federal Actions in the Marketplace, 1979–80": Hearings, 96th Cong., 2d sess., March 31; April 14, 15, 29, 30; May 2, 22, 1980.

———. House [Subcommittee of the] Committee on Government Operations. "Silver Prices and the Adequacy of Federal Actions in the Marketplace, 1979–80," Seventeenth Report, . . . together with Separate and Dissenting Views," December 11, 1981.

———. House Subcommittee on Conservation, Credit, and Rural Development of the Committee on Agriculture. "Joint Agency Reports on Silver Markets": Hearing, 97th Cong., 1st sess., October 1, 1981.

———. Senate Committee on Agriculture and Forestry. *Commodity Futures Trading Commission Act*: Hearings on S. 2485, S. 2578, S. 2837, H.R. 13113, 93d Cong., 2d sess., pt. 2, May 16,17, and 20, 1974.

———. Senate Committee on Banking and Currency. "Federal Reserve Direct Purchases—*Old Series Currency Adjustment Act*: Hearings, 86th Cong., 2d sess., June 24, 1960.

———. Senate Committee on Banking and Currency. "Gold Reserve Requirements": Hearings on S. 797, S. 743, S. 814, 89th Cong., 1st sess., February 2, 3, 4, 9, 10, 1965.

———. Senate Committee on Banking and Currency, "Repeal of Silver Purchase Acts": Hearing,

Printing Office.

Van Ryzin, Robert R. 2001. *Crime of 1873: The Comstock Connection*. Iola, Wisc.: Krause Publications.

Volcker, Paul and Toyoo Gyohten. 1992. *Changing Fortunes*. New York: Times Books.

Wachtel, Paul. 2017. "Central Bank Independence: More Myth than Reality," a paper presented at the Colloquium on Money, Debt and Sovereignty, University de Picardie Jules Verne, Amiens, France, December 11–12.

Walker, Francis A. 1893. "The Free Coinage of Silver," *Journal of Political Economy* 1, no. 22.

Wall Street Journal. Various dates.

Washington Post. Various dates.

Wheeler, Burton K. with Paul F. Kelley. 1962. *Yankee from the West*. Garden City, N.Y.: Doubleday & Company.

Williams, Jeffrey C. 1995. *Manipulation on Trial: Economic Analysis and the Hunt Silver Case*. Cambridge, UK: Cambridge University Press.

Williams, R. Hal. 2010. *Realigning America*. Lawrence: University Press of Kansas.

Willis, Henry Parker. 1901. *A History of the Latin Monetary Union*. Chicago: University of Chicago Press.

Wyler, Seymour. 1937. *The Book of Old Silver*. New York: Crown.

Ybarra, Michael J. 2004. *Washington Gone Crazy: Senator Pat McCarran and the Great American Communist Hunt*. Hanover, N.H.: Steerforth Press.

Young, Arthur N. 1953. "Saudi Arabian Currency and Finance," *Middle East Journal* 7, no. 3.

———. 1953. "Saudi Arabian Currency and Finance: Part II," *Middle East Journal* 7, no. 4.

———. 1971. *China's Nation-Building Effort, 1927–1937*. Stanford, Calif.: Hoover Institution Press.

Zweig, Jason. 2006. "Buffett: Real Estate Slowdown Ahead," May 8, available at http://money.cnn.com/2006/05/05/news/newsmakers/buffett_050606/index.htm?section=money_latest.

美國國會聽證會與報告

An Act Regulating Foreign Coins, and for Other Purposes, 2d Cong., 2d sess., February 9, 1793. *Statutes at Large of USA*, vol. 1, chap. 5.

An Act revising and amending the Laws relative to the Mints, Assay offices, and Coinage of the United States (The Coinage Act of 1873), 42d Cong., 3d sess., February 12, 1873. *Statutes at Large*, vol. 17, chap. 131.

Commodity Futures Trading Commission. 1980. *Report of the Commodity Futures Trading Commission on Recent Developments in the Silver Futures Markets*, [prepared for] Senate

Economic Policy Review. July.

———. 2012. *Volcker: The Triumph of Persistence*. New York: Bloomsbury.

Smith, Jerome F. 1972. *Silver Profits in the Seventies*. West Vancouver, BC: ERC Publishing Company.

Streeter, W.J. 1984. *The Silver Mania*. Dordrecht, Neth.: D. Reidel Publishing Company.

Sylla, Richard. 2016. *Alexander Hamilton*. New York: Sterling Publishing Company.

Temin, Peter. 1968. "The Economic Consequences of the Bank War," *Journal of Political Economy* 76, no. 2.

Thompson, Christine M. 2003. "Sealed Silver in Iron Age Cisjordan and the 'Invention' of Coinage," *Oxford Journal of Archaeology* 22, no. 1.

Tilson, Whitney. 2006. "Berkshire Hathaway Meeting Notes," available at http://www.designs.valueinvestorinsight.com/bonus/bonuscontent/docs/Tilson_2006_BRK_Meeting_Notes.pdf.

Times of India. Various dates.

Tuccille, Jerome. 1984. *Kingdom: The Story of the Hunt Family of Texas*. Ottawa, Il.: Jameson Books.

Tuchman, Barbara. 1970, 1985. *Stilwell and the American Experience in China, 1911–45*. New York: Grove Press.

U.S. Bureau of the Census. 1975. *Historical Statistics of the United States, Colonial Times to 1970*. Washington, DC.

U.S. Bureau of Mines. Various dates. *The Minerals Yearbook*. Washington, DC: Government Printing Office.

———. 1982. *The Price Responsiveness of Secondary Silver*. Washington, DC: Government Printing Office.

U.S. Department of Commerce. 1933. *The Minerals Yearbook: 1932–1933 Year 1931–32*. Washington, DC: Government Printing Office.

U.S. Department of the Interior & U.S. Geological Survey. Various dates. *Minerals Yearbook*. Washington, DC: Government Printing Office.

U.S. Department of State. 1934 & 1935. *Foreign Relations of the United States Diplomatic Papers*, vol. 3, *The Far East* available at http://digicoll.library.wisc.edu/cgi-bin/FRUS/FRUS-idx?type=browse&scope=FRUS.FRUS1.

U.S. Department of the Treasury. Various dates. *The Annual Report of the Secretary of the Treasury*. Washington, DC: Government Printing Office.

———. 1965. *Treasury Staff Study of Silver and Coinage*. Washington, DC: Government Printing Office.

U.S. Mint. 1936. *The Annual Report of the Director of the Mint*. Washington, DC: Government

Committee, minutes of evidence, and appendix, ordered by the House of Commons to be printed 5 July 1876. Available at https://catalog.hathitrust.org/Record/001118659.

Report of the International Conference on Weights, Measures, and Coins, Paris, June 1867, London: Harrison and Sons, available at http://babel.hathitrust.org/cgi/pt?id=mdp.35112103466761;view=1up;seq=1.

Reti, Steven P. 1998. *Silver and Gold: The Political Economy of International Monetary Conferences, 1867–1892*. Westport, Conn.: Greenwood Press.

Ricardo, David. 1817. *On the Principles of Political Economy and Taxation*. London: John Murray.

Ritchie, Donald A. 2007. *Electing FDR: The New Deal Campaign of 1932*. Lawrence: University Press of Kansas.

Roberts, George B. 1936. "The Silver Purchase Program and Its Consequences," *Proceedings of the Academy of Political Science* 17, no. 1.

Rockoff, Hugh. 1990. "The 'Wizard of Oz' as a Monetary Allegory," *Journal of Political Economy* 98, no. 4.

Rolnick, Arthur J. and Warren E. Weber. 1986. "Gresham's Law or Gresham's Fallacy," *Journal of Political Economy* 94, no. 1.

Rowan, Roy. 1980. "Talkfest with the Hunts," *Fortune*, August.

Ryan, J. P. and Katheen M. McBreen.1962. "Silver." In Bureau of Mines, *Minerals Yearbook, Metals and Minerals (except fuels) 1961*, vol. 1. Washington, DC: Government Printing Office.

Salter, Sir Arthur. 1934. *China and Silver*. New York: Economic Forum, Inc.

Sargent, Thomas and Francois Velde. 2002. *The Big Problem of Small Change*. Princeton, N.J.: Princeton University Press.

Schlesinger, Arthur M., Jr. 1959. *The Age of Roosevelt: The Coming of the New Deal*. Boston: Houghton Mifflin Company.

Securities and Exchange Commission. 1982. *The Silver Crisis of 1980: A Report of the Staff of the U.S. Securities and Exchange Commission*. Washington, DC.

Sherman, John. 1895. *Recollections of Forty Years in the House, Senate, and Cabinet*. Chicago: Werner Company.

Silber, William L. 1981. "Innovation, Competition, and New Contract Design in Futures Markets," *Journal of Futures Markets*, Summer.

———. 1984. "Marketmaker Behavior in an Auction Market: An Analysis of Scalpers in Futures Markets," *Journal of Finance* 39, no. 4.

———. 2007. *When Washington Shut Down Wall Street*. Princeton, N.J.: Princeton University Press.

———. 2009. "Why Did FDR's Bank Holiday Succeed?" *Federal Reserve Bank of New York*

Appleton and Company.

Leavens, Dickson. 1939. *Silver Money*. Bloomington, Ind.: Principia Press.

Leong, Yau Sing. 1933. *Silver: An Analysis of Factors Affecting Price*. Washington, DC: Brookings Institution.

Levine, Erwin L. 1971. *Theodore Francis Green: The Washington Years*. Providence, R.I.: Brown University Press.

Lichtenstein, Eugene. 1965. "Our Silver Dolors," *Fortune*, March.

Lindeman, H.R. 1879. *Money and Legal Tender in the United States*. New York: G.P. Putnam's Sons.

Los Angeles Times. Various dates.

MacCambridge, Michael. 2012. *Lamar Hunt: A Life in Sports*. Kansas City, Mo.: Andrews McMeel Publishing.

Malkiel, Burton. 2015. Revised and Updated. *A Random Walk Down Wall Street*. New York: Norton.

Manchester Guardian. Various dates.

Markham, Jerry W. 2014. *Law Enforcement and the History of Financial Market Manipulation*. Armonk, N.Y.: M.E. Sharpe.

Moley, Raymond. 1939. *After Seven Years*. New York: Harper & Brothers Publishers.

———. 1966. *The First New Deal*. New York: Harcourt, Brace & World.

Morgenthau, Henry, Jr. *Morgenthau Diaries*. Various dates.

Morison, Elting E. 2003. *Turmoil and Tradition: A Study of the Life and Times of Henry L. Stimson*. Boston: Houghton Mifflin Company.

Newsday. Various dates.

Newsweek. Various dates.

New York Times. Various dates.

Norris, Robert S. 2002. *Racing for the Bomb*. South Royalton, Vt.: Steerforth Press.

Nugent, Walter K. 1968. Mo*ney and American Society; 1865–1889*. New York: Free Press.

O'Leary, Paul M. 1960. "The Scene of the Crime of 1873 Revisited: A Note," *Journal of Political Economy* 68, no. 4.

Paris, James D. 1938. *Monetary Policies in the United States: 1932–1938*. New York: Columbia University Press.

Pick, Franz. Undated. *Silver: How and Where to Buy and Hold It*. Rev. and enlarged 3rd ed. New York: Pick Publishing Corporation.

Reed, Cameron. 2011. "From Treasury Vault to the Manhattan Project, *American Scientist* 99, no. 1.

Report from the Select Committee on Depreciation of Silver, together with the proceedings of the

Hull, Cordell. 1948. *The Memoirs of Cordell Hull.* New York: Macmillan Company.

Hunt Hill, Margaret. 1994. *H.L. and Lyda.* Little Rock, Ark.: August House Publishers.

Hurt, Harry, III. 1980. "Silverfinger," *Playboy*, September.

———. 1981. *Texas Rich: The Hunt Dynasty from the Early Oil Days through the Silver Crash.* New York, London: W.W. Norton & Company.

Israel, Fred L. 1963. *Nevada's Key Pittman.* Lincoln: University of Nebraska Press.

J.V. Bruni & Co. 2006. "The 2006 Berkshire Hathaway Annual Meeting: Top 20 Questions," available at http://www.jvbruni.com/Berkshire2006annualmeeting.pdf.

James, Ronald M. 1998. *The Roar and the Silence: A History of Virginia City and the Comstock Lode.* Las Vegas: University of Nevada Press.

Jarecki, Henry. 1979. "Silver Threads among the Gold," *Euromoney*, March.

———. 1979. "A Squeeze in Silver: How Likely?" *Commodities*, March.

———. 1989. *An Alchemist's Road: My Transition from Medicine to Business.* Privately printed.

Jarecki, Henry. Undated. Manuscript.

Jastram, Roy. 1981. *Silver: The Restless Metal.* New York: John Wiley & Sons.

Johnson, Phillip McBride. 1982. *Commodities Regulation.* Boston: Little Brown and Company.

Kann, Eduard. 1927. *The Currencies of China: An Investigation of Silver & Gold Transactions Affecting China.* Shanghai: Kelley & Walsh, Limited.

Kazin, Michael. 2006. *A Godly Hero: The Life of William Jennings Bryan.* New York: Alfred Knopf.

Kisluk-Grosheide, Daniëlle O. and Jeffrey Munge. 2010. *The Wrightsman Galleries for French Decorative Arts.* New York: Metropolitan Museum of Art.

Kletter, Raz and Etty Brand. 1998. "A New Look at the Iron Age Silver Hoard from Eshtemoa," *Zeitschrift des Deutschen Palästina-Vereins* Bd. 114, H. 2.

Koenig, Louis W. 1971. *Bryan: A Political Biography of William Jennings Bryan.* New York: G.P. Putnam.

Kolasky, William. 2009. "Senator John Sherman and the Origin of Antitrust," *Antitrust* 24, no. 1.

Kuo, Tai-chun and Hsiao-ting Lin. 2006. *T.V. Soong in Modern Chinese History.* Stanford, Calif.: Hoover Institution Press.

Kyle, Albert S. and S. Viswanathan. 2008. "Price Manipulation in Financial Markets: How to Define Price Manipulation," *American Economic Review* 98, no. 2.

Lane, Philip R. 2012. "The European Sovereign Debt Crisis," *Journal of Economic Perspectives* 26, no. 3.

Lansdown, A. 2006. "Silver in Health Care: Antimicrobial Effects and Safety in Use." In *Biofunctional Textiles and the Skin*, edited by U.-C. Hipler and P. Eisner. Basel: Karger.

Laughlin, J. Laurence. 1897. *The History of Bimetallism in the United States.* New York: D.

Einzig, Paul. 1935. *The Future of Gold*. New York: Macmillan Company.

Everest, Allan S. 1950. *Morgenthau, the New Deal and Silver*. New York: Columbia University Press.

Fay, Stephen. 1982. *Beyond Greed*. New York: Viking Press.

Feavearyear, A.E. 1934. *The Pound Sterling: A History of English Money*. Oxford, UK: The Clarendon Press.

Figlewski, Stephen, Yoram Landskroner, and William Silber. 1991. "Tailing the Hedge: Why and How," *Journal of Futures Markets*, April.

Folsom, Burton, Jr. 2008. *New Deal or Raw Deal: How FDR's Legacy Has Damaged America*. New York: Simon and Schuster.

Forbes. Various dates.

Forbes, J. S. 1999. *Hallmark: A History of the London Assay Office*. London: Unicorn Press.

Fortune. Various dates.

Friedman, Milton. 1994. *Money Mischief: Episodes in Monetary History*. New York: Harcourt Brace & Company.

Friedman, Milton and Anna J. Schwartz. 1963. *A Monetary History of the United States*. Princeton, N.J.: Princeton University Press.

Gale, N.H. and Z.A. Stos-Gale. 1981. "Ancient Egyptian Silver," *Journal of Egyptian Archaeology* 67.

Garbade, Kenneth D. and William L. Silber. 1979. "Dominant and Satellite Markets: A Study of Dually-Traded Securities," *Review of Economics and Statistics* 61, no. 3.

———. 1983. "Price Movements and Price Discovery in Cash and Futures Markets," *Review of Economics and Statistics* 65, no. 2.

Garbade, Kenneth D. 2012. *Birth of a Market: The U.S. Treasury Securities Market from the Great War to the Great Depression*. Cambridge, Mass.: MIT Press.

Glad, Betty. 1986. *Key Pittman: The Tragedy of a Senate Insider*. New York: Columbia University Press.

Grew, Joseph C. 1944. *Ten Years in Japan*. New York: Simon and Schuster.

Groves, Leslie R. 1962. *Now It Can Be Told: The Story of the Manhattan Project*. New York: Harper & Row Publishers.

The Guardian. Various dates.

Handy & Harman. Various years. *The Silver Market, Annual Review*.

Hartford Courant. Various dates.

Hibben, Paxton. 1929. *The Peerless Leader: William Jennings Bryan*. New York: Farrar and Rinehart.

Bullitt, Orville H. 1972. ed. *For the President Personal and Secret: Correspondence between Franklin D. Roosevelt and William C. Bullitt*. Boston: Houghton Mifflin Company.

Burrough, Bryan. 2009. *The Big Rich: The Rise and Fall of the Greatest Texas Oil Fortunes*. New York: Penguin Press.

Burdekin, Richard. 2008. *China's Monetary Challenges: Past Experiences and Future Prospects*. Cambridge, UK: Cambridge University Press.

Burdekin, Richard and Marc Weidenmier. 2009. "The Development of 'Non-traditional' Open Market Operations: Lessons from FDR's Silver Purchase Program." In *The Origins and Development of Financial Markets and Institutions from the Seventeenth Century to the Present*, edited by Jeremy Attack and Larry Neal. Cambridge, UK: Cambridge University Press.

Burns, Arthur R. 1927. *Money and Monetary Policy in Early Times*. New York: Alfred A. Knopf.

Burton, Theodore. 1906. *American Statesman: John Sherman*. Boston: Houghton Mifflin Company.

Caminschi, Andrew. 2016. "Too Precious to Fix: The London Precious Metals Fixings and their interactions with spot and futures markets." PhD diss., University of Western Australia.

Caro, Robert. 2012. *The Passage of Power*. New York: Random House.

Caughey, John Walton. 1948. *The California Gold Rush*. Berkeley: University of California Press.

CFTC-Jarecki PDF. Undated. mimeo.

Chicago Daily Tribune. Various dates.

Christian Science Monitor. Various dates.

Coletta, Paolo. 1964. *William Jennings Bryan*, vol. 1, *Political Evangelist, 1860–1908*. Lincoln: University of Nebraska Press.

Commodity Futures Trading Commission. Various years. *Annual Report*. Washington, DC.

CPM Group. 2008, 2016. *The CPM Silver Yearbook*, New York.

Cragg, John. 1953. *The Mint*. London: Cambridge University Press.

Cymrot, Mark. 2007. "Cross-Examination in International Arbitration," *Dispute Resolution Journal* 62, no.1.

Daily Telegraph. Various dates. Detre, Thomas P. and Henry G. Jarecki. 1971. *Modern Psychiatric Treatment*. New York: J. B. Lippincott.

Doolittle, Adam. Undated. "Analyzing Warren Buffett's Investment in Silver," available at http://www.silvermonthly.com/analyzing-warren-buffetts-investment-in-silver.

Economic Report of the President, transmitted to the Congress, together with the *Annual Report of the Council of Economic Advisers*. Various dates. Washington, DC: Government Printing Office.

Edwards, Jerome E. 1982. *Pat McCarran: Political Boss of Nevada*. Reno: University of Nevada Press.

參考資料

書籍、期刊、研究報告

Alter, Jonathan. 2006. *The Defining Moment: FDR's Hundred Days and the Triumph of Hope.* New York: Simon and Schuster.

The American Presidency Project. Various dates. Available at http://www.presidency.ucsb.edu.

Atlanta Constitution. Various dates.

Barnhart, Russell. 1992. *Beating the Wheel.* New York: Kensington Publishing Company.

Barro, Robert J. 1982. "United States Inflation and the Choice of Monetary Standard," in *Inflation: Causes and Effects*, edited by Robert E. Hall. Chicago: University of Chicago Press.

Berkshire Hathaway Annual Report. Various dates.

Berkshire Hathaway 1997 Chairman's Letter, available at http://www.berkshirehathaway.com/1997ar/1997.html.

Bernstein, Peter L. 1980. "Engelhard's Not So Sterling Deal with the Hunts," *Fortune*, May.

———. 2000. *The Power of Gold: The History of an Obsession.* New York: Wiley.

Blinder, Alan. 2013. *After the Music Stopped.* New York: Penguin Press.

Blum, John Morton. 1959. *From the Morgenthau Diaries*, vol. 1, Years of Crisis, 1928–1938.

Boston: Houghton Mifflin Company.

Board of Governors of the Federal Reserve System. 1943. *Banking and Monetary Statistics: 1914–1941.* Washington, DC.

———. 1976. *Banking and Monetary Statistics: 1941–1970.* Washington, DC.

Boraiko, Allen. 1981. "Silver: A Mineral of Excellent Nature," *National Geographic.* September.

Bordo, Michael D. and Athanasios Orphanides, eds. 2013. *The Great Inflation: The Rebirth of Modern Central Banking.* Chicago: University of Chicago Press.

Borg, Dorothy. 1964. *The United States and the Far Eastern Crisis.* Cambridge, Mass.: Harvard University Press.

Boston Globe. Various dates.

Brandt, Loren and Thomas Sargent. 1989. "Interpreting New Evidence about China and U.S. Silver Purchases," *Journal of Monetary Economics* 23.

Bratter, Herbert M. 1933. *Silver Market Dictionary.* New York: Commodity Exchange.

Bryan, William J. 1896. *The First Battle: A Story of the Campaign of 1896.* Chicago: W.B. Conkey Company.

Buffett, Warren. 2012. "Why Stocks Beat Gold and Bonds," *Fortune*, February.

全球視野

白銀市場爭奪戰：從富蘭克林到巴菲特，點燃全球經濟與關鍵決策的致富貨幣

2022年6月初版　　定價：新臺幣480元

著　　者	William L. Silber
譯　　者	朱崇旻
叢書編輯	連玉佳
校　　對	鄭碧君
	陳冠豪
內文排版	林婕瀅
封面設計	江孟達

出版者	聯經出版事業股份有限公司
地址	新北市汐止區大同路一段369號1樓
叢書編輯電話	(02)86925588轉5315
台北聯經書房	台北市新生南路三段94號
電話	(02)23620308
台中辦事處	(04)22312023
台中電子信箱	e-mail：linking2@ms42.hinet.net
郵政劃撥	帳戶第0100559-3號
郵撥電話	(02)23620308
印刷者	文聯彩色製版印刷有限公司
總經銷	聯合發行股份有限公司
發行所	新北市新店區寶橋路235巷6弄6號2樓
電話	(02)29178022

副總編輯	陳逸華
總編輯	涂豐恩
總經理	陳芝宇
社長	羅國俊
發行人	林載爵

行政院新聞局出版事業登記證局版臺業字第0130號

本書如有缺頁，破損，倒裝請寄回台北聯經書房更換。　ISBN 978-957-08-6264-5 (平裝)
聯經網址：www.linkingbooks.com.tw
電子信箱：linking@udngroup.com

國家圖書館出版品預行編目資料

白銀市場爭奪戰：從富蘭克林到巴菲特，點燃全球經濟與關鍵決策的致富貨幣/ William L. Silber著．朱崇旻譯．初版．新北市．聯經．2022年6月．416面．14.8×21公分（全球視野）

譯自：The story of silver: how the white metal shaped America and the modern world.

ISBN 978-957-08-6264-5（平裝）

1.CST：貨幣史 2.CST：經濟史 3.CST：美國

561.09 111003998